Zwischenland

Für Else Rada und Henry Hoppe

Mein Dank gilt allen, die mich bei der Arbeit an diesem Buch unterstützt haben, vor allem aber Ulrike Enders, die mich auf den zahlreichen Reisen ins Grenzgebiet und in ebenso vielen Gesprächen begleitet hat sowie meinen Kolleginnen und Kollegen in der taz, die mich fast vier Monate entbehren mussten.

Uwe Rada

Zwischenland

Europäische Geschichten aus dem deutsch-polnischen Grenzgebiet

be.bra verlag

Die Arbeit an diesem Buch wurde gefördert von der
Kulturstiftung des Bundes und der Robert-Bosch-Stiftung

Bibliografische Information der Deutschen Bibliothek
Die Deutsche Bibliothek verzeichnet diese Publikation in der Deutschen
Nationalbibliografie; detaillierte bibliografische Daten sind im Internet über
http://dnb.ddb.de abrufbar.

© be.bra verlag GmbH
Berlin-Brandenburg, 2004
KulturBrauerei Haus S
Schönhauser Allee 37, 10435 Berlin
post@bebraverlag.de
Umschlaggestaltung: Hauke Sturm, Berlin, unter Verwendung eines Fotos von
Michael Kurzwelly, Frankfurt (Oder)
Satz: Satz- und LithoCenter GmbH Strausberg
Schrift: Adobe Garamond, Frutiger
Druck und Bindung: Elbe-Druck, Wittenberg

ISBN 3-89809-045-0
www.bebraverlag.de

Inhalt

Teil eins: Das unbekannte Land

Teil zwei: Das Land der Pioniere

Teil drei: Geteiltes Land

Teil vier: Land mit Zukunft?

Teil eins: Das unbekannte Land

Ans Ende der Welt

Von Berlin nach Frankfurt (Oder)

Grenzstädte

Von Berlin aus ist jede Reise ins Grenzgebiet zu Polen eine Reise ans Ende der Welt. Schon die Städte diesseits der Grenze zu nennen, fällt schwer. Wo genau liegt Guben? Welche Wege führen nach Görlitz? Liegt Küstrin nun auf der deutschen oder auf der polnischen Seite?

Noch schwieriger ist es mit den polnischen Städten. Wie heißt der Ort gleich noch, zu dem die Stadtbrücke in Frankfurt (Oder) führt? Hat man das Städtchen auf der Landkarte endlich gefunden, kommt das nächste Problem. Wie, um Himmels willen, spricht man das aus? Slubitsche? Slubitze? Oder, wie manche meinen, Swubitze? Sliwowitz ist unserer Zunge noch geläufig, aber Słubice?

Schließlich ist da noch die Sache mit der politischen Korrektheit. Bei welchem Namen soll man die Städte nennen, ohne jemandem zu nahe treten zu wollen? Beim polnischen Namen, wie man es lange Zeit hielt, weil man nicht Gefahr laufen wollte, zu den Ewiggestrigen gezählt zu werden? Oder beim deutschen Namen, wie es viele Polen inzwischen tun, wenn sie nicht Polnisch, sondern Deutsch reden? Doch auch da will nicht jede Stadt mit deutschem Namen über die Zunge. Stettin, Breslau, das geht. Aber Landsberg an der Warthe, Grünberg, Posen?

Es ist nicht einfach mit dem deutsch-polnischen Grenzgebiet. Die gängigen Landkarten, hören, kauft man sie in Deutschland, hinter der Oder auf, die polnischen Karten führen immerhin bis Berlin. Und wer lernt schon in der Schule Polnisch, wer hat polnische Freunde, die unhöflich genug sind, die schlimmsten Aussprachefehler zu verbessern? Wer fährt dort überhaupt hin, nach Guben, Görlitz, Küstrin, Frankfurt oder Słubice?

Vom Ende der Welt hat man keine genauen Vorstellungen. Die Bilder im Kopf sind ungenau. Sie sind nicht aus eigener Anschauung entstanden, sondern Teil einer kollektiven Erzählung, einer Erzählung ohne Urheber. Deshalb hat man meistens nur gehört. Dass es dort gefährlich sei, traumhaft schön und wild. Dass die Polen schmuggeln und klauen, und die Ostdeutschen die Polen nicht mögen, obwohl sie bei ihnen tanken. Dass die Osterweiterung der Europäischen Union das Grenzgebiet in die europäische Mitte rückt und gleichzeitig ins Abseits. Es ist eine Geografie der Vermutungen und Ungewissheiten, die sich aus diesen Bildern zusammensetzt. Je weniger man vom Ende der Welt weiß, desto weniger will man wissen. Selbst wenn man nur 80 Kilometer von dieser Grenzlandschaft entfernt lebt.

Von Köln oder Bonn aus ist die Reise in Richtung Westen keine Reise an die Grenze, sondern nach Aachen, ins niederländische Maastricht oder ins belgische Liège. Die 80 Kilometer, die Köln oder Bonn von der Grenze trennen, sind keine Maßeinheit für Entfernung, sondern für das nahe Liegende. Hinter Aachen beginnt keine fremde Welt, hier geht die eigene weiter. Entsprechend genau sind die Kenntnisse der Geografie. Hinter der Grenze kennt man sich aus, hier kauft man nicht nur ein, sondern kennt die besten Pensionen, die schönsten Ecken, die nettesten Kneipen.

Auch die Grenzstädte sind hier keine Grenzstädte mehr, sondern allenfalls Städte an der Grenze, so wie Nijmegen, Kleve oder Enschede. Manchmal ist die Grenze sogar völlig verschwunden. „Eurode" nennt sich die Doppelstadt, zu der sich 1998 das deutsche Herzogenrath und das niederländische Kerkrade zusammengeschlossen haben. „Uns gibt es seitdem nur im Doppelpack", sagen die Bürgermeister der beiden 50.000 Einwohner zählenden Städte. Auch wenn es in Eurode noch zwei Verwaltungen und zwei Amtssprachen gibt, hat sich neben der nationalen auch eine europäische Identität entwickelt. Es sind vor allem die alltäglichen, grenzüberschreitenden Erfahrungen, die dazu beigetragen haben, dass sich das „Eigene" und das „Andere" mehr und mehr vermischen. Wenn es in Kerkrade einen Engpass bei der Feuerwehr gibt, tritt der „Nachbarschaftshilfevertrag" in Kraft. Dann kommen die Kollegen aus Herzogenrath zu Hilfe, ganz schnell und unbürokratisch. Umgekehrt sind in Herzogenrath auch niederländische Polizeiautos und Rettungsfahrzeuge im Einsatz. Das Andere als Alltag, nicht nur auf der gegenüber liegenden, sondern der eigenen Seite der Grenze, das ist der Stoff, aus dem in Eurode Europa gemacht wird.

Teilung und Versöhnung

Das war nicht immer so. Zwar waren Herzogenrath und Kerkrade von 1104 bis 1815 eine einzige, ungeteilte Stadt. Doch dann kam der Wiener Kongress und mit ihm die Grenzziehung mitten durch die heutige Neue Straße, die auf der holländischen Seite Nieuwstraat heißt. Kerkrade gehörte fortan zum niederländischen Königreich und Herzogenrath wurde zum westlichen Vorposten Preußens. Noch hatten familiäre und wirtschaftliche Beziehungen über die Grenze hinweg Bestand. Doch auch das sollte sich ein Jahrhundert später, mit dem Beginn des Ersten Weltkriegs, ändern. Zwischen der Neuen Straße und der Nieuwstraat wurde der so genannte „Eiserne Vorhang" errichtet, eine zwei Meter hohe Mauer, an der nun die Soldaten beider Länder patrouillierten.

Nicht nur Herzogenrath und Kerkrade waren damit geteilt, auch ihre Bewohner wandten sich voneinander ab. Mit der Besetzung der Niederlande durch die Deutschen 1940 schien das Miteinander beider Stadthälften endgültig der Vergangenheit anzugehören.

Schaut man aus der ostdeutschen oder westpolnischen Perspektive auf die wechselvolle Geschichte von Herzogenrath und Kerkrade, findet man vieles von dem wieder, was auch im deutsch-polnischen Grenzgebiet, vor allem in den geteilten Städte an Oder und Neiße, in Frankfurt (Oder) und Słubice, in Guben und Gubin oder in Görlitz und Zgorzelec, die Menschen bewegt. Es geht um eine zunächst gemeinsame Geschichte, schließlich um Krieg, Besetzung und Teilung. Und es geht um den schwierigen Weg der Versöhnung. Wie an Oder und Neiße fand diese Versöhnung in Herzogenrath und Kerkrade nicht nur am Verhandlungstisch der Politiker statt, sondern auch im Alltag der Menschen. Es war eine Versöhnung an den Tankstellen, in den Geschäften und in den Fabriken. Nicht um Freundschaft ging es da zunächst, sondern allenfalls um Freundschaften, nicht um ein vorgegebenes Ziel, sondern um einen schwierigen Weg.

Diese Versöhnung brauchte vor allem eines – Zeit. Zwar wurde der „Eiserne Vorhang" nach dem Zweiten Weltkrieg abgerissen. Doch noch bis Anfang der sechziger Jahre trennte die Neue Straße und die Nieuwstraat ein hoher Stacheldrahtzaun. Als der dann durch eine 30 Zentimeter hohe Mauer ersetzt wurde, sollte es noch bis in die achtziger Jahre dauern, bis sich beide Städte wieder als eine gemeinsame Stadt begriffen, der auch eine gemeinsame Politik folgte.

Den Durchbruch brachte der Wohnungsbau. Schon seit Mitte der achtziger Jahre waren viele Deutsche nach Kerkrade gezogen. Die holländischen Häuser waren wegen der oft vorgefertigten Bauteile unschlagbar billig. Als nach der deutschen Vereinigung die Wohnungen in Herzogenrath noch einmal teurer wurden, wurde aus dem Umzug über die Grenze eine regelrechte Fluchtbewegung. Beide Städte standen vor einem Problem. Herzogenrath, weil immer mehr Einwohner nach Kerkrade zogen und damit auch die Steuereinnahmen schwanden. Kerkrade, weil der Wohnungstourismus der Deutschen die Preise in die Höhe trieb, sehr zum Ärger der Einheimischen. Statt der deutsch-holländischen Umzugsbewegung allerdings neue Grenzen zu setzen, fanden die Verantwortlichen eine ebenso einfache wie europäische Lösung. Statt einer deutschen Firma durfte in Herzogenrath nun die „Kerkrader Bauträgergesellschaft" bauen. 86 Reihenhäuser stampfte die holländische Firma im deutschen Teil von Eurode aus dem Boden – in billiger holländischer Bauweise, das heißt mit vorgefertigten Dächern, Balkons und Deckenteilen. Die Baukosten lagen fast ein Drittel unter denen, die eine deutsche Firma veranschlagt hätte. Kein Wunder also, dass sich über 500 Bewerber für die Hollandhäuser in Herzogenrath meldeten.[1]

Faszinosum Grenze

Seit dem Ende des Kalten Krieges und der Rückkehr der mittel- und osteuropäischen Länder nach Europa, die auch eine Rückkehr der europäischen Geografie war, ist die Beschäftigung mit dem Thema „Grenze" zum großen Faszinosum geworden. Dies gilt umso mehr, als dieser Rückkehr der Geografie eine zunehmende Auflösung der Grenzen in unserem Alltagsleben entgegensteht. Das Fortschreiten der europäischen Integration, zunehmende Wanderungsbewegungen zwischen Ost und West und die Möglichkeit, über neue Medien den Kontakt zur alten Heimat aufrechtzuerhalten, haben den Schlagbaum als Grenzmetapher in den Hintergrund gerückt. Je schneller die Welt wird und je unübersichtlicher, je undeutlicher das Eigene zu werden scheint, während das Fremde immer näher rückt, je mehr das, was wir Globalisierung nennen, auch den entlegensten Winkel der Erde erreicht hat und hinter seinen „Brands" und „Logos" die großen und kleinen Unterschiede zu verschwinden drohen, desto mehr scheinen die Grenze zu verschwinden und die Übergänge fließend zu werden.

Selbst die Grenzen zwischen verschiedenen Staaten scheinen vor diesem Hintergrund nur mehr bloße Konstruktionen, wie es die kulturellen, sprachlichen und wirtschaftlichen Grenzräume zu zeigen scheinen, die längst nicht mehr der staatlichen Grenzziehung entsprechen. Grenzfragen scheinen ganz und gar zu kulturellen Fragen geworden sein. Hat die amerikanische „Border", die von jeher die Grenze zwischen „Wildnis" und „Zivilisation" nicht als Ist-Zustand, sondern als bewegliche Linie beschreibt, nicht auch im Europa der Regionen die „Boundary", die staatliche Grenze, abzulösen begonnen? Liegt das deutsch-polnische Grenzgebiet, so betrachtet, nicht auch in Oberschlesien, wo die rückkehrenden Spätaussiedler und die polnische Bevölkerung keine staatliche Grenze trennt, sondern die Frage, wer die doppelte Staatsbürgerschaft besitzt und wer nicht? Folgt auf das 20. Jahrhundert mit seinen ethnischen Säuberungen nun das Jahrhundert der Auflösung ethnischer und nationaler Grenzziehungen?

Grenzräume sind Räume des Übergangs. Als solche haben sie sich tatsächlich gelöst von den staatlichen Grenzen. Deutsch-polnische Grenzgebiete gibt es, seitdem die Grenze 1991 geöffnet wurde, nicht nur an Oder und Neiße oder in Oberschlesien, sondern auch bei der Begegnung von Künstlern im „Club der polnischen Versager" in Berlin, auf dem Rynek Główny in Krakau, wo sich Touristen und Einheimische treffen oder in den Brüsseler Kneipen, in denen die deutschen und polnischen Eurokraten beim Wein sitzen.

Die zunehmende Aufhebung der Grenzen in die sozialen, kulturellen und habituellen Räume des Übergangs bedeutet aber nicht das Ende der Grenzziehung als staatlicher Hoheitsakt. Selbst in den USA und Mexiko, wo sich in den vergangenen Jahrzehnten eine grenzüberschreitende „Borderculture" entwickelt hat, die bis Los Angeles und San Francisco reicht, stehen der „Rio Grande" und der elektrische Grenzzaun zwischen beiden Ländern noch immer im Mittelpunkt der Forschungen, der Literatur und des Films. Auch in den Räumen des Übergangs gibt es Orte konkreter Grenzen.

Das gilt erst recht für eine Grenze wie die zwischen Deutschland und Polen. Sieht man einmal von den siebziger Jahren ab, stehen Oder und Neiße bis zur Wende in Europa nicht für einen fließenden Übergang, sondern vielmehr für ein Regime der Abschottung und Abgrenzung.

Grenze als Wirtschaftsraum

Doch der Schlagbaum, diese verblassende Grenzmetapher, steht nicht nur für staatliches Grenzregime und dessen Überwindung. Er markiert auch einen Wirtschaftsraum, der sich von denen im Binnenland erheblich unterscheidet. Anders als die Räume des Übergangs in Berlin, Krakau und Brüssel ist die 465 Kilometer lange deutsch-polnische Grenze von Szczecin/Stettin bis Zittau auch eine Region, die vom Grenzhandel bestimmt ist. Das Wohlstandsgefälle an der Grenze trennt nicht nur, es schafft auch Möglichkeiten, selbst wenn diese nicht immer den jeweiligen Gesetzeslagen entsprechen und dem Typus des „Grenzgängers" nach wie vor etwas Zwielichtiges anhaftet.

In Eurode, der Doppelstadt an der deutsch-niederländischen Grenze, hat man inzwischen begriffen, dass es nicht nur der gute Wille der Politiker ist, der die Menschen zusammenbringt, sondern auch das Geschäft, das man sich verspricht. Die Minimierung der „behindernden Wirkung nationaler Rechtsvorschriften" ist seitdem eines der erklärten Ziele. So steht es jedenfalls im Programm der im kommunalen Zweckverband Eurode zusammengeschlossenen deutschen und holländischen Gemeinden. Mehr noch: Man strebt sogar an, „ein gewisses Maß an Anarchie an den Tag zu legen, die Rechtsvorschriften zu umgehen oder eine Vorreiterrolle für die Änderung der Rechtsvorschriften zu schaffen"[2].

Der Anlass für diese ungewöhnlichen Töne war auch hier wieder der Wohnungsbau, oder besser das deutsche Baurecht. Der Bau der holländischen Reihenhäuser in Herzogenrath war nach bundesdeutschen Bauvorschriften und Standards nämlich illegal. Erst nach langwierigen Verhandlungen hatte die nordrhein-westfälische Landesregierung eine Ausnahmegenehmigung erteilt. Das regionale und zugleich europäische Interesse hatte über das nationale Interesse gesiegt.

Seitdem mit dem Schengenvertrag von 1995 die Grenzkontrollen weggefallen sind, stehen in Herzogenrath und Kerkrade auch die restlichen

Grenzen auf dem Prüfstand. Aus der deutschen und der niederländischen Stadt wächst langsam eine europäische. Nichts verdeutlicht dies besser als das neue „Betriebssammelgebäude". Sechzig Meter weit wird das Gebäude, das mit Mitteln des Europäischen Strukturfonds auf der Neuen Straße und der Nieuwstraat gebaut wird, demnächst auf die niederländische und die deutsche Seite hineinragen und somit Eurode auch zu einem gemeinsamen Zentrum verhelfen. Der Zuspruch des Publikums ist dem Gebäude jedenfalls sicher. Schließlich werden im „Betriebssammelgebäude" nicht nur Rechtsanwälte, Unternehmensberater, Banken, Versicherungen und Reisebüros untergebracht sein, sondern auch eine gemeinsame Polizeiwache sowie die Arbeitsämter beider Länder.

Eurode als Vorbild?

Ist Eurode, ist die wechselhafte Geschichte von Kerkrade und Herzogenrath mit ihrer 700 Jahre währenden gemeinsamen Vergangenheit, der anschließenden Grenzziehung, dem Krieg, der Teilung und schließlich der Versöhnung ein Vorbild für das Zusammenwachsen in der deutsch-polnischen Grenzregion? Lässt sich für Deutsche und Polen zwischen Szczecin und Zittau an der deutsch-niederländischen oder an der deutsch-französischen Grenze Europa lernen? Oder sind die Unterschiede doch größer als die Gemeinsamkeiten? Kann in einer Region wie dem deutsch-polnischen Grenzgebiet im Zeitraffer vollzogen werden, wofür Deutsche und Niederländer, Deutsche und Franzosen 50 Jahre gebraucht haben? Und vor allem: Welche gemeinsame Identität sollen diejenigen hervorbringen, die dieses Gebiet erst seit einigen Generationen ihr Zuhause nennen, weil sie 1945 als Vertriebene gekommen waren, die Deutschen wie die Polen?

Mit diesen Fragen im Gepäck machte sich im April 2001 eine fünfköpfige Delegation aus Frankfurt (Oder) und dem benachbarten Słubice auf den Weg nach Eurode. Vor Ort wollte man sich ein Bild der grenzüberschreitenden Zusammenarbeit machen, vor allem im Bereich der Kultur. Die Fahrt nach Herzogenrath und Kerkrade war für die fünf Künstler und Kulturpolitiker aus dem deutsch-polnischen Grenzgebiet eine Expedition in die Zukunft, erinnert sich der Aktionskünstler Michael Kurzwelly.

„All das, was wir in Frankfurt und Słubice an Vorstellungen und Utopien formulieren, schien hier umgesetzt. Schon vor dem Wegfall der Grenzkontrollen haben die Bürger beider Seiten begriffen, dass es eine Zukunft nur gemeinsam gibt."[3]

Es ist Faszination und Ungeduld gleichermaßen, die aus diesen Worten spricht. Faszination, weil die grenzüberschreitende Zusammenarbeit in Herzogenrath und Kerkrade längst nicht mehr aus der Not geboren, sondern eine Tugend geworden ist. Ungeduld, weil ähnliches in Frankfurt und Słubice noch immer schwer vorstellbar ist, obwohl Kurzwelly 1999 eine deutsch-polnische Künstlervereinigung mit dem vielversprechenden Namen „Słubfurt" gegründet hatte. „Słubfurt", eine Collage aus dem Namen beider Städte, sollte fortan Programm sein, mindestens aber eine Messlatte für den Stand der deutsch-polnischen Zusammenarbeit. In einer „Wirklichkeitsinstallation" blickt Kurzwelly schon einmal in die nahe Zukunft im Jahr 2006: „Das öffentliche Leben ist zweisprachig. In der Schule lernen die Kinder von der ersten Klasse an die Sprache des Nachbarlandes. Bürgermeister und Professorinnen, Bankdirektoren und Filialleiterinnen, Kneipiers und Verkäuferinnen haben längst Intensivkurse hinter sich und plaudern locker in der Fremdsprache. An ihren grammatischen Fehlern stört sich kaum einer."

Utopie im Konjunktiv

Der „Słubfurter", endet das Manifest der deutschen und polnischen Künstler, sei selbstverständlich interkulturell gebildet und setze sich gegen jede Form von Fremdenfeindlichkeit ein. Vor allem aber begreife er sich als Bürger einer einzigen, nunmehr ungeteilten Stadt, deren Besonderheit nur noch darin bestehe, dass ihre beiden Stadthälften in zwei verschiedenen Ländern liegen.

Mittlerweile weiß Michael Kurzwelly, dass auch diese Utopie vorerst im Konjunktiv bleibt. Zwar ist es bis zum Jahr 2006, der Messlatte, die sich die Künstler in ihrer Wirklichkeitsinstallation gesetzt haben, nicht mehr allzu weit, und schon 2004 wird Polen der Europäischen Union beigetreten sein. Doch als die Frankfurter im Sommer 2003 ihre 750-Jahr-Feier begingen, zeigte sich, dass die „Słubfurter" in ihrer Doppelstadt noch einige Zeit lang einer Minderheit angehören werden.

Nicht nur die deutsche Seite tat sich schwer, die polnische in ihre Vorbereitungen mit einzubeziehen. Auch die Słubicer Verantwortlichen zeigten wenig Interesse, an den Frankfurter Feiern teilzunehmen. Schließlich sei Słubice keine Vorstadt von Frankfurt mehr, wie noch vor dem Krieg, hieß es aus dem Rathaus, sondern eine eigenständige, eine polnische Stadt. Und die sei 2003 nicht 750, sondern erst 58 Jahre alt geworden.

Auch mehr als ein halbes Jahrhundert nach dem Ende des Krieges, und allen Beteuerungen der europäischen Integration zum Trotz, ist die Grenze zwischen Deutschen und Polen noch eine Trennlinie. Hier scheiden sich nicht nur die Geister, sondern auch die Lebensgeschichten. An Oder und Neiße treffen das „alte" und „neue", das reiche und arme, das westliche und das östliche Europa aufeinander. „Elegant wirkt die deutsch-polnische Grenze nur auf der Karte", meint deshalb der polnische Publizist Adam Krzemiński. „In Wahrheit ist sie völlig künstlich, zerschneidet Regionen, die Jahrhunderte lang zusammen-gehörten."[4]

Wie lange wird es wohl dauern, bis die Bilder der Vergangenheit denen der Gegenwart und der Zukunft weichen werden? Das haben sich die Visionäre in Herzogenrath und Kekrade in den sechziger Jahren, noch unter dem Eindruck des Stacheldrahts, der die Neue Straße von der Nieuwstraat trennte, auch ge-fragt. Und plötzlich ging alles schneller als erwartet.

Regionalexpress

Von Berlin aus ist die Reise ans Ende der Welt eine Reise mit dem Regional-express. Alle halbe Stunde verlassen die roten Doppelstockzüge die Bahnhöfe Charlottenburg, Zoologischer Garten, Friedrichstraße, Alexanderplatz und Ostbahnhof in Richtung Frankfurt (Oder). Etwas mehr als eine Stunde, und man ist an der Grenze. Für einen Pendler wie Christoph Bongard sind das nahezu hervorragende Bedingungen. Zwei Tage in der Woche fährt der 24-jährige Student der Kulturwissenschaften im Regionalexpress von Berlin-Friedrichstraße nach Frankfurt (Oder), um an der Europauniversität Viadrina den Rest des Studiums zu absolvieren. „Seit es ein Semesterticket gibt, ist das Pendeln zwischen Berlin und Frankfurt kein Problem mehr." Bongard lässt sich in den Sitz fallen, der Regionalexpress ist ihm zum zweiten Zuhause ge-worden. „Das Semesterticket ist günstig und gilt für den gesamten Verkehrs-verbund Berlin-Brandenburg. Die normalen Monatskarten wären viel zu teuer. Das macht das Pendeln für viele Studenten überhaupt möglich, und das macht die Viadrina auch so attraktiv. Man kann in Berlin leben und in Frank-furt studieren."

In Frankfurt (Oder) studieren, das ist für die meisten Studenten aus Deutschland freilich keine verlockende Vorstellung. Noch immer eilt Frank-furt der Ruf einer Stadt voraus, in der der Mief der DDR und die kleinbürger-liche Enge der Provinz eine unheilvolle Allianz eingegangen sind. Und dann ist da noch eine Grenze, hinter der es keine Stadt wie Strasbourg, Basel oder Bre-genz zu entdecken gibt, sondern ein Kaff namens Słubice. Eine Kleinstadt mit 17.000 Einwohnern, in der, wie es Hans-Christian Schmid in seinem viel dis-kutierten Kinofilm „Lichter" gezeigt hat, keine europäische Zukunft wartet, sondern allenfalls eine Handvoll Ukrainer auf das Zeichen ihrer Schleuser, den Fluss zu überqueren.

Doch es gibt auch ein anderes Frankfurt, das Frankfurt, das auch Christoph Bongard an die Oder gelockt hat. Es ist das Frankfurt der Alma Mater Viadri-nensis, der Europauniversität Viadrina. Viadrina, das heißt soviel wie „die an der Oder gelegene" oder „der Weg, an dem die Oder überschritten wird". Auf diesen Weg legt man an der Viadrina tatsächlich wert. Ein Drittel der knapp 5.000 Studenten kommt aus Polen. Von den deutschen Studenten wiederum wohnt ein Teil in den Wohnheimen im polnischen Słubice. Auf der Stadtbrücke, die das deutsche Frankfurt seit 1945 von seiner ehemaligen Dammvorstadt trennt, treffen sich heute nicht mehr nur Schnäppchenjäger und Kleinschmuggler, sondern auch angehende Rechtsanwälte und Manager.

Oder sie treffen sich im Regionalexpress. Nach der Sanierung der Berliner Stadtbahntrasse 1998 hat die Bahn den Regionalverkehr nach Frankfurt mit den modernen, roten Doppelstockzügen wieder aufgenommen. Seitdem hat sich die Zahl der Fahrgäste fast verdoppelt. Der RE 1 zwischen Brandenburg/Magdeburg und Frankfurt (Oder)/Eisenhüttenstadt ist damit nicht nur der einzige Regionalexpress, der im Halbstundentakt verkehrt, sondern auch die meistgenutzte Verbindung im Verkehrsverbund Berlin und Brandenburg. Und er ist eine der bequemsten. Im Servicebereich gibt es einen Kaffeeautomaten, und in der unteren der beiden Wagonebenen finden sich Tische am Platz, auf denen man seine Skripte ausbreiten kann. An manchen Tagen hat der Regionalexpress mit einem rollenden Seminarraum mehr Ähnlichkeit als mit einem Zug ans Ende der Welt.

Der deutsch-polnische Zug

Doch es sind nicht nur Studenten wie Christoph Bongard, die zwischen Berlin und Frankfurt (Oder) unterwegs sind. In den Waggons der Linie RE 1 sitzen auch Berliner, die auf dem Basar von Słubice einkaufen, Zigaretten zum Beispiel, die in Polen 12.50 Euro die Stange kosten, in Deutschland hingegen fast das Dreifache. Reisende nach Polen, die in Frankfurt in den „Berlin-Warszawa-Express" umsteigen, gehören ebenso zu den Fahrgästen wie Berliner Erholungsuchende auf dem Weg in die Therme vom Bad Saarow mit Umsteigen in Fürstenwalde (Spree).

Umgekehrt verkehren im Regionalexpress Bewohner aus dem Umland, die in der Hauptstadt einkaufen wollen, Jugendliche, die es nach Berlin-Mitte in die Disco zieht und Studenten der Viadrina, die nach einem langen Vorlesungstag wieder nach Hause fahren, also nach Berlin.

Zum deutsch-polnischen Grenzzug haben den RE 1 aber erst die polnischen Fahrgäste gemacht. Zwischen Berlin und Frankfurt (Oder) wird inzwischen genauso Polnisch gesprochen wie Deutsch. Und manchmal spricht man auch miteinander. Auf Polnisch, das Studenten wie Christoph Bongard inzwischen wie selbstverständlich sprechen, oder auf Deutsch, das für viele Polen inzwischen keine Fremdsprache mehr ist, sondern tägliche Routine.

Längst sind es nicht mehr nur Putzfrauen und Bauarbeiter, die in Polen leben und in Berlin arbeiten, die die Verbindung Frankfurt-Berlin nutzen. Im Regionalexpress verkehren auch Touristen aus Poznań, die in Frankfurt umsteigen, weil ihnen die Weiterfahrt mit dem „Berlin-Warszawa-Express" zu teuer ist. Neben ihnen auf dem Bahnsteig warten polnische Studenten der Viadrina oder des Collegium Polonicum in Słubice, die endlich einmal zu einem Konzert im inzwischen schon legendären „Club der polnischen Versager" nach Berlin-Mitte wollen. Polski Berlin, das Polnische Berlin, ist längst mehr als das Eldorado der Schwarzarbeit. Für viele Polen, die in den drei an Deutschland grenzenden polnischen Woiwodschaften Zachodniopomorskie/Westpommern, Lubuskie/Lebuser Land und Dolnośląskie/Niederschlesien leben, ist das polnische Berlin mit seinem 130.000 polnischsprachigen Bewohnern auch ein kulturelles Zentrum, eine der größten polnischen Metropolen außerhalb Polens.

Doch damit verbindet der Regionalexpress Berlin nicht nur mit dem Grenzgebiet, er hält es auch auf Abstand. Der Halbstundentakt des Regionalexpress lässt nicht nur Studenten wie Christoph Bongard zwischen Frankfurt und Berlin pendeln, er bringt auch andere Frankfurter und Słubicer nach Berlin. Erst mal in der deutschen Hauptstadt angekommen, wirken Frankfurt und Słubice nicht mehr wie eine deutsch-polnische Utopie im Konjunktiv, sondern wie ein mühsam errichteter Brückenkopf, dessen symbolische Aufgeladenheit mit seiner wirklichen Bedeutung nur wenig gemein hat. „Berlin ist viel multikultureller als Frankfurt oder Słubice", sagt Christoph Bongard, der Student der Kulturwissenschaften, und schaut verlegen aus dem Fenster. Doch dann hat er sich wieder gefangen, er muss, das weiß er, kein schlechtes Gewissen Frankfurt gegenüber mehr haben. „Die meisten meiner polnischen Freunde habe ich nicht in Frankfurt oder Słubice, sondern in Berlin oder Breslau, wo auch meine Freundin herkommt. Um diese Freunde zu besuchen, brauche ich nicht in Frankfurt zu sein. Erst recht nicht, seitdem der Intercity nach Breslau nicht mehr über Frankfurt fährt, sondern über Cottbus und Forst."

Nach anderthalb Jahren, die er in Frankfurt in der Plattenbausiedlung Neuberesinchen verbracht hat, ist Bongard deshalb, wie viele seiner Kommilitonen, nach Berlin gezogen. Den Ausschlag hatte ausgerechnet seine polnische Freundin gegeben. „Als wir ein Kind bekommen haben, war klar, dass wir zusammenziehen. Zusammen nach Frankfurt zu gehen, hat meine Freundin kategorisch abgelehnt. Nach Frankfurt gehe ich nicht, hat sie gesagt, Frankfurt ist ein Loch."

Kein großer Bahnhof

Zwischen Fürstenwalde und Frankfurt (Oder) gibt es nichts mehr, nur noch Landschaft und ab und zu ein paar Dörfer, die heißen Berkenbrück, Briesen, Jacobsdorf (Mark), Pillgram oder Rosengarten. Nur manchmal, wenn es nicht neblig ist, kann man hinter den Feldern auf der Autobahn die Lastzüge sehen, die sich oft schon Kilometer vor dem Grenzübergang Świecko stauen, dem größten Übergang zwischen Westeuropa und dem ehemaligen Ostblock. Spätestens zu diesem Zeitpunkt wird den Fahrgästen im Regionalexpress bewusst, dass die Reise nach Frankfurt (Oder) keine Reise ans Ende der Welt ist, sondern in ein europäisches Grenzgebiet, hinter dem die Welt weitergeht, wenn auch eine andere.

Nach der Einfahrt in den Frankfurter Bahnhof ist davon allerdings wenig zu spüren. Auch wenn im Regionalexpress eine Ansage auf Polnisch die Ankunft angekündigt hatte, kommt man in Frankfurt in keiner europäischen Grenzstadt an, sondern in der ostdeutschen Provinz. Nichts deutet hier auf das „andere Frankfurt", hin, das der Universität, zu der es vom Bahnhof nur zehn Minuten Fußweg sind. Selbst das Schild mit dem Hinweis „Ausgang/Wejście" scheint ein Versehen zu sein. Irgendjemand muss dieses Schild einmal angebracht haben, ohne sich Gedanken darüber gemacht zu haben, warum. Hätte es tatsächlich einen Grund gegeben, hätte man auch andere Ziele auf Polnisch ausschildern können, zum Beispiel den Grenzübergang „Stadtbrücke", der das deutsche Frankfurt mit dem polnischen Słubice verbindet.

Vielleicht ist diese Gedankenlosigkeit aber nur die konsequente Fortsetzung jener Nachkriegsphilosophie, die beim Wiederaufbau der zerstörten Frankfurter Innenstadt ab 1951 Pate gestanden hatte. Selbst erprobte Grenzgänger wie Christoph Bongard staunen immer wieder, wenn sie den Bahnhof verlassen, in Richtung Innenstadt gehen und vor dem Oderturm stehen, dem Wahrzeichen des modernen Wiederaufbaus. Nichts deutet hier, im neuen Zentrum der Stadt, darauf hin, dass sich hundert Meter dahinter ein Fluss, eine Grenze und eine polnische Stadt namens Słubice befinden, die bis 1945 Dammvorstadt hieß und zu Frankfurt gehörte.

Vor dem aufragenden Oderturm und den modernen Geschäftsbauten an der parallel zur Oder verlaufenden Karl-Marx-Straße wirkt das historische Zentrum, die zur Oder hin gelegene Altstadt mit der Marienkirche, wie ein Hinterhof der neuen Stadt, eine städtebauliche Hinterlassenschaft, in die man zwar mit dem Wiederaufbau der Großen Scharrnstraße einen modernen Akzent zu setzen versuchte, aber nur in dem Maße, als er dem neuen Zentrum nicht zur Konkurrenz wurde. Frankfurt, lautete die Botschaft dieses Wiederaufbaus, sollte sich fortan selbst genügen. Indem man dem Fluss den Rücken zuwandte, wollte man den Verlust der alten Dammvorstadt und damit die Teilung der Stadt vergessen machen. Während in der Bundesrepublik in den fünfziger Jahren von manchen Vertriebenen eifrig Anspruch auf die alten Ostgebiete erhoben wurde, hat man die Geschichte von Flucht und Vertreibung in der DDR offiziell verdrängt, zur Not auch städtebaulich.

Vor diesem Hintergrund war es kein Wunder, dass Frankfurt an der Oder trotz seines Namens bis vor kurzem als eine Stadt am Fluss wirkte, der der Fluss abhanden gekommen war. Wo andernorts ein fein ausgeklügeltes System der Navigation den Reisenden ohne dessen Zutun ins Zentrum der Städte und zu ihren Flüssen führt, wurde man in Frankfurt am Oderturm am Fluss vorbeigeleitet, nach Norden über die Karl-Marx-Straße in Richtung Lebuser Vorstadt, und nach Süden über die Lindenstraße in die Gubener Vorstadt. Wer vor dem Oderturm stand, musste wie in Berlin, Erkner oder Fürstenwalde glauben, dass Słubice und damit Polen unendlich weit entfernt lagen.

Nur droben, auf dem Turm, sah man die ausgedehnten Obstgärten auf der anderen Seite des Flusses, die atemberaubenden Oderauen und das Słubicer Stadion, das alte „Ostmarkstadion", von dem die Legende geht, dass hier einige der Wettkämpfe bei der Olympiade 1936 ausgetragen wurden. Wer auf dem Oderturm stand, hatte keinen Zweifel mehr, dass die Welt am andern Ufer der Oder noch lange nicht zu Ende war.

Zwischenland

Eurode, das ist in Frankfurt und Słubice noch weit weg. Doch die Idee einer grenzüberschreitenden Europastadt ist auch an der Oder nicht mehr wegzudenken. Wer den Oderturm verlässt und sich den Weg hinunter zum Fluss bahnt, wer die Grenzkontrolle passiert und endlich auf der Stadtbrücke steht, sieht in der Tat eine andere Stadt als am Bahnhof. Frankfurt und Słubice, das ist dann keine Frage der nationalen Zugehörigkeit und der staatlichen Hoheitszeichen mehr, sondern eine Frage der Blickrichtung. Man muss sich nur drehen, immer wieder und immer schneller, um bald nicht mehr zu wissen, wohin man schaut, auf Frankfurt oder Słubice, oder auf eine einzige Stadt.

Von der Stadtbrücke sieht man es plötzlich in ungewohnter Schärfe, das Zwischenland zwischen Deutschland und Polen, zwischen Vergangenheit und Zukunft, zwischen West und Ost, zwischen reich und arm, oder, aus der Nähe betrachtet, zwischen Oderturm und ehemaligem Ostmarkstadion. Mit einem Mal öffnet sich der Blick dafür, dass es hier nicht nur zwei Länder gibt, sondern auch einen Raum zwischen ihnen, einen Zwischenraum, aus dem betrachtet vieles anders wirkt als aus der sicheren Perspektive des Binnenlandes. Auf der Brücke versteht man plötzlich, was diejenigen meinen, die sagen, der Westen sei hier östlicher als anderswo und der Osten westlicher. Man spürt, dass hier etwas Neues am Entstehen ist, etwas, für das wir noch keine Begriffe haben, dafür aber umso mehr Vermutungen.

„Die zweite Erfindung Frankfurts" hat der Osteuropahistoriker Karl Schlögel die Nachwendegeschichte der Grenzstadt an der Oder deshalb genannt. Diese zweite Erfindung, schreibt er, „ist in vollem Gange. Sie dreht sich um die neue Rolle der Stadt in einem veränderten Europa, in dem die Grenze ihre alte Bedeutung verloren hat und die Stadt – ob sie will oder nicht – zu einer Transitstation der großen Wanderung werden wird. Menschen werden kommen und Menschen werden gehen. Die Stadt kann sich nicht mehr zurückziehen, außer ins Ressentiment." Erfinden, meint Schlögel, „kommt von finden, nicht von sich etwas ausdenken. Die Erfindung des neuen Frankfurt ist nichts anderes als die Bewegungen, Initiativen, Phantasien zusammenzubringen und auf einen Punkt zu richten. (...) Der Ort und seine Mitte (...) ist zum Bezugpunkt aller möglichen Phantasmen und Phantasien geworden."⁵

Es gibt aber auch eine zweite Erfindung von Słubice. Man kann ihn überall in der Stadt spüren, den Aufbruch, der noch kein richtiges Ziel hat, aber immerhin einen Standort, die Grenze, die Brücke, die Nähe zu Frankfurt. Seit der Wende haben in Słubice unzählige Geschäfte, Buden, Restaurants eröffnet. Die Stadt, der mit dem Basar zwei Kilometer oderaufwärts eine eigene Konkurrenz erwachsen war, hat sich ihren Raum zurückerobert und neu definiert. Im „Ramzes" an der ulica Jedności Robotniczej kann man inzwischen ägyptisch speisen, wenn auch mit unverkennbar polnischem Einschlag, und im benachbarten Hotel gibt es endlich eine Alternative zum „Hotel Polonia", in dem sich die Reisenden die Flure mit Freiern und Prostituierten teilen mussten. Aus Słubice, diesem Ort mit wilden Trampelpfaden quer zu den Straßen und einer wilden Bevölkerungsmischung aus Glücksrittern, Schmugglern und Studenten, wird nach und nach eine richtige Stadt.

Beide zusammen ergeben diese „zweiten Erfindungen" einen Raum der Veränderung, wie er den Zwischenzeiten zwischen „Nicht mehr" und „Noch nicht" zu eigen ist: voller Hoffnungen, Enttäuschungen und erneuter Aufbrüche, die alle eines gemeinsam haben – die Grenze und ihre Überwindung.

Vielleicht stellt man sich, wenn man auf der Oderbrücke steht, eines Tages auch vor, wie es wäre, wenn die Brücke bebaut werden würde. Vielleicht könnte aus der Stadtbrücke zwischen Frankfurt und Słubice sogar eine „Living Bridge" werden, eine überbaute Brücke mit Geschäften, wie man sie noch heute auf dem Ponte Vecchio in Florenz, der Rialto-Brücke in Venedig oder der Krämerbrücke in Erfurt findet. Anders als in Eurode, der europäischen Stadt, die aus Kerkrade und Herzogenrath hervorgegangen ist, müsste man auf der Brücke zwischen Frankfurt und Słubice ja kein „Betriebssammelgebäude" mit einem Arbeitsamt als städtebaulichem Zentrum errichten. Ein Kulturzentrum würde „Słubfurt" mit seinem studentischen und kreativen Milieu, mit dem Potenzial an „Phantasmen und Phantasien", wie es Karl Schlögel nennt, sicher besser zu Gesicht stehen. Dann würde die Brücke im Zwischenland zwischen Deutschland und Polen endgültig zum Ort, an dem man anhalten und sich aufhalten kann. Vielleicht würde man dann überrascht sein, wie sie aussieht, die Welt, wenn man sie von ihrem Ende her betrachtet, die Welt in Deutschland ebenso wie die in Polen.

Ist das noch Polen?

Von Poznań in Richtung Westen

Der Bahnhof von Poznań

Auf dem Bahnhofsvorplatz von Poznań stand lange Zeit eine großflächige Werbetafel der polnischen Staatsbahn PKP. „Do Warszawy i Berlina Pociągami EC, IC, Ex – Najszybciej" – „Nach Warschau und nach Berlin, am schnellsten mit Eurocity, Intercity und Express". In der westpolnischen Boomtown orientiert man sich schon lange nicht mehr nur in Richtung Warschau, sondern auch über die Grenze hinweg nach Berlin.

Daran hat sich auch nichts geändert, seit der Eurocity von Warschau nach Berlin zum Fahrplanwechsel im Frühjahr 2001 einen neuen Namen bekommen hat. Natürlich war man in Poznań nicht besonders glücklich über das neue Label. „Berlin-Warszwawa-Express" – setzte das die 600.000 Einwohner zählende Messestadt nicht hinter den beiden Hauptstädten zurück in die zweite Reihe? Sollten zwischen Warschau und Berlin nur unbedeutende Orte liegen, also Provinzstädte?

In Poznań ist man weit davon entfernt, sich als Provinz zu begreifen. Das liegt nicht nur daran, das zwischen Warschau und Berlin drei Expresszüge täglich verkehren, zwischen Berlin und Poznań dagegen vier. Auch dieser vierte Zug trägt den Namen „Berlin-Warzsawa-Express". In Poznań nimmt man es mit einem Schulterzucken. Mehr an Beweis für die Belanglosigkeit eines neuen Namenszuges hätte es wohl nicht bedurft.

Der eigentliche Grund für das Selbstbewusstsein der Poznaner aber lässt sich gleich oberhalb des Bahnhofs, auf der ulica Zachodnia, der Weststraße, beobachten. Innerhalb nur eines Jahres wurde dort das neue, gläserne Hauptgebäude der Messe in die Höhe gezogen. Mit seiner spielerischen Leichtigkeit und großstädtischen Eleganz ist seitdem weithin sichtbar, dass Poznań keine Provinz ist, sondern das unbestrittene wirtschaftliche Zentrum Westpolens. Nicht in Warschau, sondern auf der Poznaner Messe zeigt sich, wie sehr Polen wirtschaftlich schon vor seinem Beitritt mit der Europäischen Union verbunden war. Hier werden Verträge über deutsch-polnische Joint-Ventures abgeschlossen, hier hat auch die Berliner Außenhandelsorganisation BAO eine Tochterfirma gegründet, die BAO Polska. In Poznań haben die Niederlassungen von Volkswagen und anderer Großunternehmen dazu geführt, dass die Löhne höher sind als anderswo in Polen und die Arbeitslosigkeit niedriger. Es wird wohl nicht lange dauern, da wird es auch eine fünfte und sechste Direktverbindung zwischen Poznań und Berlin geben, die den belanglosen Namen „Berlin-Warszawa-Express" trägt.

Warschau oder Berlin?

Nach Warschau oder nach Berlin? Das Werbeschild auf dem Bahnhofsvorplatz ist inzwischen abmontiert. Die Zeit rhetorischer Fragen ist vorbei. Warschau oder Berlin, das ist in Poznań längst entschieden. Nicht nur die Geschäftsleute zieht es regelmäßig in die deutsche Hauptstadt, sondern auch die Pendler und Arbeitssuchenden. Es ist in Poznań ein offenes Geheimnis, dass man in Berlin leichter Arbeit und Unterkunft findet als in Warschau. „Berlin liegt viel näher als Warschau", brummt der Taxifahrer am Bahnhof in seinen ebenso mächtigen wie zerfransten Schnurrbart, „In Berlin spielt die Musik, selbst die Flüge in den Urlaub sind billiger. Von Poznań muss man doch erst nach Warschau fahren, um irgendwohin fliegen zu können." Sprach's und gibt dem alten Mercedes-Taxi die Sporen. Poznań ist eine schnelle Stadt, da heißt es mithalten, egal wie alt der fahrbare Untersatz ist.

Poznań und Berlin, das ist zum Beginn des 21. Jahrhunderts eine neue Verbindung zweier Städte, die keine offizielle Städtepartnerschaft braucht, weil die Beziehungen längst von unten gewachsen sind. In Poznań hat sich wie in Berlin eine Technoszene entwickelt. Berliner DJ's legen in den Clubs am Rynek auf, Poznaner Bands spielen in den angesagten Locations in Berlin-Kreuzberg. Jedes Jahr im Juli, wenn in Berlin wieder einmal die „Parada Miłości", wie die Loveparade in Polen heißt, stattfindet, wird der Berlin-Warszawa-Express auf dem Weg nach Westen erst in Poznań richtig voll. Und in der Programmzeitschrift *IKS* wird regelmäßig für Gruppenreisen nach Berlin geworben. Wie man von Köln oder Aachen nicht nach Holland oder Belgien, sondern nach Maastricht oder Liège fährt, fährt man von Poznań nicht nach Deutschland, sondern in den Berliner Friedrichstadtpalast zur Aufführung der „2002. Nacht".

„Berlin liegt näher als Warschau", damit meint der Taxifahrer auf dem Poznaner Hauptbahnhof nicht nur, dass Berlin von Poznań nur 280, von Warschau dagegen 300 Kilometer entfernt ist. In Poznań, wo man mehr als anderswo in Polen in Richtung Westen schaut, gibt es auch eine gefühlte Entfernung. Berlin ist in Poznań so nahe gerückt, dass man manchmal fast den Umstand vergisst, dass zwischen beiden Städten noch eine Grenze liegt.

Von Poznań nach Słubice

Wer aber fährt von Poznań ins Grenzgebiet? Bevor der „Berlin-Warszawa-Express", knapp zwei Stunden nachdem er Poznań Główny, den Hauptbahnhof unterhalb des neuen Messegebäudes, verlassen hat, auf dem Bahnhof der brandenburgischen Grenzstadt Frankfurt (Oder) einfährt, hält er in

Rzepin. Für die Beamten des deutschen Bundesgrenzschutzes ist das 4.500 Einwohner zählende Städtchen kein unbekanntes Provinznest, sondern mehrmals am Tag der Dienstort. Wenn sich der „Berlin-Warszawa-Express" der deutschen Grenze nähert, steigen die Grenzschützer zusammen mit ihren polnischen Kollegen der Straż Graniczna in den Zug. Bis Frankfurt (Oder) muss dann alles schnell gehen, müssen Reisepässe kontrolliert und durchs Lesegerät gezogen werden. Von angespannter Atmosphäre ist im „Berlin-Warszawa-Express" aber nichts mehr zu spüren. Routiniert verlangen die Beamten nach den Pässen, die Reisenden reichen sie, ohne das Gespräch mit ihren Nachbarn zu unterbrechen. In Rzepin ist die Grenze Alltag geworden. Von der Bedrohung, die sie einst ausstrahlte, ist nichts mehr geblieben. Selbst die Schmuggler sind auf andere Routen ausgewichen.

Auch Lucyna Winkel-Sobczak und Artur Szych ist die Passkontrolle zwischen Rzepin und Frankfurt vertraut. Das war nicht immer so. „Als Kind hatte ich vor dieser Grenze immer Angst", sagt Lucyna Winkel-Sobczak. „Meine Eltern fuhren mit mir manchmal nach Westberlin oder nach Westdeutschland, das ging ja, weil wir als Polen dorthin ohne Visum reisen konnten. Aber davor war diese Grenze, und hinter der Grenze lag nicht Westberlin oder Westdeutschland, sondern die DDR."

Heute sind die Grenzübertritte über Oder und Neiße für die 37-Jährige Erinnerungen an eine Vergangenheit, mit der sie nur noch wenig verbindet. Doch eines weiß sie noch genau. „Die Grenze war für mich der Durchgang zu einer anderen Welt, auch wenn die erst einige Fahrstunden dahinter begann." Schon vor dem Fall des eisernen Vorhangs war die Grenze für Polen nicht das Ende der Welt. Nicht einmal das der Kinder.

Polens „Wilder Westen"

Nur verändert hat sich seitdem viel, auch für Artur Szych. „Noch bis 1989 hatte ich immer wieder Angst, dass an der Grenze etwas passiert. Da waren so viele Soldaten, Russen, Polen, Deutsche, eine explosive Mischung. Jetzt ist die Grenze viel leichter." In Szychs Erinnerung taucht es wieder auf, das polnische Bild der Grenzregion. „Dziki Zachód", „Wilder Westen", nannte man in den fünfziger Jahren die ehemals deutschen Gebiete an der Westgrenze, die von Polen neu besiedelt wurden. Es war in der Tat eine „wilde Mischung", die es in die „wiedergewonnenen Gebiete" zog, wie die Region östlich von Oder und Neiße offiziell hieß. Wiedergewonnen waren diese Gebiete aber nur im Sprachgebrauch jener Ideologen, die mit diesem Begriff Glauben machen wollten, dass sich hier schon immer slawisches Mutterland befand und damit die Kontinuität einer polnischen Siedlungsgeschichte behaupteten, die scheinbar bruchlos vom frühen Mittelalter bis in die Gegenwart reichte. Keine Neusiedler waren demnach die Polen, die es hierher verschlug, sondern Rückkehrer oder „Repatrianten".

Die „Repatrianten" allerdings begriffen sich als alles andere, nur nicht als Rückkehrer. Dafür waren ihnen die Städte und Dörfer, die nun ihre neue Heimat werden sollten, viel zu fremd. Selbst das Wort von den „ehemals deutschen Gebieten" war dem Augenschein nach nicht richtig. Schließlich lebte bis Ende 1946 noch ein Großteil der deutschen Bewohner in Städten wie Stettin, Wrocław / Breslau oder am Ostufer von Frankfurt, Guben und Görlitz.

„Wilder Westen", das war schon das richtige Wort. Wild war sie tatsächlich oft gewesen, die Vertreibung aus Lemberg und Wilna, und voller wilder Hoffnungen waren auch diejenigen, die aus den überfüllten Dörfern in Zentralpolen in die Westgebiete kamen, um sich dort eine neue Zukunft aufzubauen. Wild war auch die Bevölkerungsmischung, wie Gregor Thum in seiner spannenden Nachkriegsgeschichte von Wrocław/Breslau schreibt: „Das Aufeinandertreffen von Menschen aus ganz verschiedenen Regionen des einstigen Polen ging nicht ohne Konflikte ab. So bestanden zwischen den Umsiedlern aus Zentralpolen und denen aus Ostpolen zum Teil erhebliche Mentalitätsunterschiede. (...) In Zentralpolen blickte man nicht selten mit Geringschätzung auf das vermeintlich rückständige Ostpolen und seine Bewohner herab, auch wenn ein großer Teil von Polens kultureller Elite aus dem Osten stammte, allen voran aus seinen faszinierenden Metropolen Wilna und Lemberg."[6]

Polens „Wilder Westen", das ist nicht nur eine bis heute gültige Metapher. Es wäre auch ein Spiegelbild zum „Ende der Welt" auf der deutschen Seite, wäre da nicht der Unterschied, dass in Polens „wildem Westen" die Welt seit dem Fall des eisernen Vorhangs nicht zu Ende ist, sondern erst anfängt, als „Europas reicher Westen".

Lucyna Winkel-Sobczak und Artur Szych, in deren Erinnerung der „Wilde Westen" Polens wieder auftauchte, leben in Poznań. Beide arbeiten als Künstler und Schauspieler, nicht nur in der westpolnischen Metropole, sondern auch in der deutsch-polnischen Grenzregion. „Schon 1982 haben Freunde und ich in Poznań das ‚Teatr Wierzbak' gegründet", erzählt der 49-jährige Szych noch heute voller Stolz. „Unser Theater war damals das erste private Theater in ganz Polen. Wir hatten unglaublich viele Ideen, wollten ein Theater ganz nahe an den Menschen machen, vor allem an den Jugendlichen und ihrer Situation."

So kam es, dass Artur und sein Ensemble schon vor 20 Jahren in den „Wilden Westen" fuhren, um in den Dörfern und Kleinstädten östlich von Oder und Neiße für die Jugendlichen zu spielen. „Immer wieder, wenn wir damals nach Słubice oder Kostrzyn kamen", sagt Szych, „haben wir uns gefragt: Warum sieht das hier so aus, so runtergekommen, so ohne Perspektive. Natürlich wussten wir, dass die Leute, die neuen Bewohner, aus den ehemaligen polnischen Ostgebieten gekommen waren. Sie waren Vertriebene und haben an der Grenze, in den so genannten wiedergewonnenen Gebieten nie richtig Wurzeln geschlagen. Und trotzdem, es war fremd für uns."

Artur gerät richtig in Fahrt, wenn er von diesen Pionierzeiten seines Theaterlebens erzählt. Und von seinem damaligen Publikum, das er, obwohl es ihm so fremd war, auch ein bisschen in Schutz nimmt. „Noch bis in die achtziger Jahre haben viele daran gezweifelt, ob die Oder-Neiße-Grenze tatsächlich Bestand hat. Die Leute haben jahrzehntelang auf gepackten Koffern gelebt. Wir wollten das aber nicht einfach hinnehmen und haben uns überlegt, was man ändern kann. Und sei es nur, indem wir als Theaterleute den Jugendlichen zeigen, dass es noch was anderes gibt, als Wodka zu trinken und besoffen auf der Parkbank zu liegen."

Im „Berlin-Warszawa-Express" haben sich einige Fahrgäste inzwischen die Mäntel übergezogen. Langsam rollt der Zug über die Oderbrücke, auf der linken Seite sieht man die LKW-Schlange auf dem Weg zum Autobahnübergang Świecko, zur Rechten liegt die Frankfurter Innenstadt mit dem Oderturm, eine unübersehbare Grenzmarke, die keinen rotweißen oder schwarzrotgoldnen Anstrich braucht, um ihren Zweck zu erfüllen. Willkommen im „Wilden Westen", willkommen im „Wilden Osten", willkommen im Zwischenland.

Ist das noch Polen?

Wenn Lucyna Winkel-Sobczak und Artur Szych auf der Ulica Jedności Robotniczej, der Straße der Arbeitereinheit in Słubice stehen, spürt man etwas vom Optimismus, den beide ausstrahlen, wenn sie von einer „Grenze der Hoffnung" reden. Tatsächlich gibt es in Słubice immer weniger Jugendliche, deren Lebensinhalt darin besteht, sich sinnlos zu betrinken. In den neuen Kneipen wird kein Wodka mehr getrunken, sondern Bier. Manchmal kommt sogar etwas Glamour ins polnische Grenzstädtchen, so wie im November 2003. Auf Einladung der deutsch-polnischen Initiative „Transkultura" war der Tross der Filmemacher, Schauspieler und Cineasten vom Osteuropafilmfestival in Cottbus nach Słubice gezogen. Nicht in Cottbus, sondern im „Kino Piast" in Słubice sollte an diesem Abend die Premiere der beiden polnischen Wettbewerbsfilme „Sukces" von Marek Bukowski und „Przemiany" von Łukasz Barczyk stattfinden.

Es war eine bezaubernde Atmosphäre, die sich den staunenden Słubicern da bot, ein bisschen Hollywood im „Wilden Westen". Vor dem Kino war ein roter Teppich ausgerollt, der Schriftzug des Kinos mit zwei Scheinwerfer ins Licht gesetzt. Im Inneren des Kinobaus aus den zwanziger Jahren mit seiner imposanten Empore hatte man erst gelüftet und dann den ganzen Tag geheizt. Doch so ganz war der Kartoffelgeruch nicht aus dem Kinosaal zu bekommen. Doch wenn Izabela Kazejak von „Transkultura" den Gästen aus Cottbus den Grund für den Kartoffelgeruch nannte, hatte sie schon gewonnen. „Am Tage", klärte Kazejak die verdutzten Cineasten auf, „steht das Kino nicht leer, sondern dient als Verkaufsraum für Obst- und Gemüsehändler."

Doch nicht für alle ist der ehemalige „Wilde Westen" tatsächlich eine „Grenze der Hoffnung". Wenn die polnische Freundin des Viadrina-Studenten Christoph Bongard von Frankfurt als „einem Loch" redet, meint sie damit auch Słubice. Aus der Sicht der prosperierenden polnischen Regionen um Breslau und Poznań wird das Grenzgebiet manchmal sogar als „Kloake Europas" bezeichnet, weiß der Warschauer Publizist Adam Krzemiński.[7] Und nicht wenige Polen schämen sich, dass es ausgerechnet diese „Kloake" ist, in der viele Deutsche zum ersten Mal mit ihrem Land in Berührung kommen. Auch in Polen bringt die Grenze eigene Bilder hervor. Zwar endet in Słubice nicht die Welt, aber so richtig zur Welt gehört es auch nicht. Die Welt, das sind aus der Perspektive der Reisenden im „Berlin-Warszawa-Express" Städte wie Poznań und Berlin, und der Zug, der beide Städte miteinander verbindet. Im Zwischenland dagegen liegt, wie es Christoph Bongard formuliert, „Wald, Wald, Wald, und nochmals Wald".

Lucyna Winkel-Sobczak kann diese Vorbehalte gut verstehen. „Ich selbst bin mal auf dem Bahnhof von Zgorzelec angekommen und war völlig geschockt." Lucyna lacht. „Vielleicht ist Schock gar nicht das richtige Wort. Es war einfach nur komisch, wenn auch nicht zum Lachen, zumindest damals nicht. Das war kein Bahnhof in Zgorzelec, das war nichts. Draußen hingen keine Fahrpläne und drinnen waren zwei der drei Schalter mit Brettern zugenagelt. An dem dritten saß hinter einer hässlichen Gardine eine dicke Frau, die hatte nichts besseres zu tun als in ein Butterbrot zu beißen. Es war schrecklich und komisch zugleich, weil vor dem Schalter ein Schild hing. Auf dem stand: Internationale Fahrkarten."

„Grenzstädte wie Słubice und Zgorzelec", sagt Lucyna, „sind tiefste Provinz, das fühlt man, wenn man aus Polen dorthin fährt."

Wenn man aus Polen dorthin fährt – nun ist es auch Lucyna Winkel-Sobczak rausgerutscht. Sie lacht. „Ja", sagt sie, „es muss wohl irgendwo noch in uns drin stecken, dass das nicht mehr oder noch nicht Polen ist". Artur Szych kann dem nur zustimmen. „Die Grenze der Hoffnung ist die eine Seite der Realität, die andere sieht so aus, dass sich an den Problemen der Jugendlichen in den letzten 20 Jahren immer noch nicht allzu viel geändert hat."

Die schwierige Teilung

Lucyna Winkel-Sobczak und Artur Szych reden von einer „Grenze der Hoffnung", weil sie sich von den Veränderungen zwischen den achtziger Jahren und der Gegenwart ermutigt fühlen. Anderen Bewohnern der polnischen Westgebiete fällt dieser Optimismus schwerer, vor allem den Älteren. Was die Generation der Neusiedler in Słubice erinnert, sind die Bilder einer Zeit, in der diese Grenze keine Hoffnungen weckte, sondern Angst. Nicht um die Überwindung der Grenze ging es damals, sondern darum, die an ihr gelegenen Städte wie Frankfurt, Guben oder Görlitz zu teilen.

Die Teilung von Frankfurt in den deutschen Teil und das polnische Słubice war ganz besonders schwierig. Zwar war die Dammvorstadt im Gegensatz zur Frankfurter Innenstadt von den Kriegszerstörungen weitgehend verschont geblieben. Doch dort, wo die Bomben in die Häuser eingeschlagen waren, blieb der Schutt liegen, bis in die fünfziger Jahren hinein. Wie provisorisch der „Wiederaufbau" zunächst war, zeigte sich in schöner Regelmäßigkeit, wenn die Stromversorgung im Kraftwerk Dychow zusammenbrach, an das Słubice nun angeschlossen war. Während drüben, auf der anderen Oderseite, die Lichter brannten, lag Słubice im Dunkeln. Sah so die Gerechtigkeit der Geschichte aus?

Es war eine gespenstische Atmosphäre in dieser Zeit. Hüben wie drüben waren die Menschen damit beschäftigt, sich mit dem Notwendigsten einzurichten. Es waren Sieger und Besiegte, die sich auf beiden Seiten des Flusses gegenüberstanden, nun plötzlich vereint in der kommunistischen Rhetorik der Brudervölker. Doch die Wunden des Krieges waren tief und die Bruderrhetorik nur schwach. In Słubice wusste man zu genau, dass Frankfurt schon vor dem Krieg und der Besetzung Polens eine Hochburg der Nationalsozialisten gewesen war. In Frankfurt wiederum erinnerte man sich an wilde Vertreibungen erlebt, an denen nicht nur Russen beteiligt waren, sondern auch polnische Milizionäre. Vor diesem Hintergrund war es fast konsequent, dass die provisorische Holzbrücke, die polnische und russische Soldaten im Sommer 1945 über die Oder geschlagen hatten, bis 1956 mit Stacheldraht verhauen war. Zugang hatten nur Militärangehörige und jener Mitarbeiter des Frankfurter Amts für Wasserwirtschaft, der täglich den Wasserstand des Flusses abzulesen hatte. Aller Teilung zum Trotz floss die Oder schließlich weiter in Richtung Stettiner Haff, unbeirrt vom Lauf der Geschichte.

Bis in die fünfziger Jahre sollte es dauern, bis an der „Oder-Neiße-Friedensgrenze" der Pragmatismus die Feindschaft der „Brudervölker" abzulösen begann. Im Städtischen Nationalrat von Słubice schloss man Frankfurt nun in die wirtschaftlichen Überlegungen mit ein: „Für die weitere Entwicklung der Gärtnereien", heißt es in einem Protokoll, „wird der Bau eines Obst- und Gemüseverarbeitungsbetriebes in Słubice sehr positiv sein. Aber der entscheidende Schritt kann erst die Öffnung des Absatzmarktes für Obst und Gemüse in Frankfurt (Oder) sein. Das könnte unbegrenzte Entwicklungsmöglichkeiten für die Gärtnereien in Słubice und der Grenzgebiete schaffen, das könnte entscheidend die Bewirtschaftung und Stabilisierung der Bevölkerungszahlen des Grenzgebietes beeinflussen."[8]

In ihrem Buch „Geteilte Städte an Oder und Neiße" haben die polnischen Soziologinnen Dagmara Jajeśniak-Quast und Katarzyna Stokłosa Dutzende solcher Beispiele einer beginnenden kommunalen Zusammenarbeit zusammengetragen, einer Entwicklung, die für beide Seiten von Vorteil war. So bekam Frankfurt nicht nur wieder Obst und Gemüse aus Słubice, auch Słubice bekam Gas und Strom aus Frankfurt. Den Grund für solche Kooperationen sehen Jajeśniak-Quast und Stokłosa allerdings weniger im Aufeinander Zugehen der kommunistischen Eliten, als vielmehr in der wirtschaftlichen Randlage, in der sich beide Grenzregionen befanden: „Noch im Frühjahr 1949 waren nur zwei Drittel der Umsiedler in der sowjetischen Besatzungszone in Lohn und Brot. Auf der polnischen Seite der Grenze wurden viele Siedler, die eine Bauernstelle erwarteten, enttäuscht durch das Ausbleiben einer Landreform. Die Produktivität sank entschieden unter den polnischen Durchschnitt und viele zogen wieder fort aus den Dörfern im Westen."[9]

Um die Grenzregionen wirtschaftlich und sozial zu stabilisieren, setzte sowohl die Volksrepublik Polen als auch die DDR-Regierung auf eine zweite, eine sozialistische Industrialisierung. So wurden im späteren Eisenhüttenstadt ein Stahlwerk gebaut, in Schwedt das Petrochemische Kombinat, in Görlitz der Waggonbau angesiedelt, in Guben das Chemiefaserkombinat und in Frankfurt das Halbleiterwerk. Auf der polnischen Seite wurde vor allem der Braunkohlebergbau und der Energiesektor vorangetrieben. Was damals vielen Hoffnung machte, ist heute Teil des Problems. Die meisten der Großbetriebe sind inzwischen zusammengebrochen, das Grenzgebiet ist wieder auf seinen vorindustriellen Stand zurückgeworfen.

Vielleicht sind es ja Krisen wie die, die manchmal noch immer den Geist der Teilung aufleben lassen und die den Stadtrat von Słubice noch vor kurzem dazu bewogen hatten, unter Hinweis auf den polnischen Charakter der Stadt nicht an den 750-Jahr-Feiern in Frankfurt (Oder) teilzunehmen. Vielleicht zwingen Krisen wie diese aber auch zum Umdenken. So wie in den fünfziger Jahren als man damit begann, aus der Not eine Tugend zu machen. Trotz der Bilder und Vorurteile, die man voneinander hatte.

Die Bilder des anderen

Um Bilder und Vorurteile ging es auch, als sich im Juni 2002 sechzehn Jugendliche aus Słubice und Frankfurt trafen. Im Rahmen des Projektes „Limit Research" sollten sie auf eine grenzüberschreitende Erkundungsreise gehen. Fünf Tage lang waren die 15- und 16-jährigen Jugendlichen zusammen in Frankfurt und Słubice unterwegs. Ihr Werkzeug war nichts anderes als ein überdimensionierter Bilderrahmen. Durch den gingen sie durch, vor und hinter ihm stellten sie sich auf, durch ihn betrachteten sie einander. Mit dem Bilderrahmen gingen sie durch die Stadt und markierten die Orte, die ihnen etwas bedeuteten, und als sie am Ende ihrer „Grenzuntersuchung" im Frankfurter Kleistforum vor ihrem Publikum standen, war der Rahmen das einzige Requisit. Mit Hilfe des Rahmens konnten sie beobachten und sich ein Bild vom andern machen. Sie konnten aber auch aus dem Rahmen fallen, oder etwas, was ihnen nicht mehr aktuell schien, einrahmen, so wie man ein Bild einrahmt, das fertig ist, das man an die Wand hängt, um es ab und an noch zu beobachten, so wie man etwas betrachtet, das man schon lange kennt. Oder, das seine Bedeutung verloren hat.

Im Rahmen von „Limit Research" haben die acht deutschen und acht polnischen Schüler die Bilder voneinander verwerfen oder auch bestätigen können. „Die deutschen Jugendlichen sind auf ihre Weise mutiger", sagte ein polnisches Mädchen am Ende des Projekts. „Sie haben keine Angst zu zeigen, dass sie anders sind." Ein anderes Mädchen ergänzte: „Sie haben farbige Haare und zeigen mehr ihre Stile als wir in Słubice." Ein Junge sagte: „Sie haben einen starken Willen, können aber auch nein sagen." Und eine Schülerin freute sich: „Ich bin mit meinen Mitschülern aus Deutschland zusammengewachsen. Bestimmt werde ich mich nach ihnen sehnen."[10]

„Die Polen", hat eine deutsche Schülerin in den fünf Tagen beobachtet, „lachen viel, sind sehr offen und trinken viel." Eine Mitschülerin nickte und fügte hinzu: „Sie sprechen eine andere Sprache, haben eine andere Kultur und eine andere Religion." Ansonsten, meinte ein Junge, gäbe es solche und solche, „bei den Deutschen wie bei den Polen".

So hat die „Grenzuntersuchung" auf spielerische Art Erstaunliches zutage gefördert. Während die polnischen Jugendlichen eher mit Neid auf ihre deutschen Altersgenossen blicken, auf ihre Art sich auszudrücken und sich durchzusetzen, standen bei den deutschen Schülern viel grundsätzlichere Unterschiede im Vordergrund: die fremde Sprache, die andere Kultur, die Religion.

„Entsprechend ungleich war später auch das Interesse aneinander", sagt Lucyna Winkel-Sobczak, die das Projekt mit Artur Szych und dem Frankfurter Künstler Michael Kurzwelly organisiert hat. „Noch Wochen nach dem Projekt haben die polnischen Jugendlichen immer wieder den Kontakt mit ihren deutschen Altersgenossen gesucht. Sie wollten mehr als ein Projekt, sie wollten die Freundschaften mit den Deutschen aufrechterhalten und ausbauen. Doch die Frankfurter Jugendlichen haben sich längst wieder anderen Dingen zugewandt."

Auch bei den Jugendlichen in Frankfurt und Słubice zeigt sich, was man an der gesamten deutsch-polnischen Grenze, von Stettin im Norden über Guben und Gubin bis nach Görlitz und Zgorzelec beobachten kann. Während Deutschland für die Polen sehr nah und schon selbstverständlich ist, ist Polen den meisten Deutschen immer noch fremd.

„Vielleicht liegt es daran", sucht Lucyna Winkel-Sobczak nach Gründen für das distanzierte Verhalten der Frankfurter Schüler, „dass es in Frankfurt mehr Möglichkeiten gibt. Vielleicht aber ist das Interesse auf deutscher Seite wirklich nicht so stark." Für die Poznańer Künstlerin, die es wie ihren Kollegen Artur Szych immer wieder zur Arbeit mit den Jugendlichen ins Grenzgebiet zieht, hat sich die Arbeit im Projekt „Limit Research" dennoch gelohnt. „Was die Jugendlichen aus Słubice in diesen Tagen erlebt haben, werden sie ihr Leben lang nicht mehr vergessen. Das Zusammenwachsen an der Grenze ist eine Aufgabe für mehrere Generationen."

Neuland

Küstriner Grenzgeschichten

Der neue Übergang

Freitagabend in Küstrin-Kietz. Die Blechlawine rollt nicht, sie steht. Stoßstange an Stoßstange stauen sich die PKW bis auf die Hauptstraße der Ortschaft zurück, die hier noch immer Karl-Marx-Straße heißt. Fahrzeuge mit
Berliner, Brandenburger und polnischen Kennzeichen schieben sich im Stop
and Go in Richtung Grenzübergang. Keinen Ausflug ins Nachbarland haben
die Grenzgänger an diesem Abend im Sinn, sondern die Erledigung von Alltäg-
lichem. Die einen wollen billig tanken oder zum Einkaufen in eines der neuen
Einkaufszentren auf polnischer Seite, die bis spätabends geöffnet haben. Die
andern wollen, nach einer langen Arbeitswoche in Deutschland, in Polen das
Wochenende verbringen.

In Küstrin-Kietz, der kleinen Grenzgemeinde im südlichen Oderbruch, hat
man mit der Blechlawine leben gelernt. Natürlich gibt es auch hier eine Bürge-
rinitiative. Seit Jahren schon fordert sie den Bau einer Umgehungsstraße. Doch
auch in Brandenburg ist man inzwischen knapp bei Kasse. Für die Bewohner
in Küstrin-Kietz sind das keine guten Aussichten. Rollen derzeit an der 235 Kilometer langen Grenze zwischen Brandenburg und Polen jährlich 42,5 Millionen Kraftfahrzeuge in beiden Richtungen über die Grenze, werden es mit
dem Beitritt der mittel- und osteuropäischen Länder zur Europäischen Union
deutlich mehr werden. Bis zum Jahr 2015 rechnet die brandenburgische Landesregierung in Potsdam mit einem Zuwachs von 45 Prozent im Personenver-
kehr. Im Güterverkehr soll der grenzüberschreitende Verkehr sogar um 245
Prozent wachsen.[11]

Neben dem Autobahnübergang Świecko bei Frankfurt (Oder), mit 10 Millionen Grenzübertritten jährlich der größte Übergang zwischen „altem" und
„neuem" Europa, ist der Übergang Küstrin-Kietz mit fünf Millionen Über-
tritten nicht nur der zweitgrößte in Brandenburg. Er ist auch jener Übergang,
an dem die Geschichte der deutsch-polnischen Grenze wie an keinem anderen
aufzuspüren ist. Und dies nicht nur, weil der Übergang inzwischen selbst schon
Geschichte ist.

In Küstrin-Kietz erinnert man sich noch genau an jenen Tag im November
1991, an dem die Regierungen in Warschau und Bonn das „Abkommen über
Grenzübergänge und Arten des grenzüberschreitenden Verkehrs" geschlossen
hatten. Darin wurde nicht nur die Inbetriebnahme alter Oder- und Neißebrücken, sondern auch der Bau neuer Grenzübergänge vereinbart. Das war

auch dringend nötig, schließlich waren von den mehr als hundert Brücken, die vor dem Krieg Oder und Neiße überspannt hatten, im Jahre 1990 nur noch drei in Betrieb.

Der erste Brückenneubau, der im Regierungsabkommen beschlossen wurde, sollte der Übergang vom deutschen Küstrin-Kietz ins polnische Kostrzyn sein. Rund 13 Millionen Mark kosteten der Bau neuer und die Sanierung alter Brücken über die Oder und die Odervorflut. Ein Jahr später, am 21. November 1992, war es schließlich so weit. „Gegen 11 Uhr", erinnert sich Martin Rogge, „traf Ministerpräsident Stolpe ein. Er wurde von den Einwohnern und Gästen sowie vom Bürgermeister von Küstrin-Kietz herzlich willkommen geheißen. Danach begaben sich die deutschen Repräsentanten, gefolgt von Hunderten Menschen, auf die Oderbrücke. Die polnische Seite war auch bereits unterwegs. Auf der Flussmitte wurde der historische Augenblick vollzogen. Brandenburgs Ministerpräsident Manfred Stolpe und der Woiwode von Gorzów Zbigniew Pusz durchschnitten das Band und gaben den Verkehr auf dieser Straße frei. Tosender Beifall von nun Tausenden Deutschen und Polen begleitete diesen feierlichen Akt." [12]

Seine Schilderung beendet Rogge, der Chronist dieser ersten Grenzöffnung auf einer neuen Brücke, mit einer Frage: „Was mag wohl den Menschen bei dieser Szene durch den Kopf gegangen sein: Trecks von Flüchtlingen, Festung Küstrin, Rückzug der Wehrmacht, Einnahme durch die Rote Armee, Kriegsgefangene und Verschleppte nach Osten, Vertriebene nach Westen, geteilte Stadt, eine Brücke, eine Hoffnung, polnischer Markt, einkaufen."

Das „preußische Pompeji"

Die Bilder der Erinnerung, die die Eröffnung der neuen Grenzbrücke bei Martin Rogge ausgelöst haben, zeigten schon damals, dass es keinen Ort im deutsch-polnischen Grenzgebiet gibt, an dem man nicht auf Schritt und Tritt der Geschichte begegnen würde. Nirgendwo war diese Geschichte aber so im Verborgenen gewesen wie in Kostrzyn und nirgendwo zugleich so geheimnisumwittert. Was die Phantasie, vor allem auf der deutschen Seite, so beflügelte, hatte einen Namen, der weit bis in die Anfänge Preußens zurückreichte: Festung Küstrin.

Schon im 16. Jahrhundert ließ der brandenburgische Markgraf Hans von Küstrin die Stadt am Zusammenfluss von Oder und Warthe zu einer Festung ausbauen, die es mit anderen Festungsstädten in Europa aufnehmen sollte. Bald schon zählte Küstrin zu den bedeutendsten Städten in Preußen. Berühmt wurde die Stadt durch den Zwischenstop, den Kurfürst Friedrich III. hier auf dem Weg nach Berlin gemacht hat, nachdem er sich 1701 in Königsberg zum

König Friedrich I. in Preußen hat krönen lassen. Küstrin, das hatte in Preußen einen besonderen Klang. Uneinnehmbar schien die Stadt samt Festung und preußischem Kerker und zugleich wunderschön, eine wahre „Perle der Neumark".

250 Jahre später existierte die Festung Küstrin nicht mehr. Sie war niedergeschossen, abgebrannt, vergessen. Kostrzyn, wie Küstrin nun hieß, wurde von den polnischen Neusiedlern an anderer Stelle wieder aufgebaut. Nicht mehr am östlichen Oderufer, von dem man die mächtigen Mauern der Festungsbastionen bewundern kann, sondern zwei Kilometer weiter östlich, hinter der Mündung der Warthe in die Oder. Die Ruinen der Festung nahm sich der Wald. Von den neuen Bewohnern des polnischen Kostrzyn und den Vertriebenen, die sich auf der deutschen Seite in Küstrin-Kietz niedergelassen hatten, wussten nur wenige von der Existenz dieses „preußischen Pompeji", das da am östlichen Oderufer verborgen lag. Und diejenigen, die es wussten, blieben mit ihrem Wissen allein. Für die Deutschen war die Grenze zum sozialistischen „Bruderland" unpassierbar. Selbst in den siebziger Jahren gab es zwischen Küstrin-Kietz und Kostrzyn keinen Übergang. Für die polnischen Bewohner war das ehemalige Festungsgelände wegen der Roten Armee, die sich auf der Oderinsel auf der deutschen Seite niedergelassen hatte, militärisches Sperrgebiet.

Die schwierige Erinnerung

Nicht nur für Martin Rogge war die Öffnung der Grenze im Jahre 1992 ein besonderes Datum, sondern auch für Karl-Heinz Henschel. 47 Jahre lang hatte der pensionierte Lehrer Küstrin nicht mehr gesehen. Nun ging er über die neue Brücke. „Natürlich wollte ich sehen, was von der Festung übrig blieb", sagt der heute 77-Jährige. „Es war schlimm", meint er schließlich kopfschüttelnd. „Nichts war mehr da, nicht einmal mehr die Ruinen, alles überwuchert, über die Geschichte ist Gras gewachsen."[13]

Henschel sitzt im Wintergarten seines Hauses am Ortsausgang von Küstrin-Kietz in Richtung Manschnow. 1939 war er mit seiner Familie aus der Innenstadt von Küstrin in die „Lange Vorstadt" gezogen, wie Kietz vor dem Krieg hieß. Doch sein Zuhause war die Altstadt auf der Festung. Hier war er in die Schule gegangen, hier kannte er jede Gasse, jedes Haus, jeden Winkel. Wenn er die alten Fotos auf den Tisch legt, wundert sich Henschel manchmal, dass die Jüngeren die beiden Bilder seiner Stadt nicht mehr zusammenbekommen, das heutige Bild der untergegangenen Stadt, von der nur noch ein paar Ruinen geblieben sind, und das der engen, dicht bebauten Altstadt vor dem Krieg.

„8.278 Häuser, ein Dutzend Straßen, Marktplatz, Rathaus und sogar ein Schloss, das war Küstrin", sagt Henschel und reicht die Fotos. „Hier an der

Ecke, da war die Bäckerei Tränkler, da bekam ich als Kind immer eine Schnecke für einen Sechser." Wenn Henschel selbst auf die alten Fotos blickt, fällt ihm wieder ein, dass auch er diese beiden Bilder nicht zusammengebracht hatte, an jenem Tag im Jahr 1992, als er zum ersten Mal nach fast 50 Jahren das alte Küstrin wieder sah. Oder das, was von ihm übrig geblieben war.

Karl Heinz Henschel weiß, dass seine Geschichte auch die dieser Grenze ist. Und die des schwierigen Verhältnisses zwischen Deutschen und Polen. Mehrmals im Monat führt er deshalb Besuchergruppen, aber auch Einzelpersonen über die neue Grenzbrücke durch die Ruinen der Altstadt. Gleich nach der Wende hat er mit dieser Form der Erinnerungsarbeit angefangen. Hat alte Küstriner, Bundesgrenzschützer, Vogelfreunde und Schulklassen durch sein altes Küstrin geführt und ihnen gezeigt, wo sie stand, die Bäckerei Tränkler. Alle waren sie gekommen und wollten diesen Ort sehen, von dem in der DDR die Legende ging, in den Wäldern, gleich hinter der polnischen Grenze, befinde sich eine „untergegangene Stadt".

Und Karl-Heinz Henschel hat angefangen, von seiner eigenen Geschichte zu erzählen, nicht nur der als Schüler und Lehrer oder später der als stellvertretender Bürgermeister, sondern auch der schwierigeren. Und die heißt bei Karl-Heinz Henschel Waffen-SS.

„Eigentlich", beginnt Henschel mit dieser Erzählung, „wollte ich Gutsinspektor werden. Doch daraus wurde nichts. Im März 1943 wurde ich zur Artillerie gemustert, 17 Jahre alt war ich damals, und am 1. September 1943 haben sie mich zur Waffen-SS gezogen. Ich war kein Freiwilliger, wollte mich aber auch nicht verweigern, dann hätte ich vor einem Kriegsgericht gestanden."

So stand Henschel mit seiner Panzereinheit vor dem Kessel von Tarnopol, kämpfte um die Brücke von Arnheim und wollte im April 1945, wie er es selbst sagt, „mit einem Kumpel allen Ernstes Berlin verteidigen, freiwillig, mit nichts mehr in der Hand als zwei Panzerfäusten".

Heute sagt Henschel, sei er froh, dass er nicht in andere Einheiten abkommandiert wurde. „Was hätte ich gemacht, wenn sie mich als Aufseher in ein KZ geschickt hätten?" Seine ganz persönliche Kriegslektion hat er dennoch bekommen. Ein befreundeter Holländer hat sie ihm beigebracht. „Du warst doch bei Arnheim", hatte der ihm eines Tages gesagt. Henschel hatte genickt, worauf ihm der Holländer ein Foto gezeigt hatte. „Auf dem Foto war ein Mann zu sehen, erschossen, er hing leblos überm Gartenzaun." In dem Moment wusste Karl Heinz Henschel, dass er im Krieg wohl einen Menschen erschossen hatte. „Ich konnte mich gut an diese Gegend, an die Häuser, an den Zaun erinnern, auch wenn damals großer Nebel war. Von der anderen Seite kam Geschützfeuer, ich habe mit dem Maschinengewehr dagegengehalten. Es kann gar nicht anders sein, als dass ich diesen Menschen auf dem Gewissen habe. Aber so war das eben, es war Krieg. Man musste schießen, um nicht erschossen zu werden."

Dass Henschel auch über diese Ereignisse spricht und nicht nur, wie viele seiner Generation, über die Zeit davor oder die der Gefangenschaft, zeigt, dass er im Laufe der Jahre mit sich selbst ins Reine gekommen ist. Seinen bescheidenen Beitrag zur deutsch-polnischen Aussöhnung will er leisten, nicht nur, indem er mit seinen Führungen Leute zusammenbringt oder Kontakte herstellt zwischen Schulen und Altenheimen, sondern auch, indem er die Wahrheit sagt, auch die über sich selbst. In Kostrzyn weiß man diese Ehrlichkeit zu schätzen. Dort sitzt Karl-Heinz Henschel manchmal mit seinen polnischen Freunden zusammen und schaut auf die alten Fotos vom Schloss, dem Rathaus, den engen Gassen. „Mittlerweile", sagt er, „ist das ehemals deutsche Küstrin für die polnischen Bewohner genauso zur Heimat geworden, wie es meine ist. Der Unterschied ist nur der, dass sie nicht mehr gesehen haben, wie schön diese Stadt war."

Die neuen Siedler

Auch Jan Jarzebiński hatte einmal Neuland betreten. Im April 1945 war das. Damals kam der heute 87-Jährige nach Kostrzyn, wie Küstrin nun hieß, als einer der ersten Siedler der polnisch gewordenen Stadt. „Es ist ein Wunder, dass hier überhaupt jemand wohnen konnte", erinnert sich der ehemalige Postbeamte. Der erste Anblick muss schrecklich gewesen sein. Von den 8.278 Gebäuden, die die Küstriner Altstadt einmal zählte, hatten nur fünf die dreiwöchige Schlacht zwischen der Wehrmacht und der Roten Armee überstanden.[14]

Die Pioniereinheit, mit der Jan Jarzebiński im April 1945 nach Kostrzyn kam, hatte die Aufgabe, das Postwesen wieder aufzubauen. „In der Stadt blieben uns drei Postämter, einige Dutzend Deutsche, die hier nach dem Fall Berlins zurückgekehrt waren, ein russischer Armeekommandant mit seiner Garnison am Bahnhof und ein einziger Steinbruch." Um die Post zu reorganisieren, brauchte Jarzebiński die Deutschen. „Aber im Herbst kam unsere Armee", erinnert er sich. „Sie trieb die Deutschen auf die Straße. Zwanzig Minuten hatten sie, um ihr Gepäck zu packen, dann ging es auf die Lastwagen und über die Oder". Jan Jarzebiński fragte sich damals: „Wer wird mir jetzt die Post wieder aufbauen?"

Die Post wurde wieder aufgebaut, auch ohne die Deutschen. Auch die zerstörten Eisenbahnbrücken wurden wieder instand gesetzt, so dass sich Kostrzyn schnell zu einem wichtigen Verkehrszentrum im Westen Polens entwickelte. Zwei Bahnlinien kreuzten sich hier, die Nord-Süd-Strecke von Szczecin nach Słubice, und die Ost-West-Strecke, die von nun an nur nach Osten führte, ins 50 Kilometer entfernte Landsberg an der Warthe, das nun

Gorzów Wielkopolski hieß. Neun Jahre später wurde die Zellstofffabrik wiedereröffnet, aus dem Armeestandort wurde eine zivile Stadt.

Nur die Altstadt wurde nicht wieder aufgebaut. Wie das deutsche Frankfurt wandte sich auch das polnische Kostrzyn von der Oder ab. Über die Geschichte wuchs, wie es Karl-Heinz Henschel sagt, Gras.

Stalins Lineal

Eine „Friedensgrenze" war die neue Grenze, deren Verlauf in der Konferenz von Potsdam im Juli und August 1945 festgelegt wurde, nie gewesen, auch wenn es die Propaganda der sozialistischen „Bruderländer" DDR und Volksrepublik Polen später immer wieder behaupten sollte. Von einer „Oder-Neiße-Konfliktgrenze" zu sprechen, wäre, zumindest in der zweiten Hälfte der vierziger Jahre, treffender gewesen. Um kaum eine Nachkriegsgrenze wurde in Europa derart gerungen wie um die zwischen den Deutschen und Polen.

Dass die Nachkriegsordnung in Europa vor allem die Grenzen Polens betreffen würde, war bereits beim Treffen der „großen Drei" im November 1943 in Teheran deutlich geworden. Auf der Teheraner Konferenz hatten sich Josef Stalin, Winston Churchill und Theodor Roosevelt darauf geeinigt, Polen wie „einen Schrank" in Richtung Westen zu verschieben. Dass die neue Grenzziehung nicht nur zu Lasten Deutschlands, sondern auch zu Lasten Polens gehen würde, darauf hatte die polnische Exilregierung in London ein ums andere Mal hingewiesen. Nicht nur hätte Polen mit Wilna und Lemberg zwei Städte an die Sowjetunion verloren, in denen die polnische Bevölkerung die Mehrheit stellte und die als mythische Orte der polnischen Kultur galten. Auch die Integration der deutschen Bevölkerung in den vorgesehenen polnischen Westgebieten wurde von der polnischen Regierung als nahezu unmöglich betrachtet. Dass dieses „Problem" später einmal mit der Vertreibung von drei Millionen Deutschen aus Schlesien, Pommern und Ostpreußen „gelöst" werden würde, stand damals noch außerhalb des Vorstellungsvermögens.[15]

Doch schon bei der zweiten Konferenz, die sich mit der europäischen Nachkriegsordnung beschäftigte, waren die Würfel gefallen. Nicht mehr die polnische Exilregierung war nun der Verhandlungspartner der aus den USA, Großbritannien und der Sowjetunion bestehenden Anti-Hitler-Koalition, sondern die moskautreue Führung der polnischen Kommunisten unter Edward Osóbka-Morawski. Anders als die Exilregierung bestand Osóbka-Morawski im Februar 1945 in Jalta nicht auf der Zugehörigkeit Wilnas und Lembergs zu Nachkriegspolen, sondern setzte ganz darauf, den „Schrank" noch weiter nach Westen zu verschieben als es ursprünglich geplant war. Damit hatte sich in Polen die „piastische" gegenüber der „jagiellonischen Idee" durchgesetzt. Im

Gegensatz zu letzterer, die Polens Zukunft in der Zwischenkriegszeit eher im Osten und damit in einer multikulturellen Umgebung gesehen hatte, betonten die Vertreter der „piastischen Idee" und des „Westgedankens", dass Polen zu seinen „urpolnischen Gebieten" an Oder und Neiße zurückkehren müsse, die bis dahin von den Deutschen nicht rechtmäßig bewohnt, sondern lediglich okkupiert worden seien.[16]

Mit der Vereinbarung zwischen den Alliierten und Edward Osóbka-Morawski in Jalta sollte aber ohnehin nur bekräftigt werden, was längst beschlossene Sache war. Bereits am 26. Juli 1944, also schon sieben Monate vor der Konferenz auf der Krim, hatte die Sowjetregierung mit den polnischen Kommunisten ein Geheimabkommen über die Westgrenze Polens unterzeichnet. In diesem „Lubliner Abkommen" war festgelegt worden, dass nicht die Glatzer Neiße, wie noch in Teheran vorgesehen, die neue Grenze markieren sollte, sondern die weit westlicher gelegene Lausitzer Neiße bei Görlitz. Damit war auch das Schicksal Niederschlesiens besiegelt. Nicht nur Breslau, die zweitgrößte Stadt des ehemaligen Preußen, sollte fortan polnisch werden, sondern auch Städte wie Hirschberg oder Waldenburg.

Ganz wohl war den Westalliierten aber nicht, als sie bei der Schlusskonferenz in Potsdam im Juli und August 1945 diesem Grenzverlauf den diplomatischen Segen gaben. Churchill, der sich noch im Dezember 1944 für die „vollständige Entfernung der Deutschen aus den Gebieten, die Polen im Norden und Westen gewinnt"[17] ausgesprochen hatte, soll nun sogar vor einer „Überfütterung der polnischen Gans" gewarnt haben. Doch weder Churchill noch der unerfahrene Republikaner Harry S. Truman, der in Potsdam statt des diplomatisch gewandten Demokraten Theodor Roosevelt die Vereinigten Staaten von Amerika vertrat, konnten oder wollten sich gegen Stalin durchsetzen.

In welcher Atmosphäre in diesen Jahren über das Schicksal von Millionen entschieden wurde, berichtet in seiner Memoiren der damalige General der unter sowjetischer Führung stehenden polnischen Armee, Zygmunt Berling. Im Januar 1944, also noch vor der Konferenz von Jalta, wurde Berling in den Kreml zitiert. Dort habe Stalin bereits eine große Landkarte ausgebreitet. Mit einem Rotstift, erzählt Berling, habe Stalin ohne abzusetzen eine Linie gezogen, die bei Dievenow (dem heutigen Dziwnów) an der Mündung des östlichen Arms der Oder in die Ostsee begann, am Ostufer der Insel Wollin entlang ins Stettiner Haff führte, von dort nach Stettin und schließlich weiter flussaufwärts bis zur Mündung der Lausitzer Neiße. „Das wird Euch gehören", habe Stalin gesagt und gefragt: „Na, wird es so gut sein?"[18]

Doch das war Berling noch nicht gut genug. Zögerlich wandte der polnische General ein, dass der Stettiner Hafen bei dem von Stalin vorgeschlagenen Verlauf der Grenze keinen direkten Zugang zum Meer habe. Stalin, erinnert sich Berling, habe gestutzt, etwas in seinen Schnurrbart gemurmelt, ein Lineal von seinem Schreibtisch geholt, es mit dem einen Ende westlich von Swinemünde und mit dem anderen südlich von Stettin angelegt, die beiden Punkte mit einer Geraden verbunden, und gefragt: „Wird es so richtig sein?"

Es war richtig. Am 31. Juli 1945 stimmten die Alliierten im Potsdamer Schloss Cecilienhof der neuen Grenze zu. Doch damit war die Diplomatie ohnehin nur der Geschichte gefolgt. Bereits am 2. März 1945 war das gesamte Eigentum der deutschen Flüchtlinge, die vor der Roten Armee in Richtung Westen geflohen waren, beschlagnahmt und dem polnischen Staat zugesprochen worden. Knapp zwei Wochen später, am 14. März 1945, hatte die polnische Verwaltung die Gründung von vier neuen Woiwodschaften – Masuren, Oberschlesien, Niederschlesien und Pommern – bekannt gegeben, denen später noch Danzig folgen sollte. Und noch bevor in der Konferenz von Potsdam beschlossen wurde, dass die deutsche Bevölkerung aus den neuen polnischen Gebieten nach Westen in „geordneter" und „humaner" Weise übergesiedelt werden sollte, waren 400.000 Deutsche vertrieben worden. Die Politik der ethnischen Säuberungen, die 1939 von Nazi-Deutschland in Polen begonnen wurde, hatte nun angefangen, sich gegen die eigene Bevölkerung zu richten.

Unsichere Oder-Neiße-Grenze

So zufrieden Zygmunt Berling, der moskautreue polnische General, mit dem Ergebnis der Potsdamer Konferenz sein konnte, so unglücklich waren darüber die deutschen Kommunisten. Namentlich mit der Zugehörigkeit Stettins zur künftigen Volksrepublik Polen wollte sich die neugegründete SED nicht abfinden. Mehrfach wurden Stimmen für eine Grenzrevision laut. Und sie fanden Gehör. So forderten etwa die stellvertretenden Außenminister der USA, Frankreichs und Großbritanniens 1947, Stettin an die Deutschen zurückzugeben.[19] An der deutsch-polnischen Grenze endete nicht nur der Zweite Weltkrieg. Hier begann, Ende der vierziger Jahre, auch der Kalte Krieg.

Die polnische Regierung ihrerseits ließ nichts unversucht, die Grenze noch weiter in Richtung Westen zu verschieben. Im Mittelpunkt der Streitigkeiten stand die Kontrolle über die Fahrrinne durch das Stettiner Haff in Richtung Ostsee.[20] Die deutsch-polnische Zeitschrift *Transodra* kommentierte 50 Jahre später: „Die nur scheinbar periphere Auseinandersetzung macht deutlich, wie unter der Decke der Völkerfreundschaft der Kleinkrieg tobte, wie um die Hilfe des großen Bruders gebuhlt wurde, vor allem aber wie abgrundtief das Misstrauen war, dass die beiden Nachbarn voneinander trennte."[21]

Nicht nur um Stettin stritten sich deutsche und polnische Kommunisten, sondern auch um Görlitz und Guben. Wegen des Grenzverlaufs an der Lausitzer Neiße waren beide Städte 1945 geteilt worden. Die westlich des Flusses

gelegenen Stadtteile blieben deutsch, während die östlichen Stadtteile nun polnisch wurden und Gubin und Zgorzelec hießen. Wilhelm Pieck, der spätere
erste Staatspräsidenten der DDR, versicherte im Namen der SED noch im
Sommer 1946, dass er für eine Revision dieser Grenzentscheidung eintrete. In
einem Vortrag in seiner Geburtsstadt Guben sagte Pieck, „dass eines Tages auch
der jenseits der Neiße liegende Teil der Stadt Guben wieder unter deutsche Verwaltung gestellt" werde.[22] Deutsche Revisionisten gab es nicht nur bei den Vertriebenenverbänden und Landsmannschaften in den westalliierten Besatzungs-
zonen, sondern auch bei der SED.

Erst langsam begann man, sich mit der neuen Grenze abzufinden. Im
Sommer 1947 rang sich die SED-Führung dazu durch, die Oder-Neiße-
Grenze anzuerkennen. Drei Jahre später schließlich war es soweit. Mit dem am
6. Juli 1950 vom polnischen Regierungschef Józef Cyrankiewicz und dem
DDR-Ministerpräsident Otto Grotewohl im Kulturhaus von Zgorzelec, der
ehemaligen Oberlausitzer Ruhmeshalle, unterzeichneten „Görlitzer Vertrag"
wurde der neuen Grenze die Weihe einer „unantastbaren Friedens- und
Freundschaftsgrenze" zuteil, „die die beiden Völker nicht trennt, sondern ei-
nigt".

In der Bundesrepublik Deutschland sollte es sogar bis 1970 dauern, bis mit
dem Besuch Willy Brandts in Warschau der Vertrag über die Grundlagen der
Normalisierung der gegenseitigen Beziehungen beschlossen wurde. Völker-
rechtlich anerkannt wurde die Oder-Neiße-Grenze schließlich im Grenzver-
trag vom 14. November 1990. Im Potsdamer Abkommen war festgelegt
worden, dass eine endgültige Entscheidung über den Grenzverlaufs den sou-
veränen Staaten Deutschland und Polen vorbehalten sei. Souverän aber war
Deutschland erst mit den Zwei-Plus-Vier-Verträgen, der Vereinigung am
3. Oktober 1990 und dem Ende der alliierten Besatzung geworden.

Küstriner Grenzen

Auch Küstrin wurde nach dem Potsdamer Abkommen zur geteilten Stadt.
Die Ruinen der Altstadt sowie die am nördlichen Wartheufer gelegene Neustadt wurden nun zum polnischen Kostrzyn. Die Oderinsel und die ehemalige
Lange Vorstadt gehörten zur sowjetischen Besatzungszone und damit zur späteren DDR. An ein normales Leben sollte jedoch in beiden Teilstädten noch
für Jahre nicht zu denken sein. „Schon gleich nach der Teilung", erinnert sich
Marian Firsz, der Anfang der neunziger Jahre zum Bürgermeister gewählt
wurde, „wurden alle Städte und Dörfer an der neuen polnischen Westgrenze
für einen 10-Kilometer-Streifen verwüstet."

Auf der Küstriner Festung grub man die Pflastersteine aus und schaffte sie mit Güterwaggons nach Warschau, wo der Wiederaufbau der Altstadt begonnen hatte, das Symbol der Wiederauferstehung Polens nach der Zerstörung seiner Hauptstadt durch die Deutschen. Die Reste der Küstriner Häuser und auch der Pfarrkirche wurden gesprengt. Nur die Schlossruine ließ man bis 1970 stehen. Vielleicht kam die Tragödie, die sich hier am 6. November 1730 ereignete, der neuen Propaganda entgegen. An diesem Tag musste Friedrich II., besser bekannt als Friedrich der Große, aus seinem Gemach im Schloss mit zusehen, wie sein Jugendfreund Hans Hermann Katte enthauptet wurde. Theodor Fontane hat sich dieser „preußischen Tragödie", ausgelöst durch Kattes und Friedrichs geplante Flucht vor dem preußischen Drill und beendet durch das Urteil des Soldatenkönigs Friedrich Wilhelm I., in seinen „Wanderungen durch die Mark Brandenburg" ausführlich angenommen. Er kam zu dem Schluss, dass seitdem „etwas Finster-Unheimliches" um den Ort sei.

Finster und unheimlich war es in dieser Stadt immer wieder, nicht nur, weil sie seit dem Ausbau zur Festungsstadt unter dem Brandenburger Markgrafen Hans von Küstrin ab 1537 und dem Gefängnisbau unter Friedrich Wilhelm 1643 zum Symbol des preußischen Militarismus geworden war. Selbst als die ersten Panzer der Roten Armee im Januar 1945 die Innenstadt von Küstrin erreichten, wurde die Stadt noch einmal, diesmal ein letztes Mal, zur Festung erklärt. Bis zum letzten Blutstropfen sollte SS-General Heinz Reinefahrt die Stadt verteidigen und so den Vormarsch der sowjetischen Truppen auf Berlin stoppen. „Jener SS-General Reinefahrt", sagt Karl-Heinz Henschel, „der schon 1944 in Warschau den Aufstand niedergeschossen hatte und seitdem in Polen als ‚Henker von Warschau' gilt."

Zwei Monate dauerten die Kämpfe um die Festung. Zwei Monate, in denen fünftausend Wehrmachtssoldaten, neuntausend Volkssturmleute und sechstausend Rotarmisten ihr Leben ließen. Einer allerdings überlebte. Heinz Reinefahrt machte sich eines Nachts im letzten Panzer, den die Wehrmacht noch hatte, aus dem Staub und später in der Bundesrepublik Karriere – als Bürgermeister von Sylt und Abgeordneter des schleswig-holsteinischen Landtags.

Finster und unheimlich war es in Kostrzyn auch im Frühjahr 1968. Eines Nachts, sagt Henschel, rollten wieder die Panzer. Eine sowjetische Panzerarmee war mobil gemacht worden, stationiert auf der zur DDR gehörenden und zum militärischen Sperrgebiet gehörenden Oderinsel. „Die Panzer", sagt Henschel, „rollten über die Brücke nach Polen in Richtung ČSSR. Dort sollten sie zusammen mit den anderen Truppen des Warschauer Paktes den Prager Frühling niederschlagen."

Gemeinsame Geschichte

Inzwischen ist viel Zeit vergangen an der deutsch-polnischen Grenze, auch in Küstrin-Kietz und Kostrzyn. Für viele ist die Geschichte, die die Stadt 1945 teilte, sogar zur „gemeinsamen Geschichte" geworden. Nicht nur Karl-Heinz Henschel, sondern auch polnische Lehrer führen die Besuchergruppen über die Reste der Festung, hüben wie drüben gibt es einen Heimatverein, der sich mit der Geschichte der Stadt beschäftigt, und selbst das Wort „Festung" hat inzwischen seinen bedrohlichen Charakter verloren. Nachdem Marian Firszt, der erste Nachwendebürgermeister, 1994 die Ruinen der Altstadt hat freilegen lassen, haben sich Kostrzyn, Berlin-Spandau und das Brandenburgische Städtchen Peitz bei Cottbus zu einem „deutsch-polnischen Städtebund" zusammengetan. Alle drei Städte waren im 16. Jahrhundert als Festungsstädte gebaut worden. Mit dem Bau der Bastionen war hier wie dort der italienische Baumeister Francesco Chiamarella beauftragt worden. Die Festungstage, die seitdem regelmäßig in Kostrzyn, Spandau und Peitz stattfinden, begreift Firszt auch als Hinweis darauf, dass Geschichte nicht nur trennen, sondern dass sie auch auch wieder verbinden kann.

Welche Geschichte es ist, die Deutsche und Polen in Küstrin und Kostrzyn verbindet, daran lässt Gregorz Tomczak keinen Zweifel. Als Symbol des preußischen Militarismus betrachtet Firszts Nachfolger im Amt des Bürgermeisters die ehemalige Festung jedenfalls nicht mehr. „Wir sehen die Festung als Ursprung der Geschichte Küstrins, als Teil des europäischen Kulturerbes."

Geschichte wird an der Oder wieder groß geschrieben, auf beiden Seiten der Grenze. Es ist allerdings eine andere Geschichte als die, die auf den Konferenzen von Teheran, Jalta und Potsdam zur Teilung des Kontinents und der Städte an Oder und Neiße geführt hat. Die neue Geschichte, die sich in Kostrzyn und Küstrin, aber auch in Görlitz und Zgorzelec, in Frankfurt (Oder) und Słubice, in Guben und Gubin und in den ehemals deutschen und nun polnischen Metropolen Szczecin und Wrocław zeigt, hat viel mit der jungen Generation der Bewohner im Grenzgebiet zu tun, mit den Kindern und Enkeln der Neusiedler auf der polnischen und der Vertriebenen auf der deutschen Seite. Nicht mehr um nationale Geschichtserzählung und Erinnerungskultur geht es da, um Mythenbildung oder Ideologie, sondern um die Spuren der Vergangenheit, die Bewahrung des kulturellen Erbes, die Pflege der Friedhöfe, den Wiederaufbau zerstörter Gebäude. Als „Akt der Selbstvergewisserung", schreibt der Historiker Gregor Thum in seiner Nachwendegeschichte über Breslau/Wrocław, habe die Beschäftigung mit der Lokalgeschichte „in dem Maße an Bedeutung gewonnen, wie Gesellschaften mobil wurden und überall der Anteil derer wuchs, die nicht mehr über Generationen fest mit einem Ort verbunden waren".[23]

Es ist die Suche nach der „kleinen Heimat", wie es in Polen heißt, oder nach der Regionalgeschichte, wie man in Deutschland sagt. Beiden gemeinsam ist diesen Suchbewegungen, dass sie als „Akt der Selbstvergewisserung" eine andere Identität zum Ziel haben als nur eine ethnische oder nationale. Nicht selten findet diese Suche nach einer regionalen Identität sogar zusammen statt, wie sich in Kostrzyn zeigt.

Auch Józef Piątkowski ist längst davon überzeugt, dass es nicht nur die Gegenwart, sondern auch die Geschichte ist, die Deutsche und Polen wieder zusammenführt. Seit über zwanzig Jahren lebt Piątkowski nun in Kostrzyn und unterrichtet am dortigen Gymnasium Geschichte. In seiner Freizeit führt er wie Karl-Heinz Henschel Touristengruppen über das Ruinenfeld. „Das ist die Geschichte des Ortes, in dem wir leben. Die Häuser haben sich nichts zuschulden kommen lassen", sagt er. Ähnlich wie Henschel, der Lehrer aus Deutschland, berichtet Piątkowski, der Lehrer aus Polen, über das Alltagsleben in der preußischen Garnisonstadt Küstrin, den Bau des Schlosses vor siebenhundert Jahren und über Katharina Brunswick, die sich um die Armen in der Stadt sorgte.

Manchmal sogar treibt die gemeinsame Suche nach den regionalen Wurzeln der eigenen Geschichte auch Blüten. In Kostrzyn, so will es die Stadtverwaltung seit Ende der neunziger Jahre, soll die ehemals preußische Festung wieder aufgebaut werden. „Wenn die Altstadt heute so aussehen würde wie vor dem Krieg, wäre Küstrin eine Perle der Baukunst", rührte der damalige Bürgermeister Grzegorz Tomczak schon 2001 die Werbetrommel. Seine Vision: „Jetzt bauen die Polen die preußische Festung wieder auf."

Virtual Kostrzyn

Zwei Zimmer vom Bürgermeisterbüro im Rathaus von Kostrzyn entfernt, ist die Vision bereits Wirklichkeit. Auf den Bildschirmen im Büro für Stadtmarketing kann man sich auf einen virtuellen Spaziergang durch die wieder aufgebaute Altstadt begeben, kann zwei Minuten und siebzehn Sekunden lang vom Marktplatz durchs Apothekergässchen schlendern, die bunten Altstadthäuschen und das rekonstruierte Schloss besichtigen. Auf den Ruinen der alten Gebäude, so sieht es der städtebauliche Masterplan des Stettiner Architekturprofessors Stanisław Latour vor, sollen neue, postmoderne Gebäude entstehen, die sich in Form und Größe an die historischen Vorbilder halten. Vorbild des Projekts ist der Wiederaufbau der Stettiner Altstadt, der seit der Wende unterhalb des Schlosses der Pommerschen Herzöge begonnen wurde. Auch der Bauherr soll derselbe sein, die Wohnungsbaugenossenschaft Podzamcze aus Szczecin. Nicht kleckern, sondern klotzen – mit dieser Devise will man in Küstrin den neuen, den europäischen Herausforderungen begegnen.

Karl-Heinz Henschel hat die Fotos des alten Küstrin wieder in die Klarsichthüllen gepackt. Kann er sich wieder vorstellen, dass aus beiden Bildern, dem ehemaligen und dem zerstörten Küstrin, bald schon wieder eins wird? Er überlegt, schüttelt den Kopf, man merkt, es ist ihm nicht ganz wohl bei der Sache. Auf der einen Seite will er die polnischen Verantwortlichen nicht kritisieren. Immerhin hat er in Kostrzyn inzwischen Freunde gewonnen. Auf der anderen Seite hält er wenig von den Wiederaufbauplänen. „Das wäre eine Fälschung. Man kann die Geschichte nicht mehr rückgängig machen", sagt er schließlich. „Stattdessen sollte man lieber die Ruine erhalten und zu einem Freiluftdenkmal ausbauen. Wo sonst kann man die Schrecken des Krieges noch in dieser Weise betrachten wie hier."

Was Henschel als seine „Privatmeinung" betrachtet, haben andere Bewohner aus Küstrin-Kietz inzwischen zum Politikum gemacht. „Dass die Polen die nun von Trümmern freigelegte Altstadt neu bebauen wollen, halten wir für einen schweren Fehler", heißt es in einem Küstriner Appell, den am 5. Mai 2003 auch Martin Rogge, der Chronist der Grenzöffnung, unterzeichnet hat. „Nachdem Stettin, Görlitz, Breslau und andere Städte Westpolens aus Trümmern neu entstanden sind, ist die zerstörte Küstriner Altstadt das einzige Flächendenkmal, das an den Wahnsinn des Zweiten Weltkrieges erinnert."

Doch sowohl der Brandenburgische Ministerpräsident Matthias Platzeck als auch die polnische Regierung, an die der Appell gerichtet war, halten sich in dieser Frage zurück. Der deutsch-polnische Zwist um den Wiederaufbau der Küstriner Altstadt soll die neugewonnene Sicht auf die Geschichte, die nicht nur trennt, sondern auch verbindet, nicht gefährden.

Das wird sie wohl auch nicht. Denn inzwischen glaubt in Küstrin keiner mehr, dass „Virtual Kostrzyn", wie der Wiederaufbau nicht ohne unfreiwillige Komik heißt, einmal Wirklichkeit wird. Zu deutlich ist die Botschaft, die von den vier Ruinen ausgeht, die gleich hinter dem Grenzübergang Küstrin-Kietz und Kostrzyn aus dem Sand ragen. Es sind keine Hinterlassenschaften des Krieges, die da zwischen Altstadt und Basar stehen, sondern neue Investitionsruinen. Wo der Wiederaufbau der Küstriner Altstadt einmal im Probelauf beginnen sollte, trifft der Blick heute auf eingeschlagene Fenster und eingetretene Bauzäune. Selbst das Bauschild ist inzwischen Geschichte. Die Wohnungsbaugesellschaft „Podzamcze", deren Telefonnummern mögliche Interessenten locken sollte, ist vor einiger Zeit Pleite gegangen.

Wasserstand

Bilder von Deutschen und Polen

Von Lubiąż...

Krzysztof Wapińscy ist noch müde. Bis in die Nacht hat er gearbeitet, hat die Chefs seiner Firma, dem Kabelwerk im nahe gelegenen Lubin, von einem Termin zum nächsten chauffiert, zum zweiten Mal schon in dieser Woche. Und nachher, nach dem Frühstück, geht es wieder los. Da bleibt wenig Zeit für Anna, seine Frau, und die beiden Kinder. „Ohne Arbeit", sagt Krzysztof Wapińscy, „kein Geld. Und ohne Geld keine Reparatur."[24]

Krzysztof Wapińscy steht vor seinem Haus in der ulica Kolejowa in Lubiąż, in der linken Hand eine Kaffetasse, mit der Rechten zeigt er auf die Fassade. Fast auf die Fußspitzen muss er sich stellen, um die Stelle zu erreichen, bis zu der damals, im Juli 1997, das Wasser reichte. Lubiąż ist kein gewöhnlicher Ort, Lubiąż liegt an der Oder.

Das Haus der Wapińscys steht nicht, wie die meisten Häuser und Höfe oder das mächtige Zisterzienserkloster, auf einem der Hügel am Oderufer, sondern drunten auf den Wiesen, im Schwemmland. Natürlich weiß Krzysztof Wapińscy, dass er hier auf unsicherem Grund lebt, dass die Oder zweimal im Jahr, im Frühjahr, wenn die Schneeschmelze in den Bergen begonnen hat, und im Sommer, wenn der Regen kommt, Hochwasser trägt, dass es immer wieder passieren kann, dass er sich auf die Fußspitzen stellen muss, um auf das Ausmaß der Schäden hinzuweisen. Doch das, was sie hier ihr eigen nennen, wiegt den Wapińscys mehr als das, was sie wieder verlieren können. „Hier ist alles Natur", sagt Krzysztof Wapińscy und holt wie zum Beweis Erdbeeren aus dem Garten, „die ersten in diesem Jahr". Dann erzählt er, soviel Zeit muss sein, bevor es wieder zur Arbeit geht, von den Neubaublocks in Lubin, in denen die Familie vorher gewohnt hat, 20 Kilometer von Lubiąż entfernt. „Da war alles grau und öde, kein Garten, keine Erdbeeren, keine Obstbäume und nicht dieser Blick aufs Kloster, die Wiesen." Nun haben sie alles, und ein zweistöckiges Haus aus der Gründerzeit dazu, ein „rotes Haus", wie die geziegelten Häuser hier immer noch heißen, die einstigen Häuser der Deutschen. Doch das ist lange her, seitdem ist auch in Lubiąż viel Wasser die Oder hinuntergeflossen.

Als die Wapińscys in Lubiąż ihren Garten Eden gefunden haben, war das Wasser, das man später „Jahrhunderthochwasser" nannte, schon da gewesen. Anna, Krzysztof und die Kinder gehören nicht zu den Opfern der Flut, sondern zu ihren Gewinnern. Zwei Jahre nach der Flut haben sie das Haus gekauft, über den Preis will Krzysztof nicht reden. Es wird ein Spottpreis gewesen sein, die alten Bewohner, ein Ehepaar, beide schon Rentner, haben die Folgen der Flut, die fast bis in den ersten Stock reichte, nicht mehr bewältigt. Sie sind nach Legnica gezogen, die Industriestadt 30 Kilometer weiter. In einen Plattenbau.

Krzysztof geht ins Haus, auch im Treppenhaus sind Markierungen angebracht, auf halber Treppe in den ersten Stock die höchste. „Eine Woche hat es damals gedauert, bis der Pegel wieder gesunken ist. Die Reparaturen dauern bis heute." Eilig nimmt er einen Schluck Kaffee, es ist acht, dass die Nacht kurz war, spielt für die Chefs im Kabelwerk keine Rolle. „Vielleicht", hofft er, „komme ich heute Abend früher nach Hause". Die neuen Leitungen im Bad müssen noch verputzt werden. „Die Sanierung des Hauses, die geht hier Stück für Stück voran, Zimmer für Zimmer, immer so, wie das Geld reicht." Die Jahrhundertflut an der Oder ist den Wapińscys, den Flutgewinnlern, so etwas wie eine persönliche Jahrhundertaufgabe geworden.

...nach Lebus

Etwa 250 Kilometer flussabwärts bereitet sich Regine Wurdinger auf die Saison vor. Saison, das bedeutet in Lebus vor allem Radtourismus, die einzige Wachstumsbranche auf dieser Seite des Flusses. Da heißt es, die beiden Ferienwohnungen im Siebzigerjahreanbau des Wohnhauses auf Vordermann zu bringen und, wenn nötig, die Boote am Anleger zu flicken.

Die Vermietung betreibt Regine Wurdinger wie die Wapińscys im Nebenberuf, hauptberuflich ist sie Kneipenbesitzerin und Köchin in einem, gleich nebenan in der „Schmiedeschänke". Im Gegensatz zu den Wapińscys in Lubiąż läuft das Vermietungsgeschäft in Lebus ganz gut. „Seit wir in den Oder-Neiße-Radführer aufgenommen wurden", freut sich Regine Wurdinger, „kommen die Radwanderer jedes Wochenende an. Selbst die 75-Jährigen sind ganz verrückt geworden, setzen sich in Zittau aufs Rad, fahren die Neiße runter und dann immer die Oder lang."

Lebus, zehn Kilometer nördlich von Frankfurt gelegen, ist kein gewöhnlicher Ort. Bis tief an das Ufer der Oder mit seinen aus Pflastersteinen gesetzten Buhnen reichen die Häuser, kein Damm schützt sie vor dem Hochwasser. Nur die etwas höher gelegenen Häuser und die einstige Bischofskirche sind hier hochwassertauglich.

Auch in der Uferstraße ist der Wasserstand der Oder ein Dauerthema. Was in normalen Zeiten wie die Fortsetzung des Garten Edens der Wapińscys in Lubiąż wirkt, die terrassenartig zum Ufer abgetreppten Gärten, der Kaffeetisch, an dem die Feriengäste frühstücken können, die Boote, die bunt in der Sonne blinken, ist zweimal im Jahr von Überschwemmung bedroht. „Bei

Hochwasser sieht es hier anders aus", sagt Regine Wurdinger, „da staut sich das Wasser in die alte Oder zurück und kommt hier bis zur Treppe. „Dann können sie hier nicht mehr frühstücken. Das ist ganz normal."

Doch auch Regine Wurdinger hat eine Marke für's Nichtnormale, für das Jahrhundertereignis, das die Oderflut 1997 nicht nur in Polen, sondern auch in Brandenburg gewesen war. Mit einer Mischung aus Ehrfurcht und Stolz zeigt sie die Marke: „Höchststand", auf der Höhe der Fensterbretter der Ferienwohnungen. „Ein richtiger Krimi war das, Tag für Tag ist der Pegel gestiegen, man hat sich ausrechnen können, wann das Wasser in die Keller geht." Mit den Leuten hinterm Damm hätte Regine Wurdinger aber nicht tauschen mögen. „Wir haben das Wasser gesehen, die saßen auf dem Trockenen, wussten aber, wenn der Damm bricht, dann heißt es bei denen innerhalb von einer Stunde Land unter."

Unter Wasser ist das Lebuser Land dann doch nicht gekommen. Im Dorf sind sie noch heute froh drüber. Und sie wissen, wem sie das Glück im großen Unglück verdankten. „Das ist doch kein Geheimnis", sagt Regine Wurdinger und senkt die Stimme trotzdem, „die haben die Ziltendorfer Niederung geflutet, damit Frankfurt und das Oderbruch nicht untergehen. 5.000 Einwohner statt mehrere Zehntausend, ist ja auch logisch."

Gemeinsame Flut, getrennte Wahrnehmung

Es gibt Optimisten, die sagen, die Jahrhundertflut an der Oder habe 1997 nicht nur Höfe und Siedlungen weggespült, sondern auch ihr Gutes gehabt. Mehr als 50 Jahre nach dem Ende des Krieges sei den Deutschen wieder bewusst geworden, dass die Welt hinter der deutsch-polnischen Grenze nicht zu Ende sei. „Über Nacht war die Oder ins Zentrum der Aufmerksamkeit gerückt. Deiche waren zur Kulisse für die allabendliche Berichterstattung geworden", meint einer der Optimisten, der Osteuropahistoriker Karl Schlögel. „So erfuhr die Nation gewissermaßen nebenher, dass es einen Fluss im Osten der Republik gab, der Oder hieß, dass dieser weit oben in der Mährischen Pforte entsprang und auf seinem Lauf polnische Städte unter Wasser gesetzt hatte, die die Älteren noch unter ihrem deutschen Namen kannten: Ratibor, Oppeln, Breslau."[25]

Doch diese vom Fernsehen ausgestrahlte Nachhilfestunde in Geografie und Geschichte dauerte nicht lange. Kaum hatte die Scheitelwelle der Oderflut Racibórz/Ratibor, Opole/Oppeln und Wrocław/Breslau, die großen polnischen Städte am Mittellauf der Oder, hinter sich gelassen und sich der Oder-Neiße-Mündung bei Ratzdorf zu nähern begonnen, war die Berichterstattung über die „Hochwasserkatastrophe in Polen" zu Ende.

Was folgte war die „deutsche Katastrophe", der von den Medien stündlich verfolgte „Kampf um die Deiche" vor der Ziltendorfer Niederung südlich von Frankfurt (Oder) und bei Reitwein im Oderbruch. Es war ein Kampf, wie geschaffen für's Sommerloch, ein Kampf mit Helden und Opfern. Zu den Helden gehörte der damalige Brandenburgische Umweltminister Matthias Platzeck, dessen steile Karriere mit seiner Bewährungsprobe als „Deichgraf" ihren Anfang nahm. Zu den Opfern gehörten die Bewohner der Ziltendorfer Niederung, deren Häuser von der Flut zerstört wurden. „Es herrscht Krieg an der Oder", kommentierte eine Journalistin damals die Berichterstattung ihrer Kollegen über den Einsatz der zahlreichen Bundeswehrsoldaten an den Deichen. „Von ‚Fronten' ist da die Rede und von ‚Kameraden', vom Feind und der heißt Wasser."[26]

Wovon in den deutschen Medien nur selten die Rede war: Dieser Krieg hatte tatsächlich stattgefunden, nur nicht in der Ziltendorfer Niederung oder am Damm in Reitwein, sondern zum Beispiel im Oppelner Schlesien. Es war ein Kampf, der den Opfern nicht nur die Häuser kostete, sondern oft auch das Leben, wie es ein Denkmal im polnischen Zdzieszowice zwischen Kędzierzyn-Koźle und Opole zeigt. Wo heute Angler und ein paar Jugendliche sitzen, die auf die nächste Fähre warten, war die Oder im Juli 1997 zum reißenden Strom geworden. 53 Menschen sind infolge des Hochwassers in Polen ums Leben gekommen, in Tschechien waren es 46. Demgegenüber nehmen sich die Überschwemmung der Ziltendorfer Niederung, die Evakuierung der Bewohner der Ernst-Thälmann-Siedlung, das Wasser in den Kellern von Aurith fast wie harmlose Nachbeben der Flutwelle aus. Nicht in Deutschland war die Jahrhundertflut auch eine Jahrhundertkatastrophe, sondern in Polen.

Aus den Augen, aus dem Sinn? Nicht ganz. Polen blieb auch ein Thema in den deutschen Hochwassergebieten, als sich die Heckwelle der Flut längst ins Stettiner Haff ergossen hatte. Es ging in manchen Orten der Region wieder ein Gespenst um, und dieses Gespenst hatte einen Namen: polnische Plünderer. Nicht selten widersetzte sich mit dem Hinweis auf ebendieses Gespenst ein Bewohner der Evakuierung seines Hauses, nicht selten wurden die Bundeswehrsoldaten ermahnt, doch ja ein waches Auge zu haben. Kaum hatte die Oder die Menschen beider Länder einen kurzen Augenblick in ihrem Schicksal verbunden, waren sie auch schon wieder getrennt.

Das untypische Grenzgebiet

Wie hätte die Berichterstattung in den Medien ausgesehen, wenn die Jahrhundertflut von 1997 nicht an der Oder, sondern am Oberlauf des Rheins stattgefunden hätte? Hätten die Deutschen, die am Wochenende zu Tausenden ins Elsass fahren und sich in den Restaurants von Strasbourg oder Haguenau wie Gott in Frankreich fühlen, eine Jahrhundertflut zwischen Basel und Kehl ebenso getrennt wahrgenommen wie an der Oder? Oder aber als gemeinsames Schicksal, das es auch gemeinsam zu bewältigen gilt?

Was hätten die Menschen vor den Fernsehern in einer Region gefühlt, in der es keine Grenze mehr gibt und täglich 90.000 Arbeitnehmer den Rhein zwischen Deutschland, Frankreich und der Schweiz überqueren?[27] In der sich 15.000 Deutsche im Elsass niedergelassen haben, weil dort die Steuern niedriger, die Lebensqualität aber höher ist. In der die Studenten, gleich welcher Nationalität sie sind, sich aussuchen können, wo sie studieren, in Strasbourg, Karlsruhe, Basel, Mulhouse oder Freiburg. In der die französischen Grundschüler im Elsass seit Anfang der neunziger Jahre zweisprachigen Unterricht haben, 250 Klassen werden dort inzwischen 13 Stunden auf Deutsch und 13 Stunden auf Französisch unterrichtet. In der viele Arbeitgeber neue Beschäftigte nur noch einstellen, wenn sie zweisprachig sind. In der der Rhein längst nicht mehr als Fluss gilt, der trennt, und die Europabrücke zwischen Strasbourg und Kehl nicht als Symbol für die Lücke zwischen Anspruch und Wirklichkeit.

Kann man es wirklich vergleichen, das deutsch-französische mit dem deutsch-polnischen Grenzgebiet? Mit einem 465 Kilometer langen Landstrich, den Stalin einfach so, mit einem Lineal, geteilt hat?

Wahrscheinlich nicht, meint der Stettiner Journalist Andrzej Kotula und zitiert, als wäre er mit dieser Antwort selbst nicht ganz zufrieden, einen der Klassiker der polnischen Soziologie, Józef Chałasiński. „Der hat", so Kotula, „ein Grenzgebiet einmal als Gebiet einer Bevölkerung definiert, die auf beiden Seiten der Grenze lebt, über wirtschaftliche, familiäre und kulturelle Beziehungen miteinander verbunden ist und nur durch eine politische Grenze voneinander getrennt ist."[28]

Was für die deutsch-französische Grenze zutrifft, sieht an Oder und Neiße anders aus: „Im Sinne dieser Definition", meint Kotula, „ist die deutsch-polnische Region kein Grenzgebiet. Schließlich mangelt es ihr an den für ein ‚altes' Grenzgebiet charakteristischen Merkmalen, an kulturellen Verflechtungen, der Kenntnis der jeweiligen Sprache und des Lebensstils der anderen Seite. Es fehlt an jenen wirtschaftlichen, familiären und kulturellen Beziehungen, die, trotz aller politischer Teilungen und Konflikte, territorialer Ansprüche, trotz Rivalität und nicht selten sogar Feindschaft, dazu führen, dass sich die Menschen dort gegenseitig nicht als Fremde betrachten. Im heutigen deutsch-polnischen Grenzgebiet", beendet Kotula seinen Ausflug in die Definitionswelt der Klassiker, „fehlt es an einer Tradition der gelebten Nachbarschaft."

Als ob er selbst den Beweis des Gegenteils antreten wolle, begreift Kotula diese Definition allerdings nicht als Ende, sondern erst als Anfang der Geschichte. Andrzej Kotula, Mitte vierzig, mit listigen Augen im runden Gesicht, hat in den vergangenen zehn Jahren nichts anderes versucht, als Menschen zusammenzubringen, hat in Szczecin, wo er im Büro für internationale Beziehungen der Stadtverwaltung arbeitet, eine Konferenz nach der anderen organisiert, hat zusammen mit seiner deutschen Kollegin Ruth Henning den deutsch-polnischen Journalistenclub „Pod Stereotypami" – „Unter Stereotypen" gegründet, hat Journalisten, Soziologen und Historiker aus der Ukraine eingeladen, weil er glaubt, dass die Oderregion, obwohl sie nicht der klassischen Definition eines Grenzgebiets folgt, dennoch ein Vorbild sein kann, und sei es nur für Regionen, die wie die zwischen dem polnischen Przemyśl und dem ukrainischen Lemberg ebenso wie die deutsch-polnische Grenzregion nicht dem Lauf von Jahrhunderten folgten, sondern dem der Konferenzen von Teheran, Jalta und Potsdam.

Deshalb ist Kotula auch ein Optimist. Er spricht weniger über die Dinge, die nicht funktionieren, als über die, die es allen Regeln der Soziologie zum Trotz doch tun: die Zusammenarbeit der regionalen Eliten, die zahlreichen Projekte von Eltern, Künstlern, Schülern, Kirchenleuten, Umweltschützern. Mit all diesen Begegnungen, meint Kotula, „wurde nach und nach ein Netz an Kontakten geknüpft, das zur Abschwächung der Vorurteile und Stereotypen beiträgt, deren Nährboden ja gerade die Isolierung, der Informationsmangel und das Fehlen persönlicher Erfahrungen ist".

Kotula ist aber nicht nur Optimist, er ist auch Realist genug, um zu wissen, dass dies bei weitem nicht reicht. „Die Unkenntnis der Sprache des Nachbarn führt dazu, dass der größte Teil der Informationen über die andere Seite für die Mehrheit verschlossen bleibt", sagt er. Und wenn die eigenen Zeitungen einmal über das Nachbarland berichten, dann meist nur aus der Feder von Nachrichtenagenturen und der Korrespondenten in den jeweiligen Hauptstädten. „Dadurch ist es einfacher zu erfahren, welche Probleme der deutsche Kanzler oder der polnische Premierminister haben, als etwas darüber zu lesen, wie die Nachbarn 20 Kilometer weiter leben, was für sie wichtig ist, welche Probleme und Erfolge sie haben, was sie beschäftigt, wie sie in Wahlen abstimmen und warum, wie sie ihre Freizeit verbringen, was sie lesen oder sich im Fernsehen anschauen."

Von Typen und Stereotypen

Optimismus hin, Realismus her, „deutsch-polnisch" – „polsko-niemieckie", das Präfix mit grenzüberschreitendem Anspruch hat inzwischen Einzug gehalten in den Sprachgebrauch auf beiden Seiten der Grenze. Vielerorts ist es sogar Mode geworden, klagt der Journalist Klaus Bachmann, der schon Mitte der neunziger Jahre das böse Wort vom „Versöhnungskitsch" geprägt hat. Und wirklich: Mit „deutsch-polnisch" öffnet man Türen bei den Bürgermeistern oder den Vorsitzenden der Euroregionen, von denen es im Grenzgebiet gleich vier gibt: „Pomerania" im Norden, „Pro-Europa Viadrina" in Frankfurt und Słubice, „Spree-Neiße-Bober" bei Guben und Gubin sowie „Neiße" im Dreiländereck zwischen Deutschland, Polen und Tschechien.

Auch die Künstler haben „deutsch-polnisch" entdeckt, die meisten, weil es hier noch unbekanntes Terrain zu bearbeiten gibt, andere wiederum haben erfahren, dass mit deutsch-polnisch im Förderantrag das Geld etwas lockerer sitzt als sonst. Für die Wirtschaft in der Grenzregion ist deutsch-polnisch inzwischen sogar zur Pflicht geworden. Wer nicht kooperiert, so lautet die Drohung der Industrie- und Handelskammern, laufe Gefahr, aus der Erweiterung der Europäischen Union nicht als Sieger, sondern als Verlierer hervorzugehen. Deutsch-polnisch, das ist inzwischen vom „Versöhnungskitsch" zum Förderkriterium geworden.

Deutsch-polnisch ist aber noch mehr. Es ist bittere Notwendigkeit, wo ansonsten Deutsch ohne Polnisch oder Polnisch ohne Deutsch die heimliche Regie führen. Denn noch immer sind sich beide Länder fremd, die Polen den Deutschen sogar noch mehr als die Deutschen den Polen. Das jedenfalls geht aus den Erhebungen des Eurobarometer hervor, das die Europäische Kommission im April 2003 veröffentlicht hat. So war im Jahr 2002 auch in Ostdeutschland, bislang immer beitrittsfreundlicher als der Westen, die Zustimmung zur Osterweiterung der Europäischen Union von 48 auf 45 Prozent gefallen. Insgesamt lag die Quote in Deutschland bei 46 Prozent. Damit bewegte sich Deutschland neben Frankreich (41 Prozent) und Großbritannien (42 Prozent) nach wie vor auf dem unteren Level der EU-Länder.[29] Hätten die Deutschen ähnlich wie die Polen über die Erweiterung in einem Referendum abgestimmt, wäre der Traum von der europäischen Integration ausgeträumt gewesen.

Noch deutlicher zeigten sich die deutschen Vorbehalte, wenn man die Sympathien gegenüber den einzelnen Beitrittsländern betrachtet. Während die Mehrheit der Deutschen (in Ost wie West) den Beitritt Ungarns (56 zu 29 Prozent), Maltas, Tschechiens, Estlands oder Lettlands befürwortete, zeigte sich in der Haltung zum polnischen Beitritt das genaue Gegenteil. Hier sprachen sich nur 39 Prozent der Deutschen für einen Beitritt aus, 46 Prozent aber waren dagegen. Damit herrschte in Deutschland eine weitaus feindlichere Stimmung gegenüber einer polnischen EU-Mitgliedschaft als in der restlichen EU. Dort sprachen sich 48 Prozent für einen polnischen Beitritt aus, nur 34 Prozent waren dagegen.

In diesen recht ernüchternden Ergebnissen, in denen der Streit um die EU-Verfassung, die Irakpolitik der USA und das in Berlin geplante „Zentrum gegen Vertreibungen" noch nicht eingeflossen sind, zeigen sich aber nicht nur die Ängste vieler Deutscher hinsichtlich der Erweiterung der Europäischen Union. Oft sind sie auch ein Hinweis auf jene Bilder voneinander, die tiefer liegen als die gegenwärtigen Diskussionen um die europäische Integration oder das „Netzwerk an Kooperationen und Kontakten", von dem Pioniere der deutsch-polnischen Zusammenarbeit wie Andrzej Kotula so gerne sprechen.

„Gefängnisse von langer Dauer" hat der französische Philosoph Fernand Braudel einmal die Stereotype genannt, also jene festgefügten Urteile und Vorurteile über eine fremde Nation oder Kultur, die nicht aus eigener Anschauung und Erfahrung gewonnen, sondern über Generationen hinweg überliefert werden. Solche Stereotype müssen nicht immer negativ sein. Spanier etwa gelten in Deutschland als temperamentvoll, Franzosen als lebensfreudig, und auch die Deutschen hält man im Ausland nicht immer nur für effektiv und arbeitsam. Was die Bilder von Deutschen und Polen betrifft, meint der Berliner Historiker Wolfgang Wippermann, so komme hier allerdings etwas Erschwerendes hinzu, nämlich die Existenz so genannter „Geostereotypen". „Für die Deutschen ist Polen der Osten", sagt Wippermann. „Und der Osten, das hatte in Deutschland schon immer eine andere Bedeutung als etwa Westen, Norden oder Süden. Westen, das ist als Geostereotyp eine Metapher für Dekadenz, Süden für Faulheit, Norden für Reinheit und Osten für Rückständigkeit und das Böse." Der böse Osten, so Wippermann, „steht für einen kalten, unkultivierten und furchteinlösenden Raum, aus dem primitive Völker in den Westen strömen, weshalb es nötig sei, entweder Dämme und Deiche zu bauen oder sich den Osten gleich zu unterwerfen."[30]

Eine Fortsetzung dieser Geostereotype findet sich heute noch in der Sympathieskala der Deutschen für andere Länder. Die führen unangefochten die Schweden an, gefolgt von den Franzosen. Die Polen dagegen liegen auf dem vorletzten Platz, vor ihnen die Tschechen und nur knapp dahinter die Russen.[31] Umgekehrt hält sich in Polen das Stereotyp des deutschen „Drangs nach Osten", ein stehender Begriff, den in Polen jedes Schulkind auf Deutsch buchstabieren kann. Was mit den Kreuzrittern begonnen und mit der Germanisierungspolitik Bismarcks in den deutschen Teilungsgebieten rund um Poznań fortgesetzt wurde, ist in dieser Lesart mit der Niederlage der Deutschen 1945 und der Anerkennung der Oder-Neiße-Grenze 1990 noch lange nicht zu Ende.

Die Öffnung der Grenze

An diesen Vorurteilen schien sich auch nach dem Fall des Eisernen Vorhangs nichts geändert zu haben. Der 8. April 1991 war jedenfalls kein guter Tag für die deutsch-polnischen Beziehungen. Und er war kein guter Tag für

Frankfurt an der Oder. Der Tag, an dem das Abkommen über einen visafreien Touristenverkehr zwischen der Republik Polen und der Bundesrepublik Deutschland in Kraft trat und an dem sich überall an der deutsch-polnischen Grenze die Schlagbäume hoben, war in Frankfurt ein Tag der Neonazis. Mit Steinen empfingen sie die ersten Reisebusse, die über die Stadtbrücke von Słubice aus nach Frankfurt gekommen waren. Der Tag, an dem sich das deutsch-polnische Verhältnis ein für allemal normalisieren sollte, begann in Frankfurt mit einem Schock.[32]

Überraschend war das nicht. Nicht nur die Rechtsradikalen hatten gegen eine Grenzöffnung mobil gemacht, auch Lokalpolitiker und Lokalzeitungen begegneten dem Ereignis mit einer gehörigen Portion Skepsis. Jörg Kotterba, der Chef des *Oderanzeigers* in Frankfurt, fragte: „Schwappt die Händlerwoge, die zu einer sturmgepeitschten Welle ansteigen kann, in kürzester Zeit über Frankfurt?"

Doch das war noch nicht einmal der Höhepunkt der deutsch-polnischen Irritationen. In Słubice erinnert man sich noch heute an jenen Tag im Juni 1995, an dem 250 bis 300 Polen einem Aufruf der Firma Spitz gefolgt waren. Die Firma hatte in den Tagen zuvor mit Handzetteln nach Zeitungsausträgern in Słubice gesucht. Als die Arbeitssuchenden schließlich auf dem Firmengelände der Firma in Markendorf bei Frankfurt eingetroffen waren, wartete allerdings keine Arbeit auf sie, sondern der Bundesgrenzschutz. Stundenlang wurden die auf „frischer Tat" ertappten „Illegalen" festgehalten, selbst der Gang zur Toilette blieb ihnen verwehrt. Dass ihnen die Firma Spitz die Pässe abgenommen hatte, angeblich, um Arbeitsgenehmigungen einzuholen, interessierte die Grenzschützer wenig. Sie feierten die Massenfestnahme als Erfolg im Kampf gegen die organisierte Schwarzarbeit. In Polen wiederum bedachte eine Tageszeitung die Festnahmen mit der Schlagzeile „Auschwitz an der Oder".

Vom Seismograf...

Aus dieser Zeit stammt die Überzeugung, dass das deutsch-polnische Grenzgebiet mehr ist als der arme Osten und der „Wilde Westen". Das Zwischenland, weiß man seitdem, ist auch ein Seismograf für die deutsch-polnischen Beziehungen.

Es ist deshalb richtig, wenn der polnische Staatspräsident Aleksander Kwaśniewski betont, dass „das, was sich in der unmittelbaren Nähe der Oder und der Neiße abspielt", einen „großen Einfluss auf die Qualität der deutsch-polnischen Beziehungen hat".[33] Noch weiter gingen Außenminister Joschka Fischer und sein ehemaliger polnischer Kollege Bronisław Geremek in einer gemeinsamen Erklärung im Januar 2000. „Die polnisch-deutschen Beziehungen", schrieben beide Politiker, „bedürfen am Anfang des 21. Jahrhunderts weiterhin ständiger Aufmerksamkeit und einer intelligenten Zukunftsvision, die für unsere Völker, die an einer der schwierigsten Grenzen des 20. Jahrhunderts leben, attraktiv ist." Als Erweiterung der „Interessengemeinschaft" beider Länder, die sich seit dem Fall des Eisernen Vorhangs als überaus tragfähig erwiesen habe, schlugen Fischer und Geremek die Gründung eines „Oderbundes" vor. „Gerade die polnisch-deutsche Grenzregion", begründen sie ihren Vorschlag, „kann und soll ein Gebiet der Zusammenarbeit, der Modernisierung und Innovation sein."[34]

Doch Stereotype sind nicht nur „Gefängnisse von langer Dauer". Sie unterliegen auch der Veränderung. So hat sich das Deutschlandbild der Polen, vor allem das der jüngeren Generationen, in den vergangenen Jahren erheblich verbessert. Zu diesem Ergebnis kommt eine Studie des renommierten Warschauer Instituts für öffentliche Angelegenheiten, die im Jahr 2001 vorgelegt wurde.[35] „Bei den unter Vierzigjährigen bekundet fast die Hälfte Sympathie für die Deutschen", fasst Mateusz Fałkowski die Ergebnisse dieser Veränderung zusammen. „In der Altersgruppe zwischen 40-59 empfinden 36 Prozent der Befragten Sympathie, unter den noch Älteren nur noch 23 Prozent."[36] Diese Differenzierung der Generationen, so Fałkowski, „sieht man auch bei den Assoziationen, die die Polen von Deutschland haben. Sie hängen stark vom Alter ab und bestätigen die Vermutung, dass hauptsächlich die ältere Generation, die noch Erinnerung an den Krieg hat, Deutschland mit diesem assoziiert."[37] Insgesamt, so hat die ISP-Studie ergeben, hegen inzwischen 38 Prozent der Polen Sympathie für Deutschland, während 24 Prozent eher Abneigung zum Ausdruck brachten. Zum Vergleich: Noch 1960 drückten 67 Prozent der Polen ihre Abneigung gegenüber den Deutschen aus. Sympathie für die Menschen im Nachbarland westlich von Oder und Neiße bekundeten damals nur sieben Prozent.[38]

Auch auf deutscher Seite ist eine Veränderung des Polenbildes festzustellen. Nicht mehr „polnische Wirtschaft", Autodiebstahl oder Korruption bringen die Deutschen mit Polen in Verbindung, so hat Fałkowski festgestellt, sondern gar nichts mehr. „Die größte Gruppe von Personen (33-47 Prozent) meint, die Polen hätten gar keine festgelegten Eigenschaften, sie seien ein bisschen so und ein bisschen so", fasst er die Ergebnisse der Studie zusammen. „Nur an der Religiosität und der Herzlichkeit als Eigenschaften unserers Nationalcharakters bestehen keine Zweifel."[39]

Haben die Deutschen ihre polnischen Nachbarn plötzlich ins Herz geschlossen? Nein, sagt dazu Mateusz Fałkowski und spricht lieber von einem „ambivalenten und zwiespältigen Bild", denn die Mehrzahl der Deutschen assoziiere mit Polen weder gute noch schlechte Eigenschaften, sondern gar keine. Diese Ambivalenz allerdings, so Fałkowski, „sollte man nicht nur negativ bewerten, indem man sie auf mangelndes Interesse der Deutschen an ihren östlichen Nachbarn zurückführt".

Stattdessen liege darin auch eine Chance. „Die Ambivalenz der Deutschen zu den Polen hat den Vorteil, dass sie in diesem Fall mit einer größeren Offenheit verbunden ist. Gerade im Bereich der persönlichen Kontakte sind die Deutschen für die Polen offener."[40]

... zum Ort der Stabilität

Heute wären Schlagzeilen wie „Auschwitz an der Oder", Steinwürfe auf polnische Busse und selbst ein Brötchenkrieg nicht mehr ohne weiteres möglich. Inzwischen gibt es diese Schlagzeilen und Ereignisse woanders. In den überregionalen Tageszeitungen in Deutschland zum Beispiel, in denen man sich über Polen als neue Besatzungsmacht im Irak lustig macht. Oder in der polnischen Wochenzeitung *Wprost*, wo es wieder en vogue ist, mit Titeln wie „Drang nach Osten" oder mit Fotomontagen Auflage zu machen, auf denen die Chefin des Bundes der Vertriebenen mit einem Hakenkreuz auf der Armbinde auf dem deutschen Bundeskanzler reitet.

„In der Provinz oder in den Hauptstädten", sagt Ruth Henning, die Geschäftsführerin der Deutsch-Polnischen Gesellschaft Brandenburg, „glauben die Leute vielleicht noch an eine solche Propaganda. Im Grenzgebiet glaubt das keiner. Da hat man sich kennen gelernt, da weiß man inzwischen, was man voneinander erwarten kann und was nicht."

Und in der Tat: Fast zwei Drittel der jährlich 71 Millionen Grenzübertritte an der Grenze zwischen Deutschland und Polen führen die Menschen nicht nach Warschau und Berlin, sondern in die grenznahen Städte, auf die Tankstellen und Basare, in die Boutiquen und Kaufhäuser. Dass die Bilder von Deutschen und Polen nicht nur dem Stand der offiziellen Beziehungen folgen, sondern auch dem Rhythmus der Begegnungen in der Grenzregion, ist auch das Fazit des Stereotypenforschers Mateusz Fałkowski: „Die Geschichte wiegt in den Stereotypen immer weniger. Wichtiger ist das Hier und Jetzt." Zur Verdeutlichung seiner These verweist Fałkowski auch auf die Veränderungen im polnisch-ukrainischen Verhältnis. Hier habe sich nicht nur gezeigt, dass die Polen den Ukrainern gegenüber ähnliche Vorurteile und Stereotypen pflegten wie die Deutschen gegenüber den Polen. Deutlich sei vielmehr auch geworden, dass sich diese Bilder sofort ändern sobald ein unmittelbarer Kontakt zwischen den Menschen entstanden sei. „Die Abhängigkeit zwischen Reisen in die Ukraine und einem positiven Bild von Land und Leuten ist augenfällig."[41]

Es ist ganz offensichtlich: Das deutsch-polnische Grenzgebiet ist mehr als ein 465 Kilometer langer Grenzstreifen. Es ist nicht nur eine „harte Sprachgrenze" oder „neues Grenzgebiet" ohne gewachsene Strukturen aus dem Lehrbuch eines Józef Chałasiński oder einer grenzüberschreitenden „Border Culture".

In den geteilten Städten an Oder und Neiße, in den Dörfern entlang der Grenze, an ihren Übergängen, Basaren, Tankstellen und Einkaufszentren ist in den vergangenen Jahren auch eine europäische Werkstatt entstanden, in der, trotz widriger Umstände, neue Formen des Umgangs miteinander erprobt wurden. Es ist vor allem diese Werkstatt, in der die Bilder und Stereotypen von Deutschen und Polen entstehen. Und es ist die unmittelbare Grenzregion, in der sich diese Bilder, schneller als anderswo, auch wieder zu verändern beginnen. Das deutsch-polnische Grenzgebiet ist nicht nur ein zerschnittenes Land, wie es Adam Krzemiński formuliert hat. Es ist auch das Land, in dem die Schnitte wieder zusammenwachsen.

„Das Grenzgebiet", ist Ruth Henning deshalb überzeugt, „ist kein Seismograf mehr, wo das Pendel jederzeit wieder in eine andere Richtung ausschlagen kann, sondern eine Region der Stabilität."

Der polnische Tierpark

Zum Beispiel zwischen Szczecin und dem mecklenburgischen Kleinstädtchen Ueckermünde. Bis hierher, ins Mündungsgebiet der Oder, war die Flut 1997 nicht gekommen. Sie war schon weiter südlich verebbt, in Hohensaaten, wo sich die Oder in die Hohensaaten-Friedrichsthaler-Wasserstraße und die ebenfalls schifffahrtstaugliche Ostoder teilt. Zusammengebracht hat die „Jahrhundertflut" die Menschen in beiden Städten trotzdem, wie man in der Chausseestraße 76 in Ueckermünde unschwer erkennen kann. „Witamy" – „Willkommen", steht da auch auf Polnisch, „Witamy", sagt auch die Kassiererin. Keine Frage, im Zoologischen Garten in Ueckermünde geht es deutsch-polnisch zu. „Mittlerweile", freut sich Zoodirektor Helge Zapka, „sind wir sogar der offizielle Zoo der polnischen Hafenstadt."[42]

Manchmal wirkt Helge Zapka wie einer, der es immer noch nicht richtig glauben kann. Zwar hat er sich mit seinen Mitarbeitern schon kurz nach der Wende um Besucher aus Polen bemüht. Doch die kamen erst nach dem Jahrhunderthochwasser an der Oder. „Im Oktober 1997", erinnert sich Zabka, „waren Tausende von Kindern aus Breslau nach Stettin evakuiert worden. Das hat die Stettiner Stadtverwaltung natürlich vor erhebliche Probleme gestellt. Wie soll man die Kinder beschäftigen, damit sie die ohnehin schwierige Situation, die Entfernung von Zuhause, von ihren Eltern, bewältigen?"

Helge Zabka hatte eine Idee. Er verteilte in Stettin mehrere Tausend Frei-
karten für den Ueckermünder Tierpark. Mit Erfolg. Die Breslauer Kinder
kamen nicht nur, sie blieben auch, oft mehrere Stunden lang. „Eines Tages
plötzlich stand der Stettiner Stadtpräsident Suchański vor meinem Büro", erinnert sich Zabka. „Er hat nur eine Frage gestellt. ‚Können Sie sich vorstellen,
dass Ueckermünde auch der offizielle Zoo von Stettin wird?'. Ich habe nicht
lange nachgedacht und ja gesagt."

Danach ging alles ganz schnell. Noch im gleichen Monat haben sich Zabkas
Mitarbeiter und Vertreter der beiden Stadtverwaltungen an einen Tisch gesetzt
und überlegt, was zu tun sei. Man beschloss, eine Zooschule zu gründen, in der
nicht nur in deutscher, sondern auch in polnischer Sprache unterrichtet wird.
Gleichzeitig schickte Zabka seine Mitarbeiter zum Polnisch-Unterricht in die
Volkshochschule, die Leiterin der Zooschule absolvierte sogar einen Intensiv-
kurs im polnischen Seebad Sopot/Zoppot. „Das Ergebnis war überwältigend",
sagt Zabka und zeigt auf eine Karte des Grenzgebiets rund um das Stettiner
Haff, in der Hunderte von Nadeln stecken. „Jede Nadel markiert eine Schul-
klasse, die seitdem in der Zooschule war. Fast die Hälfte der Klassen kommt
mittlerweile aus Stettin."

Natürlich, es gab und gibt auch Probleme. Die Passagiersteuer zum Beispiel.
Die wird, auf deutscher und auf polnischer Seite, für Busreisende erhoben.
Drei Cent pro Passagier und gefahrenen Kilometer machen so den Zoobesuch
für die Stettiner Kinder zu einer kostspieligen Angelegenheit. Alle Versuche,
für den Transfer zwischen Szczecin und Ueckermünde eine Ausnahmeregelung
zu schaffen, sind bisher gescheitert, sagt Tierparkdirektor Helge Zabka. „Aus
der Perspektive von Warschau oder Berlin scheint das kein Thema zu sein."
Auch ein koordiniertes Nahverkehrssystem inklusive Schiffstransfer zwischen
Altwarp und Nowe Warpno ist bislang nur Zukunftsmusik. So dauert die Fahrt
zwischen Stettin und Ueckermünde über Pasewalk noch immer mehr als anderthalb Stunden.

Helge Zabka wäre aber nicht Helge Zabka, würde er nicht auf jedes Problem
mit einer neuen Idee reagieren. Seine neueste hat im Sommer 2003 nicht nur
die Ueckermünder, sondern auch die Stettiner in freudige Erregung versetzt.
Zwei Löwenbabys waren geboren worden, von einer Löwin aus dem Ueckermünder Zoo, gezeugt von einem Löwen aus dem Zoo von Warschau. „Mit
Hilfe des Nordkuriers und des Kurier Szczeciński haben wir eine Kampagne
gestartet", freut sich Zabka noch heute. „Die Kinder in Stettin sollten überlegen, wie das polnische Löwenmädchen heißen soll, die in Ueckermünde
sollten dem Löwenjungen einen Namen verpassen." Über 700 Einsender
haben sich auf jeder Seite an dem Preisausschreiben beteiligt, bei dem es ein
Mountainbike zu gewinnen gab. Seitdem heißt das „polnische" Löwenbaby
Psotka, die Schelmin, und das „deutsche" Bosso, der Starke. „Nun", meint

Zabka, „haben die polnischen Kinder ihr Löwenbaby und auch die deutschen." Was die Kinder freute, war für die Zöllner im Grenzgebiet allerdings ein Problem. Das Mountainbike, das Danuta Zielińska gewann, die den Namen „Psotka" für das polnische Löwenbaby vorgeschlagen hatte, hätte am Grenzübergang Linken/Lubieszyn verzollt werden müssen. „Wie wir das dann gemacht haben?" Helge Zabka setzt sein unschuldigstes Lächeln auf. „Am besten wir verlieren darüber kein Wort."

Teil zwei: Das Land der Pioniere

Brücken schlagen

Unterwegs im Grenzgebiet

Die Pioniere des kleinen Grenzverkehrs

Wenn es stimmt, dass die Zahl der Grenzübergänge etwas über den Stand der Beziehungen zweier Länder und ihrer Menschen sagt, war es um das deutsch-polnische Verhältnis nie besser bestellt als heute. Zwar führen über Oder und Neiße noch nicht wieder wie vor dem Krieg 100 Brücken. Doch im Vergleich zum September 1990 hat sich die Anzahl der Grenzübergänge verzehnfacht. 34 Übergänge gibt es zwischen Deutschland und Polen, der nördlichste ermöglicht Fußgängern und Radfahrern einen Ausflug vom deutschen Ostseebad Ahlbeck in die polnische Hafenstadt Świnoujście/Swinemünde, den südlichsten zwischen Zittau und Pojarów nehmen deutsche Urlauber auf dem Weg ins tschechische Riesengebirge. Auf manche Grenzübergänge wie den zwischen Guben und Gubin haben die Bewohner jahrelang warten müssen, andere, wie der Ausbau des Fußgängerübergangs zwischen Mescherin und Gryfino, wurden von Umweltschützern verhindert. Manchmal fordern die Grenzbewohner einen Übergang, weil sie sonst, wie die Eisenhüttenstädter, mit dem Rücken zum Fluss stehen. Im Oderbruch fürchtet man dagegen, dass der Bau einer neuen Brücke bei Bad Freienwalde den sanften Tourismus unsanft aus dem Gleichgewicht bringt.

Doch nicht nur die Zahl der Grenzübergänge hat sich verzehnfacht, sondern auch die der Grenzgänger. 71 Millionen Menschen haben im Jahr 2002 die deutsch-polnische Grenze überquert. Sie sind unterwegs auf den großen, internationalen Routen, deren Nadelöhr der Autobahnübergang Frankfurt (Oder) – Świecko ist, und liefern in ihren riesigen Trucks Waren von einem Ende des Kontinents zum andern. Andere zieht es nicht so weit in die Ferne. Die kleineren Übergänge sind fest in der Hand der Bewohner des Grenzlandes. Wer einmal die Autokennzeichen in Hohenwutzen, Küstrin oder Guben studiert, weiß tatsächlich, dass die meisten Grenzgänger aus den grenznahen Regionen kommen, aus Märkisch-Oderland, dem Uecker-Randow-Kreis, der Region Spree-Neiße und auch aus Berlin. Im kleinen Grenzverkehr werden keine Lastwagenladungen transportiert, sondern das, was in reißfeste Taschen und einen leeren Autotank passt. Von der polnischen Seite wiederum führt der Weg über die Grenze in die Geschäfte von Frankfurt und Görlitz und dorthin, wo es Arbeit gibt.

Es sind weniger die Helden der Völkerverständigung, die Tag für Tag auf die Abfertigung durch den Bundesgrenzschutz oder die Straż Graniczna warten, sondern die Pioniere des Übergangs. Sie sind es, die wissen, wo die Benzin-preise am niedrigsten und die Geschäfte am vielversprechendsten sind. Ohne diese Pioniere gäbe es kein Grenzgebiet, sondern nur eine Grenze. Das ist es, was sie von den Mutlosen unterscheidet und wofür sie von ihnen beargwöhnt werden. Wer sich auf beiden Seiten der Grenze auskennt, kann sich auch die Vorteile beider Seiten zu Nutze machen. Die anderen Pioniere, die der Freund-schaft und Völkerverständigung, kommen erst hinterher. Das ist heute nicht anders als in den siebziger Jahren, als die DDR die Grenze zur Volksrepublik Polen geöffnet hatte. Und es wird auch dann nicht anders sein, wenn in naher Zukunft vielleicht einmal 100 Millionen im Jahr die Grenze überqueren.

Brücke der Freundschaft

Von den 34 Übergängen zwischen Deutschland und Polen führen 30 über Brücken. Doch nur eine dieser Brücken ist in den vergangenen Jahrzehnten zu einem Symbol für die deutsch-polnische Grenze geworden und für den wech-selvollen Verlauf der Beziehungen der Menschen zueinander – die Stadtbrücke zwischen Frankfurt (Oder) und Słubice. Bis zum Ende der DDR trug die Brücke den poetisch-propagandistischen Namen „Brücke der Freundschaft". Es war eine schwierige Freundschaft, derer da gedacht werden sollte, als 1952 eine neue, moderne Stahlbrücke an die Stelle der im Krieg zerstörte Stein-brücke trat. „Völkerfreundschaft sei die Brücke, Ende aller Not und Trauer. Sei du, Strom der Völkerliebe, starke, breite Friedensmauer", dichtete ganz im Sinne der Propaganda der „Oder-Neiße-Friedensgrenze" der Lyriker Peter Behnisch. Sein Poem endete mit dem Reim: „Strom, sei ewig Friedensgrenze, Strom des freundschaftlichen Gebens, Strom der Einheit freier Völker, Strom des neuen, schönen Lebens".

Doch auch die Anerkennung der Oder-Neiße-Grenze, die am 6. Juli 1950 im Vertrag von Görlitz besiegelt wurde, konnte nicht darüber hinwegtäuschen, dass Ressentiments und gegenseitige Antipathien im Verhältnis zwischen Volkspolen und DDR-Bürgern stärker waren als die Losungen von „Przyjaźń" – „Freundschaft" und „Pokój" – „Frieden". Für die Menschen beider Länder jedenfalls war die „Friedensgrenze" geschlossen, und die „Brücke der Freund-schaft" war mit Stacheldraht gesichert.

Zur „Freundschaftsbrücke" war die Brücke zwischen Frankfurt und Słubice erst zwanzig Jahre nach ihrem Bau geworden. Völlig überraschend hatte die DDR angekündigt, die Grenze zu Polen am 1. Januar 1972 zu öffnen. Schon in der Silvesternacht des Jahres 1971 warteten die ersten Neugierigen darauf, den Schlagbaum passieren zu dürfen. Am Neujahrstag 1972 folgten ihnen achttau-send Bürger aus Frankfurt und Słubice. Herr Tomczak erinnert sich noch gut

an dieses Ereignis. „Bis 20 Uhr waren auf unserer Seite und der anderen Feuer-
werke, die Jugendlichen trafen sich, und der Januar, so kann ich mich erinnern,
war ausnahmsweise warm. Dann fing das alles an. Jeder war neugierig, wie es
dort in Frankfurt ist, die Massen gingen über die Brücke, allerdings in beide
Richtungen."[43]

27 Jahre nach Kriegsende trafen sich erstmals nicht nur die Funktionäre
und Eliten beider Länder, sondern auch die Bewohner der geteilten Städte. Das
warf natürlich Fragen auf. Würden diese Begegnungen konfliktfrei verlaufen?
Würde es zu Versorgungsengpässen kommen? Würde man den Ansturm be-
grenzen müssen? Städtische Abgeordnete in Polen zum Beispiel wollten von
den Behörden wissen, „wie man sich verhalten solle, wenn die unbekannten
Touristen aus der DDR versuchen werden, die Wohnungen und die Höfe an-
zusehen."[44]

Tatsächlich nutzten viele Frankfurter, Gubener und Görlitzer den Gang
über Oder und Neiße, um zu sehen, ob die Höfe und Häuser, aus denen sie
mehr als zwei Jahrzehnte zuvor vertrieben worden waren, noch standen, wer in
ihnen wohnte, ob die Gebäude in gutem Zustand waren oder herunterge-
kommen. Doch zu einer Neuauflage der alten Forderung nach einer Grenzrevision war es nicht gekommen. Im Januar 1972 und in den Wochen darauf zeigte
sich, dass die Oder-Neiße-Grenze nicht nur von der SED-Regierung anerkannt worden war, sondern auch von den Menschen in der DDR. Am 1. Januar 1972 begann sie tatsächlich, die Nach-Kriegszeit.

Das Wunder an der Oder

Doch die Versöhnung fand nicht nur auf den Höfen und in den „roten
Häusern" statt, sondern auch auf den Basaren und in den Geschäften beider-
seits der „Friedensgrenze". „Nachdem Anfang Januar 1972 sowohl die polnischen als auch die DDR-Bürger sich über das Warenangebot und die Preise in-
formiert hatten", schreiben Dagmara Jajeśniak-Quast und Katarzyna Stokłosa
in ihrer Geschichte der „geteilten Städte an Oder und Neiße", „begannen sie,
die Mängel der sozialistischen Versorgung auszugleichen. Die Deutschen
haben vor allem Lebensmittel gekauft (Brot, Wurstwaren, Butter), aber auch
Jeans, Kassetten, Schallplatten, Zeitschriften und Korbwaren. Die Polen
kauften dagegen vorwiegend Industrie- und Textilwaren ein."[45]

Es war eine Versöhnung mit Händen und Füßen, dieses „Wunder an der
Oder", wie Dagmara Jajeśniak-Quast und Katarzyna Stokłosa die Zeit der
Grenzöffnung nannten und die Begegnungen, die sie ermöglichte. Unbeholfen
und doch voller Neugier betraten die deutschen und polnischen Pioniere neues
Terrain, sondierten die Lage, entdeckten mit sicherem Gespür, wo es etwas zu

gewinnen gab. Ein „freundschaftliches Geben" wie im Propagandapoem von Peter Behnisch besungen, war es nicht, was sich da auf der „Brücke der Freundschaft" abspielte, eher ein vorsichtiges „Geben und Nehmen".

In den ersten Wochen nach der Öffnung der Grenze überquerten im Schnitt 5.100 DDR-Bürger die Brücke in Richtung Słubice, 2.900 Słubicer kamen nach Frankfurt. Auch andernorts herrschte reger Verkehr, so dass bald schon neue Grenzübergänge geöffnet werden mussten. Diese neuen Übergänge in Świnoujście, Lubieszowo, Widuchowa, Olszyna, Łęknica und Sieniawka sowie die Zahl von über 100 Millionen Bürgern, die sie bis 1979 überquerten, sagen allerdings wenig darüber aus, wie schwierig die Begegnungen zwischen DDR-Bürgern und Polen werden sollten.

Bald nämlich war die deutsche Pionierzeit auf der „Brücke der Freundschaft" vorbei. Schon im Januar 1973 war die Zahl der täglichen Grenzübertritte auf unter 1.000 gesunken. Im Frühjahr 1974 schließlich schien das Interesse erloschen. Die Neugier war befriedigt, 40 Ehen zwischen Deutschen und Polen waren geschlossen, der „Mangel an der sozialistischen Versorgung" war tatsächlich „ausgeglichen". Doch dann passierte etwas, womit die Behörden nicht gerechnet hatten. Es begann die Zeit der polnischen Pioniere. Im Juli 1974 stieg die Zahl der Grenzübertritte wieder an. Erstmals überquerten mehr polnische als DDR-Bürger die „Brücke der Freundschaft". Nicht mehr um Vergangenheitsbewältigung ging es nun, sondern um Gegenwartsbewältigung, um den „Ausgleich der Mangelwirtschaft" auch auf der polnischen Seite. Das „Wunder an der Oder" wurde auf der deutschen Seite auf eine harte Probe gestellt.

In den Geschäften in Frankfurt (Oder) und Görlitz wurde bald schon die Klage laut, die Polen kauften alles auf. Tatsächlich haben viele polnische Staatsbürger Mitte der siebziger Jahre auf die Wirtschaftskrise in ihrem Land mit Einkäufen in der DDR reagiert. Insbesondere Artikel wie Kinderbekleidung, Schuhe oder Textilien wurden gekauft, oft in großen Stückzahlen. Aus den Einkaufstouristen waren Händler geworden, und vor den Geschäften in Frankfurt, Guben und Görlitz, aber auch in Ostberlin bildeten sich lange Schlangen.

Die SED-Führung reagierte auf die neue Situation an der Grenze zunächst mit einer Verschärfung der Zoll- und Devisenbestimmungen. Der Geldumtausch wurde eingeschränkt, und die Liste der Waren, die nicht mehr nach Polen ausgeführt werden durften, wurde immer länger. Als Ende der siebziger Jahre in Polen auch die unabhängige Gewerkschaft Solidarność zur Massenbewegung geworden war, zog die DDR-Regierung am 1. Oktober 1980 die Notbremse. Die „Oder-Neiße-Friedensgrenze" wurde wieder geschlossen, die „Brücke der Freundschaft" unpassierbar. Die Versöhnung der „Brudervölker" auf den Basaren und in den Geschäften war zu Ende.

Die neue Brücke

Heute erinnert in Frankfurt und Słubice nur noch wenig an das „Wunder an der Oder" und sein abruptes Ende. Selbst die „Brücke der Freundschaft", die 1990 in „Stadtbrücke" umbenannt wurde, ist nicht mehr die selbe. 2002 wurde sie von einer neuen, noch moderneren Brücke ersetzt. Eine Million Grenzgänger pro Jahr hatten den Neubau nötig gemacht. Manchmal ist das Brückenschlagen auch das Ergebnis einer Abstimmung mit Füßen.

Eines aber erinnert immer noch an die alte „Brücke der Freundschaft". Es ist der sanft geschwungene Bogen über die Oder. Obwohl ein solcher Bogen heute nicht mehr nötig wäre, um einer Brücke von 500 Metern Länge die nötige Tragfähigkeit zu verleihen, war bereits in der Ausschreibung zum Neubau beschlossen worden, ihn wenigstens zu zitieren. Ausschlaggebend für diesen Wunsch war nicht zuletzt die Tatsache, dass viele deutsch-polnische Initiativen in Frankfurt und Słubice wie etwa der Verein Frankfurter Brücke oder die Studenteninitiative „Spotkanie" – „Begegnung" sich auf das Symbol Brücke und Bogen bezogen hatten. Die Europauniversität Viadrina hat den Bogen sogar in ihr Logo aufgenommen.[46]

So wird also mit der neuen Brücke nicht nur ein Bogen über den Fluss geschlagen, sondern auch zwischen der jüngeren Vergangenheit und der Gegenwart. Das „Wunder an der Oder" war 1980 nicht zu Ende, sondern nur unterbrochen. Mit der endgültigen Öffnung der Grenze am 8. April 1991 und der Eröffnung zahlreicher neuer Übergänge wurde es, wenn auch unter veränderten historischen Vorzeichen, fortgesetzt.

Auf der neuen „Brücke der Freundschaft" begegnen sich nun nicht mehr die Bürger zweier sozialistischer „Bruderländer", sondern die zweier demokratischer Staaten. Für manche hat sich am Motiv ihres Grenzganges wenig geändert, nur, dass es jetzt nicht mehr die „Mängel der sozialistischen Versorgung" auszugleichen gilt, sondern das Wohlstandsgefälle zwischen „altem" und „neuem" Europa.

Wie selbstverständlich heute der Gang über die Stadtbrücke zwischen Frankfurt (Oder) und Słubice geworden ist, mögen jene unvorhergesehenen Ereignisse verdeutlichen, die den Fluss der grenzüberschreitenden Bewegungen am 1. August 2003 unterbrochen haben. An diesem Tag hatte ein herrenloser Koffer die Aufmerksamkeit der deutschen und polnischen Grenzbeamten erregt. Die Stadtbrücke wurde kurzerhand gesperrt. Bis die kriminaltechnischen Untersuchung des Koffers abgeschlossen war, hatten sich auf beiden Seiten des Übergangs lange Schlangen gebildet.

Für einen Moment hielt das Leben an der deutsch-polnischen Grenze den Atem an. Einen Moment lang konnten die Grenzgänger auf beiden Seiten beobachten, wer außer ihnen noch unterwegs war im Zwischenland. Dass da nicht nur die „Mrówki“, die Ameisen, auf ihre Abfertigung warteten, wie die Klein-schmuggler in Polen genannt werden, sondern auch die Studenten der Europa-universität Viadrina in Frankfurt und des Collegium Polonicum in Słubice. Nicht nur Einkaufstouristen aus Polen und Tanktouristen aus Deutschland wurden vom herrenlosen Koffer auf der Stadtbrücke aufgehalten, sondern auch die pol-nischen Ärzte und Krankenschwestern, ohne die der Betrieb der städtischen Klinik in Frankfurt (Oder) nicht mehr aufrechtzuerhalten wäre. Touristen aus Berlin, die den Aufenthalt in Frankfurt einmal für eine Stippvisite nach Słubice nutzen wollten, standen neben polnischen Jugendlichen, die im Frankfurter Bahnhof ihre längst geplante Tour ins nahe Berlin antreten wollten. Künstler standen neben Schwarzarbeitern, Professoren neben Schleppern, Stadtverord-nete neben Geschäftsvermittlern, Prostituierte neben Unternehmern.

Einen Moment lang war an diesem 1. August 2003 das ganze Spektrum der Pioniere im Grenzgebiet sichtbar. Es trafen sich die polnischen Pioniere, denen die Grenze täglich Brot ist, mit den deutschen, denen sie noch immer einen Preisvorteil verspricht, und den europäischen, die sich nicht vom Fortbestand des Grenzgefälles einen Zugewinn versprechen, sondern von seinem Ver-schwinden.

Das Setting Grenze

Es ist dieses Setting eines grenzüberschreitenden Alltags, das mittlerweile auch die Filmemacher beschäftigt. Schon im Jahr 2001 hat Robert Thalheim mit „Granica“ einen Kurzfilm über die deutsch-polnische Grenze gedreht, in dem die Zufälligkeit der Begegnungen im Vordergrund steht. Die Geschichten eines deutsch-polnischen Pärchens, dessen Wege sich morgens auf der Stadt-brücke wieder trennen, eines Großvaters und seines Enkelkindes, die es nach Frankfurt treibt, um das auf der deutschen Seite der Oder gestrandete Spiel-zeugschiff zu bergen, und nicht zuletzt zweier deutscher Abenteurer, die glauben, in Gartenzwerge verstecktes Rauschgift nach Polen schmuggeln zu müssen, haben eines gemeinsam: Es sind nicht die Protagonisten, die die Hauptrolle spielen, es ist die Grenze selbst. Sie ist es, die die Menschen für einen Moment zusammenführt, um sie sogleich wieder voneinander zu trennen. War in den Filmproduktionen über Ostdeutschland in den neunziger Jahren das Road Movie das filmische Genre, mit dem sich das Lebensgefühl der Menschen am besten beschreiben ließ, ist es an der deutsch-polnischen Grenze der Episodenfilm.

Was Robert Thalheim in seiner fünfzehnminütigen Abschlussarbeit für die Filmhochschule Babelsberg erarbeitet hatte, hat Hans Christian Schmid inzwi-schen für das Kino entdeckt. „Lichter“ heißt sein überaus erfolgreicher Spielfilm, der von den großen und kleinen Pionieren in Frankfurt und Słubice handelt, von ihren Hoffnungen, vor allem aber ihren Niederlagen und Enttäuschungen. Wie der Koffer, der auf der Stadtbrücke einen Moment lang das Leben an der Grenze angehalten hat, ist „Lichter" in seiner ganzen Episodenhaftigkeit eine Momentaufnahme einer Region, in der die althergebrachten Traditionen und Sicherheiten nicht mehr gelten, in der alles in Bewegung geraten ist, ohne dass einer das eigentlich gewollt hätte. Aber nun, da sich alle bewegen, tut man es auch selbst, lässt sich treiben, sucht, scheitert und sucht von neuem, immer in der Hoffnung, den „Lichtern" zu begegnen, jenem imaginären Ziel im Leben, das einem vielleicht einmal wieder einen Halt geben kann und die Möglichkeit, anzukommen.

Im Pionierland, diesem Zwischenland zwischen „Nicht mehr" und „Noch nicht", das zeigt das „Setting Grenze", ist ein problemloses Ankommen nicht vorgesehen. Im Zwischenland gilt es, immer wieder aufzubrechen zu neuen Unternehmungen und Expeditionen in die Fremde, um aus der Grenze Kapital zu schlagen, Einflusssphären abzusichern, neues Terrain zu erkunden, rechzeitig den Rückzug anzutreten. Es sind diese Suchbewegungen der Pioniere, die mit ihren zuerst zaghaften, dann immer sichereren Schritten das Terrain des Grenzlandes vermessen und seine neue Geografie markieren. Ihre Routen sind es, die übereinandergelegt, die Grenzen des Zwischenlands bilden, eines Gebiets, das auf keiner Landkarte, weder in Polen, noch in Deutschland eingezeichnet ist, von dem die, die sich darin bewegen, aber genau wissen, wo es anfängt, und wo es endet.

Erfolg und Scheitern

Die Pioniere des Grenzgebiets

Der Unternehmer

Als Friedrich der Große das Oderbruch trockenlegen ließ, sprach er davon, dass er der erste Herrscher sei, der eine neue Provinz nicht im Krieg, sondern im Frieden hinzugewonnen habe. Die Pioniere, die das trockengelegte Schwemmland zwischen Bad Freienwalde und Frankfurt besiedeln sollten, waren allerdings weniger optimistisch. Sie wussten am besten, wie schwierig ein solches Unterfangen war. Und gab es da nicht das geflügelte Wort „Dem ersten der Tod, dem zweiten die Not, dem dritten das Brot"? Hat dieses Wort nicht wie kein anders verdeutlicht, wie schwierig es war und ist, im Neuland Fuß zu fassen?

Krzysztof Kononowicz hat sich solche Fragen nicht gestellt. Pünktlich zur Jahrtausendwende hatte der Bäckermeister aus dem westpolnischen Touristenstädtchen Sulęcin eine Idee. Warum nicht polnische Backwaren in Deutschland verkaufen? Das nach wie vor enorme Preisgefälle zwischen der Bundesrepublik und Polen würde beiden Seiten einen Vorteil verschaffen. Krzysztof Kononowicz würde seine Produkte auf einem neuen Markt platzieren, und sein Partner würde mit den billigeren Backwaren aus Polen Marktanteile dazugewinnen.

Mit einer solchen Geschäftsidee war ein deutscher Partner schnell gefunden. Krzysztof Kononowicz wähnte sich am Ziel seiner Träume. Kaum war der Vertrag mit dem Partner unterschrieben, begann er mit den notwendigen Investitionen. Eine neue Fertigungsstrecke sollte die Wünsche der deutschen Kunden sicherstellen, schließlich galt es nicht nur Brötchen nach Deutschland zu liefern, sondern auch Hörnchen, Hefeteilchen und andere Leckereien. Eine Einschränkung allerdings gab es. Da die Wartezeiten an den Grenzübergängen nach wie vor erheblich waren, spezialisierte sich das deutsch-polnische Backwaren-Joint-Venture von Krzysztof Kononowicz und seinem Partner auf die Lieferung von Tiefkühlware.

Krzysztof Kononowicz erzählt seine Geschichte im Konjunktiv, hätte, wäre, wenn. Seine Zuhörer, Politiker und Unternehmer aus den Partnerstädten Sulęcin und Beeskow, die an diesem Freitag Abend im Europäischen Begegnungszentrum im brandenburgischen Ratzdorf zusammengekommen sind, ahnen längst, dass es in dieser Geschichte keinen Indikativ geben wird. Der Referent sollte sie in dieser Ahnung bestätigen. „Kaum war der Vertrag mit dem deutschen Partner unterzeichnet", fährt er fort, „hat er ihn auch schon wieder gekündigt." Im Sitzungssaal der Begegnungsstätte ist es still geworden. Kononowicz räuspert sich. „Die deutschen Bäcker haben meinen Partner unter Druck gesetzt, sie haben ihm bedeutet, dass er nie wieder einen Fuß auf den Boden bekommt, wenn er an der Zusammenarbeit mit mir festhält." Kononowicz erzählt seine Geschichte mit Fassung. Nun backen sie wieder kleinere Brötchen, auf der deutschen wie auf der polnischen Seite. Verdienen tun andere. Aus der deutsch-polnischen Brötchengeschichte ist ein Fall für die Anwälte geworden.

Hätte die gescheiterte Pioniertat des Krzysztof Kononowicz nicht zwischen Sulęcin und Beeskow stattgefunden, sondern zwischen Słubice und Frankfurt (Oder), hätten die Medien schnell eine Schlagzeile parat gehabt, zum Beispiel: „Frankfurter Brötchenkrieg geht in die zweite Runde". Die erste Runde ist den Frankfurtern noch in guter Erinnerung. Auch damals war es eine Pionierin des Grenzlandes, Marta Bruns aus Słubice, die eine Geschäftsidee hatte. Warum nicht polnische Brötchen in Deutschland verkaufen?, dachte sie sich wie später Krzysztof Kononowicz, nur dass sie keine neue Fertigungsanlage im Sinn hatte, sondern nur eine kleine Verkaufsstelle, irgendwo im Frankfurter Plattenbauviertel Neuberesinchen. Bald war die Verkaufsstelle gefunden, und die Brötchen aus Słubice warteten auf die deutschen Kunden. Die kamen auch, neun Pfennig pro Schrippe, das war 1995 ein Argument, gegen das man wenig einwenden konnte. Es sei denn, man war ein „Deutscher" und deshalb auch der Meinung, dass Deutsche ohne deutsche Brötchen nur halb so deutsch sind. „Schmuggelbrötchen aus Polen – nein danke!" hieß es plötzlich auf Flugblättern, da hatte Marta Bruns kaum ihren Laden eröffnet. Rechtsradikale beschmierten das Ladenfenster mit antipolnischen Parolen, die Konkurrenz behauptete, man wehre sich, „dass mit polnischen Billigwaren deutsche Arbeitsplätze kaputt gemacht werden". Selbst die Bäckerinnung verwies auf ihre Verdienste für Frankfurt, indem sie an die Hungerjahre 1945, die „Sicherung der Volksernährung" erinnerte und an die Hygienebestimmungen, der das deutsche Bäckerhandwerk unterstehe. Es war tatsächlich ein Brötchenkrieg, der da in Frankfurt tobte, und Marta Bruns war sein erstes Opfer. Auf dem Höhepunkt der Anfeindungen wurde sie mit einem Herzanfall ins Krankenhaus eingeliefert.

Einige haben die Stirn in Falten gezogen, andere nippen lautlos am Bier. Im Sitzungssaal ist es noch immer still. Soeben hat Krzysztof Kononowicz noch einmal die Geschichte von Marta Bruns erzählt. Vielleicht, um zu zeigen, dass es noch schlimmer kommen kann mit den deutsch-polnischen Pionierideen. Vielleicht aber auch, um sich die Geschichte vom ersten Frankfurter Brötchenkrieg noch einmal von der Seele zu reden. Schließlich ist es auch seine eigene Geschichte. Die Brötchen, die Marta Bruns in Frankfurt verkaufen wollte, stammten von ihm, von Krzysztof Kononowicz aus Sulęcin.

Geschichten wie diese bringen Gesine Schwan nicht mehr aus der Fassung. Zu viele kennt sie davon, und das nicht erst, seitdem sie 1999 nach Frankfurt (Oder) gekommen ist. „Geschichten des Scheiterns gab es auch in Westberlin, als die Mauer noch stand, und nicht zu wenige", sagt sie und verweist auf die Geschichten, die dem Scheitern folgten, denen des Neubeginns und der Hoffnung, als hätte es ein Scheitern nicht gegeben.[47] Krzysztof Kononowicz würde Gesine Schwan, sollte er sie einmal treffen, sicher zustimmen. Aus dem gescheiterten Pionier des deutsch-polnischen Backwaren Joint-Ventures ist inzwischen der Chef des Unternehmerverbandes von Sulęcin geworden.

Gesine Schwan gehört zu jenen Pionieren im deutsch-polnischen Grenzgebiet, die nicht gezwungen sind, aus ihrer Not eine Tugend zu machen, die von außerhalb an die Grenze kamen, dabei aber nicht selten ein überschaubares und gesichertes Leben gegen die Ungewissheit im Zwischenland zwischen Ost und West, Polen und Deutschland eingetauscht haben. Auch für Gesine Schwan war es nicht einfach, als sie 1999 zur Präsidentin der Europauniversität Viadrina gewählt wurde. „Ich hab gedacht: Was denn! Ich bin Berlinerin, dort wird es immer spannender, und nun soll ich mich in die Wüste begeben?" Und nun lebt sie, die Wüste, zumindest die akademische, die Frankfurt bis zur Neugründung der Universität im Jahre 1991 gewesen war. Und die Wüste drum herum ist inzwischen kultiviert mit allerlei Ideen, Unternehmungen und Projekten, verworfenen und wieder aufgenommenen. Für Gesine Schwan ist es alleine eine solche kreative Atmosphäre, aus der Neues entstehen kann. „Ich wusste ja, dass ich in keine Puppenstube komme, dass ich da vor Herausforderungen stehe, die es woanders nicht gibt. Aber das kann auch motivieren. Wer an eine Idee glaubt, der kann auch andere mitreißen."

Gesine Schwans Idee ist eine Universität, in der Europa nicht nur Thema, sondern auch zu Hause ist. Diese Idee ist inzwischen Wirklichkeit geworden. Von den 5.000 Studenten, die an der Europauniversität Viadrina in Frankfurt (Oder) studieren, kommt ein Drittel aus dem benachbarten Polen. Darüber hinaus studieren am Collegium Polonicum in Słubice, das gemeinsam von der Viadrina und der Adam Mickiewicz Universität in Poznań betrieben wird, weitere 1.800 Studenten. Aus den geteilten Städten Frankfurt und Słubice ist wieder eine Universitätsstadt geworden, der die Studenten ihren Stempel aufdrücken. Deutsche Studenten wohnen in Słubice und wissen, wann man Andrzejki feiert. Polnische Studenten wohnen in Frankfurt und kennen die besten Clubs. Über die Stadtbrücke gehen nicht nur Schmuggler und Schnäppchenjäger, Ärzte und Krankenschwestern, sondern auch angehende Rechtsanwälte und Manager.

Eine Pioniertat war die Gründung der Europauniversität Viadrina bereits bevor Gesine Schwan 1999 zu ihrer Rektorin gewählt wurde. Immerhin galt es damals, 1991, einen weiten Bogen in die Vergangenheit und damit auch in die Zukunft zu schlagen. 180 Jahre lang war Frankfurt keine Universitätsstadt gewesen. Die preußische Obrigkeit war 70 Jahre nach der Eroberung Schlesiens 1811 zu der Erkenntnis gekommen, im Osten des Landes genüge eine Alma Mater, und die sei im großstädtischen Breslau besser aufgehoben als im provinziellen Frankfurt. Als der Brandenburger Landtag 1991 die Universität an alter Stelle neu gründete, musste also wieder einmal Neuland betreten werden. Frankfurt war nicht mehr das Frankfurt des beginnenden 19. Jahrhunderts, sondern eine geteilte Stadt, die nun, nach dem Ende der europäischen Teilung, wieder zusammenwachsen sollte. Was also lag näher als aus der Universität an dieser europäischen Schnittstelle eine Europauniversität zu machen, mindestens aber eine deutsch-polnische. Dass es dagegen auch Widerstände gab, dass polnische Studenten vor allem in den Anfangsjahren in Frankfurt immer wieder angepöbelt wurden, gehörte zu den schmerzhaften Erfahrungen jener Zeit.[48]

Eine noch größere Pionierleistung als die Wiedergründung einer Universität in Frankfurt war die Neugründung des Collegium Polonicum in Słubice. 1998 wurde der Bau mit EU-Mitteln begonnen, schon drei Jahre später war er fertiggestellt. Dass das „ColPol", wie es von den Studenten wenig ehrfurchtsvoll genannt wird, heute aus der intellektuellen Landschaft des Grenzgebietes nicht wegzudenken ist, liegt aber nicht nur an den Studenten, sondern auch an Krzysztof Wojciechowski. Auch er ist, wie Gesine Schwan, von außerhalb ins Grenzgebiet gekommen, aus Warschau. Das hatte ihn aber nicht daran gehindert, aus dem Collegium Polonicum, diesem Raumschiff am Oderufer, einen Brückenkopf der polnisch-deutschen Zusammenarbeit zu machen. Und es hinderte ihn nicht, dieser Zusammenarbeit als Pionier voranzugehen. Wojciechowski ist nicht nur Hochschulrektor, er ist auch ein Hans Dampf in allen Gassen, ein erstaunlich unkonventioneller Intellektueller, der sich überall einmischt. Man sieht ihn bei Podiumsdiskussionen, Ausstellungseröffnungen, er meldet sich zu Wort, wenn es um die Provinzialität der beiden Städte geht, die es zu überwinden gelte, er erklärt den Frankfurtern, warum „Lichter" kein depressiver Film ist, sondern dem Grenzgebiet die Aufmerksamkeit schenkt, die es braucht, und manchmal lächelt er nachsichtig, wenn man ihm auf polnischer Seite vorwirft, dass er seinen Wohnsitz nicht in Słubice genommen hat, sondern in Frankfurt. In ihrer Heimat sind die Pioniere oft noch Fremde. Das gilt für die Hinzugezogenen mehr noch als für die Einheimischen.

Doch Wojciechowskis Heimat ist nicht Deutschland oder Polen. Seine Heimat ist Europa. Nicht nur, weil er seine Kinder auf die Europaschule in Frankfurt geschickt hat. Wojciechowski ist Europäer in dem Sinne, dass er gelernt hat, sich auf beiden Seiten der Grenze zu bewegen, dass er verschiedene Standpunkte verstehen und Perspektiven einnehmen kann. Europa ist für ihn kein Verlust, sondern ein Zugewinn. Das gleiche gilt auch für Gesine Schwan. Für die Rektorin der Viadrina hat sich mit dem Gang in die Frankfurter „Wüste" sogar ein biografischer Kreis geschlossen. Als Tochter einer Widerstandsfamilie, die in den letzten Kriegsjahren ein jüdisches Mädchen versteckt hatte, war sie schon in jungen Jahren im „Geist der Versöhnung" erzogen worden, „einer Versöhnung ohne Schuldgefühl allerdings", wie sie heute sagt. „Versöhnung", das bedeutete für Schwan zunächst, auf dem deutsch-französischen Gymnasium in Berlin Abitur zu machen und anschließend Polnisch zu lernen. „Damit bin ich, wenn man so will, zu den Wurzeln meiner Familie zurückgekehrt. Die stammte aus Oberschlesien, musste nach dem Volksentscheid 1921 Polen verlassen, hat sich aber immer ein positives Polenbild bewahrt."

Ein positives Polenbild hat sich auch Gesine Schwan bewahrt. Als sie in den sechziger Jahren, die Studentenbewegung war in vollem Gange, über Theodor Adorno promovieren wollte, riet ihr ihr Doktorvater ab. „Du sprichst doch Polnisch", sagte er, „warum promovierst Du nicht über Leszek Kołakowski, das ist ein undogmatischer Marxist und Philosoph zugleich." Gesine Schwan hat es nicht bereut, auf ihren Doktorvater gehört zu haben. Während ihres Studienaufenthalts in Warschau schloss sie Freundschaften, die bis heute gehalten haben. Und sie erkannte, früher als ihre Mitstudenten, die Bedeutung der polnischen Dissidenten für die Demokratisierung des Landes. „Als ich 1999 nach Frankfurt und nach Słubice kam", sagt Schwan heute, „war das für mich auch eine Rückkehr nach Polen."

Krzysztof Wojciechowski weiß um die Verdienste dieser „Rückkehr". In einer kleinen Hommage an „Gisela", wie er Gesine Schwan in seinem inzwischen auch auf Deutsch erschienenen Buch „Meine lieben Deutschen" nennt, schreibt er: „Sie ist eine schöne Frau und auf überaus undeutsche Weise spontan. Zur Begrüßung küsst sie alle. Zum Abschied auch. In der Zwischenzeit nimmt sie einen an die Hand, legt einem die Hand auf die Schulter, streichelt einem die Wangen. Außerdem blitzt sie vor Unvollkommenheit."[49]

Wojciechowski, der diese „Unvollkommenheit" vor allem auf die – auch polnischen – Wurzeln der Familie zurückführt, beendet seine Hommage mit den Sätzen: „Dank ihrer Kultur zerfließt Gisela nicht zwischen den unterschiedlichsten Weichheiten, sondern sie handelt und lenkt eine große, universitäre Gemeinschaft. Ich liebe derartige Mischungen, ich fühle mich dabei wie daheim."[50]

Der Doktorand

Felix Ackermann öffnet die Kammer. Im Lichtschacht ist es düster, über den Dächern ist gerade die Sonne untergegangen. Mit einer Kerze in der einen Hand klettert Ackermann die wacklige Holzleiter hoch, mit der andern drückt er die Dachluke zur Seite. Oben angekommen, hält er Ausschau. „Habe ich zuviel versprochen?" Ackermann ist stolz, man spürt es, stolz auf diese Wohnung in Słubice, die er über Beziehungen bekommen hat, stolz auf seinen Nachbarn, den Leiter des Słubicer Kulturzentrums „Smok", stolz darauf, dass er mittlerweile fließend polnisch spricht, stolz auf diesen Ausblick.

Der Ausblick vom Dach des Hauses an der Ecke ulica Jedności Robotniczej, der Straße der Arbeitereinheit, und der ulica Młodzieża Polskiej, der Straße der polnischen Jugend, ist in der Tat überwältigend. Es ist ein Blick auf eine Frankfurter Skyline, die in der Dämmerung erst richtig zur Geltung kommt. Und dann ist da noch die Brücke. „An Sommertagen wie diesen", sagt Ackermann, „ist das keine Grenze mehr, sondern eine ganz normale Brücke zwischen zwei Stadtteilen, zwischen denen lediglich ein Fluss liegt. Die Leute kommen aus Deutschland, weil es in Słubice die besseren Kneipen gibt, die andern gehen nach Deutschland, weil es dort mehr Kulturveranstaltungen gibt."

Ackermann, Doktorand der osteuropäischen Geschichte an der Viadrina, wohnt nicht ohne Grund in Słubice. Es ist die für einen Deutschen besondere Atmosphäre der polnischen Grenzstadt, die ihn angezogen hat. Eine beinahe südländische, mediterrane Atmosphäre, wie er meint. „Die Wäsche auf den Leinen, die Kinder auf der Straße, das Kino, das tagsüber ein Gemüseladen ist, die Liebespaare an der Oderpromenade, der Sonnenuntergang in der Warszawianka am Słubicer Hafen, das ist fast wie in Italien", schwärmt er. Ohne die Brücke freilich würde auch Ackermann nicht in Słubice leben. Es ist die Grenze, die den gebürtigen Görlitzer nicht los lässt, auch nicht hier in Frankfurt und Słubice. Hier hat er die Möglichkeit, zu jeder Tages- und Nachtzeit die Seiten wechseln zu können. Wenn Felix Ackermann in der Abenddämmerung auf dem Dach seines Hauses steht und auf die Stadtbrücke und die Frankfurter Skyline schaut, dann fühlt er sich nicht mehr als Bewohner einer geteilten Stadt, dann liegen ihm beide Städte oder besser Stadthälften zu Füßen, dann verschmelzen sie beide zu einer einzigen Stadt, deren Besonderheit es lediglich ist, dass sie von Deutschen und Polen bewohnt werden. Diese Vision ist Ackermann, dem Grenzgänger aus Überzeugung, bereits in Fleisch und Blut übergegangen. „Wer sich auf der andern Seite auskennt, Freunde hat, und die andere Sprache spricht, für den ist das schon lange keine geteilte Stadt mehr."

Den Blick auf eine gemeinsame Stadt hat Ackermann inzwischen auch über die Frankfurter und Słubicer Grenzen hinaus bekannt gemacht. Słubice.de heißt die Website, die er zusammen mit seinen Kommilitonen Mateusz Hartwich und Bernd Vogenbeck zu einem virtuellen Stadtführer und einer kleinen, aber feinen Nachrichtenagentur ausgebaut hat. In Słubice.de sind nicht nur amüsante Feuilletons über die verschiedenartige Kultur der Litfaßsäulen oder „Restaurantkritiken" der neuesten Słubicer Kneipen zu lesen. Auch Berichte über die Absurditäten des Alltags finden hier ihr Publikum, Absurditäten, die in einer Doppelstadt an der Grenze naturgemäß häufiger anzutreffen sind als in normalen Universitätsstädten.

Zu diesen Absurditäten gehören auch die Anfragen, die Natalia Bergandy zu bearbeiten hat. In der ulica Mickiewicza 21 in Słubice betreibt Bergany eine Agentur. „Anzeigen aller Art" steht vor der Tür, und so mancher ihrer Kunden scheint das wörtlich zu nehmen, wie es Słubice.de am 13. August 2003 vermeldete: „Im Anzeigenbüro von Natalia Bergandy tauchen immer wieder Deutsche auf, die auf der Suche nach einer Frau sind. So steckte kürzlich ein Mann seinen Kopf durch die Tür und fragte: Matrimunalne? Um gleich darauf nachzuhaken: Sprechen Sie auch Deutsch? Natalia Bergandy bemühte sich, zu verstehen, worum es geht. Sie wollen also eine Anzeige in ‚Kontakt' schalten. Mit einem großen Foto von Ihnen. Sie suchen eine junge Frau. Einen Moment, ich rufe dort mal an."

Die Agentur „Anzeigen aller Art" war nicht die erste Stelle, bei der der etwa vierzigjährige Frankfurter sein Glück versucht hatte. Bereits zuvor hatte er eine Anzeige in der *Gazeta Lubuska* geschaltet, doch nur drei Frauen hatten sich gemeldet. Keine von ihnen hatte seinen Vorstellungen entsprochen. Dass es sich wohl um einen hoffnungslosen Fall handelt, hat ihm Natalia Bergandy nicht mitgeteilt, dafür ist sie viel zu sehr Geschäftsfrau. Stattdessen hat sie die Anzeige aufgesetzt, ein Foto verlangt, den Preis ausgehandelt, das Geschäft war perfekt. Erst als der Kunde den Laden verlassen hat, bricht es aus Bergandy heraus: „Ach, diese armen Schweine. Kommen hier an, versprechen das Blaue vom Himmel, und dann geben sie nicht mal Trinkgeld." Jemand, der in einer Annonce schreibt: ‚Sponsor sucht junge Frau' und nicht mal 50 Groszy aufrundet, kann Bergandy nicht ernstnehmen. Auch Polinnen seien schließlich ganz normale Frauen, sagt sie schließlich. Sie wünschten sich ein normales Leben. Warum sollten sie sich in die Fänge eines Deutschen begeben, der nur auf der Suche nach einer Sklavin ist? Einmal hätte sie sogar einen 82-jährigen Kunden gehabt, der ernsthaft auf der Suche nach einer nichtvolljährigen Polin war, um sie zu heiraten.

Aber es gibt sie auch, die anderen Geschichten aus Frankfurt und Słubice, die, in denen sich der absurde Alltag an andere Regeln hält als an die des deutschen Geldes und der polnischen Dienstleistung. Am 6. August 2003 meldete Słubice.de die endgültige Polonisierung seines Mitbegründers und Pioniers Felix Ackermann: „Seit langem unrasiert, etwas verschwitzt und mit einem postsowjetischen Brillengestell ausgerüstet, betrat ich die Frankfurter Lenné-

Apotheke und verlangte in meiner Muttersprache nach einem Medikament. Der Apotheker fragte bei seiner Frau nach, die von hinten rief: ‚Ich weiß schon wofür die das benutzen – das gibt's nicht mehr.' So kaufte ich stattdessen ein anderes Präparat. Ja, einen Kassenzettel würde ich auch nehmen. ‚Den können sie abstempeln lassen und dann wiederkommen', meinte der Apotheker. Ich verstand nicht recht. ‚Sie lassen sich an der Grenze einen Stempel geben und dann können sie die Mehrwertsteuer zurück holen'." – „Es war soweit", resümierte Ackermann schließlich. „Nach einigen Jahren in Słubice bin ich nun Pole geworden. Zumindest in Frankfurt."

Der schnelle Aufstieg des Felix Ackermann zum „Deutsch-Polen" begann nicht erst mit seiner Ankunft 1999 an der Viadrina, sondern schon zu Hause im sächsischen Görlitz, neben Frankfurt die zweitgrößte Grenzstadt zu Polen. Noch heute erinnert sich Ackermann an die Geschichten seines Großvaters, der sich 1939 freiwillig zum Polenfeldzug gemeldet hatte und später dann, da war nicht nur die Nazizeit zu Ende, sondern auch der Sozialismus auf deutschem Boden, immer wieder nach Polen gefahren war. „Nach Danzig, Krakau, wie ein ganz normaler Tourist." Ackermann schüttelt den Kopf. „Doch zu Hause hat er dann Zeitungsartikel über Autoschieber gesammelt, als wäre es das, was er allen beweisen wollte, dass in Polen geklaut wird und nicht, dass man da auch in den Urlaub fahren kann." – „Trotz der Reisen", Ackermann sagt es etwas resigniert, „ist mein Großvater der typische Vertreter eines Bewohners des Grenzgebietes, der mit der anderen Seite eigentlich nichts zu tun haben will."

Anders dagegen Felix Ackermann. Je weniger der Großvater wissen wollte, desto mehr wollte es der Enkel. Pioniertaten sind nicht immer der Not geschuldet, sondern manchmal auch der Neugier. Doch nicht immer wird solcher Wissensdurst belohnt. Felix Ackermann hat es zu spüren bekommen, da war er schon einige Semester in Frankfurt und Słubice und hatte sich mit einer monatlichen Kolumne in der Lokalausgabe der größten polnischen Tageszeitung *Gazeta Wyborcza* einen Namen gemacht. Doch dann schrieb er den Artikel, der ihm in Słubice keine Türen mehr öffnen, sondern für lange Zeit verschließen sollte. Ackermann beschrieb darin ein Treffen des damaligen Słubicer Bürgermeisters Stanisław Ciecierski mit Vertretern der Frankfurter Stadtverwaltung, das der Vorbereitung der 750-Jahrfeier der Stadt und des Umbaus der Insel Ziegenwerder zum Europagarten dienen sollte. „Der deutsche Vertreter, verantwortlich für die internationalen Kontakte, ließ seine Videokamera laufen statt die Gäste aus Polen zu begrüßen. Die polnische Sprache ist ihm fremd, für ihn ist Polen ein entferntes Land und Słubice eine Partnerstadt wie Nimes in Frankreich oder Yuma in Kanada oder das weißrussische Witebsk."

Aber auch die polnische Seite bekam ihr Fett weg. „Im Bus war es heiß, aber die Vertreter aus Słubice blieben tapfer in ihren Anzügen sitzen. Sie schauten auf Frankfurt wie auf eine fremde Stadt in einem anderen Land. Es wurden ihnen Orte gezeigt, die sie noch nie gesehen hatten." Wieder in Polen, nahmen schließlich alle Teilnehmer der deutsch-polnischen Begegnung Platz an einem Tisch. „Nur, welches Thema anschneiden?", fragte Ackermann in seiner Kolumne, „in welcher Sprache sich unterhalten? Der deutsche Spezialist für internationale Beziehungen und der Słubicer Bürgermeister schweigen. Die Suppe wird kalt, der Wind weht, noch eine Portion Bigos, der Regen rückt näher, Würstchen zum Schluss und weiterhin Schweigen. Wenn es nichts zu besprechen gibt, ist man wenigstens noch nicht am Ende der Welt."

Doch, man war am Ende der Welt, damals, als noch kein Europagarten die polnische Grenzstadt Słubice mit der Welt bekannt gemacht hatte. Man war sogar so sehr am Ende, dass diese Welt nicht einmal erfahren sollte, wie es dort aussieht. Schließlich wäre dann deutlich geworden, wie groß die Kluft ist zwischen der Europarhetorik der Politiker und ihrer tatsächlichen Europatauglichkeit. Dann hätte man es schwarz auf weiß gehabt, dass viele Politiker nicht zu den Pionieren gehören, sondern zu jenen, bei denen die Grenze in den Köpfen weiterbesteht.

Doch soweit kam es nicht. Als Felix Ackermanns Kolumne mit dem Titel „Koniec świata" in der *Gazeta Wyborcza* erschienen war, reagierte der damalige Bürgermeister Ciecierski auf seine Art. Kurzerhand ließ er alle Zeitungen an diesem Tag an Kiosken, Tankstellen und anderen Verkaufsstellen aufkaufen, so dass kein Słubicer mehr lesen konnte, über welches Thema ihr Bürgermeister mit den Kollegen aus Frankfurt geschwiegen hatte. Eine eigens gefertigte deutsche Übersetzung des Artikels faxte Ciecierski über die Oder. „Plötzlich", sagt Ackermann rückblickend über diese Anekdote, „fand sich also doch ein Übersetzer. Es kommt halt immer drauf an, wofür."

Heute blickt Ackermann etwas gelassener auf diese Zeiten zurück. Mittlerweile hat er ein Jahr an der London School of Economics absolviert. Statt vielsagender Kolumnen über die politische Kultur seiner Doppelstadt schreibt er lieber an seiner Doktorarbeit. Das Thema ist nicht etwa das deutsch-polnische Grenzgebiet, sondern der Stand der Transformation in Städten wie Wilna, Grodno oder Lemberg. Ein Pionier ist Ackermann trotzdem geblieben. „Zum Promovieren", sagt er, „bin ich wieder nach Słubice und Frankfurt zurückgekommen. Ich wollte zeigen, dass die Geschichten hier nicht nur beginnen, sondern, dass sie hier auch weiter gehen können."

Soviel Treue zur Region kann auch die Politik nicht ungerührt lassen. Im September 2003 wurde Felix Ackermann von Brandenburgs Ministerpräsident Matthias Platzeck ausgezeichnet: als „verdienstvoller Brandenburger".

Die Geschichtsmacher

Dass es sich in Görlitz und Zgorzelec lohnt, mit der Geschichte zu beschäftigen, zeigt nicht nur ein Blick auf den grandiosen Untermarkt in Görlitz mit seinen Tuchmacherhallen oder die ehemalige Oberlausitzer „Ruhmeshalle" in Zgorzelec, in der 1950 der „Görlitzer Vertrag" unterschrieben wurde. Auch Jakob Böhme, der Mystiker aus der Wende vom 16. zum 17. Jahrhundert, gehört zur Geschichte der Neißestadt. Ein religiöser Querdenker und Philosoph war er, der Schuhmacher aus Görlitz, der am östlichen Neißeufer seinen Wohnsitz gefunden hatte.

Mittlerweile erstrahlt das Wohnhaus des Jakob Böhme wieder in neuem Glanz. Zu verdanken ist das dem Zgorzelecer Verein „Europera", der es mit Mitteln aus der Stiftung deutsch-polnische Zusammenarbeit hat renovieren lassen. „Für uns war das eines der Beispiele dafür, wie die Zusammenarbeit auf beiden Seiten der Neiße funktionieren kann", sagt Piotr Zubrzycki.

Zubrzycki, Mitte dreißig, ist gebürtiger Zgorzelecer, Neusiedler der zweiten Generation also, dem die „fremde Heimat" nicht mehr fremd ist, sondern ein Ort, an dem er zur Schule ging, Fußball spielte, das erste Mädchen küsste. Gleich neben dem Jakob-Böhme-Haus ist Piotr Zubrzycki mit seiner Frau Urszula eingezogen. Im Erdgeschoss oder im ersten Obergeschoss des Hauses gehen sie manchmal Kaffee trinken. „Przy Jakubie", „Bei Jakob" heißt die Kneipe, in der man nicht nur die jungen, alternativen Zgorzelecer findet, sondern auch zahlreiche historische Fotos an den Wänden. Geschichte, das ist in Görlitz und Zgorzelec auch Heimatkunde für die Suchenden.

Auf der Suche sind auch Piotr und Urszula Zubrzycki. Schon während des Studiums der Geschichte an der Universität von Zielona Góra haben sie die Vergangenheit von Niederschlesien erforscht und festgestellt, dass Zgorzelec, der ehemals östliche Stadtteil von Görlitz, nicht nur eine schlesische Stadt ist, sondern auch eine Stadt in der Oberlausitz. „Vor allem die Sorben haben uns interessiert", sagt Urszula Zubrycki, „die sorbische Sprache, ihre Kultur, die Architektur. Darüber weiß man in Polen heute so gut wie nichts mehr."

Inzwischen arbeiten Piotr und Urszula Zubrzycki in Zgorzelec als Lehrer. Doch das Thema Oberlausitz hat sie bis heute nicht losgelassen. Mittlerweile haben sie zusammen mit dem Verein „Europera" sogar eine Initiative zur Gründung eines Lausitzmuseums in Zgorzelec ins Leben gerufen. Doch so einfach ist es nicht mir der Erinnerung, auch wenn es nicht mehr ausschließlich um eine nationale Geschichtserzählung und Erinnerungskultur geht, sondern um eine regionale Geschichte, die Suche nach der „kleinen Heimat". Piotr und Urszula Zubrzycki haben es erfahren müssen. Im Salon des Theaters in Zgorzelec haben sie erstmals einem deutschen Publikum ihre Idee für ein Lausitzmuseum vorgestellt. Doch statt Beifall gab es Verwunderung bis hin zur offenen Ablehnung. „Warum ausgerechnet ein Lausitzmuseum?", fragte eine ältere Frau bei der Vorstellung des Projekts. „Warum unterstützen sie uns nicht dabei, Görlitz und Zgorzelec als niederschlesische Stadt bekannt zu machen?" Ein anderer Kritiker befürchtete beim Stichwort Sorben gar, dass es den Zubrzyckis darum gehe, die alte Ideologie der „wiedergewonnenen Gebiete" zu beleben, in die die Polen 1945 nicht als Neusiedler kamen, sondern als „Repatrianten".

Mit einer solchen Kritik hatten sie nicht gerechnet. Freundlich und höflich beteuerten die Zubrzyckis immer wieder, dass es ihnen nicht darum ging, die Sorben als Zeugen für eine slawische Vergangenheit der Westgebiete zu zitieren, dass sie an keiner ethnischen, sondern einer regionalen Geschichtsschreibung interessiert seien. Ohne Erfolg. „Warum nennen Sie das Museum nicht Zgorzelecer Regionalmuseum"? fragte ein Zuhörer bei der zweiten Vorstellung der Museumsidee der Zubrzyckis, diesmal im Görlitzer Apollo-Theater?

Erinnerung ist im Grenzgebiet zwischen Deutschen und Polen noch immer verdächtig. Zu lange war mit Erinnerung nationale Politik gemacht worden. Die deutschen Vertriebenen missbrauchten die Erinnerung als Mittel, um ihrer Forderung nach einer Revision der Grenze Nachdruck zu verleihen. Die polnischen Neusiedler wiederum setzten die Erinnerung in den Dienst einer Umdeutung der Geschichte der Westgebiete als urpolnisches Land. Auch wenn die junge Generation der Grenzlandbewohner inzwischen die großen Geschichtserzählungen zugunsten der kleinen in den Hintergrund gedrängt hat, existieren sie dennoch fort. „Im Beirat des Lausitzmuseums", sagen Görlitzer Museumsfachleute hinter vorgehaltener Hand, „sitzen Archäologen, beinharte Ideologen des polnischen Westgedankens, da kann man sich ja denken, was aus der Initiative der Zubrzyckis wird." In Zgorzelec wiederum empfindet man das Schlesische Museum in Görlitz noch immer als Provokation, mindestens aber als befremdlich. Auch wenn man inzwischen weiß, dass dort nicht nur die Geschichte der deutschen Vertriebenen ausgestellt wird, sondern auch die der Vertriebenen aus den polnischen Ostgebieten.

Es ist diese Kultur des Verdachts, die die Zubrzyckis irritiert. Ausgerechnet sie, die sich mit dem Verein „Europera" um die deutsch-polnische Zusammenarbeit bemühen, sollen nun Stellvertreter der Ideologie der „wiedergewonnenen Gebiete" sein? Auch der Vater der Zubrzyckis kann es nicht verstehen. Er, der als Neusiedler nach dem Krieg nach Zgorzelec kam, ist heute alles andere als ein kalter Krieger der Geschichte. Im „Przy Jakubie", der Kneipe, die er in seinem Haus eingerichtet hat", tönt aus den Lautsprecherboxen nicht die polnische Nationalhymne, sondern Cesaria Evoras „Café Atlantico". So europäisch geht es manchmal nicht einmal in Görlitz zu.

Die Forscherin

Nicht nur das Thema Geschichte hat im Zwischenland Konjunktur, sondern auch die Beschäftigung mit dem Thema Grenze. In einer Welt, die immer mehr in Bewegung gerät und immer unüberschaubarer wird, sind es die Schnittstellen, an denen wir mehr erfahren als an scheinbar eindeutigen Orten: über andere, über uns, über die Zukunft.

Für Małgorzata Irek ist das Thema Grenze ohne die Beschäftigung mit den Grenzgängern nicht denkbar. Insbesondere die Schmuggler, Pendler und illegalen Beschäftigten haben es der polnischen Ethnologin und Soziologin angetan. Irek ist damit eine der wenigen, die nicht nur den großen Grenzthemen nachspürt, sondern auch dem „kleinen Grenzverkehr". Dem hat sie inzwischen sogar die universitären Weihen verliehen.

Vielleicht liegt das daran, dass Irek selbst aus dem Grenzgebiet stammt. Geboren wurde sie in Świebodzin, einer Kreisstadt von 50.000 Einwohnern, sechzig Kilometer östlich von Frankfurt. „Viele fragen immer, wo beginnt das Grenzgebiet, und wo endet es", sagt sie zur Geografie ihrer Geburtsstadt. „Die Bewohner haben dafür eine einfache Antwort. Das Grenzgebiet ist überall dort, wo man von ihm leben kann."[51]

Folgt man Ireks Definition, sind diese Grenzen fließend. Während man in den Jahren nach dem Fall des Eisernen Vorhangs in ihrer Geburtsstadt ganz gut von der Grenze, das heißt, vom Grenzhandel leben konnte und überall neue Geschäfte, Firmen und Märkte aus dem Boden schossen, ist die Quelle inzwischen am Versiegen. „In Świebodzin haben viele Geschäfte wieder geschlossen", sagt Irek und zuckt mit den Schultern, „es lohnt sich einfach nicht mehr. Das Preisgefälle gibt keine größeren Gewinne mehr her und die Grauformen des Handels, die mit den legalen Formen immer verbunden waren, haben es ebenfalls schwer, seitdem die Behörden beschlossen haben, mit dem Negativimage der Region aufzuräumen. Der einzige Sektor, der hierzulande noch boomt, ist die Prostitution."

Małgorzata Irek hat keine Berührungsängste mit ihrer Klientel, im Gegenteil. Kaum hatte sie ihr Studium der Soziologie, Ethnologie und Nordamerikanistik in Poznań und Berlin abgeschlossen, hatte sie sich ins „Feld" begeben und begonnen, die unterschiedlichen Formen des Grenzhandels und die Motive seiner Akteure und Akteurinnen zu untersuchen. Zwei Jahre lang begleitete sie in der Wendezeit ihre „Helden des Alltags" im so genannten „Schmugglerzug" zwischen Berlin und Warschau. 1.300 Interviews führte sie mit Schmugglern und Putzfrauen, die auf dem Weg in die deutsche Hauptstadt waren. Weil Irek die Arbeitsbedingungen dieser Grenzgänger nicht gefährden wollte, erschienen die Ergebnisse dieser Feldforschung erst einige Jahre später in dem Buch „Der Schmugglerzug. Warschau – Berlin – Warschau".[52]

In diesem Buch unterscheidet Irek drei Phasen der Schmugglerökonomie: die „Eldorado-Phase" vor der Wende, in der vor allem Abenteurer und Glücksritter unterwegs waren und damit den Boden für die Schmuggler der zweiten, der „Mekka-Phase" bereiteten. Ermöglicht wurde diese Phase durch die neuen Ausreisebestimmungen der polnischen Regierung, die noch vor dem Fall der Berliner Mauer zum massenhaften Ansturm der Händler auf Westberlin führten und das Reichpietschufer südlich des Potsdamer Platzes über Nacht in einen Polenmarkt verwandelten. In dieser Zeit, so Irek, wurde der Pioniergeist in Polen zur Massenkultur. „Für jeden unternehmerischen Bürger wurde eine ‚Pilgerfahrt' nach Berlin zur Pflicht."

Die dritte Phase schließlich war bereits vom Rückgang dieser Massenbewegung gekennzeichnet. Nach der deutschen Vereinigung und dem Abkommen über den visafreien Touristenverkehr zwischen Deutschland und Polen waren die Preise in Polen inzwischen soweit gestiegen, dass sich der Handel mit polnischen Waren in Deutschland kaum mehr lohnte. Stattdessen entstanden nun auf der polnischen Seite des Grenzgebiets die Märkte und Basare, auf denen die Deutschen einkaufen konnten. Der „Polenmarkt" hatte sich von Westberlin auf die polnische Seite des Grenzgebiets zurückgezogen und mit ihm das Betätigungsfeld für die „Europareisenden", wie die Händler und Schmuggler in Polen damals augenzwinkernd genannt wurden. Die dritte Phase war also die der Kleinschmuggler, der „Ameisen", der Diebe und Schwarzarbeiter, der Betreiber illegaler Firmen und Zuhälter, der Basarhändler und Einmannbetriebe. Es war keine Massenbewegung mehr, doch im Grenzgebiet, das schon immer zu den wirtschaftlich schwächsten Regionen Polens zählte, war diese Form des Grenzhandels noch immer der Motor der Entwicklung. Manche Städte waren durch den Grenzhandel sogar reich geworden. „In Zgorzelec", sagt Małgorzata Irek, „gab es pro Einwohner mehr Mercedes-Benz Limousinen als in Warschau."

Dass Małgorzata Irek mit ihrer Beschäftigung mit Schmugglern und Zuhältern zu einem negativen Bild Polens oder zu einer abschätzigen Bewertung des Grenzgebiets beitragen könnte, käme der ebenso resoluten wie weltläufigen Mitvierzigerin nicht in den Sinn. „Die informelle Ökonomie", sagt sie, „ist schließlich keine nationale Charaktereigenschaft, sondern aus der Not geboren, Überlebensökonomie sozusagen, hüben wie drüben." Darüber hinaus habe sie nicht unwesentlich zum wirtschaftlichen Erfolg in ganz Polen beigetragen. „Ohne die Europareisenden der achtziger Jahre hätte es in Polen kein Wirtschaftswunder gegeben. Die Händler vom Potsdamer Platz haben den Kapitalstock gelegt für die Gründung vieler Firmen, die heute mit Deutschland legalen Handel betreiben."

Aber auch die Deutschen beteiligten sich an dieser Form der grauen Wirtschaft, sagt Irek, und nennt die Schnäppchenjäger, die mehrmals am Tag auf den polnischen Basar gingen um so mehrere Stangen Zigaretten zu kaufen, die Besucher der polnischen Bordelle, die Autobesitzer, die ihren Wagen zur Reparatur in eine illegale Werkstatt nach Polen bringen, in der auch mit geklauten Autos gehandelt wird, aber auch die ganz normalen Bewohner des Grenzgebiets, die als „Zahnersatztouristen" nach Słubice, Zgorzelec oder Gubin kämen.

Für Irek, die mittlerweile zwischen dem heimatlichen Świebodzin und dem britischen Oxford pendelt, wo sie Soziologie lehrt, sind all dies nicht nur Beispiele unternehmerischen Pioniergeists, sondern auch einer Form der „Selbstverwaltung". Schließlich könnten weder die deutschen, noch die polnischen Bewohner des Grenzgebiets auf Hilfe ihrer jeweiligen Regierungen hoffen. „Nicht die großen Institutionen sind es, die die Entwicklung der Region bestimmen, sondern all die Initiativen von unten", sagt Irek. Wichtig sei es nur, dass die Politik dies erkenne und diese Entwicklung nicht mit einer buchstabengetreuen Anwendung von Regelungen und Gesetzen behindere.[53]

Inzwischen hat Irek ein neues Projekt an Land gezogen. Es geht um die Prostitution im Grenzgebiet und die Frage, inwieweit die polnischen, ukrainischen, weißrussischen und russischen Prostituierten Opfer skrupelloser Menschenhändler sind oder auch selbstbewusste Subjekte ihres eigenen Handelns. Einige Monate lang wird Irek wieder in Słubice arbeiten, das Projekt selbst wird am Forschungsschwerpunkt osteuropäischer Geschichte an der Viadrina angesiedelt sein. Dort hatte Irek bereits im Mai 2003 auf einer Podiumsdiskussion durchblicken lassen, dass Prostitution für sie eine Dienstleistung ist wie jede andere und auch eine Chance für die deutschen Frauen sein könnte, wenn es weiter abwärts geht mit den Perspektiven in Brandenburg, Sachsen und Mecklenburg-Vorpommern. „Das Problem", sagt sie mit einem Lächeln auf den Lippen, weil sie weiß, dass sie damit ein Tabu bricht, „liegt nur darin, dass die deutschen Frauen das noch nicht begriffen haben. Und wenn, dann wären sie wahrscheinlich noch immer viel zu teuer."

Der Künstler

Wenn Michael Kurzwelly Begriffe hört wie Schmuggel oder Grenzökonomie, dann muss er immer noch an jenen Tag im Mai 2003 denken, an dem er mit Jugendlichen aus Słubice und Frankfurt auf einer Exkursion unterwegs war. „Jugendklub" hieß das Projekt, das Kurzwelly zusammen mit Uta Blechschmidt aus Frankfurt und Artur Szych und Lucyna Winkel-Sobczak aus Poznań auf die Beine gestellt hat. Einen deutsch-polnischen Jugendklub gab es nämlich noch nicht in der Doppelstadt an der Oder. Warum also nicht selbst aktiv werden, dachten sich die Künstler, bauten einen alten VW-Bus um, und mieteten einen Raum in der Großen Scharrnstrasse, keine 100 Meter vom Grenzübergang Stadtbrücke entfernt. Im „realen" Klubraum sollten sich deutsche und polnische Jugendliche über ihre Ansprüche an einen solchen Klub verständigen, mit dem VW-Bus wollten die vier Künstler in problematische Wohnviertel auf beiden Seiten der Grenzen fahren und erkunden, was die Jugendlichen dort von einem Klub erwarteten.

Die Exkursion in die Słubicer Siedlung „Królów Polskich" fand allerdings ein unschönes Ende. Nachdem die vier ihre Interviews mit den Jugendlichen beendet und auf Video aufgezeichnet hatten, machten sie am Platz der Freundschaft noch einen kleinen Stopp. Sie hatten Hunger und wollten im Restaurant „Ramzes" eine Kleinigkeit essen. Den VW-Bus samt technischem Equipment parkten sie direkt vor dem Restaurant. Schließlich wissen auch die Pioniere der deutsch-polnischen Freundschaft, dass man deutsche Autos entweder auf einem bewachten Parkplatz abstellt oder aber nicht aus den Augen lässt.

Nur, genutzt hat dieses Wissen nichts. „Irgendwann war der Bus weg, aus dem Blick verschwunden", sagt Michael Kurzwelly. „Irgendwann habe ich realisiert, dass es sich dabei um keine Sinnestäuschung handelte, sondern um einen schnöden Diebstahl." Kurzwelly kann es immer noch nicht fassen, als er am Tag danach im „Jugendklub" in der Großen Scharrnstraße sitzt und die Geschichte zum wiederholten Male erzählt. „Ich dachte, Scheiße, das darf doch nicht wahr sein, wer klaut denn einen mit Graffiti bemalten Bus? Aber als wir auf der Polizei den Diebstahl zur Anzeige brachten, wurde mir klar, dass auch das kein Problem war. Schließlich gibt es überall kleine Klitschen, in denen ist auch ein solcher Bus in Sekundenschnelle umgespritzt."

Dass einer wie Michael Kurzwelly, der sich mit grenzüberschreitenden Projekten seit Jahren seinen Lebensunterhalt verdient, Opfer eines Diebstahls wird, mag zwar tragisch scheinen, ist aber Teil der Realität. Die soziale und wirtschaftliche Lage im deutsch-polnischen Grenzgebiet kennt weder Freund noch Feind. Das ist auch die Botschaft von Hans-Christian Schmid, der in seinem Kinofilm „Lichter" das Grenzgebiet als eine Topografie der verschiedenen Formen des Scheiterns beschrieben hat. Zu diesem Scheitern, oder besser zum Beginn einer neuen Unternehmung gehört es mitunter auch, sich die nötigen Mittel zu beschaffen, und sei es selbst bei dem, der einem noch im selben Augenblick geholfen oder sein Schicksal geteilt hat.

Dass Frankfurt und Słubice kein Platz für grenzüberschreitende Romantik ist, weiß Michael Kurzwelly seit langem. Im Winter 2001 hatte er zusammen mit der Künstlergruppe „Slubfurt" versucht, einen „Weihnachtsbus" auf die Räder zu stellen. Damit sollten, wie es in Görlitz und Zgorzelec schon lange der Fall ist, auch Frankfurt und Słubice miteinander verbunden werden, wenn auch nur zur Adventszeit. „Wir hatten bereits alle Genehmigungen", erinnert sich Kurzwelly, „vom Bundesgrenzschutz, vom Transportministerium in Warschau, von der Frankfurter Stadtverwaltung. Selbst einen Betreiber haben wir gefunden. " Doch Kurzwelly und die anderen Aktivisten von „Słubfurt" hatten die Rechnung ohne eine Berufsgruppe gemacht, die in Słubice immer noch zu den einflussreichsten gehört – den Taxifahrern.

300 Taxifahrer gibt es in Słubice mit seinen 17.000 Einwohnern. Im 70.000 Einwohner zählenden Frankfurt dagegen arbeiten nur 75 Taxifahrer. „Es gab Zeiten, da haben die Taxifahrer in Słubice an die 500 Euro am Tag verdient", sagt die Journalistin Beata Bielecka von der *Gazeta Lubuska*. Wichtigste Einnahmequelle war und ist der Basar von Słubice. Der befindet sich, anders als in Zgorzelec, Gubin, Świnoujście oder Łęknica nicht im Zentrum der polnischen Grenzstadt, sondern zwei Kilometer oderaufwärts. Was für die deutschen Einkaufstouristen eine Erschwernis sein mag, ist für die Taxifahrer von Słubice Gold wert. In Reih und Glied stehen sie hinter der Stadtbrücke und warten auf die Kundschaft. Drei Euro kostet die Fahrt zum Basar, ein Obulus, der in Słubice 300 Taxifahrer und ihre Familien ernährt.

Zu Weihnachten 2001 aber schien diese Einnahmequelle in Gefahr zu sein. Ein grenzüberschreitender Bus, wenn auch nur zur Adventszeit? Allein die Ankündigung genügte, und die Taxifahrer liefen Sturm. Wer sollte schließlich garantieren, dass das Projekt, einmal erfolgreich, nicht auch von den Stadtverwaltungen aufgegriffen würde? Dann würde es sicher bald auch eine Linienverbindung von Frankfurt zum Basar geben. Mit dieser Horrorvision setzten die Taxifahrer nicht nur den damaligen Bürgermeister Stanisław Ciecierski unter Druck, sondern drohten dem deutschen Busunternehmen auch, die Reifen abzustechen, sollte der Bus die polnische Grenze überschreiten. Das genügte. Ohne Angaben von Gründen verweigerte Ciecierski die Zustimmung der Słubicer Verwaltung. Das von Felix Ackermann so ironisch beschriebene „Ende der Welt" hatte seinem Namen wieder einmal alle Ehre gemacht.

Wenn Michael Kurzwelly Geschichten wie diese erzählt, fehlt ihm jegliche Bitternis. Rückschläge sind für ihn keine Misserfolge, sondern Hindernisse auf einem Weg, von dem er selbst weiß, dass er mühsam ist. Weitermachen, heißt dann seine Devise, andere Wege suchen und zur Not auch die Messlatte für den eigenen Erfolg niedriger hängen. Als damals die Taxifahrer den Weihnachtsbus zu Fall brachten, fuhr der eben nur bis zur Grenze und von dort wieder zurück zum Frankfurter Bahnhof. Die Idee einer grenzüberschreitenden Verkehrsverbindung war damit dennoch in der Welt. Heute diskutieren sogar die Verwaltungen beider Städte über die Möglichkeit, die Straßenbahn über die Stadtbrücke zu führen.

Sieg und Niederlage, Erfolg und Scheitern liegen, zumal in einer Randregion wie dem deutsch-polnischen Grenzgebiet, eng beieinander. Das hat Kurzwelly auch bei einem anderen Projekt erfahren müssen. Wenn der EU-Beitritt schon bevorsteht und irgendwann auch einmal die Grenzkontrollen wegfallen, dann würde sich vielleicht auch dem letzten Bewohner in Frankfurt und Słubice die Frage stellen, wo man eigentlich wohnt. In einer polnischen und einer deutschen Stadt, die noch immer voneinander geteilt sind? Oder in einer deutsch-polnischen Stadt, in der zwei Kulturen und Sprachen nebeneinander existieren, nicht mehr in Frankfurt und Słubice also, sondern in Słubfurt?

Um diesem Gedankenspiel etwas Nachdruck zu verleihen, beschlossen die Mitglieder der Künstlergruppe, die Rosa-Luxemburg-Straße auf der deutschen und die Straße der Arbeitereinheit auf der polnischen Seite umzubenennen. Beide Straßen sollten fortan „Słubfurter Straße" heißen und damit schon vor der Osterweiterung demonstrieren, dass die Zeit der Teilung vorbei ist. Die nächtliche Straßenumbenennungsaktion freilich scheiterte. Ordnungsliebende Bürger hatten die Polizei gerufen, hüben wie drüben. Doch auch Strafbefehle und Anzeigen konnten nicht verhindern, dass sich so mancher fortan fragte, ob man Frankfurt und Słubice mit Rosa Luxemburg und Arbeitereinheit alleine würde in die Zukunft führen können. Heute ist deshalb ein kleines Stück der Rosa-Luxemburg-Straße in Słubicer Straße umbenannt. Auf der polnischen Seite wiederum heißt der Kreisverkehr, hinter dem die Straße der Arbeitereinheit beginnt, nun Frankfurter Platz.

Es sind diese kleinen Erfolge, die Michael Kurzwelly Mut machen. Und diesen Mut braucht er, seitdem er 1998 nach „Słubfurt" umgezogen ist. Zuvor hat Kurzwelly, der 1963 in Darmstadt geboren wurde und später bei Bonn Kunst und Malerei studiert hatte, acht Jahre lang in Poznań gelebt und dort das alternative Kunstzentrum geleitet. Ein Deutscher in einer polnischen Großstadt – Pionier war Kurzwelly schon damals. Doch erst der Umzug ins Grenzgebiet zeigte ihm, wie sehr dieser Pioniergeist auch Durchhaltevermögen verlangte. „Frankfurt war damals ein schwieriges Pflaster, die Palette der Reaktionen reicht von freundlichem Desinteresse bis zur offenen Ablehnung."

Doch es gab ja nicht nur die Frankfurter, sondern auch die Słubicer. „Ohne die Grenze", sagt Kurzwelly, „wäre ich nie hierher gekommen." Also hat er begonnen, sich diese Grenze zu eigen zu machen, sie einzubauen in seine Projekte und in seinen Alltag. „Dabei kam mir zu Hilfe, dass ich neun Jahre in einer polnischen Großstadt gelebt habe. Damit war ich für die Frankfurter nicht nur ein Wessi und für die Słubicer nicht nur ein Deutscher. Das hat sie irritiert, und mit dieser Irritation konnte ich arbeiten."

Kurzwelly erstes Projekt hatte den Titel „Smacznego" – „Guten Appetit". 14 Familien aus Frankfurt und Słubice hatten sich bereit erklärt, für unbekannte Gäste von der jeweils anderen Seite zu kochen. „Die Neugier", freut sich Kurzwelly noch heute, „war einfach größer als das Unbehagen." Nachdem die Speisefolge in der *Märkischen Oderzeitung* und der *Gazeta Lubuska* veröffentlicht war, konnten Köche und Bekochte zueinander finden. „Es war ein Experiment", sagt Kurzwelly, „aber es hatte Erfolg. Noch heute sind einige der Familien, die sich damals getroffen hatten, miteinander befreundet." Was tat es da schon zur Sache, dass der Frankfurter Kunstverein, bei dem Kurzwelly damals als ABM-Kraft gearbeitet hat, das Projekt abgelehnt hatte. Keine Kunst, lautete das Urteil. Heute kann Kurzwelly darüber nur lachen. Doch auch er weiß, dass er ein ums andere Mal dabei war, den ganzen Kram hinzuschmeißen und wieder wegzuziehen von dieser Grenze, an der sich nicht nur die Neugierigen und Pioniere trafen, sondern auch die Zyniker und Mutlosen. Dass er trotzdem durchgehalten hat, sagt er, liege am ständigen Austausch mit Menschen von außerhalb. „Ohne meine Künstlerfreunde aus Poznań, hätte ich wohl keine Kraft gehabt."

Mittlerweile ist auch der VW-Bus wieder da. „Das Equipment ist zwar weg", sagt Michael Kurzwelly, „aber immerhin, der Bus ist fahrtüchtig." Auch ein neues Projekt hat Kurzwelly bereits in Vorbereitung. Sein Titel: „Słubfurter Citywall". Keine Mauer mehr zwischen Deutschen und Polen soll da aufgebaut werden, sondern die symbolische Grenze zwischen den „Słubfurtern" und denen, die Michael Kurzwelly einmal die „Frankicer" genannt hat, jene Bewohner also, die die Oderstadt noch immer in Frankfurt und Słubice unterscheiden.

Kapitalismus für Arme

Der Basar ist tot, es lebe der Basar

Von der Papierfabrik ...

Die Geschichte der europäischen Stadt ist die ihrer wundersamen Wandlung vom Marktplatz zur Marktwirtschaft. Ihre Schönheit und Anmut verdankt die europäische Stadt dabei den Kräften des Ausgleichs und der Vernunft, kurzum: der Zivilisierung des Kapitalismus. Ausnahmen sind zugelassen, sofern sie diese Regel aus dem Lehrbuch der europäischen Stadtwerdung unangetastet lassen.

Die Geschichte von Osinów Dolny ist die von Adam Sabłotzki.

Sie beginnt 1993, nachdem die alte Geschichte von Niederwutzen, wie Osiniów Dolny einmal hieß, 1945 geendet hatte. 1993 war die Oderbrücke zwischen Hohenwutzen und seiner Zwillingsgemeinde Osinów Dolny als einer der ersten neuen Grenzübergänge zwischen Deutschland und Polen für den Verkehr freigegeben worden. Seitdem ist in Osinów Dolny nichts mehr, wie es war. Aus dem verschlafenen Nest wurde über Nacht ein europäischer Handelsplatz. In die Basarstadt an der Grenze zu Deutschland kamen alle, die an eine Zukunft glaubten: Frisöre, Händler und Schmuggler aus dem größeren Gryfino, aber auch aus Myślibórz und Pyrzyce. Schnäppchenjäger, Frisörbesucher und Tanktouristen aus Schwedt, Eberswalde und sogar aus Berlin. Allein im Jahr der Grenzöffnung passierten 3,6 Millionen Deutsche den Grenzübergang bei Hohenwutzen.

Adam Sabłotzki hat das vorausgesehen. Schon lange vor der Eröffnung des Grenzübergangs hat der weitsichtige Geschäftsmann das Areal auf der polnischen Seite der Grenze gepachtet. Manche hielten ihn für verrückt, haben ihn gefragt, was er mit den Ruinen der ehemaligen Zellstofffabrik anfangen will, in der bis 1945 Sulfatzellstoff, Papiersäcke sowie Spezialsäcke für die Sprengstoffindustrie hergestellt worden waren. Vielleicht hat Adam Sabłotzki nur den Kopf geschüttelt. Vielleicht hat er auch darauf hingewiesen, dass in den Laboren der 1937 erbauten „Johannismühle" auch wissenschaftliches Neuland betreten wurde. Geforscht wurde unter anderem über die Herstellung von Textilien aus Kartoffelkraut, die Verwendung von Kok-Saghyz Pflanzen aus der Ukraine zur Herstellung von Gummierzeugnissen und – nicht zuletzt – nach neuen Wegen zur Herstellung von Zigarettenpapier aus einheimischen Rohstoffen. Aus Nichts Geld zu machen, das hat an diesem Ort Tradition.

Adam Sabłotzki, der Pionier der Basarstadt, hat diese Tradition wiederbelebt. Zwar wird in den Ruinen der Fabrik heute nicht mehr geforscht. Doch statt Papier gibt es nun Papierosy – Zigaretten. Das bringt Umsatz, nicht nur für Sabłotzki, sondern auch die siebenhundert Händler. Möglich wurde die Erfolgsgeschichte von Osinów Dolny, weil Adam Sabłotzki schon vor der Eröffnung des Grenzübergangs die Zellstofffabrik vom Kriegsschutt befreit, Stromleitungen gelegt und mobile Toilettenhäuschen aufgestellt hatte. Manche in Osinów Dolny munkeln gar, dass nicht der polnische Staat den Bau der Grenzanlagen auf der östlichen Oderseite finanzierte, sondern Sabłotzki selbst. Das Geld habe er von deutschen und japanischen Investoren bekommen. So richtig weiß es keiner, so richtig will es auch keiner wissen. Geschäfte, die man im Grenzgebiet macht, sind manchmal auch stille Geschäfte.

... zum Odercenter Berlin

Die Gegenwart von Osinów Dolny beginnt beim Überschreiten der Grenze mit einem Staunen. Warum, in aller Welt, heißt der Basar auf der polnischen Seite „Odercenter Berlin"? Weithin sichtbar ist der Schriftzug über der ehemaligen Zellstofffabrik angebracht. Oder, nun gut, aber Berlin?

Jerzy, ein Gemüsehändler klärt auf: „Berlin ist von hier nur 58 Kilometer entfernt. Aus Berlin kommt die Hälfte unserer Kunden." Ein Deutscher, der bei Jerzy aushilft, „nur so", wie er sagt, „nicht schwarz", ergänzt: „Immer die B 158 entlang über Bad Freienwalde, die kürzeste Strecke von Berlin an die Grenze." So bestimmt die Wirtschaft in Osinów Dolny nicht nur das Schicksal der Basarstadt, sie gibt ihr auch den Namen.

„Odercenter Berlin", das ist ein Ort, der so gar nichts mit dem Lehrbuch der europäischen Stadtwerdung gemein haben will. Natürlich, es gibt Gassen und breite Straßen, Hinweisschilder, Wegemarken, eingefasste Grasflächen auf denen steht „Achten Sie auf die Grünflächen!" sowie eine bescheidene Infrastruktur, zu der auch ein Minigolfplatz gehört. Doch die Marktwirtschaft, die hier den Takt angibt, scheint dem Anfang der Geschichte der Stadt eher zu entstammen als ihrer Ankunft im einundzwanzigsten Jahrhundert.

Keine Geschäftsleute und Kunden stehen sich hier gegenüber, sondern Händler und Käufer in einem Verhältnis des unmittelbaren Tausches, wenn auch schon mit Geld. Zwischen ihnen ist kein Unterschied, nur die Auslage, der Marktstand. Der biegt sich unter den Waren, von Mangel keine Spur. Damenunterwäsche, Krakauer Würste, Räucherkäse, Anglerbedarf, gefälschte Levis-Jeans, Porno-DVDs, Korbwaren, vor allem aber Zigaretten und Alkohol. Alles gibt es hier, und alles ist „tanie", billig, auch wenn man nicht weiß, ob mit billig nur die Preise gemeint sind oder auch die Waren und ihre Präsentation. Doch die billige Anmutung im „product placement" ist kein Hindernis, sie ist vielmehr das Pfund, mit dem die Basarhändler wuchern können. Zum „Vergnügen der Armen", wie die *Berliner Zeitung* den Einkauf auf den Polenmärkten einmal genannt hat, gehört der Rummel, die Jahrmarktatmosphäre, der Bratwurstduft, so wie das Stimmenorchester zum Parkett der Finanzmärkte gehört.

Der Basar ist tot

Das Ende des Kommunismus in Osteuropa haben Bürgerrechtler und Dissidenten schon früh als die Rückkehr ihrer Länder nach Europa gefeiert. Dass diese Rückkehr auch ihre Schattenseiten hatte, dass der Zusammenbruch der staatlichen Planwirtschaft und eine Politik der zügigen Privatisierung viele Menschen an den Rand der Existenz gebracht hat, galt in der Anfangseuphorie nach der politischen Wende in Polen, Ungarn oder der damaligen Tschechoslowakei allenfalls als Übergangserscheinung. Im Zuge der Transformation vom Sozialismus zur Marktwirtschaft, so glaubte man, würde sich auch das Problem der informellen Ökonomie lösen. Es war der Glaube an die Geschichte der Stadt und an ihre wundersame Wandlung vom Marktplatz zur Marktwirtschaft, der da wiederkehrte. Ein Glaube, der auch von den zahlreichen Schmugglern und Händlern der achtziger Jahre genährt wurde. Die hatten als „Europareisende" auf den Basaren in Osteuropa, aber auch in Westberlin, den Grundstock nicht nur für die eigene Karriere als Geschäftsleute gelegt, sondern auch für das polnische Wirtschaftswunder Anfang der neunziger Jahre.

Auch den Basaren an der Grenze zu Deutschland, die gleich nach der Wende entstanden, sollte diesem Glauben nach kein Erfolg von Dauer beschert sein. Zwar gehörten die Märkte in Świnoujście, Osinów Dolny, Kostrzyn, Słubice, Gubin oder Łęknica bis Mitte der neunziger Jahre zu den umsatzstärksten Unternehmen in Polen, übertroffen nur noch vom „Jarmark Europa" im Stadion Dsięsięciolecia im Warschauer Stadtteil Praga, das größte Unternehmen Polens nach der Wende. Über vier Milliarden D-Mark waren noch 1994 an Deviseneinnahmen an den Grenzbasaren erwirtschaftet worden, hatte eine Warschauer Regierungsstudie damals ergeben.[54] Damit habe der Basarhandel entscheidend zum Ausgleich des polnischen Außenhandelsdefizits beigetragen und den Wechselkurs des Złoty nachhaltig stabilisiert.

Doch schon gegen Ende der neunziger Jahre war allerorten das „Ende des Basars" verkündet worden. „Jedes Land des ehemaligen Ostblocks hatte in den letzten anderthalb Jahrzehnten seine Basarphase", meinte der Osteuropahistoriker Karl Schlögel. „In manchen Ländern – wie in Polen oder Estland – ist sie vorbei, in anderen – wie in Russland oder der Ukraine – ist sie noch in vollem Schwung." Für Schlögel ist der Niedergang der Basarwirtschaft zugleich ein „Gradmesser für den Stand der Transformation" in den ehemals sozialistischen Ländern. Wo der Basar „verschwunden ist, ist der Prozess abgeschlossen, wo er noch da ist, wird er noch gebraucht".[55]

Schaut man sich die riesigen Supermärkte an, die in den letzten Jahren zwischen Szczecin und Zgorzelec wie Pilze aus dem Boden geschossen sind, könnte man tatsächlich meinen, die Basarphase und damit die wirtschaftliche Transformation in Westpolen sei an ihrem Ziel angelangt: dem Aufbau einer sich selbst tragenden Wirtschaft, die Rückkehr nicht nur der Menschen in den ehemals sozialistischen Ländern nach Europa, sondern auch die ihrer Wirtschaft. Westlich von Stettin hat sich an der Grenze zu Deutschland mit gigantischen Bau- und Einkaufszentren eine geradezu amorphe Stadtlandschaft herausgebildet, mit riesigen Parkplatzlandschaften, ausladenden Autozubringern, riesigen Billboards und Tankstellen.

Auch vor den kleineren Grenzstädten hat diese Entwicklung nicht Halt gemacht. Die Studenten der Viadrina kaufen nun nicht mehr nur im Basar von Słubice ein, sondern auch im „Intermarché". In Zgorzelec ist es ein „Plus"-Markt, der die Görlitzer auf die polnische Seite lockt. In Kostrzyn wurden gleich zwei Einkaufszentren gebaut, ein französischer „Intermarché" und ein deutscher „Lidl". Das einzige, was diese Einkaufszentren mit den Basaren noch gemeinsam haben, sind die riesigen Parkplätze und die Öffnungszeiten auch am Wochenende. Doch auch da sind die „Hipermarkety", wie man sie in Polen nennt, der alten Form des Handels schon voraus. Schließt der Basar meist gegen 18 Uhr, haben die Einkaufszentren sieben Mal die Woche bis 21 Uhr, manchmal sogar bis 22 Uhr geöffnet.

Der Boom der Supermärkte blieb für den Grenzhandel nicht ohne Folgen. Schon 1997 betrug der Umsatz des Basarhandels auf den sechs größten Märkten an der Grenze zu Deutschland nur noch 750 Millionen Złoty. Das entsprach, so hat es die Wirtschaftswissenschaftlerin Marzenna Guz-Vetter in der bislang umfassendsten polnischen Studie über Chancen und Risiken der EU-Erweiterung für das Grenzgebiet herausgefunden, zwar immer noch der dreifachen Summe, die im Rahmen des Cross-Border-Cooperation (CBC) Programms aus Brüssel in die Region geflossen ist.[56] Seit 1998 allerdings, so Guz-Vetter, gingen die Einnahmen aus dem grenznahen Handel systematisch zurück. Immer mehr Verkaufsstellen würden geschlossen und damit auch Arbeitsplätze vernichtet. Auch die Gemeinden als Empfänger der Gewerbesteuer beklagten einen rapiden Rückgang ihrer Einnahmen. Als Grund nennt die Autorin der Studie das sich weiter annähernde Preisniveau zwischen Deutschland und Polen sowie das „veränderte Kaufverhalten der ostdeutschen Bevölkerung, die mit wachsendem Lebensstandard auf die Billigkäufe in Polen wegen des primitiven Basarumfelds verzichtet."[57]

Zum gleichen Ergebnis kommt auch Antoni Klimek, der das Wirtschaftsdepartment der Woiwodschaft Lebuser Land in Zielona Góra leitet. Die Wirtschaft an Oder und Neiße sei über den bloßen Handel längst hinausgewachsen. Von einem Ende der Basare will Klimek zwar nicht sprechen. Doch gehe eine gewisse Ära vorüber, sagte der Regionalpolitiker der *Gazeta Lubuska*. Die Deutschen würden auch weiterhin zum Einkauf nach Polen fahren, aber dazu weniger auf die Märkte strömen. Händler und Geschäfte müssten künftig mehr über Qualität und weniger durch niedrige Preise überzeugen.

Es lebe der Basar

In Osinów Dolny, dem polnischen Dorf, das am nächsten zur deutschen Hauptstadt liegt, scheint das nicht zu gelten. Die nächsten Einkaufscenter in Polen, die „Hipermarkety" der Marken „Intermarché", „Kings Cross", „Géant" oder „Plus" sind weit weg von hier, in der Nähe der großen Städte wie Szczecin, Kostrzyn oder Słubice. Bis nach Osinów Dolny ist die moderne Form des Handels noch nicht gedrungen.

Dafür blüht die Dienstleistungsgesellschaft in ihrer Urform. Nicht nur im „Odercenter Berlin", sondern auch im zwei Kilometer entfernten Dorfkern von Osinów Dolny. Der „Familienplatz" zum Beispiel ist ganz in der Hand der Frisöre. Und in der ihrer Berliner Kunden. Überall sieht man sie mit ihren B-Kennzeichen, auf den bewachten Parkplätzen, auf der Landstraße und in den Frisörsalons, von denen es in Osinów Dolny mit seinen etwa 50 Häusern inzwischen 22 gibt. Das Geschäft brummt, Männer zahlen drei Euro für den Schnitt, Frauen acht. Tanken, Frisörbesuch und polnische Würste auf dem Markt? Wer sagt da, dass die Grenze keine Reise wert ist. Zumal sie, wie über die Bundesstraße 158, nur knapp eine Autostunde entfernt ist.

Der Basar ist tot, es lebe der Basar. Nicht nur im Dorf der Frisöre läuft das Geschäft zur Zufriedenheit der Händler, sondern auch am „Odercenter Berlin". Zwar sei die Zahl der deutschen Kunden in der Vergangenheit etwas gesunken, berichtet der neue Marktchef und Nachfolger von Adam Sabłotzki, Lucjan Siergiej. Doch die, die kommen, gäben insgesamt mehr Geld aus. Als Gründe nennt Siergiej die Preissteigerungen in Deutschland seit der Einführung des Euro und das Dosenpfand.

Diesen Trend kann auch die deutsch-polnische Wirtschaftsförderungsgesellschaft TWG in Gorzów Wielkopolski bestätigen: „Grenzbasare im Aufwind", heißt es in einer Pressemitteilung, in der auf eine Studie an der Europauniversität Viadrina verwiesen wird. Der zufolge seien wegen der Konjunkturkrise immer mehr Deutsche gezwungen, in den östlichen Nachbarländern nach Billigangeboten zu suchen.[58]

Dass davon nicht nur die „Hipermarkety" und Discounter profitieren, sondern auch die Grenzmärkte von Świnoujście bis Łęknica, erklärt Waldemar

Rupiński, der neue Leiter des Basars in Słubice, so: „Zwischen Händlern und Käufern hat sich im Verlauf der vergangenen Jahre eine Freundschaft entwickelt. Dieses persönliche Verhältnis hat man nicht, wenn man im Supermarkt einkauft."[59]

Auch Waldemar Rupiński ist deshalb zufrieden. „Das vergangene Jahr war zwar mies", sagt er. „Doch nun hat die Stadt die Standmieten verringert, so dass von den 1.200 Ständen wieder alle vermietet sind, und das Geschäft wieder läuft." Dass das Geschäft, von dem Rupiński spricht, auch der Stadt zugute kommt, das ist dem weltgewandten Marktleiter durchaus bewusst. „Mit über 500 Arbeitsplätzen", sagt er, „sind wir noch immer der größte Arbeitgeber der Region." Und daran wird sich so schnell auch nichts ändern. Wenn in Deutschland 2004 die Tabaksteuern erhöht werden, werden die Kunden mehr noch als bisher über die Grenze nach Polen strömen. Trotz seines Beitritts zur Europäischen Union muss Polen seine Verbrauchssteuern nämlich erst innerhalb einer Übergangsfrist bis Ende 2008 auf EU-Niveau anheben.

Der Straßenstrich

Dass Osinów Dolny, die Basar- und Dienstleistungsstadt an der Oder, weniger als Kostrzyn oder Słubice an der Krise der Basarwirtschaft in Westpolen gelitten hat, liegt nicht nur an den fehlenden „Hipermarkety" in der näheren Umgebung. Die Pioniere, die nach dem 1. März 1993 in das bis dahin kaum bekannte Örtchen gekommen sind, haben es auch vermocht, das Angebot ständig zu erweitern und damit eine Vielzahl von Angeboten geschaffen. Ihr Erfolgsrezept lautet Produktdiversifizierung in der deutsch-polnischen Grenzökonomie. Schon am „Odercenter Berlin" ist das zu sehen. Wo andernorts das immergleiche Angebot an Zigaretten, Schnaps, CD's und Ramschklamotten wenig Neues bietet, bekommt man rund um das Odercenter Autowäschen für drei Euro, per Hand versteht sich. Der Grenzbasar ist damit vieles in einem: Markt, Baumarkt, Autoservice, Gartencenter, Imbiss, eine Handels- und Dienstleistungslandschaft, die sich bis Osinów Dolny fortsetzt.

An manchen Tagen, oder besser Nächten auch darüber hinaus. „Moin zusammen, ich würde gern mal zu einer Professionellen in Polen gehen. Kenn leider keinen, der Bock hat mitzukommen und allein hab ich auch keine Lust. Hat nicht jemand von euch Lust, von Hohenwutzen aus mal rüberzufahren und fett einen draufzumachen? Wäre ganz gut, wenn derjenige ein bisschen Erfahrung da drüben gesammelt hat, zwecks Preisen, Mädels usw."

Der da so in Not ist, nennt sich „Prinz Porno" und hat seine Anfrage am 16. Juli 2003 um 22.03 Uhr in das einschlägige Forum von www.webstrich.de gestellt. Die Antwort ließ nicht lange auf sich warten: „War vor cirka drei Jahren das letzte Mal in Richtung Chojna unterwegs. Da standen im Wald noch mindestens 20 Bordsteinschwalben, fast alle aus Bulgarien. War damals aber nicht mein Geschmack", bedauert ein „Bärliner" am 17. Juli 2003 um 10.25 Uhr. „Am 15.07. war ich wieder dort. Nicht eine einzige BS im Wald. Aber hinter Grabowo rechte Seite ist eine kleine Bar. Draußen saßen fünf Mädels z.T. ganz gut. Ich mir die beste ausgesucht und aufs Zimmer. Ziemlich muchtige Bude, aber die Kleine hat einen guten Job gemacht. 20 Jahre, schlank, braunes schulterlanges Haar. Für 30 Euro das volle Programm, war echt super."

Straßenstrich in Polen, das ist im Vergleich zum deutsch-tschechischen Grenzgebiet nie ein Aufregerthema gewesen. Der Straßenstrich auf den polnischen Landstraßen, auf der Route von Szczecin Richtung Gdańsk oder von Hohenwutzen und Schwedt in Richtung Chojna, hat das Straßenbild auf der polnischen Seite der Grenze weniger geprägt wie hinter den Grenzübergängen nach Tschechien. Prostitution fand im katholischen Polen viel mehr hinter verschlossenen Türen statt, in den Night-Clubs auf den überregionalen Landstraßen oder in den Grenzstädten zu Deutschland. Namentlich in Słubice, Gubin oder Zgorzelec schossen die „Begleitungsagenturen" nach der Wende wie Pilze aus dem Boden. Handel, Schmuggel und Prostitution, das war zum Beginn der Transformation die Formel für das schnelle Geld, auch wenn es dabei nicht immer legal oder moralisch zu ging.

Wie die Basare hat sich mit dem Fortgang der Transformation auch die Prostitution geändert. „Waren es anfangs hauptsächlich Polinnen, die auf dem Strich oder in den Bordellen arbeiteten", weiß die Ethnologin und Soziologin Małgorzata Irek, wurden es mit der Zeit immer mehr Frauen aus der Ukraine, aus Weißrussland, aus Bulgarien oder der GUS." Die polnischen Frauen waren damit aber nicht aus dem Spiel. „Viele von ihnen, die in der Eldorado-Phase Geld verdient haben, haben es anschließend wieder investiert, sie gingen nun nicht mehr auf den Strich, sondern ließen gehen."

Nicht nur beim Thema Grenzhandel und Schmuggel argumentiert Irek gegen herrschende Klischees an, sondern auch bei der Prostitution. Und immer häufiger stellt sie die Frage, ob Frauen nur die Opfer ihrer Zuhälter, Freier oder der „Feminisierung der Armut" seien, oder ob ihnen die Prostitution nicht selten auch den Einstieg in eine „normale" Karriere als Geschäftsfrauen gebe, die ihnen ansonsten verschlossen bliebe. So wie sich die Schilder der Friseursalons und der Massagesalons in Osinów Dolny zum Verwechseln ähneln, verlaufen zum Teil auch die Karrieren. Am Anfang war eine Geschäftsidee und der- oder diejenige, die sie hatten, war im Geschäft. Später konnte man, wenn man Erfolg hatte, investieren, das Geschäft lief von alleine.

Natürlich, das weiß auch Małgorzata Irek, ist Prostitution nur für einen Teil der Frauen gleichbedeutend mit späterer „Selbstständigkeit". Für die meisten bedeutet sie stattdessen Verschleppung, Illegalisierung, Vergewaltigung, Menschenhandel. Schon 1999 waren einem Bericht des Warschauer Innenministeriums zufolge mehr als 40 Prozent der Prostituierte, die auf dem polnischen Straßenstrich arbeiteten, Ausländerinnen. „Doch auch von diesen Frauen", sagt Irek, „wissen viele, was sie erwartet, wenn sie von zuhause weggehen, weil sie dort keine Chance und keine Perspektive haben." Nicht nur für Irek, sondern auch für die Organisation Zapo, die osteuropäische Prostituierte betreut, ist deshalb nicht die polnische Seite des Grenzgebiet die „Drehscheibe" des Handels mit osteuropäischen Frauen, sondern Berlin.

Das Erbe der Basare

Die Geschichte der europäischen Stadt, sie verläuft im Zwischenland an der Grenze zwischen Deutschland und Polen tatsächlich nicht nach dem Lehrbuch der europäischen Stadtwerdung. Noch immer, schätzt die polnische Wirtschaftswissenschaftlerin Marzenna Guz-Vetter, leben im Grenzgebiet mehrere Hunderttausend Menschen vom Grenzhandel. Zwanzig Prozent der Bewohner, so Guz-Vetter, sichern ihre Existenz alleine durch illegale Tätigkeit, „darunter vor allem Alkohol-, Zigaretten-, Menschen- und Autoschmuggel." Ein großer Teil der im Grenzgebiet ansässigen Dienstleistungsunternehmen, so Guz-Vetter, lebe ebenfalls von illegalen Jobs: „Fälschung von Autonummern, Montieren versteckter Behälter für Schmuggelwaren, Neulackierung gestohlener Fahrzeuge." Die Basare, so das Fazit der Wirtschaftswissenschaftlerin, „sind teilweise auch operative Zentren der grenznahen Kriminalität, wo mit gefälschten Papieren, Ausweisen und Waffen gehandelt wird".[60]

Im Grenzgebiet macht sich darüber hinaus noch ein weiteres Erbe des Basars bemerkbar: die teilweise nicht mehr deutlich voneinander zu unterscheidenden Überlappungen von Grenzhandel und kommunalen Behörden. Wie eine Gruppe von Soziologen unter der Leitung von Jacek Kurzępa an der Universität von Zielona Góra herausgefunden hat, hat die jahrelange Schatten- und Schmuggelwirtschaft entlang der Grenze zu tiefgreifenden Veränderungen in den sozialen Strukturen und Verhaltensweisen der Grenzbewohner geführt. Ehemalige Kriminelle, die sich jahrelang durch Diebstähle und Schmuggel bereichert hätten, seien nun zunehmend im „small business" oder in Verwaltungsstrukturen anzutreffen, wo sie ihre alten Verbindungen weiter pflegten.

Den Optimismus des Osteuropahistorikers Karl Schlögel, dass die Phase des Basarhandels und damit auch die Transformation an der polnischen Grenze zu Deutschland abgeschlossen sei und nunmehr eine normale wirtschaftliche Entwicklung beginnen, kann Guz-Vetter deshalb nicht teilen. Gerade wegen des Fortbestands des illegalen Handels, so die Ökonomin, sei es vor allem den jungen Bewohnern des Gebiets nur schwer zu vermitteln, einen „normalen" Job anzunehmen, wo man mit illegaler Tätigkeit jahrelang ein Vielfaches verdienen konnte.

In ihrer Studie über Chancen und Risiken der EU-Osterweiterung für das polnische Grenzgebiet hält sich Guz-Vetter deshalb mit optimistischen Prognosen zurück. Weil es die grenznahen Gemeinden versäumt hätten, diese Entwicklung vorauszusehen und sich rechtzeitig an anderen wirtschaftlichen Schwerpunkten wie Dienstleistungen und Tourismus zu orientieren, seien diese Gemeinden nun, so Marzenna Guz-Vetter, zu „Geiseln eines Basarhandels" geworden. Mehr noch: Der Basarhandel sei von einem „Entwicklungsmotor Anfang der neunziger Jahre zu einem Hemmschuh der wirtschaftlichen Entwicklung am Vorabend des EU-Beitritts geworden". Und eine Abhilfe scheint derzeit nicht in Sicht. Im Gegenteil. Wenn Polen erst einmal Mittel aus dem Fonds für Regionalentwicklung bekomme, werden diese aller Voraussicht nach in den Osten des Landes fließen.

Kapitalismus für Arme

Während der letzten Jahre ist viel geschrieben worden über die Geschichte der Stadt, ihre Auflösung im „Global Village", auch über ihre Ränder, die man je nach Blickwinkel als Nichtstädte begreifen kann, als Zwischenstädte oder als Kerne einer neuen Urbanisierung.

Die „informelle Stadt" aber, die sich am „Odercenter Berlin" in Osinów Dolny und in den anderen Grenzmärkten an der deutsch-polnischen Grenze zeigt, ist erst seit einiger Zeit in den Blickpunkt der Urbanisten gerückt. Und noch immer ruft sie Unbehagen hervor und wird sogar als Bedrohung für die westliche Zivilisation empfunden. Mitunter scheint es sogar, als wäre aus der „Kultur des Kapitalismus", dort, wo er unverkennbar ärmlich, zügellos und oft auch gewalttätig daherkommt, plötzlich eine Unkultur geworden, eine barbarische Spielart der Marktwirtschaft, vor der es deren zivile Stammlande zu schützen gelte.

Aber folgen Börse und Basar nicht den selben Spielregeln? Ist die europäische Stadt der durch Ausgleich und Vernunft zivilisierten Marktwirtschaft inzwischen nicht auch barbarisch geworden? Hat die informelle Stadt nicht längst auch den Westen erreicht?

Diesen Fragen stellte sich Ende 2003 eine Ausstellung in den Räumen der Neuen Gesellschaft für Bildende Kunst in Berlin. „Learning From?" war ihr Titel, versehen mit einem Fragezeichen. Es sind andere Bilder als die aus dem Lehrbuch der europäischen Stadtwerdung, die hier gezeigt wurden. Europäische Stadt, das waren in den Räumen der NGBK auch die polnischen Pendelmigranten in Berlin, die Bewohner der Gececondu in Istanbul, die Russland-deutschen in Marzahn und immer wieder die „Ameisen", die Kleinschmuggler, die „Kofferhändler". Die informelle Stadt, sie war, anders als in den Lehr-büchern der europäischen Stadt, in den Räumen der NGBK tatsächlich ange-kommen. Und wer genau hinsah, sah sie auch draußen, wenn er die Ausstel-lungsräume verließ, in der Kreuzberger Oranienstraße. Zum Beispiel im Phone-Shop an der Ecke Adalbertstraße, wo nicht nur Türken billig in die alte Heimat telefonieren und damit auch Geschäfte abwickeln können, sondern auch Polen, Kroaten, Russen, Ukrainer.

Gleichzeitig war die informelle Stadt in der NGBK aber auch ideologi-schem Verdacht ausgesetzt. Nicht nur eine türkische Sozialwissenschaftlerin formulierte ihn im Interview auf einem der Bildschirme, wenn sie sagte, der Kofferhandel werde in Istanbul nicht nur geduldet, sondern auch gefördert, als Stimulans für die brachliegende Welt des formalen Handels in den Geschäften, Einkaufsstraßen und Shopping Malls.

Bedenken trugen auch Elmar Altvater und Brigitte Mahnkopf. Im Ein-gangsessay des Ausstellungskatalogs beschrieben sie das rasante Wachstum des informellen Sektors in den europäischen Städten nicht nur als „Schwamm für all jene Arbeitskräfte, die in der Folge des globalen Standortwettbewerbs über-flüssig geworden sind". Der informelle Sektor, so Altvater und Mahnkopf, „stellt auch einen „Schockabsorber der Globalisierung dar, weil er erstens der Subsistenzsicherung der urbanen Haushalte dient. (...) Zweitens trägt der in-formelle Sektor zu einer faktischen Lösung der Arbeitsmarktkrise bei." Altva-ters und Mahnkopfs Fazit: „Der informelle Sektor ist Ausdruck eines ‚Neolibe-ralismus von unten'."

Sind die ostdeutschen Besucher der Grenzmärkte ebenso wie die Händler nicht nur Opfer des „neoliberalen Projekts", sondern auch dessen Protagoni-sten? Denkt man Altvater und Mahnkopf zu Ende, müsste man das Lehrbuch der europäischen Städte und ihrer so auseinanderlaufenden Entwicklung nicht erneuern. Man müsste es vielmehr zuschlagen und zum Schutz der westlichen Zivilisation einen neuen Eisernen Vorhang bauen. Auch Kapitalismuskritik endet schließlich nicht selten in einer Haltung der Abschottung, der Verteidi-gung nationaler, sozialer Standards gegenüber dem vermeintlichen Ansturm der Barbaren.

Man kann die informelle Stadt, den Kapitalismus der Armen, statt ihn als „Neoliberalismus von unten" zu verdammen, aber auch anders sehen: als Si-cherung der Existenz, wo andere Sicherungssysteme nicht mehr existieren oder nie existiert haben. „Capitalism without capitalists" nennen die amerikani-schen Soziologen Gil Eyal, Iván Szelényi und Eleanor Townsley deshalb diese Form der Überlebensökonomie.

Der Grenzhandel in Deutschland

Nicht nur auf der polnischen, sondern auch auf der deutschen Seite des Grenzgebiets hat sich der Kapitalismus für Arme inzwischen etabliert, wie das Beispiel von Gartz zeigt. Eine Autostunde nördlich von Hohenwutzen liegt das Städtchen, das sich durchaus sehen lassen kann. Doch nicht wegen der mittelalterlichen Stadtmauer und dem historischen Stadtbild, auch nicht wegen der von dem Stettiner Baumeister Heinrich Brunsberg gebauten Stefanskirche, kommen die Besucher in den äußersten Nordosten Brandenburgs, der hier schon zu Pommern gehört. Es ist der Gartzer Hafen, der die Gäste gleich in Scharen anzieht.

Glänzend weiß liegen die Schiffe am Anleger, fast als wäre man am Mittelmeer und nicht am Unterlauf der Oder. Es sind allerdings keine Sommerfrischler, die den Weg nach Gartz gefunden haben, sondern Schnäppchenjäger. Und auch die Schiffsfahrten, die die Gartzer Reederei „Adler-Schiffe" mehrmals pro Tag ins zehn Kilometer oderabwärts gelegene Gryfino anbietet, sind keine „Ausflugsfahrten mit zollfreiem Einkauf", wie es in den Prospekten heißt. Der Ausflug wird hier auf das Nötigste beschränkt. Eine halbe Stunde auf dem Schiff, eine halbe Stunde Landgang, dann heißt es für die „Adler Queen", den „Adler-Steamer" und den „Adler-River" mit ihren jeweils 400 Plätzen wieder zurück auf Start. Es sind nicht die wunderbaren Landschaften des Nationalparks Unteres Odertal oder des Lebuser Landes, die den Schiffsverkehr von Gartz nach Gryfino über Wasser halten, sondern die Zollvorschriften der Europäischen Union.

Bereits fünf Jahre vor der Osterweiterung der Europäischen Union, hat Brüssel 1999 per Dekret den zollfreien Handel auf der Nordsee und der Ostsee verboten. Im Europa der freien Binnengrenzen sollte es fortan keinen Grund mehr für Butterfahrten und Duty-Free-Shopping geben. Damit wurden die Butterfahrten aus Deutschland aber nicht verbannt, sie wurden nur nach Osten verlagert. Nicht mehr in Fehmarn stachen die Schnaps- und Zigarettentouristen seitdem in See, sondern an der Oder, der Außengrenze und damit auch der Zollgrenze der Europäischen Union. Das brandenburgische Gartz, das benachbarte Mescherin, sowie das vorpommersche Altwarp, das polnische Gryfino, Nowe Warpno und Szczecin haben für Schnäppchentouristen seitdem einen ebensolchen Klang wie die Basare von Osinów Dolny, Słubice oder Kostrzyn.

Worum es bei diesem Tourismus geht, erklärt der 25-jährige Jarosław Poderalski so: „Zweimal die Woche fahre ich zwischen Gryfino und Gartz hin und her, um Schnaps zu besorgen." Der Grund für Poderalskis Pendelbewegung auf der Oder: er feiert demnächst Hochzeit. Die Familie rechnet mit 60 Gästen, auf jede Person kommt ein halber Liter Wodka, das macht 30 Liter, die er bis dahin zusammengekauft haben muss. „Eine Flasche 96-prozentiger ‚Feinsprit' mit Wasser und Früchten verdünnt", rechnet Poderalski vor, „entspricht etwa drei Liter Wodka." Also muss er insgesamt zehn Mal fahren, um die Hochzeitsgäste zufrieden zu stellen. „Kein Problem", sagt Jarosław Poderalski. Er weiß: Andere kreuzen weitaus häufiger auf den Schiffen der Reederei Adler. Kein Wunder, schließlich kostet die Fahrkarte für die Kreuzfahrt zwischen Gryfino und Gartz nur einen Euro fünfzig.

Der Gartzer Hungerstreik

Es gab Zeiten, in denen waren Leute wie Jarosław Poderalski keine gern gesehenen Gäste in Gartz. In denen hätte man lieber gutbetuchte Leute ins Oderstädtchen gelockt, Touristen aus dem Westen, oder mindestens aber aus Berlin. Doch diese Zeiten haben sich geändert. Gäste wie Jarosław Poderalski werden nun auch in Gartz umworben. „50 Leute leben hier von der Schifffahrt auf der Oder", nennt Carmen Pechmann den Grund für diesen Sinneswandel. Pechmann arbeitet als Serviererin auf einem der Adler-Schiffe. Und wie viele ihrer Kollegen ist sie in den Hungerstreik gezogen, damals vor vier Jahren, als die Einnahmequelle Butterfahrt plötzlich zu versiegen drohte.

Schuld daran war der Bundesgrenzschutz. Offiziell war der Gartzer Hafen nämlich gar nicht als Grenzübergang für den Schiffsverkehr an der EU-Außengrenze vorgesehen. Doch dann wurde im offiziellen Grenzhafen Mescherin, zehn Kilometer nördlich gelegen, mit der Renovierung der Anlegestellen begonnen. Gartz wurde zum Ersatzhafen von Mescherin und bekam von der Bundesgrenzschutzbehörde Ost in Frankfurt (Oder) die Weihen eines provisorischen Grenzübergangs. Die Genehmigung war auf zwei Jahre befristet. So lange sollten die Bauarbeiten am Hafen von Mescherin dauern.

Als es schließlich so weit war und der Bundesgrenzschutz zum 30. Juni 2000 die Genehmigung wieder kassieren wollte, hatte man sich in Gartz bereits mit dem Grenzstadtdasein angefreundet. Die anfängliche Skepsis, die Furcht vor Kleinkriminellen, Vandalen oder Menschenhändlern war im Laufe der beiden Jahre der Überzeugung gewichen, dass Gartz von seiner Lage als Grenzstadt profitiert habe. Eine Million Besucher jährlich waren in der Zwischenzeit in die Stadt gekommen. Für die Gartzer hieß die Rechnung damit: Ab 30. Juni 2000 eine Million Touristen jährlich weniger.

Je näher das Schicksalsdatum rückte, desto trotziger kämpften die Gartzer gegen das Ende der Butterfahrten. Bürgerinitiativen wurden gegründet, in der Stefanskirche wurde eine Einwohnerversammlung abgehalten, zahlreiche Bürger malten Transparente. Als sich der Bundesgrenzschutz davon noch immer nicht beeindruckt zeigte, griffen die Gartzer am 20. Juni 2000 zu einer

Aktion, die bundesweit Schlagzeilen machen sollte. 17 Gartzer, darunter Amtsleiter Hartmut Wohlthat, die Bürgermeisterin, Angestellte der Stadtverwaltung, Beschäftigte der Reederei und der Betreiber des Eiscafés traten in den unbefristeten Hungerstreik.

Keine zwei Stunden später war die Ausnahmegenehmigung verlängert. Zunächst um drei Monate, später dann ohne weitere Befristung. Als Arbeitsplatzvernichter in die Geschichte eines ohnehin von 30 Prozent Arbeitslosigkeit geplagten Grenzstädtchens einzugehen, war wohl auch dem Bundesgrenzschutz zu viel. Im deutsch-polnischen Grenzgebiet, das weiß man seit dem Hungerstreik von Gartz, gelten andere Gesetze als in Berlin und Warschau. Zumindest bis zum Beitritt Polens zur Europäischen Union im Mai 2004.

Wenn nicht nur am Rhein, sondern auch an Oder und Neiße die Zollschranken gefallen sein werden, kommt das endgültige Aus für die Butterfahrten zwischen Deutschland und Polen. Dann werden die Adler-Schiffe nicht mehr in Gartz ablegen, sondern vielleicht in Kaliningrad oder Klaipeda, der neuen Außengrenze der Europäischen Union.

Destination Polenmarkt

Die Geschichte der europäischen Stadt, das ist im Zwischenland auch die Geschichte der Basarstadt, die sich allen Unkenrufen zum Trotz nicht dem Gesetz der wundersamen Wandlung vom Marktplatz zur Marktwirtschaft beugen will. Basar und Grenzhandel, das ist in Osinów Dolny, aber auch auf den Butterschiffen auf der Oder eine Mischung aus Schnäppchenjagd und Sonntagsausflug, eine archaische Kultur des Konsums, die, gleichwohl ärmlich, an Attraktivität nichts eingebüßt hat.

Im Gegenteil: Adam Sabłotzki und seinen Nachfolgern sei Dank ist das Grenzgebiet inzwischen sogar schon zum Reiseziel geworden, das weit über die Grenzen von Berlin und Brandenburg hinaus bekannt ist. So wie im schleswig-holsteinischen Sollerup. „Polenmärkte & Kurzreisen" heißt eine Programmsparte des dort ansässigen Reiseveranstalters Norbert Bischoff. Gleich zweimal ist die „Destination Polenmarkt" enthalten. Die eine Reise hat den Titel „Frankfurt (Oder) – Hohenwutzen". Geworben wird für eine „Zweitagesreise" mit Übernachtung in Bad Freienwalde. Kostenpunkt: 72 Euro für Übernachtung Frühstück. Wer das ganze Abenteuer im Einzelzimmer auf sich nehmen will, zahlt 13 Euro Einzelzimmerzuschlag.

Scheint bei dieser ersten Reise die „Destination" Hohenwutzen keiner Erklärung mehr zu bedürfen, wird die zweite Reise etwas ausführlicher beschrieben. Die Fahrt „Berlin-Weihnachtsmarkt und Polenmarkt in Hohenwutzen" dauert ebenfalls zwei Tage, kostet 85 Euro und führt am ersten Tag in die deutsche Hauptstadt, Ku'dammbummel und Übernachtung am Alexanderplatz inklusive. Für den zweiten Tag heißt es im Katalog: „Heute fahren wir nach Hohenwutzen und besuchen dort den Polenmarkt".

Auf dem Polenmarkt freut man sich über soviel Aufmerksamkeit von außen. Nicht nur, dass man im Katalog des schleswig-holsteinischen Reiseunternehmens seinen Platz neben Fahrten zum „Adventszauber in Lübeck und Kopenhagen" oder neben der „Winterfahrt nach Achenkirch Hotel Jägerhof" behaupten kann. „Selbst von Schweden", sagt der Deutsche, der im „Odercenter Berlin" an Jerzys Stand Obst und Gemüse verkauft, „kommen die mit den Bussen hierher".

Geteilte Abenteuer
Grenzüberschreitende Wirtschaft

Der Truckstop

Der Nächste ist ein Tankwagen. Ungeduldig kurbelt der Fahrer das Fenster herunter und reicht die Papiere. „Wie lange?" – „Zwölf bis vierzehn Stunden", sagt Stefan Kosseleck, „der Platz ist voll." Kosseleck gibt dem Fahrer die Papiere zurück, doch der lässt nicht locker. „Ich habe flüssiges Stearin im Tank, der Spediteur wartet nicht gern." – „Nichts zu machen", antwortet Kosseleck. „Mit Stearin kommen Sie nicht am Stauplatz vorbei. Versuchen sie es über Guben, da gibt es keinen Stau." – „Geht nicht", raunt der Fahrer und lässt den Motor aufjaulen. „Meine Spedition sitzt in Słubice, gleich hinter der Grenze.

Wortwechsel wie diese zählt Stefan Kosseleck nicht mehr, sie gehören zum Alltag am Truckstop in Frankfurt (Oder). Am größten Grenzübergang zwischen „altem" und „neuem" Europa gibt es auch die längsten Staus. Zehn bis zwölf Stunden auf der Autobahn sind keine Seltenheit, da will natürlich keiner noch mal dieselbe Zeit auf dem „Zollhof am Frankfurter Tor" verbringen, wie der Truckstop offiziell heißt. „Doch Vordrängeln, wie es in Polen manchmal vorkommt und was mitunter sogar zu Schlägereien führt", sagt Stefan Kosseleck, „ist hier nicht möglich." Wer auf der A 12 kurz vor Frankfurt (Oder)-West abfährt, trifft an der Zufahrtsrampe auf Recht und Ordnung. LKWs mit Schnittblumen, Hilfsgütern und verderblichen Lebensmitteln können passieren und direkt zur Grenze vorfahren. Der Rest bekommt Laufzettel, Wartenummern und einen Stellplatz. Dann ist erst mal Pause.

Nirgendwo ist die deutsch-polnische Grenze so europäisch wie am Frankfurter Truckstop. LKW-Fahrer aus Deutschland und Polen treffen hier auf Kollegen aus dem Baltikum und Russland, Trucker aus Frankreich und den Niederlanden auf solche aus Rumänien und Bulgarien. Alle eint sie der Ärger, auf ihrer großen Tour in Richtung Osten nach dem Stau auf der Autobahn noch einmal bis zu vierzehn Stunden auf dem Truckstop mit seinen 1.000 Stellplätzen verbringen zu müssen. Doch sie wissen auch, dass dies die letzte größere Pause ist, die sie haben, bevor sie ihre Tour nach Petersburg und Riga, nach Moskau oder bis in den Iran fortsetzen. Der Truckstop ist Zwangsaufenthalt und Erholung zugleich.

Dafür sorgen nicht zuletzt Silvia Gosemann und ihre 30 Mitarbeiterinnen und Mitarbeiter. Im Auftrag des Zollamts Frankfurt (Oder) übernehmen sie nicht nur die Vorsortierung der LKW an der Rampe von Stefan Kosseleck. Sie betreiben in Truckstop-City auch ein Restaurant und mehrere Geschäfte. Hier gibt es alles, was das Truckerherz begehrt: Wurst, Brot, Bier, Elektrogeräte, Haushaltswaren, Staubsauger und Kühlschränke der Marke „Sibir". Die „Magazine" auf dem Truckstop sind in ihrer ganzen Anmutung den Basaren an den anderen Grenzübergängen ähnlich, nur dass die Waren hier nicht auf Deutsch ausgezeichnet sind, sondern zumeist auf Russisch.

So wie die Geschäfte der Silvia Gosemann etwas aussagen über die Bedürfnisse der LKW-Fahrer, so sind die Ladungen auf ihren LKW ein Hinweis auf den Stand der grenzüberschreitenden Wirtschaft in Europa. Auch für die im deutsch-polnischen Grenzgebiet. Die meisten Trucks fahren nämlich am Grenzgebiet vorbei, der Zwangshalt am Truckstop ist der einzige Halt, den sie im Zwischenland einlegen, bevor es weiter geht nach Warschau oder Moskau, nach Varna oder Rostow am Don. Auch die LKW, die auf der polnischen Seite stehen und in Richtung Westen wollen, steuern andere Ziele an als Frankfurt (Oder), Cottbus oder Greifswald. Ihre Ziele lauten: Ruhrgebiet, Rotterdam, Hamburg, Süddeutschland.

Der Standort Frankfurt

Dass einer wie Karl-Heinz Boßan Frankfurt zur Logistikstadt ausbauen will, wirft deshalb zunächst Fragen auf. Warum sollen LKW-Fahrer und Speditionen Umschlagplätze und Werkstätten auf der deutschen Seite der Grenze ansteuern, wenn die Preise in Polen nach wie vor niedriger sind? Was wird, wenn nach dem Beitritt Polens zur EU am 1. Mai 2004 die Zollkontrollen wegfallen? Doch Boßan gibt sich mit kurzfristigen Preis-Leistungs-Rechnungen, die hinter solchen Fragen stecken, nicht zufrieden. „Wenn die Grenze erst einmal weg ist", ist er überzeugt, „dann spielt nicht nur der Preis eine Rolle, sondern auch die Kompetenz". Als Geschäftsführer des „European Trade and Transport Center" (ETTC) hat es sich Boßan deshalb zur Aufgabe gemacht, Frankfurt zum „Kompetenzzentrum für alle Dinge rund um den LKW" zu entwickeln", wie er es selbst nennt. Was er nicht sagt: Eine andere Chance hat die Stadt auch nicht, sieht man einmal von der Europauniversität Viadrina ab.

Gleich neben der ETTC-Zentrale an der Autobahnausfahrt Frankfurt-Süd und keine zwei Kilometer vom Truckstop entfernt, sieht man, warum. Unübersehbar ragen die Mauern eines Rohbaus in die Luft, der einmal Zukunft in die Stadt bringen sollte. Eine Chipfabrik sollte hier entstehen, die größte in der Bundesrepublik, und Frankfurt (Oder) zu einer Art „Silicon Valley" des Grenzgebietes machen. Als Global Player hatte das „Institut für Halbleiterphysik" die Firma Intel gewonnen, als Finanzier das Emirat Dubai. Viele Jahre lang währte dieser Traum, bis er Ende November 2003 schließlich platzte. Was blieb, war ein Schuldenberg für das Land Brandenburg und der Stadt Frankfurt eine Investitionsruine.

Und es blieb die nun noch drängendere Frage, was aus Frankfurt (Oder) werden sollte, wie man die wirtschaftliche Strukturkrise bewältigen sollte, welche Zukunft es noch gab außer die eines „Silicon Valley" an der Oder? Mit welchen Argumenten wollte man die Menschen, vor allem die jüngeren, daran hindern sollte, die Stadt zu verlassen, in Richtung Westen, wo es noch Jobs gibt und damit auch Zukunft, in jene Orte, die auch die LKW-Fahrer am Truckstop von Silvia Gosemann zum Ziel haben. Wie sollte man umsetzen, was Politiker wie Brandenburgs Ministerpräsident Matthias Platzeck und der für den Aufbau-Ost zuständige Bundesminister Manfred Stolpe immer wieder betonen: „Mit der Osterweiterung der Europäischen Union", glauben beide, „rückt das Grenzgebiet endlich vom Rand in die Mitte."

Karl-Heinz Boßan ist skeptisch, wenn er solche Prognosen hört. Schließlich weiß er, was es heißt, allein das zu halten, was in der Stadt ist. Den Anschluss an den „Berlin-Warszawa-Express" zum Beispiel. „Wer sagt uns, dass in ferner Zukunft, wenn zwischen Berlin und Warschau einmal ein ICE fährt, der auch in Frankfurt hält?" In den nächsten Jahren, das weiß auch Boßan, wird Frankfurt der Anschluss an den Fernverkehr der Bahn noch erhalten bleiben. Alleine die Grenzkontrollen, die bis zum Beitritt Polens zum Schengenverbund andauern werden, machen den Stop der Fernverkehrszüge an der Oder notwendig. „Dann aber", orakelt Boßan, „ist alles eine Frage der Fahrgastentwicklung. Steigen in Frankfurt zu wenige Reisende aus oder zu, rechnet sich ein Zugstopp nicht mehr." Nicht mehr nur für „Silicon Valley" wäre dann die Grenzstadt Frankfurt kein Standort mehr, sondern nicht einmal mehr für die Züge in die deutsche und polnische Hauptstadt.

Deutsche Ängste...

LKW, für die das Grenzgebiet nur Stauregion ist, durchfahrende Züge ohne Zwischenstopp an der Grenze – es waren wohl Bilder wie diese, die den Soziologen Ulf Matthiesen dazu gebracht haben, sich mit drastischen Worten gegen die Stolpe- und Platzeckthese vom Grenzgebiet als neuer europäischer Mitte zu wenden. Das genaue Gegenteil sei der Fall, meint der Abteilungsleiter des Instituts für Regionalentwicklung und Strukturplanung (IRS) in Erkner bei Berlin. Vielmehr drohe den ostdeutschen Grenzregionen eine „weitere Peripherisierung", die auch eine neue Runde der Abwanderung nach sich ziehen werde. Statt in die Mitte zu rücken, wie es Stolpe und Platzeck betonen, werde das Grenzgebiet von den Investoren „froschartig übersprungen", von Berlin in Richtung Poznań, von Dresden nach Wrocław. Dazwischen befinde sich ein wirtschaftliches Niemandsland. Oder wie es Christoph Bongard, der Student der Kulturwissenschaften an der Viadrina ausdrückt: „Wald, Wald, Wald".

Es ist nicht nur die Stimme des Rufers in der Wüste, die hier mahnt, sondern auch die des Experten. In zahlreichen Studien hat Matthiesen für das IRS die Chancen und Risiken der Osterweiterung für die Grenzregion untersucht. Sein Fazit: „Anfängliche Hoffnungen auf eine wirtschaftliche Stabilisierung durch mittelständisch geprägte Unternehmensstrukturen scheinen sich vorerst nicht zu bewahrheiten."

Die Gründe dafür liegen, so Ulf Matthiesen, auf der Hand: Die Abwanderung der Bevölkerung und der mobilen Schichten und die Entstehung „sterbender Städte", „unterschiedliche Innovationsbereitschaften" sowie das Fehlen „grenznaher Industrie- und Dienstleistungszentren", wie es sie in Ansätzen zumindest an der deutsch-tschechischen Grenze gebe. Sein Fazit: „Potenziell interessante Kooperationspartner befinden sich überwiegend in den stärker landeinwärts gelegenen Zentren."

Nicht nur in Frankfurt weiß man, dass Matthiesen nicht nur den Teufel an die Wand malt. Auch in Görlitz, Schwedt und Eisenhüttenstadt hat man erfahren müssen, dass nach dem Ende der Großindustrien auf der deutschen Seite der Grenze kein Neubeginn gefolgt ist, weder als Dienstleistungsstandort noch als Billiglohnland, als „ostdeutsches Mezziogiorno", wie es manche im Sinn gehabt hatten.

Kein Wunder also, dass die Ostdeutschen nicht allzu große Hoffnungen in die Osterweiterung der EU setzen. Allzu groß sind die Befürchtungen, dass sich mit dem polnischen EU-Beitritt die Situation noch verschlechtern wird, dass deutschen Firmen und Arbeitnehmern ein Verdrängungswettbewerb noch nicht bekannten Ausmaßes droht. Selbst der einzige Vorteil, den die Grenze bislang biete – billige Zigaretten und billiger Sprit – werde in einigen Jahren mit dem zunehmenden Abbau des Preisgefälles verschwunden sein.

Aber nicht nur die Menschen in der Grenzregion sind skeptisch. Auch die meisten Unternehmer in Ostdeutschland erwarten vom polnischen EU-Beitritt nicht allzu viel. Das hat zuletzt eine Umfrage der Industrie- und Handelskammer Dresden ergeben. Nur 37 Prozent der Unternehmer verbinden mit der Osterweiterung eine Chance für ihren Betrieb. 63 Prozent, also fast zwei Drittel, erwarten dagegen eher Probleme. [61] So gesehen ist es nicht weiter verwunderlich, dass dieselbe Bundesregierung, die in regelmäßigen Abständen von den Chancen der Osterweiterung auch für die Ostdeutschen spricht, im gleichen Atemzug auf die Bremse drückt. Bis zu sieben Jahre lang, so hat es Berlin in Brüssel durchgesetzt, wird die Niederlassungs-, Dienstleistungs- und Arbeitnehmerfreizügigkeit für polnische Firmen und Staatsbürger ausgesetzt. In diesem Zeitraum dürfen sich weder polnische Firmen in Deutschland niederlassen und dabei polnische Mitarbeiter beschäftigen, noch dürfen polnische

Firmen ihre Dienstleistungen in Deutschland anbieten oder polnische Staatsbürger ihren Wohnsitz in Städten wie Frankfurt (Oder), Görlitz oder Guben
nehmen.

... und polnische Hoffnungen

Völlig anders verhält es sich in Polen oder Tschechien. In der polnischen
Grenzregion, so das Ergebnis der IHK-Befragung, bewerten 59 Prozent der
Unternehmen den Beitritt zur Europäischen Union positiv, nur 41 Prozent
verbinden damit mehr Risiken als Chancen. Ähnlich sieht es in der Tschechischen Republik aus. 45 Prozent der Unternehmer sind skeptisch, 55 Prozent
dagegen optimistisch.

Ähnlich groß wie die Hoffnungen der Unternehmer sind auch die der Menschen, wie es das Ergebnis des polnischen Referendums zum EU-Beitritt vom
8. und 9. Juni 2003 gezeigt hat. Nicht etwa in Warschau und der die polnische
Hauptstadt umgebenden Woiwodschaft Masowien war die Zustimmung zum
Beitritt Polens zur EU am größten, sondern in Polens „Wildem Westen", dem
Grenzgebiet zu Deutschland. Sowohl in der Woiwodschaft Westpommern als
auch im Lebuser Land und Niederschlesien stimmten 84 Prozent der Bewohner mit „tak" – „ja". In Masowien dagegen waren es nur 74 Prozent, in den
östlichen Regionen Polens wie Podlachien oder Lublin sogar nur 69 und 63
Prozent.

Absoluter Rekordhalter war das Kleinstädtchen Gozdnica unweit von Zielona Góra. 92 Prozent der 4.000 Einwohner haben hier am 8. und 9. Juni mit
Ja gestimmt. Gozdnica lag damit auf Platz eins der polnischen Gemeinden und
Städte, noch vor dem schlesischen Opole/Oppeln, wo 91 Prozent für den Beitritt votierten. Für Gozdnicas Bürgermeister Jan Piotrowiak ist das Ergebnis
auch ein Wechsel auf die Zukunft. „Das ist wahrscheinlich die letzte Hoffnung
der Leute", kommentierte er das Votum in seiner Stadt, in der sich in den Wochen der Europakampagne kein einziger Politiker hatte blicken lassen. „Die Arbeitslosigkeit beträgt bei uns 40 Prozent. Schlimmer also kann es nicht mehr
kommen."[62]

Es ist aber weniger die Hoffnung auf Arbeit in Deutschland, die sich hinter
solchem Optimismus verbirgt als vielmehr die auf einen Geldsegen aus Brüssel.
Wenn zum 1. Mai 2004 Polen, Tschechien, die Slowakei, Ungarn, Slowenien,
Zypern, Malta, Estland, Lettland und Litauen der Europäischen Union beigetreten sein werden, werden nicht nur die strukturschwachen Regionen in den
fünfzehn Alt-Mitgliedstaaten in den Genuss der europäischen Strukturfonds
kommen, sondern auch die zehn neuen Mitglieder. In der deutsch-polnischen
Grenzregion bedeutet diese Neuverteilung der Brüsseler Gelder sogar die Um-

kehrung der bisherigen Förderpraxis. Standen den westpolnischen Grenzge-
bieten im Rahmen der Euroregionen bislang nur Mittel aus dem Programm
Phare CBC zu, kommen sie als künftige „Ziel-1-Gebiete" ab 2006 auch in den
Genuss von Mitteln aus dem Europäischen Fonds für Regionale Entwicklung
(EFRE) und des Europäischen Strukturfonds (ESF). Demgegenüber könnten
die ostdeutschen Länder leer ausgehen. Weil mit dem Beitritt von zehn neuen
Staaten die Armutsgrenze sinkt, gelten die fünf neuen Länder plötzlich als
reich. Diesem „statistischen Effekt" droht auch die bisherige Förderung aus
Brüssel zum Opfer zu fallen. Nicht mehr auf den Brandenburger, sächsischen
oder vorpommerschen Straßen und Autobahnen dürfte demnächst also das
blaue Schild mit den europäischen Sternen stehen, sondern in den Woiwodschaften Zachodnio-Pomorskie, Lubuskie und Dolnośląskie.

Dass damit auch eine Chance für die polnische Seite des Grenzgebiets verbunden ist, sieht auch die Wirtschaftswissenschaftlerin Marzenna Guz-Vetter.
In ihrer Studie über die „Chancen und Gefahren der EU-Osterweiterung für
das deutsch-polnische Grenzgebiet" schreibt sie: „Auf polnischer Seite (...)
kann nach dem EU-Beitritt (...) mit einem Investitionsschub durch den
Einsatz der Struktur- und Kohäsionsgelder der EU gerechnet werden. Lang-
fristig kann dies zu einer Belebung des deutsch-polnischen Grenzgebiets und
einer Intensivierung der grenzüberschreitenden Unternehmenskooperation
führen."[63]

Allerdings, schränkt Guz-Vetter zugleich ein, setze dies auch die Bereitschaft
der polnischen Regierung voraus, einen Teil dieser Strukturfonds nicht nur nach
Ostpolen zu leiten, sondern auch an die Grenze zu Deutschland. Bisherige Pla-
nungen in Warschau ließen das aber nicht erkennen. Darüber hinaus zweifelt
Guz-Vetter auch daran, ob die EU-Mittel überhaupt in Gänze abgerufen werden
können: „Die Europäische Kommission erwartet die Aufstellung detaillierter
operativer Programme, die in dieser Form in Polen noch nie geschrieben worden
sind. Darüber hinaus bedeuten die Strukturhilfen eine quantitativ ganz andere
Dimension, da sie die bisherige Vorbeitrittshilfe auf Woiwodschaftsebene um
etwa das Zehnfache übersteigen werden."[64] Guz-Vetters Fazit: „Das Beispiel der
schwierigen wirtschaftlichen und arbeitsmarktpolitischen Lage in Ostdeutschland zeigt, dass selbst mit Hilfe Hunderter von Milliarden Euro keine Erfolgsga-
rantie gegeben ist."

Mehr noch als auf die Strukturbeihilfen aus Brüssel setzt Marzenna Guz-
Vetter deshalb auf eine selbsttragende Entwicklung in der Grenzregion, auf die
Zusammenarbeit kleiner und mittelständischer Unternehmen. Doch auch da ist
sie nicht unbedingt optimistisch. Zwar prägten kleine und mittlere Betriebe die
Unternehmenslandschaft in Westpolen. Doch nur wenige von ihnen seien kon-
kurrenzfähig. Von den 174.000 Unternehmen in der Woiwodschaft Zachodnio-
Pomorskie/Westpommern hätten im Jahr 2000 zum Beispiel nur 167 Firmen

einen Computeranschluss. Darüber hinaus sei auch der hohe Anteil an Handels-
und Dienstleistungsunternehmen problematisch. In Westpommern stehen den
17.000 Betrieben im verarbeitenden Gewerbe 57.000 Handels- und Reparatur-
betriebe, 20.000 Baufirmen und 13.500 Transportunternehmen entgegen. Da
sich aber die größten Kooperationschancen mit deutschen Firmen auf dem Gebiet des verarbeitenden Gewerbes abzeichnen, sei die Lage alles andere als rosig.
Im Dienstleistungssektor nämlich, sagt Guz-Vetter voraus, werde nicht Kooperation das Bild der Zukunft bestimmen, sondern ein zunehmender Konkurrenz-
kampf.[65]

Die Optimisten von Gorzów

In Gorzów Wielkopolski, dem ehemaligen Landsberg an der Warthe, weiß
man um diese Schwierigkeiten. Hier ist man mit der Realität vertraut. Zum
Beispiel in der zweistöckigen Villa auf der südlichen Wartheseite. Abseits des
Trubels in der Innenstadt des Verwaltungszentrums der Woiwodschaft Lu-
buskie/Lebuser Land hat die deutsch-polnische Wirtschaftsfördergesellschaft
TWG in der ulica Kobylogórska ihren Sitz gefunden. Wenn Anja Ludewig,
die Sprecherin der TWG, über die Zukunft der Wirtschaft im Grenzgebiet
spricht, dann spricht sie nicht über das, was sie sich wünschen würde, sondern über das, was bereits erreicht wurde.
     Und das ist nicht wenig. Mehr als 10.000 Unternehmer hat die TWG seit
ihrem Bestehen seit 1997 betreut, die meisten davon kleine und mittlere Betriebe. 60 Prozent von ihnen kamen aus Deutschland, 40 Prozent aus Polen.
Sie alle haben sich ein Herz gefasst, nachdem die Politiker ihnen über Jahre
hinweg in den Ohren gelegen haben: Sucht euch einen Kooperationspartner
auf der anderen Seite, steckt den Kopf nicht in den Sand, sonst werdet ihr zu
den Verlierern gehören.
     Eine der Firmen, die auf diesen Rat gehört hat, ist die Firma Bewican in
Witnica. In Zeiten des Baubooms lagerte die Fensterbaufirma aus Berlin-
Friedrichshain einen Teil ihrer Produktion in das nahe Gorzów gelegene
Städtchen im Warthebruch aus. Diese Entscheidung hat sich vor allem in der
Krise in der Bauwirtschaft ausgezahlt. Nun organisiert das polnische Tochter-
unternehmen in Witinica den Absatz der Bewican-Fenster in Polen. Und der
Bürgermeister von Witnica, das von 560 Investitionsstandorten in Polen
nach einer Umfrage immerhin Platz 36 belegt, freut sich über den deutschen
Steuerzahler.
     Es sind Nachrichten wie diese, die man in Gorzów gerne hört. Und die die
TWG zu einer der erfolgreichsten Wirtschaftsfördergesellschaften im Grenz-
gebiet machen. Dass die Mitarbeiter in der ulica Kobylogórska zur ersten

Adresse für kooperationswillige Unternehmer wurden, liegt aber nicht nur daran, dass zu den Gesellschaftern der TWG die Bundesrepublik Deutschland, die Republik Polen sowie die grenznahen Bundesländer und Woiwodschaften, Mecklenburg-Vorpommern, Brandenburg, Sachsen, Westpommern, Lebuser Land und Niederschlesien und Berlin gehören. Es ist vor allem der grenzüberschreitende Ansatz, den die TWG verfolgt, und das mit einigem Erfolg wie Anja Ludewig sagt. In Gorzów werden nicht nur deutsche Firmen beraten, die auf den polnischen Markt wollen, sondern auch polnische Firmen, die in Deutschland ihr Glück versuchen wollen.

Und Glück brauchen sie, die grenzüberschreitenden Unternehmungen. Anders als Großkonzerne wie Volkswagen, Hugo Boss oder die Rheinisch-Westfälische Elektrizitätsgesellschaft, in denen ganze Stäbe von Anwälten an den Verträgen mit ausländischen Partnern sitzen, ist der Sprung über die Grenze für die meisten kleinen und mittelständischen Unternehmen noch immer ein Sprung ins kalte Wasser. Allzu oft fehlt es an Kapital, an Rücklagen, an Know-how, da kann ein solcher Sprung schnell mit dem Ertrinken enden.

Vor allem dann, wenn man die Mentalität auf der anderen Seite nicht kennt, sagt der Vorstandsvorsitzende der TWG, Reinhard Klein. Das erste Fettnäpfchen stehe schon bei der Begrüßung bereit. „Es ist ein Riesenfehler, wenn Sie den Direktor nicht mit ‚Herr Direktor', sondern mit ‚Herr Kamikowski' ansprechen", sagt Klein.[66] Denn in Polen werde es als unhöflich empfunden, mit dem Nachnamen angesprochen zu werden. Während die Polen sich auch im Beruf vor allem für den Menschen interessierten, gehe es den Deutschen hauptsächlich ums Geschäft, benennt Klein einen weiteren Unterschied. „Der Deutsche ist dann oft enttäuscht von der sachlichen Unzulänglichkeit, und der Pole von der emotionalen Kälte." Gegenseitiges Verständnis müssen die Nachbarn auch bei der täglichen Arbeit haben. „Während die Deutschen lieber akkurat planen, geschieht in Polen vieles im letzten Augenblick und um Haaresbreite – aber es funktioniert irgendwie."

Es sind solche Beispiele, die der Berliner Osteuropabeauftragte Wolfram O. Martinsen zur „Begegnungskultur" zählt. Ohne eine solche Begegnungskultur, so Martinsen, gibt es auch keine Businesskultur.

In der 120.000 Einwohner zählenden Landeshauptstadt Gorzów hat man sie gelernt, die Begegnungskultur. Nicht nur in der Villa der TWG, in der es durchweg zweisprachig zugeht, sondern auch in den zahlreichen Betrieben, die sich inzwischen an der Warthe angesiedelt haben. Für die Volkswagen Elektro-Systeme, eine gemeinsame Tochter von VW und Siemens, ist Gorzów ein beinahe idealer Standort. 2.300 Beschäftigte produzieren hier zu polnischen Löhnen Bordnetze und Kabelbäume für die Endproduktion in Wolfsburg. Es sind aber nicht nur die im Vergleich zu Deutschland niedrigen

Löhne, die auch für die anderen Firmen in Gorzów den Ausschlag gegeben haben, sondern auch der hohe Ausbildungsstand. Damit ist Gorzów eines der wirtschaftlichen Zentren Polens im Grenzgebiet geworden. Ein kleines Poznań, eine Miniboomtown am Unterlauf der Warthe.

Das europäische Haus

Ist der Erfolg von Gorzów ein Modell für die gesamte deutsch-polnische Grenzregion? Oder ist er doch eine Ausnahme, weil die wirtschaftliche Entwicklung von Städten mit mehr als 100.000 Einwohnern wie Gorzów Wielkopolski, Zielona Góra oder Cottbus ohne nachhaltige Auswirkungen auf die dünn besiedelten Regionen bleiben, die sie umgeben?

Mit solchen und anderen Fragen der Zukunft des Zwischenlandes beschäftigte sich im Januar 2003 eine „Szenarienkonferenz" in Görlitz. Das Institut für ökologische Raumentwicklung Dresden hatte namhafte deutsche und polnische Experten in die sächsische Grenzstadt gebeten, um aus ihrer Sicht über die Perspektiven der Grenzregion, über Chancen und Risiken zu berichten. Was die wirtschaftliche Zukunft des Grenzgebiets betraf, wurde schnell deutlich, dass es eine solche ohne eine Einbettung von Städten wie Görlitz und Zgorzelec, oder Frankfurt und Słubice in ein Netz größerer Städte in Deutschland und Polen nicht geben würde. Für sich alleine, waren sich die Experten einig, könne das Grenzgebiet nicht existieren, sondern nur als Teil eines unternehmerischen Netzwerks, das von Görlitz und Zgorzelec nach Wrocław und nach Dresden und Leipzig reicht.

Für dieses Netzwerk gibt es seit langem einen Namen, der symbolischer nicht sein könnte: europäisches Haus. Dieses Haus erschließt sich, wenn man einen Blick auf die Landkarte wirft. Es ist ein Haus mit Giebeldach, wobei der Dachfirst in Szczecin/Stettin liegt, die oberen Enden in Berlin und Poznań/Posen sowie das Erdgeschoss in Dresden und Wrocław/Breslau. Manche ergänzen dieses Haus noch, in dem sie scherzhaft betonen, dass Prag in diesem Bild entweder das Kellergeschoss oder das Fundament bildet.

Für die Grenzregion wird es, um im Bild zu bleiben, entscheidend sein, ob dieses Haus eine bloße Hülle ist, oder ob es mit Leben gefüllt werden kann. Ob Städte wie Görlitz und Zgorzelec, Frankfurt und Słubice, aber auch Cottbus und Zielona Góra, Gorzów und Eberswalde eine Art Treppenhaus und damit auch eine Säule in diesem Gebäude bilden werden oder nicht. So wichtig die Rolle Polens als Billigland sein mag. Mit dem „Wäschetourismus", dem Waschen der Hotelwäsche aus den Ferienzentren der mecklenburgischen Ostseeküste in den Wäschereien von Westpommern, wird noch keine wirtschaftliche Zukunft geschaffen. Die wird sich erst einstellen, so das Fazit der Experten auf der „Szenarienkonferenz", wenn mehr als bisher Unternehmen miteinander kooperieren und das Grenzgebiet damit an das Netzwerk der großen Städte in Deutschland und Polen anbinden. In Frankfurt hört man solche Worte gern, auch wenn das Aus der Chipfabrik noch lange wie ein Menetekel über der Stadt liegen wird. Schließlich hat die Oderstadt mit ihrer Lage am europäischen Korridor zwischen Berlin und Poznań, zwischen Paris und Moskau die besten Voraussetzungen dafür, zu einer tragenden Stütze im europäischen Haus zu werden. Voraussetzung dafür ist aber nicht nur, dass auch in Zukunft die europäischen Fernverkehrszüge in Frankfurt halten. Auch der grenzüberschreitende Regionalverkehr muss dringend ausgebaut werden. Wer von Frankfurt nach Zielona Góra möchte, muss noch immer umständliche Umsteigereien in Kauf nehmen. Und wenn ein Unternehmer aus Berlin einen Termin bei der deutsch-polnischen Wirtschaftsförderungsgesellschaft TWG in Gorzów hat, muss er, wenn er die Bahn nimmt, im Grenzstädtchen Kostrzyn umsteigen. Die bis dahin existierende Direktverbindung zwischen der deutschen Hauptstadt und der westpolnischen Landeshauptstadt wurde Mitte der neunziger Jahre gekappt. Die Begründung von Bahn und Bundesgrenzschutz: Der Zug sei ein „Schmugglerzug" und damit nicht von überregionaler Bedeutung.

Teil drei: Geteiltes Land

Nach drüben

Görlitz hofft auf Zgorzelec

Schönheit allein macht keine Zukunft

Auf seinen Untermarkt ist Görlitz zu recht stolz. Spätgotische und Renaissancebauten reihen sich hier nebeneinander wie sonst nur in Krakau oder Italien, und in den Bögen der Tuchhallen sowie an den prunkvollen Fassaden der Patrizierhäuser lässt sich erahnen, welche Bedeutung Görlitz einmal hatte. Einst war die Stadt an der Neiße reich geworden durch den Handel mit Waid, dem mittelalterlichen Färbestoff, der hier, auf der „Via Regia", seinen Weg nach Osten nahm. Damals war Görlitz noch in der Mitte, heute liegt es am Rand.

Ist der Untermarkt an warmen Sommertagen noch in der Hand der Touristen, gleichen andere Straßenzüge einer Geisterstadt. Manch einer, der in Görlitz spätabends vom Bahnhof in Richtung Stadt geht, mag sich sogar fragen, ob er in eine Filmkulisse gestolpert ist. Hat man hier vielleicht einen Science-Fiction-Film gedreht? Einen Film über eine Stadt nach einer großen Katastrophe? Warum sonst ist sie wie ausgestorben, die Berliner Straße, die den Bahnhof mit der Altstadt verbindet? Die stuckverzierten Häuser stehen noch, manche von ihnen hat man sogar renoviert. Doch hinter den Fenstern dieser Häuser ist es dunkel. An einigen Schaufenstern klebt noch der Hinweis: „zu vermieten". Andere Gebäude wie der „Görlitzer Hof" scheinen längst aufgegeben zu sein. Nur die Straßenlaternen leuchten noch, irgend jemand von der Regie muss vergessen haben, sie abzuschalten.

Die Görlitzer Katastrophe, sie ist keine Fiction, sondern Realität. Diese Realität hat in Ostdeutschland mittlerweile einen Namen: Schrumpfung. Seit der Wende haben 24.000 Menschen der Stadt den Rücken gekehrt. Von ehemals 85.000 Einwohnern leben heute nur noch 61.000 in Görlitz. Und ein Ende dieser Abwanderung ist nicht in Sicht. Im „integrierten Stadtentwicklungskonzept" rechnen die Planer im Görlitzer Rathaus bis 2015 mit einem weiteren Wegzug von mehreren Tausend Bewohnern. Die Stadt, die nach dem Krieg einmal 100.000 Bewohner zählte, wäre demnach bald um die Hälfte geschrumpft.

Nur noch jeder zweite Nachbar, jeder zweite Mitschüler, jede zweite Lehrerin, jeder zweite Kneipenbesucher? Für Rolf Karbaum, den parteilosen Oberbürgermeister in Deutschlands östlichster Stadt, waren Prognosen wie diese Grund genug, nicht nur in Görlitz Alarm zu schlagen, sondern auch im tiefsten Westen. „Wir rufen unsere Landsleute in ganz Deutschland auf, unsere Stadt zu besuchen. Kommen Sie nach Görlitz!", hieß es in einem „Görlitzer Aufruf", der im April 2000, kurz vor einem Besuch des Bundeskanzlers in der Neißestadt, veröffentlicht wurde.[67] Es war ganz offensichtlich: Görlitz, die „Perle der Lausitz", in der fast jeder vierte ohne Arbeit ist, schafft es nicht mehr von selbst. Der Leerstand hat mit 27 Prozent wieder den Stand der Wendezeit erreicht, als in Görlitz bereits die Sprenglöcher gebohrt waren. In der Altstadt rund um den Untermarkt beträgt er sogar 48,3 Prozent. Wo anderenorts die Investoren mit Superlativen gelockt werden, spricht aus den Initiatoren des Aufrufes fast schon die Verzweiflung, wenn sie vom Kanzler und dem Rest der Republik fordern: „Görlitz braucht mehr Einwohner, mehr Arbeitsplätze, mehr Touristen!"

Doch außer einem hat den Hilferuf keiner gehört. Der eine, das ist jener anonyme Spender, den inzwischen jeder in der Stadt kennt. Jedes Jahr im März lässt er über einen Anwalt eine Million überweisen, die seither in Görlitz die Altstadtmillion heißt. Auch nach der Einführung des Euro hält man an diesem Begriff fest. Altstadtmillion, das ist schließlich was. Altstadthalbemillion, das wäre schon wieder nur eine Halbierung.

Zukunft braucht keine Schönheit

Schönheit, das hat man in Görlitz in den letzten Jahren erfahren müssen, macht noch keine Zukunft. Auf dem anderen Ufer der Neiße weiß man: Zukunft braucht keine Schönheit. An der ulica Bohaterów Getta sind die Gründerzeithäuser noch nicht renoviert. Von den Fassaden blättert Putz, manche Balkone sind baupolizeilich gesperrt. Doch der marode Charme der Stadt am östlichen Neißeufer fällt kaum ins Auge angesichts der zahlreichen Reklametafeln, Auslagen, Hinweisschilder auf Geschäfte, Reparaturen und Wechselstuben. Wo man Geld wechselt und Dienste in Anspruch nimmt, herrscht Bewegung. Auf den Bürgersteigen, vor den Geschäften, an den Straßenkreuzungen: Überall begegnen sich die Wege der Menschen, jeder scheint hier etwas zu tun zu haben, nur die Liebespaare bleiben manchmal stehen und lassen die andern an sich vorbeiziehen.

Zgorzelec ist eine polnische Stadt. Nichts erinnert hier an die Urbanität und Gediegenheit, die das deutsche Görlitz einmal ausgestrahlt haben muss, in besseren Zeiten, als die Welt noch in Ordnung war und Zgorzelec die Vorstadt von Görlitz. In Zgorzelec lebt man nicht von der Vergangenheit, sondern in der Gegenwart. Hier zählt man keine Denkmäler, sondern am späten Abend, wenn die Geschäfte schließen, das Geld in den Registrierkassen. In Görlitz gibt es einige Dutzend Hotels, die darauf bauen, dass die Gäste in die „Perle der Lausitz" kommen. In Zgorzelec gibt es keine Touristen, sondern „klienci", also Kunden, viele von ihnen vom andern Ufer der Neiße.

Und Kinder gibt es. Es ist schon erstaunlich, wie viele Frauen mit Kinder-wägen vor den Geschäften an der ulica Bohaterów Getta stehen. Kinder be-deuten auch Vertrauen in die Zukunft. Und Zgorzelec ist eine Stadt der Kinder und ihrer jungen Eltern. 40 Prozent der Bewohner haben das 29. Lebensjahr noch nicht überschritten. Wenn in naher Zukunft die europäischen Außen-grenze nicht mehr entlang der Neiße und mitten durch die Doppelstadt Gör-litz/Zgorzelec verläuft, werden es vielleicht die Zgorzelecer Kinder sein, die auf der anderen Seite die Spielplätze einnehmen, die Kindergärten und Schulen. Europa ist in der westlichsten Stadt Polens greifbar nahe.

Verkehrte Welt

Mariusz lässt sich nicht lange bitten. Kaum ist der Blickkontakt hergestellt, startet er den Motor. „Rüber nach Görlitz?", fragt Mariusz, der Taxifahrer, der in der Nähe des „Dom Kultury" in Zgorzelec, der ehemaligen Oberlausitzer Ruhmeshalle, auf Kundschaft wartet. Nein, zu „Real". Mariusz staunt nur kurz, dann fährt er los und beginnt, das Stichwort ist gefallen, zu erzählen. „Aha, einkaufen. Das machen alle Deutschen hier. Für die Deutschen ist Zgor-zelec mittlerweile gleichbedeutend mit Real." Mariusz, der wie viele Fahrer der „Intertaxis" auf beiden Seiten der Grenze arbeitet, fährt aus der Stadt heraus, vorbei am quirligen Busbahnhof, an dem sich vor allem junge Rucksacktouri-sten tummeln, in Richtung Jelenia Góra, einmal links, dann wieder rechts, dann ist das Ziel erreicht. Wie ein großes Raumschiff, ein Zeichen der Ankunft auch von Zgorzelec in der Zukunft, erstreckt sich der „Hipermarket" auf der grünen Wiese.

„Das ist wie in Amerika", sagt Mariusz und sein Lächeln passt kaum in den Rückspiegel. „Werktags bis neun Uhr abends offen, am Sonntag von zehn bis acht, da haben die deutschen Geschäftsinhaber protestiert, allerdings vergeb-lich." Der Chef des Hipermarktes", sagt Mariusz und steuert seinen Daimler an den parkenden Autos vorbei, „ist ein Deutscher, der braucht an der Grenze schon gar nicht mehr den Pass vorzuzeigen." – „Auch meine Tochter arbeitet hier", erzählt Mariusz. „800 Zloty, das ist nicht viel, aber sie hat Arbeit, das ist das Wichtigste".

Marlene Bremm hat keine Arbeit. Dafür hat sie Zeit. Zeit, um zum Ein-kaufen nach Zgorzelec zu fahren. „Das ist immer noch billiger als in Görlitz", sagt sie, „auch wenn es nicht mehr das Schlaraffenland ist wie kurz nach der Eröffnung. Damals bin ich jeden Freitag hierher gekommen, jetzt komme ich nur noch einmal im Monat." Mit ihren Einkaufstüten sitzt sie an der Bushalte-stelle und wartet auf den Grenzbus der „Linie P". Alle halbe Stunde fährt der vom Real über die Grenzbrücke auf die deutsche Seite und weiter zum Marktkauf ins Neubaugebiet Königshufen. Auch die polnischen Kunden wollen auf der anderen Seite einkaufen, Elektroartikel, Markenkosmetik, Computer. Während die Deutschen in Polen immer noch als Schnäppchenjäger gelten, schätzt man die Polen in Görlitz immer öfter als Kunden für hochwertige Waren.

„Die Polen haben Arbeit, bei uns haut die Jugend ab", sagt Marlene Bremm und schaut auf die ältere Frau, die neben ihr sitzt, als wolle sie sich für die folgenden Sätze entschuldigen. „Görlitz ist eine Rentnerstadt, hier ist keine Zukunft, der Letzte macht das Licht aus. Eigentlich könnte man da auch eine Bombe rauf schmeißen." Marlene Bremm, die 38 Jahre alt ist und deutlich älter aussieht, sagt es ungerührt, mit unbeweglichen Augen. Die alte Frau stimmt ihr zu. „Manchmal kommt meine Enkeltochter", sagt sie in unverkennbar schlesischem Dialekt, „dann geb' ich ihr was, zehn Mark, aber allzu oft geht das nicht, man muss ja sehen, wo man bleibt."

Mariusz hat sich inzwischen wieder hinters Steuer seiner Daimler-Taxe gesetzt. Er rauscht los. Auf die Görlitzer Kunden vor dem polnischen Hipermarket kann er nicht rechnen. Für sie ist eine Taxifahrt ein unerschwinglicher Luxus.

Europastadt von oben

Nur auf den ersten Blick wirkt der Kontrast zwischen der verlassenen Görlitzer Altstadt und dem Trubel auf der anderen Seite der Neiße wie eine Verkehrung der europäischen Verhältnisse: auf der Wohlstandsseite der Europäischen Union urbane Agonie, auf der anderen kreatives Chaos. In Wirklichkeit freilich zeigt sich im Spannungsfeld zwischen Görlitz und Zgorzelec das künftige Europa jenseits aller Hoffnungen und Sonntagsreden: hier Schrumpfung auf vergleichsweise hohem, dort Wachstum auf niedrigem Niveau.

1.000 Arbeitsplätze wurden in Zgorzelec in den vergangenen Jahren geschaffen. 1.000 Arbeitsplätze, das ist auch Kaufkraft für Görlitz. Nicht im fernen Westen wurde der Rettungsappell aus Görlitz erhört, sondern im „nahen Osten". Im Jugendstilkaufhaus von Karstadt wird schon jeder zweite Euro von polnischen Kunden ausgegeben. Und die werden immer mehr. Anders als Görlitz droht Zgorzelec keine demografische Katastrophe, im Gegenteil: Die Stadt ist in den Jahren nach der Wende auf fast 40.000 angewachsen. 60.000 und 40.000, rechnet der Görlitzer Oberbürgermeister Rolf Karbaum deshalb immer wieder zusammen, macht 100.000. Das sei genau die Größe, die eine Stadt brauche, um für Touristen interessant zu werden. Zahlende Touristen, versteht sich, solche, die auch mal über Nacht bleiben.

Anders als in vielen anderen Grenzstädten an der Oder oder der Neiße blickt man in Görlitz der Realität ins Auge. „Die Zukunft liegt in Polen", sagt Rolf Karbaum, es ist ein Satz, den sie inzwischen alle sagen in Görlitz, weil es eine andere Zukunft nicht mehr gibt. Schon 1998 haben sich Görlitz und Zgorzelec zur „Europastadt" zusammengeschlossen. Mittlerweile hat sich eine Kultur der Normalität in der deutsch-polnischen Zusammenarbeit entwickelt. Längst haben die Stadtverwaltungen gemeinsame Ausschüsse gegründet, in denen regelmäßig über Wirtschaft, Bildung, Kultur und Stadtplanung gesprochen wird. Selbst die Bewerbung zur „Europäischen Kulturhauptstadt 2010" hat man gemeinsam eingereicht.

Im politischen Alltag sind Görlitz und Zgorzelec keine geteilte Stadt mehr, hier steht man nicht mehr mit dem Rücken zum Fluss und blickt nur auf die eigene Seite. „Wenn hier mal die Grenze aufgeht, dann wird es in Görlitz zugehen wie nach dem Fall der Mauer in Berlin", freut sich Christiane Binscheck von der Görlitzer Wirtschaftsförderung schon heute. Im Görlitzer Rathaus glaubt man sogar, das Leerstandsproblem mit dem polnischen EU-Beitritt lösen zu können. „Die Mieten in Zgorzelec sind fast so hoch wie in Görlitz, da herrscht richtig Wohnungsmangel, das letzte Loch ist da bereits vermietet. Warum sollen die nicht einmal bei uns in die leeren Wohnungen ziehen?"

Trotz des Hilferufes an die deutschen „Landsleute" hat Görlitz, die östlichste Stadt des Westens, die Flucht nach vorne, in den Osten angetreten. Als am 7. Mai 2003 der Grundstock für die neue Altstadtbrücke zwischen der historischen Dreiradenmühle in Görlitz und dem Kulturzentrum Vierradenmühle in Zgorzelec gelegt wurde, schüttelten sich die beiden Bürgermeister lange die Hände. „Die Polen", sagt der Görlitzer Oberbürgermeister Rolf Karbaum, „sind unsere letzte Chance." Sein polnischer Kollege Mirosław Fiedorowicz ergänzt: „Wir sind doch schon längst eine Stadt, wenn auch mit Bewohnern zweier Nationen. Zgorzelec ist die erste Stadt Polens, die schon vor dem Mai 2004 in der Europäischen Union ist."

Boomtown Zgorzelec

Der Grundstock für die Zgorzelecer Gegenwart wurde in der Vergangenheit gelegt, einer Vergangenheit, in der man an eine Zukunft noch gar nicht geglaubt hatte. Wie eine Hinterlassenschaft aus längst vergangenen Tagen türmen sich die Kühltürme von Elektrownia Turów vor der sanften Hügellandschaft auf. Unweit vom Kraftwerk bewegen sich die gigantischen Schaufeln der Braunkohlebagger wie lebende Dinosaurier. Das Kraftwerk und der Braunkohlenbergbau von Turów sind mit 10.000 Arbeitern der größte Arbeitgeber von Zgorzelec. 1959 hatte man mit dem Bau des Energie- und Braunkohlenkombinats bei Bogatynia, 25 Kilometer südlich von Zgorzelec, begonnen und damit nicht nur den Grundstein für den wirtschaftlichen Aufschwung der westpolnischen Grenzregion gelegt.

Man hatte auch strukturpolitisches Neuland betreten. Bis zur Ostpolitik Willy Brandts und den Verträgen zwischen Bonn und Warschau Anfang der siebziger Jahre galt die Oder-Neiße-Grenze vielen Polen als unsicher. Größere Investitionen unterblieben und in vielen Dörfern und Städten sah es aus, als säßen die neuen Bewohner noch immer auf gepackten Koffern. Bis heute hat sich an der strukturellen Schwäche vieler Regionen in den Woiwodschaften Westpommern, Lebuser Land und Niederschlesien wenig geändert. In den Grenzregionen treffen mit Ostdeutschland und Westpolen zwei Randregionen aufeinander, aus denen vor allem die junge Generation abwandert.

In Zgorzelec ist das anders. Der Anteil der Braunkohleproduktion aus der Stadt ist konstant hoch, nicht zuletzt dank der zahlreichen Investitionen, die in Turów nach der Wende vorgenommen wurden. Diese Investitionen sind ein Wechsel auf die Zukunft. Bis zum Jahr 2045, so sieht es der Vertrag mit der polnischen Regierung vor, wird man in Turów Kohle fördern und Energie produzieren. Und, so hoffen die Gewerkschaften, die Löhne auf dem bisherigen Niveau halten zu können. 3.000 Złoty – 750 Euro – verdient ein Arbeiter im Tagebau oder im Kraftwerk, eine Summe, von der Marlene Bremm nur träumen kann. Doch auch die Arbeiter in Turów, auch Mariusz und seine Tochter, die wie 350 andere Zgorzelecer Arbeit bei Real gefunden haben, wissen, dass Kohle und Kraftwerk alleine keine Zukunft machen, zumindest nicht auf Dauer. Die so genannten Bergbaufolgelandschaften in der Oberlausitz sind diejenigen Ansichten westlich der Neiße, auf die man in Zgorzelec und Turów nicht so gerne schaut.

Auch nicht auf die Krise der Grenzwirtschaft. Nach der Wende war Zgorzelec wie so viele Städte an der Grenze zu Deutschland über Nacht reich geworden. Doch anders als in Kostrzyn, Słubice oder Gubin war in Zgorzelec nicht der Basar der Motor des Aufschwungs, sondern seine Lage an der Neiße, die hier nicht besonders tief und breit ist. So wurde Zgorzelec bald zum Eldorado für rumänische, ukrainische und andere Flüchtlinge, die in der Stadt darauf warteten, unentdeckt über die Neiße zu kommen und damit ans Ziel ihrer Träume. In Zgorzelec fanden sie nicht nur Unterschlupf, sondern manchmal auch Arbeit. Der „Wartesaal für Flüchtlinge", wie Polen manchmal genannt wird, nirgendwo ist er so mit einem Ort verbunden wie in Zgorzelec.

Dass Zgorzelec bald zum Zentrum für Grenzhandel, Schmuggel, Schleppergewerbe und Prostitution wurde, lag aber auch an der wilden Mischung der Bevölkerung, die seit Mitte der fünfziger Jahre in die Stadt kam. Bis 1956 waren es Soldaten, die das Bild der Stadt geprägt hatten. Auch nach dem „Görlitzer Vertrag", der am 6. Juli 1950 in Zgorzelec unterzeichnet wurde, lautete auf polnischer Seite die Devise: Vertrauen in Verträge ist gut, militärische Kontrolle ist besser. Doch nach dem polnischen Machtwechsel von 1956 und der von Gomułka eingeleiteten Tauwetterperiode hatte sich auch die Situation an der Grenze zu ändern begonnen.

Zgorzelec, bis dato praktisch eine gesperrte Stadt, begann sich zu öffnen und zahlreiche Neusiedler kamen. Die größte Stadt in Polens „Wildem Westen" wurde aber nicht nur zum Eldorado für Glücksritter und Kriminelle. Es wurde auch eine multikulturelle Stadt „mit einem für Nachkriegspolen ungewöhnlichen „exotischen Charakter", wie es die Ethnologin Małgorzata Irek formuliert.[68] Nicht nur viele Juden, die die deutsche Besatzung und die Vernichtungslager überlebt hatten, waren an die Neiße gekommen, sondern auch Ukrainer und Griechen. Namentlich die Griechen, Flüchtlinge vor dem Bürgerkrieg im eigenen Land, waren in Zgorzelec bald schon Legende, sagt Irek. „Abgesehen von solchen Neuigkeiten wie grünem Pfeffer, Gyros und anderen exotischen Lebensmitteln, haben sie auch die Opiumproduktion nach Zgorzelec gebracht, dank derer die Stadt weit über ihre Grenzen hinaus als Zentrum des Rauschgifthandels bekannt ist."[69] Ein Klein-Chicago und eine für Fremde offene Stadt war Zgorzelec also schon, bevor 1991 die Grenze geöffnet wurde und zum Rauschgiftgeschäft Schmuggel, Prostitution und das Schleppergeschäft dazukamen.

Aus Klein-Chicago wurde sogar eine Boomtown. Es kamen Händler, die auf gute Geschäfte mit deutschen Kunden hofften, KFZ-Mechaniker, die früh erkannten, dass die Zukunft der Stadt im Dienstleistungssektor liegt, wenn der auch vorerst nur als „Reparaturtourismus" auftritt. Es kamen russische, weißrussische und ukrainische „Bisnesmen", illegale Beschäftigte aus ganz Polen und die sogenannten „Schwarzen". So nennt man in Polen die illegalen Migranten auf dem Weg in den Westen. Zgorzelec, schreibt Małgorzata Irek, „wurde zu einer reichen, boomenden Stadt in einer guten wirtschaftlichen Verfassung, mit einem stark entwickelten Kleinhandelssektor und einer traditionell großen grauen Zone, die bis in die Nachkriegszeit zurückreicht."

Verständigung auf Russisch

Im Rathaus am Görlitzer Untermarkt ist diesmal keine Krisensitzung, sondern großer Bahnhof. Eine Delegation aus Brüssel ist gekommen, Soziologen, Architekten, Stadtplaner aus ganz Europa. Die Experten wollen sich über die Zusammenarbeit an der deutsch-polnischen Grenze informieren.

Nicht nur Rolf Karbaum nutzt die Gelegenheit, seine Stadt in Europa bekannt zu machen. Auch sein Kollege Mirosław Fiedorowicz ist gekommen. Gespannt lauschen die Teilnehmer der Brüsseler Delegation den Worten der beiden Bürgermeister. „Schon heute", sagt Mirosław Fiedorowicz, „kommen unsere Kinder auf die deutsche Seite, und wenn sie am Untermarkt stehen, wissen sie, dass das auch ihre Stadt ist, eine Stadt mit einer Geschichte, die auch zu ihnen gehört." Es ist die „Nachttopfdiplomatie", an die Fiedorowicz glaubt: „Wenn Kinder von Anfang an mit Kindern der anderen Seite spielen, in den Kindergarten gehen, dann sind sie nicht mehr anfällig für nationale Stereotypen."

Rolf Karbaum nickt und mahnt, schon heute der Zukunft ins Auge zu sehen. „Am besten wäre es, wir würden die Grenze sofort öffnen, ohne lange Übergangsfristen." Diesmal ist es Fiedorowicz, der nickt. Verständigungsprobleme haben sie nicht, die beiden Stadtoberhäupter. Karbaum spricht inzwischen ein paar Brocken Polnisch, Fiedorowicz versteht Deutsch. „Und wenn mal alle Stricke reißen", sagt Karbaum, „dann wechseln wir ins Russische."

Die Delegation kommt aus dem Staunen nicht mehr heraus. So hatte man sich die deutsch-polnische Zusammenarbeit nicht vorgestellt. Eher so wie in Frankfurt (Oder), wo man lange gedacht hatte, Słubice sei mit seinen 17.000 Einwohnern viel zu unbedeutend als dass man sich darum kümmern müsste.

Aber auch die Görlitzer und Zgorzelecer Zusammenarbeit hat ihre Schattenseiten. Anders als in Frankfurt und Słubice, wo die Studenten längst auf beiden Seiten der Stadt zuhause sind, gibt es in Görlitz und Zgorzelec keinen grenzüberschreitenden Alltag. Es gibt keine Künstlergruppe wie „Słubfurt", für deren Mitglieder beide Städte längst eine geworden sind, keine Initiativen, die ein grenzüberschreitendes Filmfestival nach dem anderen organisieren, keine Hauptstadt-Flüchtlinge aus Berlin und Warschau wie Gesine Schwan und Krzysztof Wojciechowski, die sich an der Grenze niedergelassen und daran Gefallen gefunden haben. Europa, das ist in Görlitz und Zgorzelec nicht das Europa der Bewohner, sondern das der Bürgermeister.

Selbst die Eröffnung der Altstadtbrücke im Frühjahr 2004 wird daran wenig ändern. Dann ist zwar ein Rundgang durch beide Stadthälften möglich, von der alten Stadtbrücke ins quirlige Zentrum von Zgorzelec, die Neißestraße entlang, vorbei am Jakob-Böhme-Haus zur Vierradenmühle, dem Kulturzentrum in Zgorzelec und über die Altstadtbrücke wieder in die Altstadt von Görlitz, hoch bis zum Untermarkt.

Was möglich ist, ist aber noch lange nicht nötig. Das wissen auch die Stadtväter. Einen wirklichen Sprung nach vorne würde ihnen erst die Wahl zur europäischen Kulturhauptstadt 2010 verschaffen. Das wäre nicht nur fürs Selbstbewusstsein der Görlitzer wichtig, sondern auch für jene Zgorzelecer, die auf eine andere Zukunft ihrer Stadt setzen als die von Klein-Chicago.

Schwierige Identität

Bis dahin ist es aber noch ein weiter Weg. Und was, wenn es nicht funktioniert, wenn nicht die östlichste Stadt Deutschlands und die westlichste Stadt Polens europäische Kulturhauptstadt werden, sondern Kassel oder Köln? Wenn Europa nicht in Gestalt von Touristenströmen an die Neiße kommt, sondern, wenn überhaupt, in Gestalt von ukrainischen Flüchtlingen oder Delegationen aus Brüssel? Wird es auch dann eine gemeinsame Zukunft geben, oder eine getrennte? Wird es, wenn es eine gemeinsame Zukunft gibt, eine deutsch-polnische oder gar eine europäische Zukunft sein?

Mit diesen und anderen Fragen hat sich im Jahr 2002 das Institut für Ökologische Raumentwicklung (IÖR) in Dresden beschäftigt. Im Rahmen des Wettbewerbs „Stadt 2030" sollten Szenarien für die Zukunft von Görlitz und Zgorzelec zusammengetragen werden.

Im September 2002 wurden die Ergebnisse vorgestellt. Die Aussichten waren, wie es zu erwarten war, nicht rosig. Das betraf zunächst die Einwohnerzahl von Görlitz. Auch bei einer wirtschaftlichen Konsolidierung, so die Prognose von Juliane Banse und Daniel Eichhorn vom IÖR, gehe die Abwanderung weiter. Die optimistische Annahme geht bis 2015 von einer weiteren Schrumpfung um 12,9 Prozent aus, die pessimistische liegt bei minus 16,9 Prozent. Bei den bis 20-Jährigen geht die Stadt Görlitz in ihren Berechnungen sogar von einer Abwanderung von 40,8 Prozent aus.

Doch nicht nur in Görlitz drohen weitere Straßenzüge zu Filmkulissen für Geisterstädte zu werden. Auch in Zgorzelec, so haben es Robert Serek und Marek Kupiszewski vom Mitteleuropäischen Forum für Migrationsforschung errechnet, wird es nicht gelingen, die Bevölkerung zu halten. Ihr Fazit: Auf längere Zeit ist auch in Zgorzelec mit einer Depopulation und Alterung der Bevölkerung zu rechnen.

Wenn die Bewohner von Görlitz und Zgorzelec in Zukunft in einer „Europastadt" leben, werden sie dies wohl nicht als Gewinner des europäischen Einigungsprozess tun. Das „europäische" in der Europastadt wird sich vielmehr darin zeigen, ob sie die Probleme, die sich ihnen in den Weg stellen, als gemeinsame Probleme begreifen, die es auch gemeinsam anzugehen gilt. Oder ob man, wie es viele befürchten, wieder auf nationale Stereotypen zurückgreift.

Zumindest was die Frage nach der zukünftigen Identität angeht, gibt es auch verhaltenen Optimismus. Zwar würden sich die Einwohner beider Städte auch im Jahre 2030 nicht, wie schon jetzt von ihren Bürgermeistern behauptet, als Bewohner einer „Europastadt" begreifen, meint die Soziologin Katarzyna Stokłosa. Stokłosa, die sich auch nach der Veröffentlichung ihres Buches über die „Geteilten Städte an Oder und Neiße" weiter mit dem Grenzgebiet beschäftigt hat, hält es aber für möglich, dass die Zukunftsperspektive, „Einwohner der deutsch-polnischen Stadt Görlitz – Zgorzelec" zu sein, durchaus im Bereich des Möglichen liege. „Dies würde bedeuten, dass es für die Einwohner der geteilten Städte keinen Unterschied mehr machen würde, in welchem Stadtteil sie wohnen". Vielmehr könnte bis 2030 sogar eine „völlige Identifizierung sowohl mit der deutschen als auch mit der polnischen Stadtseite erfolgen." Diese Entwicklung, meint Stokłosa, „ist sehr wahrscheinlich, weil man zwischen beiden Stadthälften immer weniger Unterschiede gesellschaftlicher, kultureller und wirtschaftlicher Art feststellen kann. Nicht nur die physische, auch die mentale Grenze, die sich durch die innere Einschränkung und Angst vor dem Unbekannten auszeichnet, ist durchlässiger geworden."

„Bis 2030", zeigt sich Stokłosa zuversichtlich, „würden beide Grenzen nicht mehr existieren." Aus Görlitz und Zgorzelec würde also, wie in Herzogenrath und Kerkrade an der deutsch-niederländischen Grenze wieder eine ungeteilte Stadt werden, deren Besonderheit lediglich darin besteht, dass sie von zwei Bevölkerungsgruppen bewohnt wird, die eine unterschiedliche Sprache sprechen. Voraussetzung für diese Entwicklung, fügt Stokłosa allerdings einschränkend hinzu, sei die Identifikation mit dem kulturellen Erbe der jeweils anderen Seite. Dass man die Wunden der Vergangenheit aufarbeitet, die trennende Geschichte aufbricht, indem man beginnt, sich die jeweils eigenen Geschichten zu erzählen.

Ein Anfang ist immerhin gemacht. Michael Wiehler, der Intendant des Theaters Görlitz engagiert sich inzwischen nicht mehr nur für die Bewerbung von Görlitz und Zgorzelec als „europäische Kulturhauptstadt 2010". Mit dem „Görlitzer Mittwoch" hat er zusammen mit dem Polnischen Institut Leipzig auch ein Gesprächsforum geschaffen, in dem Görlitzer und Zgorzelecer strittige Themen diskutieren können. Einer der Orte dafür ist der „Salon" in der ulica Św. Anny in Zgorzelec. Der „Salon" ist eine ehemalige Villa eines deutschen Schiffsbauingenieurs, die Paweł Kozik, ein Musiker am Görlitzer Theater, saniert hat. Seitdem treffen sich im „Salon" nicht nur die deutschen und polnischen Teilnehmer zu jedem zweiten Treffen des Görlitzer Mittwoch. Mit dem „Salon" ist das Theater Görlitz auch das erste Theater in Deutschland mit einer Spielstätte in Polen.

Nichts wie weg

Guben und Gubin kehren sich den Rücken

Tödliche Hetzjagd

Als Omar Ben Noui zu Tode gehetzt wurde, war Gregor Mirwa bereits zwei Jahre in Guben.

1997 war es, da hatte es den damals 36-Jährigen von Berlin-Kreuzberg an die polnische Grenze verschlagen, freiwillig, wie er sagt. Er hatte sich auf eine Stelle als Arbeitsmediziner beworben und den Zuschlag bekommen. Vom vertrauten „Kreuzberger Habitat", wie er es scherzhaft nennt, in eine Kleinstadt wie Guben, das war nicht ganz einfach. „Mein erster Eindruck war, dass die leeren Straßen in keinem Verhältnis standen zur räumlichen Ausdehnung der Stadt."

Man kann es auch anders sagen. Schon damals saßen viele Gubener auf gepackten Koffern, andere hatten sie schon wieder ausgepackt, in Berlin, in München oder in Hamburg. Die Gubener, denen Mirwa begegnete, waren Zurückgebliebene. Manche von ihnen blieben freiwillig, die meisten eher unfreiwillig.

Doch Mirwa war neugierig auf das neue „Habitat", notierte seine Eindrücke aus den Betrieben, in denen er Arbeitsschutzvorschriften durchzusetzen hatte, während der Rest der Belegschaft die Anlagen abbaute. Alles, was Mirwa erlebte, tippte er in seine „Olympia Splendid 33", die Reiseschreibmaschine, die er immer bei sich hatte. Und dann gab es da noch das andere Guben, jene Gubener, die alles andere waren als Zurückgebliebene, sondern Pioniere. Denen blieb gar keine Zeit zum Jammern, so viel hatten sie tun: sich auf die neuen Verhältnisse einstellen, neue Kontakte aufzubauen, auch solche auf die andere Seite der Neiße, in die polnische Nachbarstadt, in der einst das Zentrum Gubens lag, und die seit der Grenzziehung an der Neiße Gubin hieß.

„Das war schon eine spannende Zeit", erinnert sich Gregor Mirwa. „Die Glücksritter waren schon wieder weg, die meisten Arbeitsplätze auch, aber es war schon etwas Neues sichtbar, eine Art ‚Open Space', ein offener Raum, aus dem man in die Zukunft schauen konnte."

Dieser Blick nach vorne wurde in der Nacht zum 13. Februar 1999 jäh unterbrochen. In dieser Nacht starb Omar Ben Noui alias Farid Garendoul an den Folgen einer Hetzjagd, die elf junge Männer auf ihn und zwei seiner Freunde veranstaltet hatten, einfach so, weil sie wieder einmal Lust hatten, „Ausländer aufzumischen".

Seitdem ist in Guben nichts mehr, wie es war. In seiner Todesangst war Garendoul durch die gläserne Eingangstür des Plattenbaus in der Hugo-Jentsch-Straße 14 im Neubauviertel Obersprucke gesprungen und hatte sich an der rechten Kniekehle die Schlagader aufgerissen. „Verblutungsschock", hieß es später im Totenschein, was soviel heißt, wie: Garendoul könnte noch leben, wenn ihm jemand das Bein verbunden hätte. Doch das hat keiner getan. Farid Garendoul, der im algerischen Armenviertel Tagarines geboren wurde, in seiner Jugend einmal davon träumte, Astronaut zu werden, und in Deutschland unter dem Namen Omar Ben Noui Asyl beantragt hatte, war nur 28 Jahre alt geworden.

„Dieser Tag", sagt Gregor Mirwa heute, „war nicht nur ein Schock, er löste auch ein Trauma aus, an dem Guben noch heute leidet. Der Schock, das war die Frage nach dem „Warum", das waren die Schlagzeilen, die Guben plötzlich in eine Reihe stellten mit Rostock-Lichtenhagen oder Hoyerswerda. Den Schock verstärkten diejenigen, die lautstark fragten, was Asylbewerber überhaupt in einer deutschen Disco zu suchen hätten. Und er machte auch vor denjenigen nicht halt, die sich von den rechten Jugendlichen in Guben selbst bedroht gefühlt hatten. In einem Projekt mit dem Titel „bedrohtes Leben" versuchten Gubener Schüler und Schülerinnen die Ereignisse des 13. Februar 1999 zu verarbeiten. Bedrohtes Leben, das war vieles, die Angst der Asylbewerber vor den Skinheads, der Konsum von Drogen, der drohende Arbeitsplatzverlust, die ungewisse Zukunft.

Es ist den Jugendlichen nicht gelungen, die Angst in den Griff zu bekommen. „Als vor zwei Jahren ein schwarzes Mädchen überfallen wurde und angab, rechte Jugendliche hätten ihr ein Hakenkreuz in die Wange geritzt, war alles wieder da", sagt Gregor Mirwa. Der Schock war zum Trauma geworden. „Daran änderte sich auch nichts, als klar wurde, dass das Mädchen sich die Verletzung selbst zugefügt hatte. Im Gegenteil, diese Selbstverletzung hat die Fassungslosigkeit noch verstärkt."

Das andere Wochenende

Gregor Mirwa ist kein Kumpeltyp. Wenn er mit den Gubenern zusammenhockt, ist er ruhig, nachdenklich, verhalten. Genau das schätzen viele an ihm. Mirwa verspricht nicht mehr als das, was er einlösen kann. Zu viele haben hier schon zu viel versprochen und zu wenig davon wahrgemacht. Vor allem aber hat sich Mirwa eingelassen, ist nicht nur nach Guben gekommen, um seinen Job zu machen, sondern sich einzumischen, nicht nur als Arzt, sondern auch als Mensch.

Und als Künstler, das war er auch immer, das ist seine zweite Haut, aus der kann er nicht heraus, das zeigt schon die „Olympia Splendid 33". Schon kurz nach dem 13. Februar 1999 hat Gregor Mirwa versucht, den Schock künstlerisch zu verarbeiten. „I will survive" – „Ich werde überleben", lautete das Motto des Künstlerfestivals „Le Weekend", das Mirwa im März 1999 auf die Beine stellte. Eingeladen waren Künstler aus New York und London, aus Polen und Deutschland, um mit ihren Bildern etwas von der Welt da draußen zu vermitteln. Gleichzeitig sollte mit Filmabenden, Workshops und einem Fußballturnier der Bogen von der Pop-Kultur zum Politischen geschlagen werden. „Le Weekend", das war fortan der Gegenentwurf zu den Wochenenden der Skins und Neonazis, der rechten Ideologen und ihrer Mitläufer in Obersprucke, ein Versuch, dem anderen Guben ein Gesicht zu geben und vielleicht auch den ein oder andern zu ermuntern, seinen Koffer wieder auszupacken.

So wie es Gregor Mirwa selbst gemacht hat. „In den ersten Monaten habe ich genug damit zu tun gehabt, mich in der Arbeitsmedizin zurechtzufinden. Aber dann wollte ich wissen, was die Leute hier treiben, wie sie ihre Tage, ihre freie Zeit, von der sie nun soviel hatten, verbrachten, ob es ein anderes Leben gab außer Glotze und Alkohol." Es war der gleiche Beweggrund, der schon Lucyna Winkel-Sobczak und Artur Szych vor der Wende von Poznań nach Słubice geführt hatte.

Heute weiß Mirwa, dass das seine Fragen waren, nicht die der Gubener. Es war seine Freundin, die ihn darauf gebracht hatte. „Sei doch nicht so streng mit den Leuten", hatte sie ihm ins Gewissen geredet. „Die Leute hier sind einfach damit beschäftigt, zu sammeln und ihre Siebensachen zusammen zu halten."

Gregor Mirwa hielt einen Moment inne und begann zu begreifen, was es mit dieser Stadt auf sich hatte. Wie sie Mitte der fünfziger Jahre, nachdem die DDR die Oder-Neiße-Grenze im Görlitzer Vertrag anerkannt hatte, von Wilhelm Pieck zum Zentrum der DDR-Chemiefaserproduktion ausgebaut wurde. Wie später dann Erich Honecker die bereits 1854 von Carl Gottlob Wilke begründete Tradition der Hutmacher mit einem Pepitahut in der Hand um den Spruch erweiterte: „Gubener Hüte, bekannt für ihre Güte".[70] Er begriff, welche Hoffnung viele Gubener hatten, als 1972 die Grenze zu Polen geöffnet wurde, und zum ersten Mal seit 1950 ein Besuch in Gubin möglich war, wo sich der historische Stadtkern samt Rathaus und Pfarrkirche befand. Wie diese Hoffnung in sich zusammensank, als die DDR-Oberen die „Oder-Neiße-Friedensgrenze" wieder schlossen, weil im „sozialistischen Bruderland" Polen das Gespenst einer unabhängigen Gewerkschaft namens Solidarność umging. Wie dann die Wende und die Freiheit kamen, und die Arbeit verloren ging. Von den einst 8.000 Gubenern, die im Chemiefaserkombinat einen Job hatten, arbeiten heute nur noch 600. Und von den 38.000 Menschen, die hier einmal lebten, haben inzwischen 10.000 ihrer Stadt den Rücken gekehrt.

Es waren diese ersten Monate in Guben, damals, 1997, in denen Gregor Mirwa Silvio kennen lernte. „Mein Fahrrad war platt. Kein Werkzeug zur Hand. Es ließ sich nicht einmal schieben. Ich sah das Schild ‚Fabrik' und wusste, Hilfe ist nah. Auf dem Hof des Jugendzentrums sah ich einen jungen Mann in der Hocke mit einer riesigen Kamera rumhantieren. Wir unterhielten uns. Silvio sagte zum Schluss etwas, dass ich lange nicht mehr gehört hatte: ‚Hier wirst du immer ein gutes Gespräch finden.'"

Viele lange Gespräche später war „Le Weekend" geboren, frei nach dem gleichnamigen Film von Jean Luc Godard und mit Bezug auch zum polnischen Gubin. Schließlich ist Weekend nicht nur das englische, sondern auch das polnische Wort für Wochenende.

Goldgräberstadt Gubin

„Seit wie vielen Jahren wohnst du hier?" – „Ich bin in Gubin geboren." – „Wie kam es dazu, dass Du beschlossen hast, hier zu bleiben, wenn viele Menschen, ganz junge, aber auch in Deinem Alter, sich für das Weggehen entscheiden?" – „Weil es hier schön ist." – „Was tust Du?" – „Ich beschäftige mich als satirischer Zeichner, ich bin also ein Freiberufler und daher ist es ohne größere Bedeutung, wo ich wohne." – „Was ernährt Dich, wenn es um satirische Themen geht?" – „Es gibt keine ernsthafte Antwort auf so gestellte Fragen." – „O.K. Wie findest Du die augenblickliche Lage Deiner Stadt?" – „In den letzten Jahren hat sich in Gubin viel verschlechtert. Besonders im wirtschaftlichen. Aber es geht mich nichts an. Ich mache meine Arbeit. Ich finde es zwar traurig, dass meine Stadt herunterkommt. Aber ich wohne einfach hier."[71]

Diese Fragen und die Antworten von Tomasz waren 2001 in ganz Gubin und auch auf der deutschen Seite, in Guben, nicht zu übersehen. Vier mal vier Meter groß waren die Plakatwände, auf denen die Fragen und Antworten zu sehen waren und auch ein Foto des 35-jährigen Tomasz. Auf einem Hügel über Gubin liegt er da im Gras und weiß nicht so recht, ob er nun grinsen soll oder den versonnenen Träumer mimen. Aber vielleicht war das auch gar nicht so wichtig. Über Tomasz stand in riesigen Lettern „Pozostać" – „Bleiben".

Bleiben, das war die Hauptsache. Für Tomasz. Für andere galt das nicht. Neben den Fotos der anderen stand in ebenso großen Lettern „Odejść" – „Gehen" oder „Przybyć" – „Kommen". „Kommen. Gehen. Bleiben", das war auch das Motto von „Le Weekend 3", dem ersten deutsch-polnischen Festival, das Gregor Mirwa organisiert hat. Auch in Gubin konnten sich die 18.000 Bewohner fortan davon überzeugen, aus welchen Gründen man so bleiben kann in einer Stadt. Oder auch, wie die meisten, gehen.

Gubin, das hat in Polen einen ganz besonderen Klang. Gubin, das ist wie Zgorzelec ein Symbol für Polens neuen „Wilden Westen", dem Grenzland an Oder und Neiße, in dem sich nach der Wende Glücksritter, Schmuggler, die Mafia, Zuhälter und Prostituierte ein Stelldichein gaben. Zeitweilig bis zu 33 „Begleitungsagenturen" zählte das Grenzstädtchen Anfang der neunziger Jahre und stellte allein mit dem ältesten Gewerbe der Welt die Konkurrenz in Słubice und Zgorzelec, den anderen Doppelstädten an der deutsch-polnischen Grenze, in den Schatten.

Aber auch im anderen ältesten Gewerbe, dem Schmuggel, waren die Gubiner nicht zu schlagen. Noch immer schmunzelt man in Gubin über die Geschichte des alten Mannes, der Tag für Tag mit seinem Fahrrad die Grenze überquerte, mit nichts als einem Korb voller Erde auf dem Gepäckträger.

Längst waren die Grenzschützer auf den Alten aufmerksam geworden, hatten die Erde im Korb mehrmals durchwühlt, alles umsonst, aber das Gefühl blieb, da kann etwas nicht stimmen. Eines Tages dann nahm sich der Grenzer ein Herz und sprach den alten Mann an. „Wir wissen, dass du hier etwas schmuggelst, wir wissen nur nicht, was." – „Ganz einfach", antwortete der alte Mann, „ich schmuggle Fahrräder."

Die Armee ist weg, die Offiziere blieben

Die wilden Jahre nach der Grenzöffnung, sie sind inzwischen vorbei. Nicht mehr nur Pozostać – Bleiben, ist inzwischen auch in Gubin angesagt, sondern auch Odejść – Gehen. Und denen, die bleiben, bleibt wie Jolanta Kucharska nur die Klage. „Alles ist geschlossen hier", sagt sie. „In Słubice haben sie wenigstens eine Hochschuleinrichtung, in Zgorzelec das Kraftwerk, hier ist nichts, alles ist zu." Jolanta Kurcharska, blonde, kurze Haare, Ende vierzig, mit einer Energie als wäre sie zwanzig Jahre jünger, fängt an aufzuzählen. „Den Bahnhof haben sie vor kurzem geschlossen, nun erreicht man Guben nur noch mit dem Bus und dem Auto. Jetzt hat es auch noch die Landwirtschaftsschule getroffen, und dann, Du weißt ja, die Armee."

Die Armee, von der war auch damals schon die Rede, weithin sichtbar, auf den Plakaten von „Le Weekend 3". Ein Soldat, 32, Jahre alt, anonym wollte er bleiben, war da in Uniform auf einem der riesigen Plakate zu sehen, ganz groß mit seinen kurz geschorenen Haaren, dem ganzen Wunsch nach Anonymität zum Trotz. Auf einer ungemähten Wiese stand der Soldat, im Hintergrund ein Strommast und ein verfallener Bauernhof, sein Blick ging weit weg in die Ferne.

„Seit wann wohnst du in Gubin?" lautete die Frage. „Seit Oktober 1996." „Wie denkst Du über diese Stadt?" – „Ich habe schon viele Umzüge hinter mir.

Ich hatte schon Gelegenheit in einer großen Stadt zu wohnen, aber auch in einem Kaff. Ich komme aus Aleksandrów, einer Stadt, die man ruhig mit Gubin vergleichen kann. In diesem Vergleich kommt Gubin gar nicht so schlecht weg." – „Gibt es eine Zukunft für diese Stadt?" – „Es gibt Zukunft in dieser Stadt, vielleicht jetzt noch nicht, aber in ein paar Jahren sicher, es wird sich hier etwas in Bewegung setzen." – „Wieso gehst Du dann weg?" – „Wegen des Broterwerbs. Ich gehe aus Gründen, auf die ich keinen Einfluss habe. Ich marschiere mit der ganzen Armee. Aber ich kehre hierher mal zurück."

Die Armee ist noch immer Polens Stolz. In jeder Stadt, in jedem Kaff gibt es eine „Straße der polnischen Armee". Nur in Gubin, da müsste man die ulica Wojska Polskiego, die ohnehin nur als Ausfallstraße zu einem Sportplatz im Norden der Stadt führt, eigentlich umbenennen. In Gubin gibt es keine polnische Armee mehr.

Der Soldat, der 2001 so weit übers Feld und in eine ferne Zukunft geschaut hatte, ist längst weg. Was das für die Stadt bedeutet, war vor dem Abzug der Armee in einem groß aufgemachten Artikel im Armeemagazin „Der polnische Soldat" zu lesen. „Achtzig Prozent der Arbeitslosen in der Stadt haben nicht einmal ein Recht auf Unterstützung und sind deshalb auf Sozialhilfe angewiesen. Die beträgt, wenn überhaupt Geld in der Kasse ist, für jeden Erwachsenen 136 Złoty im Monat. Jetzt dagegen wird es wahrscheinlich noch schlimmer, weil die Armee Gubin für immer verlassen wird. (...) Gestern gab es im Arbeitsamt zwei offene Stellen. Für einen Schweißer und für einen Fließenleger. Aber nur, wenn man Deutschkenntnisse vorweisen kann." [72]

„Von der Armee", weiß auch Jolanta Kucharska, „ist tatsächlich nichts mehr geblieben, „außer den ehemaligen Offizieren. Die allerdings hatten keine Probleme, eine neue Arbeit zu finden. Jetzt sitzen sie nicht mehr in den Kasernen, sondern in der Stadtverwaltung. Der Bürgermeister hat früher in der Armee gedient, und auch der Leiter des Dom Kultury." Kucharska, die als Innenarchitektin arbeitet, aber Kunstgeschichte studiert hat, erzählt, dass sie sich selbst auf die Stelle für das Kulturhaus beworben hat. „Mit meinem Studium hatte ich eigentlich alle Voraussetzungen, aber leider keine Chance. Hier herrschen noch immer die alten Seilschaften."

Jolanta Kucharska sitzt im „Tercet", dem Restaurant im neu renovierten Rathaus von Gubin, das einmal das Rathaus von Guben war. Vor dem Rathaus stehen keine Häuser, sondern Bäume und Parkbänke. Die zu 90 Prozent zerstörte Innenstadt wurde nach dem Krieg nicht wieder aufgebaut. Sie ist heute ein Park, an den im Osten die ulica Handlowa, die Handelsstraße grenzt, und im Norden ein paar übrig gebliebene Altstadthäuser. Und mitten drin im Park stehen das Rathaus und die Ruine der Pfarrkirche. „In Gubin ist es doch nicht anders als in Guben", sagt Jolanta Kucharska. „Die Jungen wandern ab, sobald sie mit der Schule fertig sind, gehen zum Studieren nach Poznań oder Zielona

Góra, und die, die bleiben, wissen nicht mehr, wie sie ihren Lebensunterhalt finanzieren sollen."

Auch in Gubin gibt es Zurückgebliebene, und die Zahl der Pioniere ist wahrscheinlich noch kleiner als die in Guben. Nur eines unterscheidet die beiden Grenzstädte, die sich so gerne „Eurostadt" nennen: Während man in Gubin in den letzten Jahren nichts sehnlicher herbeiwünschte als den Beitritt Polens zur Europäischen Union, verbindet man auf der deutschen Seite die Osterweiterung nicht mit neuer Hoffnung, sondern mit neuen Risiken und Ängsten.

Europäischer Medaillenspiegel

Man hört es, immer öfter. „Warum haben es die Gubiner nicht geschafft, ihr Stadtzentrum, das ja auch unser Stadtzentrum ist, das Zentrum des alten Guben, in Ordnung zu bringen", zitiert Gottfried Hain eine jener Fragen, die in Guben immer wieder gestellt werden. Dass die Gubiner andere Sorgen haben, dass sie sich in einer ähnlichen Lage befinden wie die Gubener, spielt da keine große Rolle. Man sieht nur, was man weiß, und noch immer weiß man in Guben wenig über die Bewohner drüben in Polen, auf der anderen Seite der Neiße.

Das ist umso erstaunlicher als Guben und Gubin lange Zeit als Modellstädte für die deutsch-polnische Zusammenarbeit galten, als ein mögliches Eurode an der Neiße. Nicht zuletzt deshalb hat die Doppelstadt eine Auszeichnung nach der anderen bekommen. 1996 gab es die Europamedaille der Europäischen Union, ein Jahr später ein Europadiplom, 1998 dann die Ehrenfahne des Europarats für gute Zusammenarbeit. 2000 schließlich konnten Guben und Gubin ihre Zusammenarbeit auf der Expo in Hannover präsentieren, unter dem Beisein des polnischen Staatspräsidenten Aleksander Kwaśniewski und des deutschen Bundeskanzlers Gerhard Schröder.

Und wirklich, es ist viel passiert, seit 1991 die Grenze geöffnet und Gottfried Hain wenig später Bürgermeister wurde. Der einstige Bürgerrechtler setzte sich dafür ein, das dringend notwendige Klärwerk in Gubin zu bauen, eine Investition in die Zukunft, wie er betonte, auch wenn er sich dafür ein ums andere Mal als „Polenfreund" beschimpfen lassen musste. „Später dann", sagt Hain, „haben die Leute gemerkt, dass das Klärwerk wegen der EU-Förderung viel billiger war und damit auch die Abwassergebühr."

In Guben wurde eine Europaschule gegründet, in der seitdem 25 polnische Schüler jedes Jahr das deutsche Abitur ablegen und die deutschen Schüler Polnisch lernen. Die Zusammenarbeit von Guben und Gubin ging sogar soweit, dass sich beide Seiten um einen gemeinsamen Stadtentwicklungsplan bemühten. Schließlich, so lautete die Überlegung, würden mit dem Beitritt Polens zur Europäischen Union beide Städte wieder zusammenwachsen. Dann bräuchte man keine zwei Zentren mehr, sondern einen gemeinsamen Stadtraum, der das historische Zentrum am Rathaus von Gubin über die Neiße hinweg mit dem „Dreieck" verbindet, einer großen Straßenkreuzung, hinter der einst das weite Fabrikareal der „Gubener Hüte" begann.

Die Liebesinsel

Besonders angetan hatte es den Planern die Neißeinsel. Zwischen den leerstehenden Industriehallen der „Gubener Wolle" auf der deutschen und dem Landhaus Wolf, einer von Ludwig Mies van der Rohe 1926 gebauten Fabrikantenvilla auf der polnischen Seite gelegen, wirkt die Neißeinsel wie aus einer anderen Zeit, ein Ort der Beschaulichkeit und der Idylle, der erst seit einigen Jahren wieder begehbar ist. 1998 war von der polnischen Seite aus mit EU-Mitteln eine Fußgängerbrücke gebaut worden.

Im gemeinsamen Stadtentwicklungsplan kommt der Neißeinsel eine Brückenfunktion zwischen Guben und Gubin zu. Nicht nur an der Stadtbrücke soll man künftig die Neiße überqueren können, sondern auch vom Fabrikareal der „Gubener Wolle" und vom Landhaus Wolf aus. Damit würde die Neißeinsel, die in Polen noch immer „Wyspa obronna" – „Schützeninsel" heißt, wieder jene zentrale Bedeutung für beide Städte bekommen, die sie schon einmal hatte, als auf ihr das Gubener Theater stand und der Insel den klangvollen Namen „Theaterinsel" gab.

Wie die Zukunft auf der Neißeinsel einmal aussehen könnte, ist seitdem nicht nur Thema in Guben und Gubin, sondern weit über die Grenzen der Doppelstadt hinaus. Auf einem Workshop, der im Rahmen der Internationalen Bauausstellung Fürst-Pückler-Land im Oktober 2000 stattfand, haben sich auch Studenten der Universitäten Poznań, Wrocław, Cottbus und der Fachhochschule Lausitz dieser Frage angenommen. „Ziel ist es, auf der Insel eine neutrale Stätte des Treffens, der Erholung und der Entspannung zu schaffen", heißt es im Vorschlag eines gemeinsamen Teams von Architekten und Planern der Universitäten Poznań und Wrocław. „Diese Stätte würde sich in eine grüne Oase der Ruhe verwandeln." Auch einen neuen Namen für die alte Theaterinsel haben die Studentinnen und Studenten gefunden: „Die Insel würden wir ‚Liebesinsel' nennen, da sie wie das Gefühl der ‚Liebe' keine Grenzen kennt."[73]

Dass die Gubener und Gubiner ihre Insel tatsächlich auf beiden Seiten der Grenze lieben, zeigte nicht nur eine Umfrage, bei der die Entwicklung der Theaterinsel als besonders wünschenswert betrachtet wurde.[74] Auch in einem

„Wettbewerb der Erinnerungen", bei dem die Bewohner beider Städte aufgefordert waren, ihre Erfahrungen aus der Zeit der Teilung, der offenen Grenze zu DDR-Zeiten und der Grenzöffnung nach der Wende niederzuschreiben, nahm die alte Theaterinsel einen breiten Raum ein. Tadeusz Firlej, der den zweiten Preis auf der polnischen Seite gewann, begreift die Neugestaltung der Insel als gemeinsames Stadtzentrum auch als Wiedergutmachung der Zerstörungen durch die polnischen Neusiedler. Zahlreiche Ausstellungsstücke, so Firlej, standen damals im Stadtmuseum bereit, die neuen, die polnischen Bewohner der Stadt zu begrüßen. „Aber das Museum wurde zerstört und ausgeraubt. Und musste das Theater auf der Insel in Flammen aufgehen? Bis heute weiß man nicht, wer das Feuer gelegt hat. Und das Gymnasium an der Warschauer Straße? Musste man das alles zerstören, weil es deutsch war? War das die Rache für erlittenes Unrecht? Hätte das Kulturerbe nicht für die nächstes Generationen erhalten werden können?"[75]

Schwieriges Erbe

Kulturerbe, das ist das Stichwort. Auch für die beiden Stadtverwaltungen. „Gubin und Guben haben eine gemeinsame über 700-jährige Stadtgeschichte", heißt es aus dem Gubiner Rathaus. Das sind tatsächlich andere Töne als in Słubice, wo man stolz darauf ist, 58 Jahre alt zu sein und nicht 750 wie Frankfurt an der Oder. „In der Zeit eines sich vereinigenden Europa", heißt es in der Broschüre weiter, „hat die Tatsache eine große Bedeutung, dass man auf die Fakten der Vergangenheit zurückgreift, die die Deutschen und Polen näher kommen lassen und die ein guter Ausgangspunkt für das Denken an die Zukunft sein können."

Dass das gemeinsame historische und kulturelle Erbe der Dreh- und Angelpunkt in der Herausbildung einer zukünftigen, grenzüberschreitenden Identität ist, bestreitet zwischen Szczecin und Zittau inzwischen keiner mehr. Doch ob es um dieses Erbe tatsächlich so gut bestellt ist, wie die Politiker von Guben und Gubin immer wieder betonen, darf bezweifelt werden. Die Ruine der alten Pfarrkirche, die leergeräumte Innenstadt von Gubin, die ulica Handlowa und auch das niedergebrannte Theater auf der Neißeinsel, sind noch immer offene Wunden im Stadtraum von Gubin. Während in Słubice, der alten Dammvorstadt von Frankfurt (Oder), die Straße der Arbeitereinheit renoviert und zur Fußgängerzone aufgemöbelt wurde, während in Zgorzelec an der Neißepromenade das Jakob-Böhme-Haus vom Verein „Europera" renoviert wurde, treffen die Gubener, die den Weg über die Neiße finden, noch immer auf eine Stadt, in der sich seit der Zeit von Polens „Wildem Westen" nicht allzu viel getan zu haben scheint.

Und wohl auch nicht mehr tun wird. Immerhin haben die Gubiner Stadtväter einen schweren Fehler begangen. Im Glauben an die wundersame Wandlung der Städte vom Marktplatz zur Marktwirtschaft und in der Hoffnung, aus
den Basarhändlern würden einmal Geschäftsleute und aus den Geschäftsleuten
Stadtbürger werden, haben sie die Parzellen an der ulica Handlowa verkauft: an
die Basarhändler. Die aber dachten nicht daran, das alte Stadtzentrum wieder
aufzubauen. Die Stadt wiederum denkt noch daran, hat aber keine Möglichkeiten mehr, diese Pläne durchzusetzen. Nicht das alte Zentrum ist das historische Erbe von Gubin, sondern der Basar.

Das Tauziehen

All die Medaillen und europäischen Auszeichnungen haben nicht verhindern können, dass die Stimmung umgeschlagen ist in der Eurostadt „Guben"
und Gubin. Gottfried Hain, der „Polenfreund", der einst das gemeinsame
Klärwerk in Gubin hat bauen lassen, ist inzwischen abgewählt. Er sagt dazu
heute: „Die Gubener hatten im Grunde immer nur zwei Möglichkeiten. Sie
haben die Grenze als Chance oder als Problem sehen können. Sie haben sich
für letztes entschieden und sich wieder von der Grenze abgewandt."

Aber auch in Gubin greift man angesichts der Krise wieder verstärkt auf alte
Klischees zurück, erzählt der Ausländerbeauftragte von Guben, Konrad Grossmann. „Seit der Grenzöffnung 1991 haben wir nicht nur die alte Tradition des
‚Frühlings an der Neiße' wiederbelebt, sondern auch ein jährliches Kräfte-
messen der beiden Stadtverwaltungen ins Leben gerufen." Einmal im Jahr
sollte dieses „Tauziehen" stattfinden. „Doch das letzte Mal", sagt Grossmann,
„war das letzte Mal. Damals standen uns in der Turnhalle von Gubin nicht die
Mitarbeiter der Stadtverwaltung gegenüber, sondern solche Schränke!"
Konrad Grossmann muss aufstehen, um zu zeigen, wer da der Gegner der Gubener war. „Das waren alles Holzarbeiter, die haben uns wie Leichtgewichte
durch die Halle gezogen und das Publikum hat gegrölt. Schön war das nicht
mehr."

Inzwischen haben sich auch die von Guben und Gubin einst so faszinierten
Wissenschaftler mit diesem Thema auseinandergesetzt. Im Rahmen des vom
Bundesforschungsministerium ins Leben gerufenen Programms „Stadt 2030"
sind sie zu dem Schluss gekommen, dass neben dem Szenario „Symbiose" auch
das Szenario „Abgrenzung" möglich sei.[76] Wenn es dennoch zu einer Mischung
aus beiden Szenarien kommen sollte, so die Meinung, dann resultiere dies
nicht aus der Europabegeisterung der Bewohner, sondern aus der Notwendigkeit der Zusammenarbeit: „Die finanzielle Notlage öffentlicher Haushalte
zwingt zu einer Neubestimmung dessen, was öffentliche Aufgaben sind."

Zum gemeinsamen Erbe, das in Guben und Gubin, in Frankfurt und Słubice oder in Görlitz und Zgorzelec eine gemeinsame, grenzüberschreitende Identität begründen soll, gehört, so meint inzwischen der Soziologe Jerzy Kaczmarek aus Poznań, nicht nur das kulturelle und historische Erbe, sondern auch die gemeinsame Erfahrung der Krise: „Das Gemeinschaftsgefühl umfasst auch die Gegenwart, die gemeinsamen Erfahrungen nach 1989, die oft negativ sind, wie zum Beispiel Arbeitslosigkeit und fehlende Zukunftsaussichten."[77] Europa ist, so betrachtet, keine Tugend mehr, sondern eine Not, aus der man eine Tugend macht.

Guben und Gubin lesen

Das Plakat mit dem Soldaten, der auf der Wiese steht und Ausschau hält nach einem anderen Ort für seine Zukunft, steht heute nicht mehr in Gubin. Doch Gregor Mirwa wäre nicht Gregor Mirwa, wenn er nach dem Festival „Kommen, gehen, bleiben" nicht 2003 ein weiteres „Wochenende" organisiert hätte. Zusammen mit Jolanta Kucharska sitzt Mirwa im „Tercet", dem Rathausrestaurant in Gubin, und geht die Liste mit den Dingen durch, die noch zu tun sind für „Le Weekend 4".

Diesmal geht es nicht ums „Kommen. Gehen. Bleiben", sondern um mehr, ums Lesen. 1.500 Bücher mit der Erzählung „Das Herz der Finsternis" will Mirwa verteilen, auf Deutsch und auf Polnisch. Dazu noch einen Notizblock, auf den die Lesenden notieren sollen, was ihnen zu dieser Erzählung von Joseph Conrad einfällt. „Das können einfache Bemerkungen sein", sagt Mirwa, „auch Wut, Ablehnung, alles ist dann ein Kommentar zum Text." Deshalb heißt das diesjährige Motto von „Le Weekend" auch „Guben/Gubin liest".

Jolanta Kucharska ist skeptisch. Nicht nur, weil sie sich fragt, wer in Gubin eigentlich lesen soll. „Die einen kaufen, trinken, handeln, die andern gehen weg", hält sie Gregor Mirwa vor und erzählt, dass nur eine einzige Bewohnerin von Gubin das Buch gekannt hatte, in dem Conrad, der 1857 als Józef Teodor Konrad Nałęcz Korzeniowski geboren wurde, eine Schiffsreise ans Ende der Welt, in den Dschungel des Kongo, beschreibt. „Das war die Leiterin des Gymnasiums, eine ausgebildete Polonistin."

Gregor Mirwa nickt beiläufig. Er kennt sich nicht mehr ganz so gut aus in Guben und Gubin. Auch Mirwa ist inzwischen gegangen, zurück nach Berlin. Doch das soll ihn nicht von seinem Vorhaben abbringen lassen, die Gubener und Gubiner zum Lesen anzuhalten. Und eigentlich will Jolanta Kucharska das auch nicht. Sie ist froh um jede Aktivität in ihrer Stadt, auch um ein neuerliches intellektuelles Experiment. Und vielleicht fällt den Gubinern und Gubenern ja tatsächlich etwas ein. Etwas, das nicht nur mit Europa zu tun hat, sondern auch mit dem Trauma, das die tödliche Hetzjagd auf Omar Ben Noui alias Farid Garendoul ausgelöst hat. Schließlich diente das kleine Büchlein von Conrad Francis Ford Coppola als Vorlage für einen äußerst erfolgreichen Kinofilm – dem Dschungelthriller und Kriegsfilm „Apocalypse Now".

In den Westen

Flüchtlinge und Grenzschützer in Forst

Zeitreise in die Vergangenheit

Die Show beginnt nach Einbruch der Dunkelheit. Auf dem Marktplatz haben sich einige Hundert Schaulustige versammelt. Aus den Imbisswägen wird Fassbier ausgeschenkt, Landskron aus Görlitz, das trinkt man auch in Brandenburg. Forst liegt schließlich wie Görlitz in der Lausitz, das verbindet. Doch sonst hat das Brandenburger Grenzstädtchen mit der Stadt an der sächsisch-polnischen Grenze wenig gemeinsam. Forst ist keine Perle der Renaissance, Forst war Industriestadt und Zentrum der deutschen Tuchmacherproduktion, das sieht man noch heute. Mitten in der Stadt stehen die Fabriken, manche sind nur leer, die andern schon Ruinen. Auch die Gleise der „Schwarzen Jule" führen noch über die Straßen und zweigen hier und dort in elegantem Bogen ab in die ehemaligen Fabrikhöfe.

Die „Schwarze Jule", das war die Attraktion von Forst, damals, als die Stadt noch Bedeutung hatte, in den zwanziger Jahren. Jeder fünfte Anzug in Deutschland, hieß es da, käme aus Forst, später war es jede fünfte Uniform. Die „Schwarze Jule", die Fabrikstraßenbahn, verband die Textilfabriken untereinander und mit dem Bahnhof, beförderte Kohle und Rohstoffe und manchmal auch die Forster. Heute ist „Schwarze Jule" wieder ein Markenzeichen, allerdings nicht mehr für die industrielle Produktion, sondern für Schwarzbier. Angesichts der „Schwarzen Jule" kommt man nicht mehr ins Schwitzen, sondern redet sich allenfalls die Köpfe heiß, zum Beispiel in „Worrichs Pub" in der Bahnhofsstraße, der einzigen Szenekneipe am Ort.

An diesem Abend fährt sie wieder, sogar über den Marktplatz, die „Schwarze Jule" ist auf die Karosserie eines Trabis geschnallt. Es ist ein Erinnerungsabend, das haben die Forster schon geahnt, als in der Zeitung von der Show am Abend die Rede war. Ein bisschen Wehmut, ein Schuss Humor, was in Thomas Brussigs Roman „Sonnenallee" möglich war, kann am Forster Marktplatz nicht falsch sein.

Die Lichter gehen an, jetzt sind die Forster Teil der Show, einer Zeitreise in die Vergangenheit. „Stellen Sie sich vor, die zwanziger Jahre", ruft einer ins Mikrofon, es ist der Conferencier, verkleidet ist er wie ein Zauberer und steht auf Stelzen. „Stellen Sie sich die Musik vor, vielleicht wurde sogar getanzt damals, am Marktplatz in Forst." In den Fenstern des Plattenbauriegels am Marktplatz, die eben noch blind waren, brennt nun Licht, das Leben ist zurückgekehrt. Es wird tatsächlich getanzt hinter diesen Fenstern, die kurze Zeit später schon keine Fenster eines Plattenbaus mehr sind, sondern dank modernster Diatechnik die des Hotels „Pitting" des ersten Hauses am Platz, damals in den zwanziger Jahren.

„Wie war das wohl in den siebziger Jahren?", fragt der Conferencier. Über den Marktplatz von Forst wehen nun die Melodien der Puhdys, Tamara Danz singt noch einmal mit wütender Stimme und Nina Hagen erinnert an den vergessenen Farbfilm. Die Forster sind still, sie wissen, zwei Tage später wird es mit den Siebzigern an ihrem Marktplatz vorbei sein. Ostalgie-Shows wird es dann nur noch im Fernsehen geben. In zwei Tagen beginnt der Abriss des Plattenbauriegels, finanziert vom Bundesprogramm „Stadtumbau-Ost". Andere sagen dazu auch Abriss-Ost, was auf das gleiche hinausläuft. Stadtumbau, das heißt im Osten der Republik mit seinen schrumpfenden Städten nun einmal Leerstandsbeseitigung. Manchmal, wie in Forst, dringt dieser Leerstand sogar bis an den Marktplatz vor.

Inzwischen hat die dritte Zeitreise das Gebäude ins Licht gesetzt. „Wie wird die Zukunft sein? Wird die Zukunft sein wie in einem Aquarium?" Wieder gehen die Lichter an, nur getanzt wird nicht mehr. Hinter den Fenstern schwimmen Fische, Seepferdchen, Fabeltiere aller Art. „Was denn", ruft einer, „sollen wir bald untergehen?"

„Oder wird hier bald ein Schloss gebaut?" Der Conferencier ist hartnäckig. Einige fangen an zu lachen. „Es ist auch Ihre Entscheidung", mahnt der Mann auf den Stelzen. „Wir laden Sie deshalb ein, mitzumachen beim Forster Tuch. Malen, zeichnen, schreiben Sie auf einen Quadratmeter, welche Zukunft Sie sich für den Forster Marktplatz wünschen. Alle Einzeltücher werden dann zusammengenäht, und im nächsten Jahr wird das Forster Tuch die Lücke schließen."[78] Das Gelächter verstummt, manche klatschen, es hat zu regnen angefangen. Die Show ist zu Ende, die Bewohner gehen nach Hause. Kurze Zeit später ist der Marktplatz wieder, wie er war, leer. Noch zwei Tage, dann kommt zur Leere noch eine Baulücke.

Die sterbende Stadt

„Die Situation ist dramatisch", sagt Siegfried Reibetanz. Reibetanz ist Architekt und als solcher voller Sympathie für Aktionen wie auf dem Forster Marktplatz. Das schwarze Hemd, das dunkle Jackett, das legere Auftreten verraten, dass Reibetanz kein Einheimischer ist. Er kommt, wie auch die Veranstalter des „Forster Tuches", aus Berlin. Was ihn ins Grenzgebiet verschlagen hat, ist der Reiz eines Themas, das viele Architekten noch immer verdrängen. Was wird aus Städten, die von ihren Bewohnern verlassen werden? Was wird aus den Bewohnern, die zurück bleiben? Wie werden Sie leben? Oder werden Sie zusammen mit ihren Städten, den „sterbenden Städten", untergehen?

Dramatisch, sagt Siegfried Reibetanz, ist nicht nur die Tatsache, dass bereits jeder fünfte Einwohner aus Forst weggezogen ist. Das Ende der Fahnenstange ist damit noch nicht einmal erreicht. Im Potsdamer Bauministerium hat man bereits errechnet, dass bis 2010 weitere 20 Prozent gehen werden. „Dramatisch ist", sagt Reibetanz und legt die Stirn in Falten, „dass es erstmals in der Geschichte der Städte keinen mehr gibt, der am Marktplatz einer Stadt mit 23.000 Einwohnern investieren möchte." Reibetanz zeigt auf den Plattenbauriegel, der zum Abriss steht, er kennt sich aus, er war in der Jury, in der über Alternativen zum Abriss beraten wurde. „Alles, was man sich denken kann, wurde da vorgeschlagen. Das ging bis dahin, jeden zweiten Aufgang abzureißen, drei der fünf Geschosse abzutragen und aus dem Ganzen ein paar Stadtvillen zu machen."

Das Problem war, dass die Wohnungsgesellschaft der Stadt Forst dafür kein Geld hatte. Schließlich stehen auch in den andern Plattenbauten am Markt Wohnungen leer, auch die mit Balkons. „Wir haben uns in der Jury schließlich auf einen Neubau geeinigt. Der fasste den Marktplatz wieder neu und gab ihm ein wenig von seiner historischen Gestalt zurück." Doch selbst ein Rückgriff auf die Geschichte konnte die Investoren nicht überzeugen. „Hierfür gibt keiner Geld, auch nicht die Banken".[79]

Es klingt, als hätte man Forst aufgegeben, jene Stadt, von der ein zeitgenössischer Beobachter 1927 geschrieben hatte: „Ein Wald von Schornsteinen mit langen Rauchfahnen bildet die charakteristische Silhouette dieser Stadt. Fabrik reiht sich an Fabrik, ganze Viertel bedeckend in allen Stadtteilen. Lokomotiven durchfahren die Straßen und schleppen Waggon um Waggon, auf Rollböcke gesetzt, in die zahllosen Fabrikhöfe. Überall das Sausen des Weberschiffchens, das Klappern der Stühle; Dampf pufft aus, Kohlestaub wirbelt umher".[80]

„Deutsches Manchester" hatte man die Stadt damals genannt. Und die Forster waren stolz auf ihr „Manchester", auf die „Schwarze Jule", aber auch auf den Rosengarten, der 1913 gegründet wurde und gerade seinen neunzigsten Geburtstag gefeiert hat. Nicht nur nach Fabrik und Schornstein roch es damals in Forst, sondern auch nach Zukunft. Die war auch das Werk von Rudolf Kühn. Ganz im Stil der neuen Sachlichkeit ließ der Forster Stadtbaurat in den zwanziger Jahren die Siedlung „Jerusalem" bauen, das expressionistisch anmutende Realgymnasium, das Gebäude der Ortskrankenkasse, und, warum auch nicht, ein Krematorium. Wichtig war nur, dass mehr Kinder geboren wurden als alte Forster starben. Kühns wichtigstes Bauvorhaben aber war der 1921 fertiggestellte Neubau der „Langen Brücke". Mit ihm zusammen entstand auf der östlichen Neißeseite der Rathenauplatz sowie eine großzügige Treppenanlage herunter zur Neiße.

Heute ist vom „deutschen Manchester" nicht mehr viel übrig. Anders als im polnischen Łódź, auch so einer sterbenden Textilstadt, sind die Mietskasernen, Fabriken und Villen in Forst weitgehend zerstört. 88 Prozent der Gebäude lagen 1945 in Schutt und Asche. Der sowjetische Stadtkommandant wollte Forst schon damals aufgeben und zur „toten Stadt" erklären. Doch dann kamen die Flüchtlinge aus dem Osten und fanden in den verbliebenen Häusern Unterschlupf. Forst wurde wiederbelebt, zur „toten Stadt" wurde damals nur Forst-Berge, der Stadtteil am andern Neißeufer, der heute Zasieki heißt. Doch mehr als ein Name ist auch das nicht. Forst-Berge wurde 1945 geschliffen. Ziegel und Pflaster wurden zum Wiederaufbau nach Warschau geschafft. Wie in Küstrin wuchs über die Geschichte Gras.

Auch die Eltern gehen

Vom Krieg hat Margarete Packwitz[81] nicht viel mitbekommen. Drei Jahre war sie alt, als Forst dem Erdboden gleichgemacht wurde. Über die Nachkriegszeit dagegen kann sie viel erzählen, über die Flüchtlinge aus dem Osten, die Teilung der Stadt, die Jahre der „Oder-Neiße-Friedensgrenze". Und über die Gegenwart. In einer Pension in der Bahnhofstraße, gleich neben „Worrichs Pub", hilft Margarete Packwitz etwas aus, bringt den Gästen das Frühstück, erkundigt sich nach ihrem Befinden, erzählt von den Radtouren, die man hier unternehmen kann, „neuerdings auch nach Polen". Vor allem aber erzählt sie von ihrer Tochter. „Die ist vor einigen Jahren in den Westen gezogen, an die Lippe, Nordrhein-Westfalen. Nicht unbedingt, weil sie keine Arbeit hatte, sie hat Verkäuferin gelernt und hier auch gearbeitet. Nun hat sie dort einen Job, stundenweise, wegen der Kinder." In den Westen ist die Tochter gegangen, weil ihr Mann, ein Westdeutscher, nicht in den Osten wollte. Schon gar nicht nach Forst.

Margarete Packwitz erzählt sie gern, diese Geschichte, es ist schließlich auch ihre eigene Geschichte, die ihres Bleibens, und das ihres Mannes. „Aus Forst", erklärt sie, „ziehen seit einigen Jahren nicht nur die Jungen in den Westen, sondern auch die Alten, den Jungen hinterher." Ihr Mann und sie aber haben sich entschieden, zu bleiben. „Wir würden uns doch im Westen nicht mehr zurechtfinden. Vielleicht würden uns die Schwiegereltern der Tochter mal zum Kegeln einladen. Aber in so eine Clique kommen wir nicht mehr rein. Was sollen wir denn dort?"

So also bleiben die Packwitz' in Forst, genießen das Leben, solange sie noch können, wie Margarete Packwitz sagt, und gehen, wenn es die Arbeit in der Pension zulässt, auf Reisen. Im nächsten Herbst soll es nach Krakau gehen, das liege ja vor der Haustür. Schließlich ist Forst, die sterbende Stadt, noch nicht tot. Es gibt ja noch den Bahnhof, den Forster Anschluss an die Welt. Zweimal am Tag hält hier ein Fernverkehrszug, der Intercity „Wawel" von Hamburg-Altona über Berlin nach Krakau sowie ein Nachtzug. „Wir müssen nur einsteigen, dann sind wir da."

Aber auch Margarete Packwitz weiß, dass nur wenige Reisende aus Forst die Züge nach Polen besteigen. Genauso wenige, wie in Forst aus dem Zug steigen. „Und wenn", sagt sie, „sind es meistens Touristen aus dem Ausland, die nicht wussten, dass sie für Polen ein Visum brauchen." Die Geschichten, die Margarete Packwitz dann erzählt, handeln nicht von der sterbenden Stadt Forst, sondern von der Grenzstadt. „Ein paar Mal schon hat der Bundesgrenzschutz an der Pension geklingelt. Die hatten jedes Mal Touristen im Schlepptau, aus Neuseeland, aus Kanada. Arme Schweine waren das, die gefragt haben, wo sie hier sind. An der Grenze, habe ich geantwortet und ihnen auf der Karte gezeigt, wo Forst liegt. Da haben sie den Kopf geschüttelt und gesagt, das wäre wohl am Ende der Welt."

Die Forster Grenzschützer

Einen Kilometer vom Forster Marktplatz entfernt liegt der Gutenbergplatz. Hier, am Ufer der Lausitzer Neiße, stehen noch immer prächtige Villen, drei- oder viergeschossig, mit mächtigen Säulen und einem herrlichen Blick auf den Fluss und die Aue. An der Neiße pulsierte nicht das Leben wie in anderen Städten, am Gutenbergplatz haben sich die Forster erholt.

Auch die „Lange Brücke" von Stadtbaurat Rudolf Kühn steht noch, zumindest in Teilen. Vom Gutenbergplatz aus kann man die Brücke sogar betreten. 50 Meter führt der Torso in Richtung Polen, dann ist Schluss. Unter einem liegt die Neißeaue. Doch schon zwanzig Meter weiter setzt sich der Torso fort, bis die Brücke am Neißeufer wieder abbricht. So geht das weiter bis zum polnischen Flussufer, den polnischen Auen, dem polnischen Brückenkopf. Offenbar war die Sprengung der „Langen Brücke" keine einfache Angelegenheit gewesen, und irgendwann schließlich geriet sie in Vergessenheit. Forst-Berge gab es nicht mehr, die „Oder-Neiße-Friedensgrenze" war unüberwindlich und zwischen Neiße und Marktplatz lag keine Stadt mehr, sondern eine Ruinenlandschaft.

An der „Langen Brücke", sagen die Forster heute, könnte man glauben, der Krieg wäre eben zu Ende gegangen. Manche, vor allem Jüngere, sagen, der Krieg habe gerade erst begonnen. Es ist ein anderer Krieg, den sie meinen, und dessen Opfern sie am Stumpf der „Langen Brücke" ein Denkmal gesetzt haben. „Im Gedenken an alle unbekannten Flüchtlinge, die in Oder und Neiße bei dem Versuch, Verfolgung und Not zu entgehen, ertranken". Die in Holz

gravierte Inschrift ist eine der Hinterlassenschaften, die Forst von den Grenzcamps geblieben ist, den jährlichen Treffen linker Gruppen, die den Alltag
einer Grenze thematisieren wollten, der im Zusammenleben zwischen Deutschen und Polen kaum eine Rolle spielt: die Grenze zwischen dem Osten des
Kontinents und der „Festung Europa".

Diese Grenze hat auch in Forst Opfer gefordert. 1994 ertranken acht tamili-
sche Flüchtlinge beim Versuch, durch die Neiße zu schwimmen. Insgesamt, so
hat es die Antirassistische Initiative in Berlin errechnet, sind von 1993, als das
deutsche Asylrecht verschärft wurde, bis zum Jahr 2000 88 Menschen beim
Versuch gestorben, illegal nach Deutschland zu kommen. 67 von ihnen waren
an der deutschen Ostgrenze zu Polen und Tschechien umgekommen. Mit
diesen Zahlen im Gepäck waren die Teilnehmer des letzten Grenzcamps 2000
nach Forst gekommen, um Fragen zu stellen und „den Alltag zu durchbrechen,
ihn zu stören und zu informieren", wie es ein aus Göttingen angereister Teilnehmer formulierte.

Die Fragen, die sie stellten, betrafen auch die Forster. Warum sie sich nicht
wehrten gegen die Versuche des Bundesgrenzschutzes, die Grenzbewohner zu
Helfershelfern zu machen? Warum sie immer wieder von Kriminellen und
Schleusern sprachen, wo man doch genauso gut von Flüchtlingen und Fluch-
helfern hätte sprechen können? Oder sollte man die Fluchthelfer, die bis zum
Fall der Mauer zahlreichen Menschen die Flucht in den Westen ermöglicht
hätten, plötzlich auch als Schleuser verfolgen? Und was war mit den Flüchtlingen aus dem Osten, die Forst 1945 zu neuem Leben erweckten? Was mit
denen, die heute die Stadt in Richtung Westen verlassen, weil sie sich dort ein
besseres Leben versprechen?

Es waren polemische Fragen, die die Fremden aus Berlin, Göttingen und
anderen Städten den Einheimischen stellten. Aber es waren auch Fragen, die
sich aufgedrängt haben. Hatte nicht der Bundesgrenzschutz im selben Jahr erklärt, dass die Hälfte aller „Aufgriffe" illegal nach Deutschland eingereister
Flüchtlinge auf entsprechende Hinweise aus der Bevölkerung zurückgehe? Ein
BGS-Sprecher in Rothenburg nördlich von Görlitz sprach sogar von 70 bis 80
Prozent Festnahmen infolge von Anrufen von Anwohnern. Und hatte sich
nicht auch in Forst ein Vorfall abgespielt, der tagelang die Schlagzeilen bestimmt hatte? Ein dunkelhäutiger Deutscher war damals auf dem Nachhau-
seweg von einer Bürgerwehr gestellt worden, einer Gruppe selbsternannter
Grenzschützer. Eine halbe Stunde haben sie ihn festgehalten, dann kam der
Bundesgrenzschutz, der Jugendliche durfte gehen. Erst aufgrund der gerichtli-
chen Klage seiner Mutter war später bekannt geworden, dass der BGS regelmäßig mit der Bürgerwehr zusammengearbeitet hat. In Forst waren, wie bei
der Massenfestnahme in Frankfurt-Markendorf, wieder Erinnerungen wach
geworden an die dunkelsten Zeiten der deutschen Geschichte.

Die Forster und die Linken

Und gab es da nicht auch die Anweisung des Bundesgrenzschutzes an die Taxifahrer in Guben, Forst und Zittau? „Lassen Sie sich von Schleuserbanden nicht missbrauchen! Nehmen sie keine offensichtlich illegal eingereisten Personen in ihrem Taxi mit!" Das stand auf einem Flugblatt, das die Bundespolizisten 1998 an zahlreiche Taxifahrer an der deutschen Ostgrenze verteilt hatten.[82] Wer da glaubte, die Grenzschützer seien über ihr Ziel hinausgeschossen und anschließend wieder zur Ordnung gerufen worden, irrte. Die Gerichte erklärten die Anweisung des BGS ausdrücklich für rechtens. Am Landgericht Görlitz, wo gleich mehrfach gegen Taxifahrer verhandelt wurde, die sich der Anweisung widersetzt hatten, hieß es sogar, Taxifahrer könnten schon dann auf einen illegalen Aufenthalt schließen, wenn Ausländer nachts mit schmutziger Kleidung zustiegen oder wenn sie ihr Gepäck nicht im Kofferraum verstauten, sondern auf den Rücksitz stellten, um im Falle einer Kontrolle schneller fliehen zu können.

Wer sich dieser Rechtsauffassung nicht anschloss, bekam die ganze Härte der Justiz zu spüren. Wegen „Einschleusens von Ausländern" wurden 150 Ermittlungsverfahren gegen Taxifahrer eingeleitet. In Guben und Forst wurden drei von ihnen zu Bewährungsstrafen verurteilt, in Zittau mussten vier Taxifahrer sogar ins Gefängnis. Staatsanwaltschaft und Gerichte waren sich in ihren Fällen einig gewesen, dass sie das letzte Glied einer international tätigen Schleuserorganisation gewesen seien. Dass keinem Einzigen von ihnen ein Kontakt zu diesen Schleusern nachgewiesen werden konnte, spielte keine Rolle.[83]

Vielleicht waren es Fragen wie diese, unbequeme Fragen, die jeden einzelnen bei seiner Verantwortung nahmen. Vielleicht waren es auch die Berichte der Lokalpresse, die von anreisenden Chaoten aus Berlin sprachen. Vielleicht war es das selbstgerechte Auftreten der – zumeist deutschen – Campteilnehmer. Die Forster jedenfalls konnten mit den Linken auf den Grenzcamps wenig anfangen. Zwar schlug den Aktivisten in Forst nicht, wie in Guben, offene Ablehnung entgegen und auch der Bundesgrenzschutz und die Polizei hielten sich während der Aktionen der Grenzcamper im August 2000 auffallend zurück. Die meisten Forster aber blieben auf Distanz. Und hatte nicht der Bürgermeister von Forst, Gerhard Reinfeld, das ganze Spektakel rundherum abgelehnt? Antirassismus, hatte er gesagt, interessiere ihn nicht. „So etwas geht nur, wenn es ordentlich organisiert ist, und dann muss auch ein Schirmherr her, zum Beispiel der Bundestagspräsident."[84]

Gerhard Reinfeld muss vielen Forstern aus dem Herzen gesprochen haben. So wie er es schon Anfang der neunziger Jahre getan hat, nur ging es damals nicht gegen die Flüchtlinge aus Sri Lanka oder der Ukraine, sondern gegen die

Polen. Während überall im deutsch-polnischem Grenzgebiet vom „Brücken bauen" die Rede war, manchmal nur symbolisch, oft auch praktisch, setzte sich Reinfeld an die Spitze der Brückengegner. Eine Brücke von Forst nach Polen, meinte Reinfeld damals, würde nur zu einem Anstieg der Grenzkriminalität führen. Unterstützt wurde der Bürgermeister in dieser Argumentation von den Forster Geschäftsleuten. Die verwiesen abwechselnd auf den Brötchenkrieg von Frankfurt (Oder) und die drohende Konkurrenz aus Polen oder auf lange Autoschlangen deutscher Schnäppchenjäger auf dem Weg zu den polnischen Grenzbasaren.[85] Die Ablehnung Reinfelds gegen eine Zusammenarbeit mit Polen war damals so groß, dass sich sogar die brandenburgische Landesregierung und Vertreter der „Euroregion Spree-Neiße-Bober" einschalten mussten. Ohne Erfolg. Reinfeld blieb stur, und die Forster honorierten diese Sturheit. Mit großer Mehrheit wurde der Bürgermeister bei den nächsten Wahlen wiedergewählt.

Die neue Brücke

Auf der Suche nach dem Forst von morgen kümmert man sich seit einiger Zeit auch wieder um die Vergangenheit. Zur gleichen Zeit, in der die Diaprojektoren auf den Abrissbau am Forster Marktplatz eine Schlossfassade beamten, wurde im Textilmuseum der Stadt eine Ausstellung eröffnet. Es ging um den Grafen Brühl und seine Grafschaft Forst-Pförten. Brühl war zu seiner Zeit ein Pionier der Forster Tuchmacherproduktion. In den Jahren 1740 bis 1747 hatte der sächsische Graf nicht nur die Standesherrschaft Forst-Pförten erworben, sondern ganz nebenbei auch noch die Stadt Forst selbst. Doch das, so lautete die Botschaft der Ausstellung, sollte nicht unbedingt zum Nachteil der Forster gewesen sein. Als einer der ersten sorgte der Graf für wirtschaftlichen Aufschwung im Neißestädtchen und richtete zahlreiche Textilmanufakturen ein. Selbst von Rückschlägen und Katastrophen ließ er sich nicht aus der Fassung bringen. Als im Jahre 1748 fast die gesamte Stadt einem Brand zum Opfer fiel, veranlasste Brühl den Wiederaufbau. Nicht mehr mittelalterlich, sondern modern sollte es nun zugehen. Der Plan des Dresdner Stadtbaumeisters Johann Christoph Knöffel war sogar so modern, dass er im 19. Jahrhundert genug Platz gelassen hatte, um mit dem Bau riesiger Fabrikareale zu beginnen.

Die Grafschaft Forst-Pförten gibt es heute nicht mehr, doch die Verbindung beider Orte ist den Forstern wieder in Erinnerung gerufen. Pförten, das heute Brody heißt, ist von der Neißestadt keine zwanzig Kilometer entfernt. Und mittlerweile muss man auf dem Weg dorthin auch nicht den Autobahnübergang Forst – Olszyna benutzen, sondern kann über den neuen Übergang Forst-

Zasieki fahren. Die neuen Pioniere der Region, das sind nicht mehr die Grafen, sondern die Touristen. Zum Beispiel jene, die mit Ingolf Zägel die Ländereien der Grafschaft mit dem Fahrrad erkunden. Zwölf Euro kostet seine Tour, die um acht Uhr morgens an der neuen Grenzbrücke beginnt, über die ehemalige Sprengchemie Forst-Scheuno und das Schloss Brody führt und um 16 Uhr wieder auf deutscher Seite endet. Ihr Titel: „Eine naturnahe geschichtliche Fahrradexkursion".

Es muss ein schwieriger Tag für Gerhard Reinfeld gewesen sein, dieser 14. September 2001. Nicht wegen der Anschläge von New York und Washington drei Tage zuvor, sondern wegen dem, was vier Kilometer nördlich des Forster Marktplatzes zu erledigen war. An diesem 14. September waren sie alle gekommen, der Bürgermeister von Brody, Zbigniew Wilkowiecki, der brandenburgische Bauminister Hartmut Meyer, der Marschall der Woiwodschaft Lebuser Land, Andrzej Bocheński und zahlreiche Vertreter der Forster Wirtschaft sowie der Euroregion Spree-Neiße-Bober. „Meine sehr geehrten Damen und Herren", begann Gerhard Reinfeld seine Ansprache an diesem 14. September, „zur heutigen Grundsteinlegung der Grenzbrücke zwischen Zasieki und Forst darf ich sie – auch im Namen von Marschall Bocheński – ganz herzlich begrüßen." Je länger Reinfeld, der ehemalige Wortführer der Forster Brückengegner sprach, desto mehr geriet seine Ansprache zu einer Hymne auf die deutsch-polnische Freundschaft. „Die Entwicklung von Forst", sagte er, „ist nicht zu trennen von der Entwicklung der gegenüberliegenden polnischen Region." Reinfeld sprach von den Vorteilen für die Wirtschaft der Stadt, den Einzelhandel, den grenzüberschreitenden Tourismus und schloss mit den Worten: „Wir begegnen uns selbstverständlich über die zukünftige Brücke nicht nur als Kunden, als Touristen oder Wirtschaftspartner, sondern als Nachbarn, die in der gesamten Vielfalt des gesellschaftlichen Lebens zusammenwachsen werden."[86]

„Hat sich Reinfeld etwa vom Saulus zum Paulus gewendet?", fragte Sandra Dassler angesichts dieses Happy Ends der mehr als zehnjährigen Brückendebatte im *Tagesspiegel*. Die ausgewiesene Kennerin des Grenzgebiets zögerte allerdings auch nicht, eine Antwort auf den plötzlichen Wandel des Gerhard Reinfeld zu geben. Böse Zungen, so Dassler, behaupteten nämlich, dass Reinfeld den ursprünglich geplanten Trassenverlauf der Grenzbrücke zwischen Gutenbergplatz und dem ehemaligen Rathenauplatz nur deshalb so vehement abgelehnt hatte, weil er in einer der Villen am Neißeufer wohne. Mit dem Bau einer Stadtbrücke weit außerhalb des Zentrums habe er sich dagegen anfreunden können.

Stadt ohne Grenze

Inzwischen hat Forst nicht nur eine neue Brücke, sondern auch einen Einkaufsführer. „Przewodnik Handlowy", heißt der und richtet sich vor allem an polnische Kunden. „Liebe Gäste, liebe ForsterInnen", heißt es im Vorwort in deutscher und polnischer Sprache, „mit der Eröffnung der neuen Grenzbrücke ergeben sich für Forst Chancen zur Profilierung als Einkaufsstadt. Dieser Einkaufsführer für den Citybereich soll Ihnen den Zugang zu den Handelseinrichtungen der Stadt eröffnen und gleichzeitig ein Ratgeber sein. Ich wünsche Ihnen nun viel Vergnügen bei der ‚Entdeckungsreise' und würde mich freuen, Sie in Forst begrüßen zu dürfen." Unterschrieben ist das Vorwort mit: „Ihr Dr. Gerhard Reinfeld, Bürgermeister der Stadt Forst (Lausitz)".

Die Hoffnungen des gewandelten Bürgermeisters haben sich, da ist man sich in Forst einig, nicht erfüllt. Ein Jahr nun ist die Brücke offen, doch der erhoffte Umsatzsprung durch polnische Kunden blieb aus. „Die einzigen, die etwas von der Brücke haben, sind die Forster selbst, die nun mit dem Rad nach Brody fahren können", heißt es im Forster Fremdenverkehrsamt.

Auch bei der Diashow am Marktplatz war die Nachbarschaft zu Polen keine Illuminierung wert. Selbst die Hoffnung, polnische Staatsbürger könnten einmal in die leeren Wohnungen am Marktplatz ziehen, wurde nicht geäußert. Was in Görlitz oder Frankfurt (Oder) inzwischen offizielle Politik ist, wird in Forst nicht einmal von Künstlern und Architekten erwogen.

„Anders als Guben", sagt der Sanierungsbeauftragte von Forst, Bernd Reisner, „ist Forst eine Stadt ohne Gegenüber". Aber Forst ist, immerhin, eine Grenzstadt, eine Stadt an der Grenze, ein Ort im Zwischenland. Während bis Ende der neunziger Jahre die Grenzlage zu Polen vielen Städten und Gemeinden an Oder und Neiße als Standortnachteil schien, hat man inzwischen umgedacht. Nun ist die Grenzlage keine Bedrohung mehr, wie es Reinfeld noch im Jahr 2000 verkündet hatte, sondern eine Chance. Und zeigt nicht das Beispiel von Görlitz, dass polnische Kunden auch Geld in die Kassen bringen? Hat Guben nicht von der Kläranlage in Gubin profitiert? Das alles mochte Reinfeld im Kopf gehabt haben, als er sich vom Brückengegner zum Brückenbauer gewandelt hatte.

Es sind Hoffnungen wie diese, die Forst von anderen schrumpfenden und auch sterbenden Städten unterscheidet, von Hoyerswerda, Lauchhammer oder Wittenberge. Dort kümmern sich nur noch wenige um die Zukunft und wenn, dann schauen Sie in den überregionalen Tageszeitungen und im Internet nach Stellenanzeigen in Stuttgart, Hamburg oder München. In Forst dagegen hat der Bau einer Brücke, auch wenn sie vorerst auf kein unmittelbares Gegenüber führt, ein Fenster geöffnet. Nicht nur die Radtouristen schauen seitdem mit anderen Augen nach Polen. Auch die anderen Forster beginnen zu ahnen, dass sich hinter der Neiße etwas befindet, das die Stadt verändern könnte. Und ist nicht eine Veränderung, auch wenn man noch nicht weiß, was sie bringt, allemal besser als Stillstand oder Agonie? Vielleicht zahlt sich der „Przewodnik Handlowy", der Einkaufsführer, ja doch noch einmal aus für die Forster Einzelhändler. Vielleicht investiert am Forster Marktplatz sogar ein Geschäftsmann aus Polen. An der Grenze zu Polen, das haben die Forster gelernt, ist alles möglich.

Nach Tschechien

Im Dreiländereck spielt Polen keine Rolle

Die Mitte Europas

Wer in Zittau aus der Bahn steigt, weiß, er ist noch nicht angekommen. Auf dem gleichen Bahnsteig, auf dem die Triebwagen der privaten „Lausitzbahn" aus Cottbus und Görlitz einfahren, steht eine weitere Privatbahn. „Oybin" lautet das Ziel der historischen Schmalspurbahn, und das liegt mitten im „Zittauer Gebirge", das mit den knapp 800 Meter hohen Gipfeln sicher nicht das höchste, aber mit Sicherheit das östlichste Gebirge in deutschen Landen ist.

Osten, das war hier schon immer auch Böhmen, die Nähe zu Prag und Wien, auch wenn beide Städte aus Zittauer Sicht weniger im Osten als im Süden liegen. In Oybin im Zittauer Gebirge angekommen, kann man es an der gotischen Klosteranlage sehen, an der die Meister der Prager Dombauhütte unter Peter Parler 18 Jahre gebaut hatten. 1384 wurde sie fertiggestellt und vom Prager Dombischof für den Cölestinerorden geweiht.

Auch drunten, im Neißetal, ist Böhmen nicht weit weg. Die barocke Altstadt des 37.000 Einwohner zählenden Zittau mit ihren engen Gassen hat fast Prager Atmosphäre, und die zahlreichen Umgebindehäuser in der Umgebung deuten auf eine Baukultur hin, die sich weit hinein nach Böhmen erstreckt. Mit ihren Fachwerkobergeschossen auf einem Unterbau in Blockhausbauweise vereinen sie in gewisser Weise sogar deutsche und slawische Bautraditionen.[87]

Böhmen, das ist in Zittau tatsächlich das nahe Liegende. Bis zur tschechischen Grenze sind es gerade einmal vier Kilometer, bis Liberec 25, bis Děčín 55 und bis nach Prag ganze 130 Kilometer. Noch näher liegt nur Polen. Vom Marktplatz bis zum Grenzübergang Sieniawka sind es zwei Kilometer. Wäre hier und an der Grenze zu Tschechien nicht mehr als 40 Jahre lang eine meist geschlossene Grenze verlaufen, man hätte eine Ahnung davon, wie sich die Stadt im Dreiländereck hätte entwickeln können, eine Stadt, die, wie nicht nur ihre PR-Leute behaupten, tatsächlich mitten in Europa liegt.

Mitten im Abseits

Doch was nutzt all die Schönheit und geografische Nähe, wenn die Investoren ausbleiben und die Jungen die Stadt verlassen. Diesen Stoßseufzer hat der Zittauer Oberbürgermeister Arnd Voigt schon oft von sich gegeben. Trotz einer Tourismuswerbung, die es an Professionalität durchaus mit der Konkurrenz aus Bayern oder Schleswig-Holstein aufnehmen kann, trotz der Nachbarschaft zu Bautzen und Görlitz mit ihren herausgeputzten Altstädten, trotz Fachhochschule Görlitz-Zittau und Oder-Neiße-Radweg, will sich der Aufschwung im Dreiländereck nicht einstellen. 20 Prozent beträgt die Arbeitslosigkeit in Zittau, fast ebensoviel Bewohner haben der Stadt in den vergangenen Jahren den Rücken gekehrt.

In Zittau herrscht Abstiegskampf. Selbst der VfB, lange Zeit das sportliche Aushängeschild der Stadt, muss immer wieder um den Verbleib in der Oberliga-Süd bangen. Und selbst der wäre, glaubt man dem Geschäftsführer des Zittauer Fußballclubs, Peter Latuszek, ohne sieben tschechische und einen slowakischen Spieler, nicht denkbar. [88] Davon ist auch Tomás Nosek, der Trainer, überzeugt. Auch er ist Tscheche. Zumindest die Oberliga, das haben die Zittauer den beiden anderen Städten im Dreiländereck voraus. Was alle drei gemeinsam haben: sie liegen im Abseits.

An diesem Tag sitzen sie wieder einmal zusammen. Arnd Voigt hat seine Kollegen eingeladen, es geht, wie könnte es anders sein, um die Erweiterung der Europäischen Union. So selbstverständlich Treffen wie diese geworden sind, ein leichtes Unterfangen sind sie immer noch nicht. Wegen der Grenzen und der oft langen Abfertigungszeiten müssen Gerard Świstulski, der Stadtpräsident von Bogatynia und Martin Půta, der Bürgermeister von Hrádek, für das Treffen mit dem Zittauer Oberbürgermeister viel Zeit mitbringen, einen halben Tag mindestens. Das gleiche gilt für die Dolmetscher, die die beiden bei sich haben. In der Mitte Europas teilt man vielleicht die gleichen Probleme, aber noch lange nicht eine gemeinsame Sprache.

Den Optimisten gibt an diesem Tag Gerard Świstulski. „Sind wir nicht schon längst weiter als in unseren jeweiligen Ländern?" fragt er und nennt die Euroregion Neiße, die seit fast zehn Jahren besteht, den Städtebund, den die drei Städte im Dreiländereck vor zwei Jahren geschlossen haben, die gemeinsamen Sitzungen der Stadträte, das Kinder- und Jugendparlament. „Nach der politischen", sagt Gerard Świstulski, „muss jetzt nur noch die wirtschaftliche Zusammenarbeit kommen."

Die Bürgermeisterkollegen aus Zittau und Hrádek nicken zunächst, dann schweigen sie. Die Dolmetscher schauen etwas fragend in die Runde, dann ergreift Arnd Voigt das Wort. Er erinnert an den 1. Mai 2004, das magische Datum, den Beitritt Polens und Tschechiens zur Europäischen Union und die geplante Feierlichkeit am so genannten „Dreiländerpunkt", dem Zusammenfluss der Lausitzer Neiße und der Lubota. „Dieser Ort", sagt Voigt, „ist wie geschaffen für eine gemeinsame Veranstaltung, es ist ein symbolischer und schöner Ort."

Nach Tschechien

Jede noch so demonstrative Gemeinsamkeit der Bürgermeister von Zittau, Bogatynia und Hrádek nad Nisou kann nicht darüber hinwegtäuschen, dass die drei Städte nicht nur Partner sind, sondern auch Konkurrenten. Alle drei haben sie Gewerbegebiete ausgewiesen, mit denen sie in ihren Hochglanzbroschüren um Investoren werben. Alle drei ringen sie um ihre Bewohner, alle drei hoffen sie auf Geld aus Brüssel. Doch den größten Konkurrenten, den haben sie gemeinsam. Es ist die tschechische Stadt Liberec, das ehemalige Reichenberg, 25 Kilometer hinter der Grenze.

Das Industriegebiet-Süd ist, anders als der Dreiländerpunkt, weder ein besonders schöner, noch ein symbolischer Ort. Im Industriegebiet-Süd von Liberec wird gearbeitet. Pavel Bernát reibt sich vor Freude die Hände. Sechzig Prozent der 125 Hektar großen Fläche sind bereits verkauft, sagt er, an japanische, deutsche, Schweizer und amerikanische Firmen. „Denso baut Klimaanlagen für Autos, 600 Beschäftigte sind hier schon, 3.000 werden es werden", Denso, sagt Bernát und legt Bedeutung in seine Stimme, „ist damit der größte japanische Betrieb in Europa."

Schritt für Schritt hat sich das 100.000 Einwohner zählende Liberec in den vergangenen Jahren zum Zentrum der Zulieferindustrie für Autos entwickelt. Klimaanlagen, Bremssysteme, Schließanlagen, alles wird hier gefertigt, nur keine Autos. Aber Bernát, der in seinem früheren Leben das nahe gelegene Uranbergwerk geleitet hat, sieht keinen Grund zur Klage. Das nächste Gewerbegebiet ist bereits in Planung, die ersten Verhandlungen mit Investoren laufen. Die Konkurrenz von Zittau, Bogatynia und Hrádek muss er dabei nicht fürchten. „Unsere Konkurrenz war woanders, in Ungarn", freut er sich. „Doch die haben wir ausgeschaltet."

Bernát weiß auch, warum. „Entscheidend sind nicht die Löhne, die sind überall in Tschechien niedriger als in Deutschland. Entscheidend ist die Stadt und ihre Verkehrsanbindungen. In beidem hat Liberec tatsächlich etwas zu bieten. Fast schon idyllisch liegt es im Talkessel zwischen dem Höhenkamm des Isergebirges und dem Ještěd/Jeschken. Das Theater hat einen Ruf, der weit über die Stadt hinaus reicht, der Tierpark und der Botanische Garten werden auch von Deutschen besucht, und mit dem „Babylon" ist in den letzten Jahren ein Sport- und Erlebnispark entstanden, der es an architektonischer Scheußlichkeit auch mit den Themenparks anderer europäischer Städte aufnehmen kann. Wer mehr will, der ist ohnehin schnell in Prag, Dresden oder Wrocław/Breslau.

Das Industriegebiet-Süd in Liberec ist, ohne es zu wollen, zum Symbol für das Dreiländereck geworden. Ein Symbol, das zeigt, wie schnell eine Region, trotz größter Anstrengungen, übersprungen werden kann. Und ein Symbol zugleich dafür, dass „deutsch-polnisch" in der „Euroregion" Neiße kaum eine Rolle spielt. Der gängige Präfix lautet im Dreiländereck „deutsch-tschechisch". Internationale Firmen wie Denso arbeiten in Liberec für den deutschen Markt. Selbst die Herstellung von Zulieferteilen für das Volkswagenwerk im polnischen Bolesławiec/Bunzlau hat Pavel Bernát ins Industriegebiet-Süd geholt. Mit Erfolg. Die Arbeitslosenquote in der tschechischen Boomtown liegt seit Jahren konstant unter fünf Prozent.

Die Schule in Hartau

Nach Tschechien schaut man auch in Hartau. Vom Schulhof der „Schkola", wie die freie Schule von Hartau heißt, kann man die Wiesen hinter der Grenze schon sehen. Ein Kilometer ist es von hier zum Grenzübergang nach Hrádek nad Nisou. Der ist zwar nur für Fußgänger und Radfahrer geöffnet, doch Mike Wohne, dem 40-jährigen Geschäftsführer des Schulträgers „Schkola – Grenzenlos bilden" ist das gerade recht. Kein Autoverkehr heißt auch im südöstlichsten Zipfel Sachsens: der Schulweg ist sicher. Und Schulweg ist der Kilometer vom Schulhaus in der Hartauer Unteren Dorfstraße 6 bis zum Übergang nach Hrádek schon seit 1999. Seitdem pendeln einmal in der Woche, dem so genannten „Stationentag", abwechselnd die Schüler aus der freien Schule Hartau nach Hrádek oder die Schüler der 1. Grundschule in Hrádek nach Hartau.

Dass Interkulturalität in Hartau nicht nur groß geschrieben, sondern auch ab der 1. Klasse gelernt wird, war keine Selbstverständlichkeit. Gegen den erbitterten Widerstand der sächsischen Landesregierung und anfangs auch gegen die Skepsis zahlreicher Eltern hat Mike Wohne sich durchsetzen müssen. Doch die Mühe hat sich gelohnt. Tschechisch ist an der Hartauer Schule keine Fremdsprache, die man ab der fünften oder siebten Klasse oder in der Freizeit lernt. Es ist auch keine Begegnungssprache wie Polnisch in vielen Brandenburger Schulen. Tschechisch ist in Hartau Pflicht. Ab der ersten Klasse lernen die Kinder die fremde Sprache, zuerst drei Stunden in der Woche, in der zweiten Klasse bereits vier. „So geht das weiter bis zur zehnten Klasse", sagt Wohne. „Wir sind die einzige Schule in Sachsen, die durchgängig Tschechisch anbietet."[89]

Mike Wöhne sagt es mit einer Mischung aus Stolz und Trotz. Bis er seine Schulidee in Zittau-Hartau umsetzen konnte, hatte es viele Jahre gedauert. Damals, 1990, hatte er in der tschechischen Tagezeitung *Vpred* nach Muttersprachlern für den Tschechischunterricht gesucht. Ohne Erfolg, wie er heute einräumt: „Ein Jahr nach dem Mauerfall hatten auch in der ehemaligen Tschechoslowakei alle mit sich selbst zu tun." Platz war da wenig für Neues, auch nicht in den Schulen. Das gleiche galt auch für die deutsche Seite der Grenzregion. „Englisch wurde erste Fremdsprache, Französisch wurde modern, Russisch musste bleiben, da die Lehrer vorhanden waren. Dafür entstand das neue Fach Ethik als Ausgleich von Religion, und die grenzüberschreitende Nachbarschaft wurde Bestandteil der Curricula."

Wohne hat trotzdem nicht aufgegeben, auch wenn das sächsische Kultusministerium vier Jahre später einem bilingualen Modellversuch die Genehmigung verweigerte. „Tschechisch lernen ja", zitiert Wohne aus der Begründung, „aber doch bitte als Ergänzung, zusätzlich in der Freizeit." Dass die Freie Schule Hartau doch noch realisiert wurde, scheint aus heutiger Sicht fast einem Wunder gleichzukommen. Doch 1997 war es soweit. Dass es dazu kam, lag allerdings weniger an der späten Einsicht des sächsischen Bildungsministeriums. Auslöser war vielmehr die prekäre Schulsituation in Hartau. Der dortigen Grundschule waren die Schüler davongelaufen, die Schule stand kurz vor der Schließung. Mit dem Rücken zur Wand schloss sich der Bürgermeister von Hartau deshalb Wohnes Vision einer „grenzenlosen Schule" an. Zwei Jahre später wurden die beiden ersten Klassenstufen eröffnet. Heute sagt Mike Wohne dazu: „Das öffentlichen Schulsystem ist nicht in der Lage, auf Veränderungen zu reagieren. Das ist zwar traurig, das war aber auch unsere Chance."

Die Chance wurde genutzt. Anders als an den staatlichen Schulen in Zittau und Umgebung sinken in Hartau die Schülerzahlen nicht, sie steigen. Mittlerweile lernen hier bereits 80 Kinder. „Wir müssen viele Eltern sogar enttäuschen", sagt Wohne, „aber in Johnsdorf gibt es nun eine zweite Schule und in Ebersbach demnächst eine dritte." Der Erfolg gibt Wohne nicht nur Recht. Er ist ihm auch Ansporn, seine Visionen weiter zu denken: „Ausgestattet mit einer Fülle praktisch-kommunikativer und sozialer Kompetenz werden die künftigen Absolventen das Rüstzeug mitbringen, die Wirtschaft in unserer Region auch über die Grenzen hinweg zu gestalten", blickt er in die Zukunft. „Die Entstehung eines multilingualen Bildungs-, Wirtschafts- und Kulturraumes ist die Voraussetzung für den regionalen Aufschwung. Nur so wird aus dem Dreiländereck eine Dreiländerregion."[90]

Die Zweiländerregion

Vielleicht wird daraus aber auch nur eine Zweiländeregion. Gerard Świstulski, der Stadtpräsident von Bogatynia, weiß um die Gefahr. Die Zusammenarbeit zwischen den Tourismusverbänden war bislang vor allem eine deutsch-tschechische gewesen. Radwege wurden ausgewiesen, Wanderführer gedruckt, auf beiden Seiten entstanden private Übernachtungsmöglichkeiten. Von einer Infrastruktur wie dieser kann im polnischen Teil des Dreiländerecks keine Rede sein. Wer den Oder-Neiße-Weg von Zittau neißeabwärts in Richtung Görlitz fährt, bekommt spätestens in Hirschfelde eine Ahnung davon, warum. Wie riesige Ungetüme stehen auf der anderen Seite des Flusses die Kühlanlagen des Kraftwerks „Elektrownia Turów". Es ist eine gespenstische Szenerie. Auf der einen Seite die herausgeputzten Umgebindehäuser des ehemaligen Bergbaustädtchens Hirschfelde und die Stille des Neißetals, auf der anderen Seite eine gigantische Industrielandschaft, die nicht nur aus dem Kraftwerk besteht, sondern auch aus Tagebaugruben des Braunkohlebergbaubetriebs „Kopalnia Węgla Brunatnego". Der reicht im Norden bis Trzciniec, im Osten bis Bogatynia und im Westen bis Sieniawka, dem Grenzübergang ins deutsche Zittau. Nicht nur Zgorzelec, die Boomtown gegenüber Görlitz, lebt von Elektrownia Turów, sondern auch Bogatynia.

Das weiß auch Stadtpräsident Świstulski, er selbst hat lange Zeit in Turów gearbeitet. Kraftwerk und Bergbau sind mit 10.000 Beschäftigten der größte Arbeitgeber der Region. Was aber wird, wenn Polen in der Europäischen Union ist, und sich westliche Investoren für die noch immer staatlichen Anlagen zu interessieren beginnen? Was wird der Vertrag dann nutzen, den Elektrownia Turów und die Bergbaugesellschaft mit der polnischen Regierung unterschrieben hat, ein Vertrag, der einen langfristigen Betrieb des Kraftwerks verspricht?

„Noch", sagt Gerard Świstulski, „spricht hier keiner von Privatisierung, sondern von der Zusammenführung der Holding von Bogatynia mit der von Opole." Świstulski sagt es mit der Betonung auf „noch". Falls sich der Staat entschließen sollte, den Bergbau vorher zu privatisieren und ein möglicher Investor sich nicht an die Zusage gebunden sieht, die Anlage bis 2045 in Betrieb zu halten, wird die Liste der Probleme für Świstulski noch größer als bisher. Zwar zählen die Löhne im Bergbau und im Kraftwerk zu den höchsten der Region. Doch anders als in der Vergangenheit ist Bergmann nicht mehr für jeden Jugendlichen der Traumberuf. Die Öffnung der Grenze, die Nähe zu Zittau, Görlitz und Liberec haben auch bei den polnischen Jugendlichen andere Träume geweckt. Ein Leben in der Grube, wenn auch nicht unter, sondern über Tage gehört da nicht mehr dazu.

Der polnische Kohlesack

Zu den Fragen, die sich Gerard Świstulski, der Stadtpräsident von Bogatynia, stellen muss, gehören aber nicht nur die nach der Zukunft von Elektrownia Turów. Manch einer fragt ihn auch, was einmal nach der Kohle und dem Bergbau kommt. Ob es eine Zukunft dann überhaupt noch gibt, nicht nur für Bogatynia, sondern auch für die angrenzenden Regionen in Deutschland und Tschechien? Ob die Umwelt dann nicht schon zerstört ist, jene Umwelt auf die man als Ressource in Zittau und Hrádek so sehr zählt? Schon jetzt sind die Schäden nicht zu übersehen. Und trotz des Einbaus moderner Filteranlagen liegt an manchen Tagen ein Staub in der Luft, der sich auch in Zittau und Hrádek auf die Autodächer legt.

Gerard Świstulski ist nicht zu beneiden. Nicht nur wegen der Fragen, die man ihm stellt, auch wegen derer, die sie für sich schon beantwortet haben. „Die Jugend", sagt er, „zieht bei uns ebenso weg wie in Zittau, und die Arbeitslosigkeit beträgt 15 Prozent". Świstulski weiß, wie seine Region, wie Bogatynia im Rest des Landes genannt wird. „Kohlesack" lachen die Jugendlichen in Breslau, Poznań oder Zielona Góra, wenn sie hören, dass einer aus dem südwestlichen Zipfel des Landes kommt, einem Zipfel, der nicht nur in Wirklichkeit, sondern auch auf der Landkarte aussieht wie ein Kohlesack.

So bleibt Gerard Świstulski vorerst nur eine Hoffnung: der schnelle Bau der neuen Bundesstraße 178. Zwar führt auch die bisherige Verbindung von Zittau in Richtung Liberec über die Grenzübergänge Zittau – Pojarów und Pojarów – Hrádek und damit ein paar Kilometer über polnischen Boden. Doch allzu viel ist da nicht, ein paar Basare, ein paar Gartenzwerge, die Verbindung nach Bogatynia ist umständlich, Niemandsland. „Die neue Bundesstraße", sagt Świstulski, „würde dagegen über Sieniawka führen und damit Anschluss haben an Polen." So redet einer, der gelernt hat, sich auch mit wenig zufrieden zu geben.

Auch für Świstulskis Kollegen in den Rathäusern von Zittau und Hrádek nad Nisou hat die neue Umgehungsstraße hohe Priorität. Vor allem LKW und Busse müssten dann auf der Fahrt ins 25 Kilometer entfernte Liberec nicht mehr den 70 Kilometer langen Umweg über Varnsdorf nehmen. Das „wichtigste Infrastrukturvorhaben der Region", wie es Zittaus Bürgermeister Arnd Voigt nennt, beschäftigt sogar schon die Ministerpräsidenten. Doch was wird die B 178 den Menschen im Dreiländereck bringen? Wird sie den Bürgern von Bogatynia, im abgehängten Kohlezipfel Polens den ersehnten Anschluss an Deutschland und Tschechien bringen? Oder werden die Jugendlichen der knapp 30.000 Einwohner zählenden Stadt die neue Möglichkeit auf ihre Weise nutzen, weil sie sich damit noch schneller aus dem Staub machen können?

Wird die neue Trasse womöglich sogar dazu führen, dass der grenzüberschreitende Verkehr nicht nur an Zittau vorbeiführt, sondern an der ganzen Region? „Das wird man nicht verhindern können", sagt Mike Wohne, der deutsch-tschechische Schulpionier. „Wichtig ist nur, dass wir Anschluss halten. Und wenn es Liberec gut geht, dann geht es uns auch gut."

Nach Brüssel

Umweltschützer kämpfen um die Oder

Zwischen Criewen und Schwedt

Criewen ist ein kleines Dorf. Wer von der Bundesstraße 2 von Angermünde in Richtung Schwedt fährt, hat sogar Mühe, die Stichstraße zu finden, die in Richtung Hohensaaten-Friedrichsthaler-Wasserstraße führt, dem parallel zur Oder verlaufenden Kanal, an dem das brandenburgische Dörfchen liegt.

Immerhin, Criewen hat ein Schloss, das derer von Arnim, es muss also einmal bedeutend gewesen sein. Rittmeister Otto von Arnim, ein Spross des Brandenburger Adelsgeschlechts, hatte es 1820 errichten lassen. Zwei Jahre später legte Peter Joseph Lenné den Schlosspark an und überraschte seinen Auftraggeber mit der Anpflanzung von seltenen Bäumen wie der Sumpfszypresse oder einem Riesenlebensbaum. Überraschend ist für die Besucher in Criewen aber auch der Ort, an dem die Dorfkirche steht. Die Kirche, eine Mischung aus Feldsteinbau und Backsteingotik, befindet sich nicht im Zentrum des Dorfes, sondern steht allein, mitten im Landschaftspark. Peter Joseph Lenné hatte es so gewollt. Als er den Auftrag für den Bau des Landschaftsparks bekam, ließ er das Dorf, in dessen Mitte die Kirche stand, kurzerhand ab- und an anderer Stelle wieder aufbauen. Einzig die Kirche blieb stehen. So nahm Criewen schon im 19. Jahrhundert das Schicksal der Dörfer vorweg, die heute aus anderen Gründen weichen müssen, zum Beispiel vor dem Braunkohlebergbau.

Neun Kilometer weiter in Richtung Norden gibt es auch ein Dorf. So zumindest wirkt die Altstadt von Schwedt im Vergleich mit seiner „Neustadt". Schwedt, das ist nach Eisenhüttenstadt, Hoyerswerda und Halle-Neustadt eine der Neugründungen einer „sozialistischen Stadt" in der ehemaligen DDR gewesen. 1958, auf ihrem V. Parteitag, hatte die SED beschlossen, auch dem bis dahin verschlafenen Städtchen Schwedt mit seinen 5.000 Einwohnern die Segnungen der „sozialistischen Industrialisierung" und ihres Städtebaus zuteil werden zu lassen. Bereits zwei Jahre später präsentierte der aus Serbien stammende Architekt Selman Selmanagic die Entwürfe für das „neue Schwedt". In ihm sollte nicht mehr die Altstadt die Silhouette der Stadt bestimmen, sondern das künftige Petrochemische Kombinat (PCK) und die Neubauten für die knapp 10.000 Menschen, denen es Beschäftigung versprach. 1980 hatte Schwedt, das ehemals verschlafene Kleinstädtchen, über 50.000 Einwohner. Eine Verzehnfachung in nur knapp drei Jahrzehnten, das war der Takt, in dem an der Grenze zur Volksrepublik Polen die sozialistische Industrialisierung vorangetrieben wurde.

Doch dann kamen die Wende, die Treuhand, die Abwicklung und später dann die Schrumpfung. Nur noch 38.000 Einwohner hat Schwedt heute, bis 2015, so hat es die Stadtverwaltung errechnet, sollen es sogar nur noch 30.000 sein. Der Verzehnfachung in drei Jahrzehnten folgt nahezu die Halbierung in nur zweieinhalb Jahrzehnten. Damit gehört Schwedt nicht nur zu den am schnellsten „schrumpfenden Städte" in Ostdeutschland. Irgendwann wird die Stadt, so sagen es viele, wieder auf den Status-Quo-Ante, den Stand vor der sozialistischen Industrialisierung zurückgeworfen sein.

Vom Naturstrom zum Kulturstrom

Was für viele Schwedter eine Horrorvision ist, ist für Christiane Weitzel eine Chance. Seit vier Jahren lebt die Umweltschützerin in Schwedt und erlebt, wie sie es sagt, täglich die Naturschönheiten im Unteren Odertal. Doch die sind durch den geplanten Ausbau der Hohensaaten-Friedrichsthaler-Wasserstraße bedroht, sagt Weitzel. Die nachindustrielle Zeit fördert nicht bei jedem ein Umdenken, erst recht nicht in einer Stadt mit mehr als 20 Prozent Arbeitslosen.

Zwischen Criewen und Schwedt liegen nicht nur neun Kilometer, sondern Welten. Während in Schwedt derzeit alle Hoffnungen auf dem Ausbau der Wasserstraßen und einem Anschluss der Stadt auch für große Küstenmotorschiffe an die Ostsee ruhen, hat sich im Criewener Schloss die Verwaltung des 1995 gegründeten Nationalparks Unteres Odertal niedergelassen. Seit 2000 wurde darüber hinaus das Besucherzentrum des Nationalparks eröffnet. Fast 30.000 Besucher kommen seitdem jährlich nach Criewen, um sich wie Christiane Weitzel an den Naturschönheiten des Unteren Odertals zu erfreuen oder im Besucherzentrum das Flusslandschaftsmodell zu bestaunen, an dem in Minutenschnelle ein Hochwasser wie das von 1997 simuliert werden kann.

Kaum ein Fluss hat in den vergangenen Jahrhunderten eine so wechselvolle Geschichte erlebt wie die Oder, dieser böhmische, schlesische, brandenburgische und pommersche Fluss, den die Hydrologen wegen seiner zahlreichen Zuflüsse in den Rang eines Stroms gehoben haben. Zur Wasserstraße wurde die mit 912 Kilometer Länge (860 bis zum Haff) an 13. Stelle der europäischen Flüsse liegende Oder aber erst, als Preußen mit Stettin (seit 1720) und Schlesien (seit 1741) nahezu den gesamten Oderraum kontrollierte. Schon kurz nach der Eroberung Schlesiens ließ Friedrich II. den Strom „zur Facilitierung" der Schifffahrt und zur „Beförderung des Comercii" „recht navigabel" machen. Vor allem am Mittellauf wurde die Oder durch den Durchstich durch 20 Flussschleifen und die Abdämmung von Altarmen begradigt und damit um 160 Kilometer verkürzt. Mit der Trockenlegung des Oderbruchs gewann der Preußenkönig gar, wie er selbst sagte, eine „Provinz im Frieden" hinzu. Darüber hinaus wurden mit dem Ausbau des schon seit 1699 bestehenden Friedrich-Wilhelm-Kanals (des heutigen Oder-Spree-Kanals) und dem Bau des Finow-Kanals zwei Schifffahrtsverbindungen nach Berlin geschaffen.[91]

Es war ein gewaltiges Werk von Menschenhand, dass die Wasserbauer an der Oder vollbrachten, bevor es 1945 zerstört wurde. Diese Zerstörungen sind noch heute zu sehen, wie die Schriftstellerin Tina Stroheker berichtet, die 50 Jahre später mit dem „Poetendampfer" auf der Oder unterwegs war: „Rechts am Ufer Grün, Ortschaften, Kirchtürme, dann und wann ein hoher Schornstein, links ähnlich, nur stehen da häufiger Stahlskelette gegen den Himmel, Fabriken mit kaputten Fenstern, abgebrochenen Betonplatten und entblößter Konstruktion. Einmal Errichtetes, zerschlagen und eingestürzt, macht meistens traurig. Und die Brücke, macht auch die Brücke traurig, die ich gestern sah? Ich weiß nicht. Sie hat ihre Verwandlung längst hinter sich, diese zerstörte Brücke. Ein Fiat fuhr uns ins Land hinein, scheinbar vom Fluss weg, der uns aber so rasch nicht verließ, denn da tauchte auf einmal zwischen den Bäumen die Brücke auf. Eine gesprengte Brücke, in den letzten Tagen des Krieges von Deutschen auf dem Rückzug in die Luft geblasen. (...) Die Ruine hat, als warte sie auf etwas (eine Zeit ohne Grenzen vielleicht), durchgehalten, all die Jahre."[92]

Zurück zur Natur

Nicht durchhalten musste die Natur. Sie hat sich die Kulturlandschaft, die die Oder einmal war, zurückerobert. Aus dem Kulturraum, den die Wasserbauer über zweihundert Jahre lang geschaffen hatten, wurde mit der Grenzziehung von 1945 wieder ein Naturraum. Heute werden vor allem im Unteren Odertal 100 Vegetationstypen mit mehr als 1.000 Pflanzenarten und 262 Vogelarten gezählt, darunter so seltene Arten wie der Schreiadler, der Seeadler, der Schwarzstorch, der Eisvogel, die Trauerseeschwalbe, der Wiedehopf, der Kranich, das Blaukehlchen, der Wachtelkönig und der Kampfläufer. Gleichzeitig ist das Untere Odertal einer der wichtigsten Rastplätze und eine wichtige Durchzugsstraße für Zugvögel. Bis zu 40.000 Blessgänse, 25.000 Saatgänse und ebenso viele Stockenten, 15.000 Pfeifenten, 9.000 Krickenten, 4.000 Spießenten, 3.000 Löffelenten und 1.000 Knäckenten werden jährlich gezählt. Insgesamt können sich in den Flussniederungen des Nationalparks bis zu 200.000 Gänse, Enten und Schwäne im Frühjahr und im Herbst gleichzeitig aufhalten. Im Herbst können darüber hinaus bis zu 15.000 Kraniche beobachtet werden. Zurück zur Natur – das war an der Oder kein Werk des Menschen, sondern des Krieges.

Doch nun sollte dieses Werk, einmal vorhanden, wenigstens von den Menschen geschützt werden. Schon vor der Wende hatte die Einzigartigkeit dieser Flusslandschaft deutsche und polnische Naturschützer dazu veranlasst, an einem grenzüberschreitenden Naturprojekt zu arbeiten. Aber erst mit dem Fall des Eisernen Vorhangs konnte dieser Traum verwirklicht werden. 1991 begann die Arbeit an diesem „Internationalpark", nachdem zuvor die Biologen Michael Succow aus Eberswalde und der inzwischen verstorbene Mieczysław Jasnowski von der Universität Stettin eine vorbereitende Studie erarbeitet hatten, für die beide noch im gleichen Jahr den „Deutschen Kulturpreis" erhielten.

Vier Jahre später war es dann soweit. Am 29. Juni 1995 wurde die Nationalparkverwaltung auf deutscher Seite gegründet, im September wurde der Park feierlich eröffnet. Seitdem stehen 10.500 Hektar Landschaft und Natur unter Schutz, die Hälfte davon soll bis zum Jahr 2010 als Totalreservat ausgewiesen werden. Der Nationalpark Unters Odertal reicht damit auf deutscher Seite von Hohensaaten bis Mescherin/Staffelde. Auf der polnischen Seite schließen der Cedyński Park Krajobrazowy, der Landschaftsschutzpark Zehden mit 30.000 Hektar Kernfläche und 35.000 Hektar Schutzzone sowie der Park Krajobrazowy Dolina Dolnej Odry sowie der Landschaftsschutzpark Unteres Odertal mit 6.000 Hektar Schutzfläche an.

Auf deutscher Seite ist der Nationalpark seit 1998 darüber hinaus von einer Pufferzone von 17.774 Hektar umgeben. In dieser so genannten Schutzzone II, bestehend aus Landschaftsschutzgebieten und einigen Naturschutzgebieten, ist eine extensive Weide- und Wiesenwirtschaft möglich, vorausgesetzt sie orientiert sich an den Zielen des Naturschutzes. Insgesamt sind damit 117.274 Hektar unter Schutz gestellt. Das entspricht einer Fläche von 1.172 Quadratkilometern. Zum Vergleich: Berlin, die deutsche Hauptstadt, bringt es nur auf eine Fläche von 883 Quadratkilometer.[93]

Die Schwedter Papiertiger

Weide und Wiesenwirtschaft ja, aber nur, wenn sie sich an den Zielen des Naturschutzes orientiert. Diese strenge Vorgabe der Naturschützer hat in den vergangenen Jahren immer wieder die Landwirte gegen die Nationalparkverwaltung aufgebracht. Stein des Anstoßes waren der Aufkauf und die Stillegung von Flächen, die die Landwirte mit allen Mitteln zu verhindern suchten. Doch nicht nur in den ländlichen Regionen und in der Schutzzone II stehen sich die Vertreter von Wirtschaft und Naturschutz oft unversöhnlich gegenüber, sondern auch in Schwedt. Das gilt ganz besonders, seitdem die Papierindustrie zum neuen Hoffnungsträger der Stadt geworden ist.

Papier, das ist in Schwedt die Firma Haindl. Deren Ansiedlung in der Stadt hatte der brandenburgische Umwelt- und Landwirtschaftsminister Wolfgang Birthler ausdrücklich begrüßt. Zwischen Nationalparkkonzept und einer zukunftsorientierten und wirtschaftlichen Entwicklung muss kein Gegensatz bestehen, sagte Birthler. Was wie eine Mahnung zum Interessenausgleich klang, war in Wirklichkeit ein Dankeswort. Schließlich haben die neuen Investoren in die alte Papierfabrik, einst das größte Papierkombinat der DDR, seit 1991 rund 330 Millionen Euro investiert. Haindl-Papier ist mit 300 Beschäftigten aber auch ein ökologischer Vorzeigebetrieb. Für die jährliche Produktionsmenge von 250.000 Tonnen Zeitungsdruckpapier wird als Rohstoff zu 100 Prozent Altpapier verwendet. Firmengründer Georg Haindl wurde deshalb von der Universität Augsburg mit der Ehrensenatorenwürde ausgezeichnet. Haindl, hieß es zur Begründung, habe im Ausgleich zwischen Ökonomie und Ökologie neue Maßstäbe gesetzt.[94]

Mittlerweile aber gibt es nicht wenige, die dem Papierfabrikanten diese Auszeichnung am liebsten wieder wegnehmen würden. Der Grund: In enger Abstimmung mit dem anderen großen Papierunternehmen in Schwedt, der Firma Leinfelder Papier (Leipa), hatte Haindl jahrelang auf den Ausbau des Schwedter Binnenhafens gedrängt. Mit Erfolg. 2001 war es soweit. Die beiden neuen, je 350 Meter langen Kaikanten nördlich des alten Binnenhafens wurden ihrer Bestimmung übergeben. Mit dem 35 Millionen Euro-Projekt hat Schwedt den ersten Hafen in Brandenburg bekommen, an den Küstenmotorschiffe anlegen können. „Das ermöglicht", freute man sich im Brandenburgischen Verkehrsministerium, „dem in Schwedt ansässigen Zeitungspapierhersteller Haindl, Geschäftspartner beispielsweise in Großbritannien direkt beliefern zu können. Bislang müssen Güter teuer in Stettin von Flussschiffen auf Seeschiffe umgeschlagen werden." Der neue Hafen, so das Ministerium weiter, „verbessert zugleich die Infrastruktur der Stadt. Der bisherige Umschlagplatz liegt ungünstig im Zentrum der Stadt, der neue Hafen wird direkt auf der im Bau befindlichen neuen Bundesstraße B 2 erreichbar sein. Mit den zwei Kaikanten erhöht sich die Umschlagkapazität in Schwedt beträchtlich."

Dass vom Hafenausbau auch Flächen des Nationalparks berührt wurden, kommt in der Erfolgsmeldung der Brandenburger Landesregierung nur als Fußnote vor. „Um den Belangen des Naturschutzes am neuen Hafenstandort im Nationalpark ,Unteres Odertal' gerecht zu werden", heißt es im Verkehrsministerium lapidar, „sind unter anderem eine Millionen Euro für Ausgleichs-

leistungen vorgesehen." Was in der Landeshauptstadt Potsdam lediglich eine
Frage von „Ausgleichsleistungen" ist, ist für Umweltschützerinnen wie die
Schwedterin Christiane Weitzel dagegen erst der Anfang einer ganzen Reihe
von Eingriffen in den Nationalpark. Und in der Tat: Kaum war der Schwedter
Hafen ausgebaut, eröffnete die Schwedter Papierindustrie die nächste Runde
im Ringen zwischen Wirtschaft und Umweltschützern. „Wir bauen für 350
Millionen Euro eine dritte Papiermaschine", kündigte im April 2003 Thomas
Karl von der Firma Leipa an. Sowohl Leipa als auch Haindl würden gerne
80.000 Tonnen Papier pro Jahr von Schwedt nach Großbritannien und Spanien bringen. Doch dafür müssten noch größere Schiffe als bisher den Hafen
anlaufen können. In Schwedt selbst ist das seit dem Hafenausbau kein Problem. Doch die Hohensaaten-Friedrichsthaler-Wasserstraße ist für die Küstenmotorschiffe, die dafür gebraucht würden, zu schmal. Das Papier muss deshalb
bislang, um nach England und Spanien verschifft werden zu können, auf kleineren Schiffen nach Szczecin gebracht und dort auf größere Schiffe umgeladen
werden. Viel zu teuer, finden die Firmen Haindl und Leipa.

Zeit für die Oder

Viel zu umständlich, meinte auch der ehemalige Brandenburger Verkehrs-
minister Hartmut Meyer. Kurz vor seinem Rücktritt im September 2003 erklärte Meyer wörtlich: „Für die wirtschaftliche Entwicklung der strukturschwachen Uckermark ist die leistungsfähige Anbindung des Hafens Schwedt
an den Ostseeraum von maßgeblicher Bedeutung. Die Achse Berlin-Ebers-
walde-Schwedt-Szczecin gewinnt für den grenzüberschreitenden Wirtschafts-
verkehr im Zuge der EU-Osterweiterung eine herausragende Stellung." Auch
die Papierindustrie in Schwedt, fand Meyer, „profitiert von der Anbindung
über die Wasserstraßen".[95]

Zwei Papierfabriken kontra Naturschutz. Was in Schwedt noch mit „Aus-
gleichmaßnahmen" in Höhe von einer Million Euro vonstatten ging, würde
im Fall des Ausbaus der Hohensaaten-Friedrichsthaler Wasserstraße nach
Schwedt den Verlust von wertvollen Flächen im Totalreservat des Nationalparks Unteres Odertal zur Folge haben, wie der Bund für Naturschutz in
Deutschland (BUND) warnt. Durch den Ausbau der 9,3 Kilometer langen
Kanalstrecke von einer Breite von bislang 32 auf 55 Meter und einer Tiefe von
bisher 3,10 Meter auf 4,50 Meter würde, so der BUND, „der Lebensraum für
120 Vogelarten, darunter Gänse, Kraniche, See- und Schreiadler sowie Biber
und Fischotter gefährdet". Der geplante Ausbau der Wasserstraße im Kernge-
biet des Nationalparks, lautet das Fazit der Umweltschützer, „ist die dümmste
Baumaßnahme seit dem Turmbau von Babel".[96]

Während der Turmbau von Babel erst einstürzte, bevor er den Himmel zu erreichen drohte, wollen die Naturschützer den Ausbau der Hohensaaten-Friedrichsthaler-Wasserstraße bereits vorher stoppen. Schon im Oktober 2000 haben sich zahlreiche Initiativen aus Deutschland, Tschechien und Polen im polnischen Owczary getroffen, um ihre Aktionen zu koordinieren. Das Treffen in Owczary war zugleich der Startschuss für eine Kampagne, die bis heute andauert. Ihr Titel: „Zeit für die Oder".

„Zeit für die Oder", auf Polnisch „Czas na Odrę"[97], das ist nicht nur die Forderung, Entscheidungen mit möglicherweise unumkehrbaren Folgen zu revidieren. „Zeit für die Oder", das ist auch die Überzeugung, dass in der Grenzregion zwei Zeithorizonte nebeneinander existieren. Der der Papierfabriken und anderer Unternehmen, bei denen es nur den Blick aufs „gleich" gibt, auf den nächsten Termin, die nächste Lieferung, das nächste Gespräch mit dem Wirtschaftsminister. Und die andere Zeit, die der Vergangenheit und der Zukunft. Zeit für die Oder, das heißt auch, dass man weiß, wie viel Zeit die Oder gebraucht hat, bis sie zu dem wurde, was sie heute ist. Eine naturräumliche Flusslandschaft, die es in Europa vielleicht nur noch an der Narew in Nordostpolen gibt, eine Region, deren Zukunft nicht in der Hand zweier Papierfabriken liegt, sondern der der Touristen.

Die Zeit, die die Oder hatte, glauben die Umweltschützer, wird sie auch in Zukunft brauchen, um im deutsch-polnischen Grenzgebiet eine vergleichbare Entwicklung einzuleiten. Oderzeit, das ist keine Rückständigkeit, wie es die Vertreter der Papierindustrie in Schwedt immer wieder behaupten, sondern der Versuch, anzuhalten, einzuhalten, innezuhalten. Selbst für die Binnenschifffahrt wäre Zeit für die Oder eine Umkehr, würde sie doch bedeuten, nicht den Fluss den Schiffen anzupassen, sondern die Schiffe dem Fluss.

Noch freilich ist dies weder in Potsdam und Berlin angekommen, und auch noch nicht in Warschau. Auch deshalb haben sich die Umwelt- und Naturschützer zum Beginn der Kampagne in Owczary getroffen. Ihre Kritik richtete sich nicht nur gegen den Ausbau der Hohensaaten-Friedrichsthaler-Wasserstraße, sondern auch gegen das Programm „Odra 2006", das die polnische Regierung seit Jahren vorantreibt.

Polen träumt von Karl dem Großen

„Odra 2006", das ist das Pendant zum Ausbau auf der deutschen Seite, nur, dass der Ausbau der Wasserstraße hier nicht auf einer Länge von 9,4 Kilometer droht, sondern auf mehr als dreihundert Kilometer: von Brzeg Dolny bis zur Neißemündung in Ratzdorf. In Brzeg Dolny zwischen Opole und Wrocław ist auch schon eine erste der zahlreichen geplanten Staustufen vollendet. Mit diesen Staustufen, das heißt dem Bau von Mauern im Flussbett, soll das Wasser am Rückfluss gehindert werden. Der künstliche Stau gilt unter Wasserbauern auch heute noch als die erfolgversprechendste Maßnahme, Flüsse mit häufigen Niedrigwassern so zu regulieren, dass sie das ganze Jahr über schiffbar bleiben. Die Schattenseite solcher wasserwirtschaftlichen Maßnahmen, schreibt der Naturschützer und Autor Ernst Paul Dörfler, „bleibt dagegen unbeachtet: Staunässe und Versumpfung der Auen, Auenwaldsterben sowie der Verlust natürlicher Sandstrände und nicht zuletzt die Zerstörung der Lebenswelten zahlreicher Tier- und Pflanzenarten." Sein Fazit: „Am Schotterufer aus eintönig grauem Gestein wächst und tummelt sich kaum noch etwas."[98]

Die Folgen des Staustufenbaus, von denen Dörfler gewarnt hat, sind in Brzeg Dolny bereits zu beobachten. Das Flussbett hat sich hier, am Unterlauf der Oder, bereits auf drei Meter eingetieft, die Auen am Ufer sind wegen der ausbleibenden Überschwemmungen ausgetrocknet und abgestorben. Doch das könnte, wird „Odra 2006" weitergebaut, erst der Anfang sein. Wenn als nächstes die bereits geplante Staustufe bei Malczyce realisiert wird, droht nicht nur eine „gewöhnliche" Flussaue auszutrocknen und abzusterben, sondern der einzigartige Auenwald nordwestlich der bei Lubiąż gelegenen Stadt. Das Ehepaar Krzysztof und Anna Wapińscy, das nach der Jahrhundertflut von 1997 nach Lubiąż gezogen ist, um sich hier den Traum vom Garten Eden zu erfüllen, dürfte davon ebenso wenig begeistert sein, wie die anderen Bewohner am Unter- und Mittellauf der Oder, die ihre ganze Hoffnung auf den Tourismus und die Radfahrer richten.

Der geplante Ausbau der Hohensaaten-Friedrichsthaler-Wasserstraße und das Programm „Odra 2006" sind jedoch noch lange nicht das Ende der Träume vom Fluss als Wasserstraße. Schon heute hoffen die Wasserbauer in Polen, im Zusammenhang mit der Osterweiterung der EU einen Traum aus alten Zeiten verwirklichen zu können: den bereits von Karl dem Großen angedachten Durchstich von der Oder bis zur Donau und damit die Verbindung bis zum Schwarzen Meer. Dass eine solche 1.600 Kilometer lange Wasserstraße nicht nur den Bau von 80 Staustufen, sondern auch den von zwei bis drei Schiffshebewerken, zwei bis drei Tunneln und ein oder zwei Kanalbrücken bedeuten würde, spielt im fernen Warschau keine Rolle. Auch die Tatsache, dass der Schiffsverkehr in Polen von 30 Prozent der transportierten Güter im Jahr 1960 auf mittlerweile 15 Prozent zurückgegangen ist, tut nichts zur Sache. Ebenso wenig die „Jahrhundertflut" von 1997. Dass sich die Visionen eines europäischen Wasserstraßennetzes dennoch so hartnäckig halten, kann sich Ernst Paul Dörfler deshalb nur mit dem Geldregen erklären, den sich die Regierungen aus Brüssel erhoffen. „Und das", so der Flussexperte, „wird wohl auch fließen, wenn es sich bis dahin nicht endlich herumgesprochen hat, dass ein weiterer Flussausbau nicht nur eine wirtschaftliche Fehlinvestition ist, sondern auch neue ökologische Katastrophen provozieren wird."[99]

Briefe nach Brüssel

Es gibt, so scheint es, nicht mehr allzu viel Zeit für die Oder. Um den von Ernst Paul Dörfler angemahnten Umdenkprozess in Brüssel voranzutreiben, haben die Aktivisten der Kampagne „Zeit für die Oder" inzwischen auch die Umweltkommissarin der EU, Margot Wallström, eingeschaltet. Auf einen Brief, den die Schwedterin Christiane Weitzel zusammen mit den Brandenburger und Berliner Grünen Marianne Gehrke und Hartwig Berger an Wallström gerichtet haben, antwortete die Umweltkommissarin am 7. März 2002, dass sie die geäußerten Bedenken im Zusammenhang mit dem Ausbau der Hohensaaten-Friedrichsthaler-Wasserstraße sehr ernst nehme. Wallström wurde sogar noch deutlicher. Der Ausbau, schrieb sie an die Grünen, sei „nur zulässig, wenn zwingende Gründe des überwiegenden öffentlichen Interesses vorliegen und keine Alternativlösung vorhanden ist".

„Beides ist aus unserer Sicht nicht der Fall", freut sich die Brandenburger Grünen-Chefin Marianne Gehrke. „Wenn sich unsere Einschätzung bestätigt, könne der Wasserstraßenausbau nicht stattfinden. Das Projekt kann sich dann zu einem europäischen Konfliktfall ausweiten."

Zum deutsch-polnischen Konfliktfall ist das Projekt ohnehin schon geworden. Nicht nur wegen der Hoffnungen auf Brüssel, die man in Polen hegt, und des Briefes der Umweltschützer, mit dem diese Hoffnungen zunichte gemacht würden. Auch der Ausbau der Hohensaaten-Friedrichsthaler-Wasserstraße wie der Bau eines neues Schiffshebewerkes bei Niederfinow würde nicht nur die Naturschutzgebiete in Brandenburg tangieren, sondern zwei Brücken im Stadtgebiet von Stettin. Die müssten für die neuen Europaschiffe und Küstenmotorschiffe erhöht werden. Ohne uns, heißt es dazu kategorisch aus dem Stettiner Rathaus. Wenn es um die Konkurrenz mit Schwedt geht, findet auch in Szczecin die deutsch-polnische Zusammenarbeit ihre Grenzen.

Aber nicht nur die beiden Brücken in Stettin stehen dem deutschen Kanalprojekt im Weg, sondern auch das polnische Programm „Odra 2006". Das sieht schließlich nicht nur den Bau neuer Staustufen bis zur Neißemündung bei Ratzdorf vor, sondern auch eine Verbreiterung und Ausbaggerung der Fahrrinne zwischen Hohensaaten und Stettin. Nur, dass dies in diesem Fall nicht auf der zu deutschem Hoheitsgebiet gehörenden Hohensaaten-Friedrichsthaler-Wasserstraße geschehen soll, sondern auf der zu Polen gehörenden Ostoder.

Im Sommer 2003 war es schließlich soweit. Die Hartnäckigkeit der Grünen und auch der Naturschutzverbände zeigte den ersten Erfolg, wenn auch vorerst auf einem Nebenkriegsschauplatz. Der von Polen beantragte Ausbau des Fußgängerübergangs Gryfino-Mescherin für den PKW-Verkehr für einen Betrag in Höhe von 2,7 Millionen Euro wurde von der EU-Kommission in Brüssel abgelehnt. Zur Begründung erklärte Umweltkommissarin Margot Wallström, dass sie nach Prüfung des Projektantrags von polnischer Seite zu dem Schluss gekommen sei, dass die zu erwartenden Auswirkungen des Straßenbaus auf das potenzielle Flora- und Fauna-Habitat-Gebiet auf polnischer Seite der Grenze unzureichend untersucht worden sei.

Wie im Falle der Hohensaaten-Friedrichsthaler-Wasserstraße war auch dieser Entscheidung ein Brief von neun deutschen und polnischen Umweltverbänden vorausgegangen. Darin hatten die Naturschützer zum Ausdruck gebracht, dass es völlig unverständlich sei, den Ausbau dieser Grenzübergangsstraße mit Fördermitteln der EU zu finanzieren, da dieser den Naturschutzzielen zuwider laufe, für deren Umsetzung ebenfalls EU-Mittel eingesetzt würden.[100]

„Ein Großer Erfolg für das Aktionsbündnis ‚Zeit für die Oder‘", freute sich der BUND. „Mit der Entscheidung der Kommission wird nicht nur Lebensraum für Pflanzen und Tiere erhalten, sondern bleibt die Grenzregion attraktiv für Rad- und Wandertouristen", sagte der BUND-Koordinator für das Aktionsbündnis, Jeroen Kuiper. „Und diese Touristen sind die Zukunft der Region."[101]

Doch die Freude sollte bald noch größer werden. Als die rot-grüne Bundesregierung 2003 den Bundesverkehrswegeplan verabschiedete, wurde zwar am vorgeblich „vordringlichen Bedarf" der Hohensaaten-Friedrichsthaler-Wasserstraße festgehalten. Ein Ausbau, so der salomonische Beschluss, dürfe aber nur stattfinden, wenn zuvor Einvernehmen mit der polnischen Seite gefunden wurde und entsprechende vertragliche Regelungen getroffen seien. Wohlwissend um die Ablehnung der polnischen Seite, jubelten die Grünen: „Das Bundesverkehrsministerium muss nun Verhandlungen mit Polen aufnehmen, damit eine Gesamtlösung für die Oder und die Hohensaaten-Friedrichsthaler-Wasserstraße gefunden wird. Der Ausbau ist damit vorläufig gestoppt."[102]

Nun, sagen die polnischen Umweltschützer, muss nur noch der polnische Ausbau der Oder verhindert werden. Weitere Briefe nach Brüssel werden also folgen, und es ist wohl kein Zufall, dass sich die junge grüne Partei 2003 in Polen nicht in Warschau, sondern in Wrocław gegründet hat.

Nach Stettin

Polnisch lernen in Löcknitz

Zum Grenzgänger

Es gab Zeiten, da war Löcknitz ein Luftkurort in Pommern. Vom Verlag Franz Thun aus Löcknitz gibt es ein altes Foto aus dem Jahre 1914, auf dem die Stettiner Chaussee zu sehen ist. Damals, kurz bevor der Erste Weltkrieg begann, ging das Leben in Löcknitz seinen normalen Gang. Und der führte oft und gerne ins nur 21 Kilometer entfernte Stettin. In umgekehrter Richtung kamen die Stettiner vor allem an den Wochenenden nach Löcknitz. Ausgedehnte Wälder, der 44 Hektar große Löcknitzer See, das war Sommerfrische pur, da musste man nicht bis Swinemünde fahren, da konnte man auch an der Randow bleiben.[103]

Heute ist Löcknitz kein Luftkurort mehr, sondern eine Grenzstadt. Zwischen der Kleinstadt mit ihren 3.200 Einwohnern und dem 420.000 Einwohner zählenden Stettin liegt nicht nur eine Entfernung von 22 Kilometern, sondern auch eine Staatsgrenze, die lange Zeit eine Außengrenze der Europäischen Union war. Außengrenze, das hatte in Löcknitz aber eine andere Bedeutung als in Frankfurt (Oder) oder Görlitz. Außengrenze, das hieß in Löcknitz nicht, dass die andern draußen sind, Flüchtlinge zum Beispiel, die an der „Festung Europa" scheitern. Außengrenze, das meinte in Löcknitz, selbst draußen zu sein, außerhalb von Szczecin.

Grenzstadt, das steht in keinem der zahlreichen Flyer, die die Tourismusinformation in Löcknitz herausgibt. Mit Grenzstadt kann man nicht werben. Werben kann man mit dem Löcknitzer See, der inzwischen privatisiert ist, mit dem sanierten Burgfried, einem Teil des alten Löcknitzer Schlosses aus dem 12. Jahrhundert, mit der Randow, die schon immer ein Nadelöhr war auf dem Weg der Kaufleute von Ost nach West und West nach Ost, mit der Randow-Mehrzweckhalle oder dem Dauercampingplatz.

Und dennoch kann man sie besichtigen, die Grenzstadt Löcknitz, zum Beispiel auf dem Parkplatz des Rewe-Marktes. Neben den deutschen Autos parken dort auch Kunden aus Polen. Der Name Löcknitz hat in Polen einen guten Ruf, in der Kreisstadt hat schließlich die Euroregion „Pomerania" ihren Sitz. In der nördlichsten der vier Euroregionen entlang der deutsch-polnischen Grenze sind die grenznahen Kommunen und Landkreise aus drei Ländern zusammengeschlossen: 87 Städte und Gemeinden sowie die Stadt Szczecin aus Polen, 33 Gemeinden aus Schweden und zwei Städte und sechs Landkreise aus Deutschland. Vor diesem Hintergrund ist auch der Name der Kneipe nicht mehr überraschend, die sich mitten auf dem Parkplatz vor dem Rewe-Markt behaupten konnte. Sie heißt: „Zum Grenzgänger".

Abwanderung aus Vorpommern

Glaubt man dem Bürgermeister, geht es Löcknitz gar nicht so schlecht. „So gesund wie unsere Unternehmen sind, so gesund ist unsere Gemeinde", freut sich Lothar Meister.[104] Seit 2002 ist der gelernte Vollmatrose der Hochseefischerei, Facharbeiter für Datenverarbeitung, Diplom-Gesellschaftswissenschaftler und PDS-Politiker ehrenamtliches Stadtoberhaupt. Und er ist mächtig stolz auf Löcknitz und seine 166 kleinen und mittelständischen Unternehmen. Den 12 Abmeldungen im Jahre 2001, wie man Pleiten im Amtsdeutsch gerne nennt, standen immerhin 21 Neuanmeldungen, also Existenzgründungen gegenüber. Sogar ein neues Gewerbegebiet hat die Stadt soeben ausgewiesen, für ein neues Wohngebiet am „Schwarzen Damm" wurde der Grundstein gelegt. „Uns allen tut es gut, dass sich die gemeinsame Arbeit für ein Füreinander und ein Miteinander gelohnt hat", zieht der 55-jährige Meister eine positive Nachwendebilanz. „Das geistig-kulturelle Leben hat sich in unserer Gemeinde dank der Mitarbeit vieler Bürger gefestigt." Nun soll kräftig in den Tourismus investiert werden. 2000 Urlauber sind es schon, die jährlich in den ehemaligen Luftkurort kommen.[105]

Erfolgsbilanzen wie diese findet man selten in Mecklenburg-Vorpommern, vor allem nicht in den vorpommerschen Landkreisen an der polnischen Grenze. Mecklenburg-Vorpommern ist das Bundesland im Osten, in dem die Abwanderung in Richtung Westen nach Sachsen-Anhalt am größten ist. Von den 1.963.900 Bewohnern, die Mecklenburg-Vorpommern 1990 zählte, haben bis heute fast 200.000 das Land verlassen. Alleine die Bevölkerungsbilanz mit der Freien und Hansestadt Hamburg, meldet das Statistische Landesamt, weise einen Verlust von 35.000 Menschen aus. Damit habe sich dort ein „Nachholpotenzial gebildet, welches Formen der Kettenwanderung begünstigt", heißt es im Amtsdeutsch der Landesplaner. Diese „Ketteneffekte" würden durch die Anwerbungspolitik einzelner Bundesländer und die gesetzlich verankerten Mobilitätshilfen für Auszubildende noch verstärkt.[106]

Doch es kommt womöglich noch schlimmer. Bis zum Jahr 2025, so lautet die Prognose der Planer, wird die Einwohnerzahl in Deutschlands nordöstlichem Bundesland um weitere 300.000 sinken. Im Jahr 2050 schließlich werden in Mecklenburg-Vorpommern nur noch 1,1 Millionen Menschen leben. Fast jeder zweite ist dann weg. Während Westdeutschland längst ein Einwanderungsland ist, ist der Osten Deutschlands zum Auswanderungsland geworden.

Doch Abwanderung ist nicht gleich Abwanderung. Während die Touristenzentren an der Ostsee und einige Regionen an der Grenze zu Niedersachsen sogar Bevölkerungszuwächse verzeichnen können, ist der Bevölkerungsverlust an der polnischen Grenze besonders hoch. In Städten wie Eggesin oder Stavenhagen weiß man schon heute, wie es sich anfühlt, wenn es heißt „Der Letzte macht das Licht aus". Nachdem die Bundeswehr ihre Kasernen geschlossen hat, stehen in der Kleinstadt Eggesin nördlich von Prenzlau 400 Wohnungen leer. Jeder dritte ist hier seit 1990 gegangen. In Stavenhagen, das heute noch 7.200 Einwohner zählt, rechnet man für die nächsten Jahre mit einem weiteren Bevölkerungsrückgang von 1.700 Bewohnern. Der Wohnungsleerstand in der Stadt betrug im Jahr 2001 15,9 Prozent. Zwei Jahre später hatte er sich bereits verdoppelt. Bis 2006, so hat man im Rathaus ausgerechnet, werde die Leerstandsquote auf 43,2 Prozent steigen.[107]

Vielleicht werden Zahlen wie diese aber erst anschaulich, wenn die Statistiker anfangen zu vergleichen oder nach Bildern für ihre Prognosen zu suchen. Wenn sie mitteilen, dass Baden-Württemberg in den vergangenen Jahren 790.000 neue Bewohner gewonnen habe. Wenn es heißt, die Abwanderung aus den neuen Bundesländern sei jung und weiblich. Dann hat man ein Vorstellung davon, wie es in manchen Regionen demnächst aussehen wird. Man muss ja nicht so weit gehen wie der Soziologe Ulf Matthiesen, der davon spricht, dass in ostdeutschen Städten in Zukunft vorwiegend „arbeitslose Stadtdeppen" leben würden.

Die Schüler aus Stettin

Die „Grenzstadt" Löcknitz findet man nicht nur auf dem Parkplatz des Rewe-Marktes oder in der Ernst-Thälmann-Straße 4, dem Sitz der Euroregion „Pomerania". Das deutsch-polnische Löcknitz findet man auch in der Friedrich-Engels-Straße.

Gleich neben dem Eingang zum deutsch-polnischen Gymnasium ist eine Gedenktafel eingemauert. Sie erinnert an die fünfziger Jahre, in denen die Schule erbaut wurde, im Geiste der Völkerverständigung zwischen der DDR und der Volksrepublik Polen. Seitdem ist die Geschichte der Schule eng mit dem Nachbarland verknüpft. Nach der Öffnung der Schlagbäume 1972 wurden erste Kontakte zu einer polnischen Schule in Police geknüpft. Zwar wurde die Tafel wieder übermalt als die Grenze später wieder geschlossen wurde. Doch nun ist die Grenze endgültig offen, und die Tafel glänzt. „Wir haben festgestellt, dass das, was die Erbauer wollten, nun umgesetzt wird", sagt Schulleiter Gerhard Scherer. Völkerverständigung wird in Löcknitz noch immer groß geschrieben.

Völkerverständigung kann manchmal auch anstrengend sein. Gosia und Alicja wissen es. Neben dem normalen Unterricht in deutscher Sprache müssen die beiden Polinnen wöchentlich noch 12 Stunden polnische Literatur, Geschichte und Sozialkunde pauken. Gosia und Alicja gehören zu den mehr als 100 polnischen Schülerinnen und Schülern, die täglich über die Grenze ins deutsch-polnische Gymnasium pendeln, die meisten von ihnen aus Police und Stettin. „Doch der Aufwand lohnt sich", sagt Alicja. „Schließlich gilt unser Abitur einmal nicht nur in Deutschland, sondern auch in Polen. Damit stehen uns alle Möglichkeiten offen."

Die 18-jährige Gosia denkt sich sogar noch weiter weg als nach Deutschland. „Vielleicht studiere ich mal in einem westeuropäischen Land, in Frankreich zum Beispiel." Es klingt ein bisschen wie ein Traum vom Europa ohne Grenzen auch für Polen. Ein Traum vom Auswandern, wie er von den Jugendlichen in Mecklenburg-Vorpommern schon lange geträumt wird und auch gelebt. Doch auf dem Schulhof des deutsch-polnischen Gymnasiums dürfen solche Träume geträumt werden, schließlich gibt es ja noch die anderen Träume, die, die in Richtung Osten führen.

Letzte Hoffnung Stettin

Stettin, das ist die Hoffnung. Das sagen alle hier.

Gerhard Scherer, der Schulleiter des deutsch-polnischen Gymnasiums, sagt es so: „Aus dem Westen hilft uns hier keiner. Unsere Zukunft ist Polen. Dort spielt die Musik."

Polen, das ist im Uecker-Randow-Kreis Stettin. Im künftigen Europa der Regionen wird die Stadt mit ihren 420.000 Einwohnern, ihrer Werft, dem Hafen und der chemischen Industrie wieder in den Mittelpunkt rücken. Dann heißt es auch in Löcknitz wieder „Ab nach Stettin", wie schon in jenen Zeiten, in denen Löcknitz Luftkurort war und die Welt noch in Ordnung. Im Europa der Regionen werden Städte wie Löcknitz, Torgelow, Pasewalk wieder das Umland sein, aus dem man aufbricht, um in der großen Stadt sein Glück zu suchen. Und vielleicht werden die Stettiner an den Wochenenden wieder nach Löcknitz in die Sommerfrische fahren. Gerhard Scherer sagt: „So wie viele Polen heute noch in Deutschland Arbeit suchen, werden wir eines Tages in Stettin um Arbeit betteln."[108]

Helmut Holter, der Arbeitsminister des Landes Mecklenburg-Vorpommern, sieht es im Grunde genauso: „Es wird eine neue grenzüberschreitende Region mit einem großen Oberzentrum Stettin geben", betonte der PDS-Politiker auf einer „Denkwerkstatt 2020". „Damit dieses Zentrum zum Wachstumsmotor der Grenzregion wird, braucht es einen baupolitischen Vorlauf.

Aufgabe der grenznahen Gemeinden muss es werden, im Wege der Bauleitplanung Baulandbevorratung entlang der Verkehrswege für Gewerbe- und Sonderflächen zu betreiben."[109]

Thilo Braune, Staatssekretär im Bundesministerium für Verkehr, Bau- und Wohnungswesen, fragt: „Warum sollen die jungen Leute aus Vorpommern in den Westen gehen. Bald können sie als Ärzte, Architekten oder Anwälte auch in Stettin arbeiten. Damit bleiben sie immerhin in der Region. Das habe ich letztens einige Schüler in Heringsdorf gefragt. Ein wenig ungläubig haben sie schon geschaut."[110]

Der Publizist Walter Wüllenweber schreibt in der Zeitschrift *Kafka*: „Gleich hinter den Grenzen der Europäischen Union liegt ein pulsierendes Wirtschaftszentrum, mit 420.000 Einwohnern die einzige Großstadt zwischen Danzig und Hamburg. Das ist etwa so viel wie in Rostock, Schwerin, Neubrandenburg und Stralsund, den vier größten Städten Mecklenburg-Vorpommerns zusammen genommen. Die Einwohner der Stadt sind jung und gut ausgebildet. Ihre Hochschulen haben mehr als 50.000 Studenten, das heißt doppelt so viel wie ganz Mecklenburg-Vorpommern. Und Stettin besitzt, wovon die Deutschen auf der anderen Seite der Grenze nur träumen: Zukunft."[111]

Siegfried Wack, der Landrat des Uecker-Randow Kreises, meint: „Ich bete darum, dass Polen so schnell wie möglich der EU beitritt. Dann werden die Deutschen in Stettin arbeiten können."[112]

Bis zum EU-Beitritt Polens und der Abschaffung der Grenzkontrollen einige Jahre später, so schlagen es die Autoren einer Studie des Landkreises Uecker-Randow vor, „solle die Bildungsstruktur erhalten werden, gegebenenfalls durch Sondergenehmigungen für die Abweichung von Richtsätzen. Das deutsch-polnische Gymnasium in Löcknitz soll in Landesträgerschaft übernommen werden. Attraktive Aus- und Weiterbildungsstätten seien zu schaffen. Dafür seien etwa die Errichtung eines Teilstandortes der FH Neubrandenburg, die Errichtung eines deutsch-polnischen Kompetenzzentrums für ökologischen Landbau, eines Consultinginstituts für Umwelttechnologie und Nachhaltigkeit Osteuropa oder auch die Einrichtung einer deutsch-polnischen Jugendakademie auf Schloss Rieth zu prüfen."[113]

Am allerdeutlichsten wird die Staatskanzlei des Landes Mecklenburg-Vorpommern, allerdings nur hinter vorgehaltener Hand: Wenn die Grenzen erst gefallen sind, so lautet die Hoffnung in Schwerin, werde das alte Oberzentrum Stettin wieder der Motor für die wirtschaftliche Entwicklung der Region sein. Und das sei auch dringend nötig. Denn so sehr man sich auch mühe, das strukturschwache Vorpommern mit einem überdurchschnittlichen Einsatz an Fördermitteln am Leben zu erhalten, einen Wirtschaftsboom werde man in den Region nicht schaffen.[114]

Die einzige Strategie, die man in der Staatskanzlei parat hat, heißt: „durchhalten".[115]

Durchhalten, das haben die deutschen Schüler am deutsch-polnischen Gymnasium gelernt. So wie Micha. Vor vier Jahren hat er sich für Polnisch und gegen Französisch als zweite Fremdsprache entschieden. „Vielleicht kann man das ja mal brauchen", sagt der 17-Jährige und fängt sofort an, auf den Unterricht zu schimpfen. „Viel zu wenig Wirtschaftssprache, viel zu viel Sachen wie Drogen und so."

Uczymy się polskiego – wir lernen polnisch: Micha ist kein Einzelfall. Von den Schülern der sechsten Klassen entscheidet sich fast jeder zweite für Polnisch. „Nicht ganz so einfach ist das", sagt Micha, „aber na ja." Etwas erleichtert wird die Sache immerhin dadurch, dass die polnischen Schüler auch in Löcknitz sind. In allen Klassen werden die etwa 400 deutschen und 100 polnischen Schüler gemeinsam unterrichtet. „Da kann man dann auch mal was fragen, ohne gleich den Lehrer zu belästigen."

Was Micha und die anderen deutschen Schüler, die sich für Polnisch entschieden haben, gemeinsam haben: Sie investieren in ihre Zukunft. Und sie investieren ins Bleiben. Polnisch, dass sie mit viel Mühe und Engagement lernen, können sie in Hamburg nicht gebrauchen. In Stettin dagegen umso mehr.

Gerhard Scherer, der Schulleiter von Löcknitz, will sich damit nicht zufrieden geben. Vor einiger Zeit war er im Saarland, gemeinsam mit Siegfried Wack, dem Landrat des Kreises Uecker-Randow. Wenn der hemdsärmlige Scherer vom deutsch-französischen Grenzgebiet spricht, gerät er fast ein wenig ins Schwärmen, erzählt vom bilingualen Alltag, obwohl auch dort, wie er betont, zweisprachig nur in Musik unterrichtet wird. An Projektideen mangelt es auch Scherer nicht. Als erste Schule im deutsch-polnischen Grenzgebiet wollte er schon 2002 Polnisch als erste Fremdsprache anbieten. „Das Problem war nur, dass es dafür noch immer keine geeigneten Lehrbücher gab. Welcher Verlag druckt schon Bücher für ein paar Tausend Schüler, die an der Oder und Neiße Polnisch lernen?"

Vor dem gleichen Problem steht auch Ruth Henning. Die Geschäftsführerin der deutsch-polnischen Gesellschaft Brandenburg ist so etwas wie die Mutter Courage des Polnisch-Unterrichts in Brandenburg und Ostdeutschland. Unermüdlich betreibt sie Lobbyarbeit, schreibt Anträge, organisiert Konferenzen, unterschützt Schulen, die Polnisch als Begegnungssprache einführen so wie die Freie Schule in Angermünde. Für Henning ist das Erlernen der Nachbarsprache in einer Grenzregion eigentlich eine Selbstverständlichkeit. „Doch ohne vernünftiges Unterrichtsmaterial kommt man da nicht weit, vor allem dann nicht, wenn man Polnisch einmal als Abiturfach haben will." Unterstützung bekommt Henning dabei vom Deutschen Polen-Institut in Darmstadt. „Die bisherigen Ansätze sind unzureichend", sagt Institutsmitarbeiter

Matthias Kneip. „Angesichts des polnischen EU-Beitritts und des damit verbundenen wachsenden Verständigungsbedarfs muss eine regelrechte Sprachoffensive her."

Doch die ist noch lange nicht in Sicht. Zwar haben sich die Bildungsexperten aus Brandenburg, Sachsen, Mecklenburg-Vorpommern und Berlin auf Initiative des Darmstädter Instituts auf die „dringliche Entwicklung eines einheitlichen deutschen Lehrwerks für Polnisch als dritte Fremdsprache" geeinigt.[116] Doch von einem Polnisch-Unterricht, der dem Französisch-Unterricht in Saarbrücken vergleichbar wäre, ist man in den deutschen Grenzgebieten zu Polen noch weit entfernt. Das betrifft nicht nur die Lehrbücher für Polnisch als zweite oder gar als erste Fremdsprache. Es betrifft auch die Ausbildung von Polnisch-Lehrern in Deutschland. Die gibt es bisher nur an der Universität Potsdam. Und sie ist, wie viele andere Fächer, von Kürzungen betroffen. Russisch-Lehrer dagegen gibt es zur Genüge. Nicht nur im Grenzgebiet, sondern auch in Berlin. Während man in der nur 58 Kilometer von der Grenze entfernten deutschen Hauptstadt nur an einer Schule Polnisch als zweite Fremdsprache lernen kann, wird Russisch-Unterricht an 44 Schulen angeboten.

Ohne Polnisch keine Arbeit

Investitionen in die Zukunft, wie sie für die Schüler in Löcknitz selbstverständlich sind, finden in den an Polen grenzenden Bundesländern oft nicht die nötige Unterstützung. Dabei weiß man in Potsdam, Schwerin, Dresden und Berlin nur zu gut, was Ruth Henning, die Lobbyistin des Polnisch-Lernens, schon seit Jahren predigt. Polnischkenntnisse, sagt Henning, sind auch „unerlässlich für die politischen, wirtschaftlichen und sozialen Akteure in der Grenzregion. Die Beherrschung der polnischen Sprache ist in Berlin, Brandenburg, Mecklenburg-Vorpommern und Sachsen eine Basisqualifikation, die sich auszahlt."[117]

„Den wenigen, die Deutsch und Polnisch sprechen, gehört die Zukunft", meint auch Elke Petrow. Petrow, die in der DDR Russisch und Bulgarisch an der Hochschule unterrichtet hat, spricht aus eigener Erfahrung. Kaum hatte sie angefangen, Polnisch zu lernen, hat sie einen Job in Stettin bekommen. Die Industrie- und Handelskammer in Neubrandenburg hat sie 1999 dorthin geschickt, um zusammen mit der Wirtschaftskammer Nord in Polen ein Deutsch-Polnisches Haus der Wirtschaft aufzubauen. Das ist inzwischen zwar wieder geschlossen, doch die Polnisch-Kenntnisse und damit die Basisqualifikation sind Elke Petrow geblieben. Auch die IHK in Neubrandenburg setzt weiter auf die Nachbarsprache. „Polnischkurse für die Mitarbeiter sind dort nicht nur erwünscht", sagt Petrow, „sondern werden von der IHK auch finanziert."

Nicht nur beim Bundesgrenzschutz, wo das Pauken polnischer Vokabeln oftmals Pflicht ist, ist derzeit ein Polnisch-Boom zu beobachten, sondern auch bei Volkshochschulen, privaten Sprachschulen und selbst bei der Urania. „Wir haben fünf Polnischkurse für Senioren", sagt der Leiter der Urania in Frankfurt(Oder), Erhard Friedemann.

Ein wachsendes Interesse an Polnisch hat auch Olaf Wulff von der Euroregion Pomerania festgestellt. „Volkshochschulen und andere Bildungsträger registrieren hier ein wachsendes Interesse an Polnischkursen. Die sind sowohl in der Wirtschaft, in Kulturvereinen, aber auch bei Privatpersonen von Jugendlichen bis zum Rentner gefragt", freut sich der EU-Projektkoordinator bei der Euroregion. „Bei diesen von der EU geförderten Projekten passiert schon mehr, als manch Außenstehender annimmt." Für Wulff ist das Polnisch lernen aber nicht nur eine Investition in die berufliche Zukunft. „Es ist auch wichtig zum Verstehen der Mentalität des anderen."

Selbst in Regionen, die nicht unmittelbar an der Grenze liegen, ist Polnisch im Trend. Der ehemalige Berliner Finanzsenator und jetzige Vorstand des Entsorgungsunternehmens Alba, Peter Kurth, lernt es ebenso wie zahlreiche Mitarbeiter der Telekom in Potsdam. Die mussten im Vorfeld der geplanten Einführung der LKW-Maut sowohl Polnisch als auch Französisch pauken, um in einem Call-Center einmal die Fragen von Spediteuren und LKW-Fahrern beantworten zu können. Ihr Polnisch-Lehrer war Michael Kurzwelly, der Künstler aus „Slubfurt" in Frankfurt (Oder) und Słubice.

Kurzwelly, der nach den acht Jahren, die er in Poznań lebte, fließend Polnisch spricht, war richtiggehend überrascht. „Französisch stand bei den Telekommitarbeitern nicht besonders hoch im Kurs. Bei Polnisch dagegen haben sie sich richtig reingehängt, haben Vokabeln gelernt, Grammatik, richtig motiviert waren die."

Vielleicht haben sie aber auch nur an ihre Zukunft gedacht. Bei der Telekom ist es ein offenes Geheimnis, demnächst in den polnischen Markt einsteigen zu wollen. In einem Unternehmen, das zugleich Arbeitsplätze abbaut, ist Polnisch keine Zusatzqualifikation, sondern womöglich das einzige Mittel gegen Arbeitslosigkeit.

Wann beginnt die Zukunft?

In Löcknitz weiß man um die Vorreiterrolle, die die Stadt spielt. In Löcknitz weiß man aber auch, dass man sich nicht auf dem ausruhen darf, was man erreicht hat. Probleme gibt es noch zur Genüge, auch in einer Stadt, die sich bislang erfolgreich gegen ein Schicksal wie das anderer Gemeinden in Ostdeutschland gewehrt hat. Noch immer ist es für die 100 Schüler aus Police und

Stettin ein langer und mühsamer Weg, den sie jeden Morgen und Abend zurücklegen müssen. Früh morgens steigen sie in den Bus und fahren zum Grenzübergang Lubieszyn-Linken. Auf der anderen Seite der Grenze holt sie ein deutscher Bus ab. Polnische Busse in Deutschland und deutsche Busse in Polen, das weiß man nicht nur im Ueckermünder Zoo, müssen nach wie vor eine Passagiersteuer errichten. Selbst dann, wenn die Reise nicht in den Urlaub geht, sondern nur zur nächsten Schule.

Das ist nicht das einzige Problem, mit dem sich Gerhard Scherer auseinandersetzen muss. Auch in Löcknitz leben nicht nur Pioniere und Grenzgänger. Scherer weiß, dass der Argwohn bei vielen Menschen oft tief sitzt, weiß, dass die „Zukunft Polen", die er mit seiner Schule zu vermitteln sucht, bei denen, die schon heute keine Zukunft mehr haben, Ängste hervorruft. Auch an seiner Schule. Dann zum Beispiel, wenn die deutschen Schüler feststellen, dass ihre polnischen Mitschüler aus Elternhäusern kommen, die man in Deutschland gemeinhin „bildungsorientiert" nennt. Dass die Eltern in die Zukunft ihrer Kinder investieren. Dann kann es leicht passieren, dass die, die aus so genannten „bildungsfernen" Elternhäusern kommen, voller Neid auf die Mitschüler aus Polen schauen. Oder voller Verachtung auf die eigenen Eltern. Bildung oder Nicht-Bildung, das ist im Zwischenland schon lange keine Frage der Staatsangehörigkeit mehr.

Gerhard Scherer weiß um die Probleme. Aber er weiß auch, dass Löcknitz, die vorpommersche Musterstadt an der Grenze, keine andere Chance hat. „Auch aus Löcknitz", sagt der Schulleiter des deutsch-polnischen Gymnasiums, „ziehen die Mobilen weg. Von den wenigen engagierten Familien, die noch hier sind, arbeiten die meisten beim Bundesgrenzschutz oder beim Zoll."

Und schon ist der Löcknitzer Schulleiter bei einer neuen Vision. „Vielleicht gibt es ja bald in Stettin eine deutsch- polnische Europaschule, mit Lehrern aus beiden Ländern, gleichberechtigter Lehrplanung, gleicher Bezahlung?" Doch dafür, sagt er, müssten wir endlich umdenken. „Am besten wäre es", da ist sich Scherer mit den Bürgermeistern vieler Grenzkommunen einig, „man würde die Grenze sofort öffnen."

Dann müsste man auf die Zukunft in Stettin nicht länger warten, dann könnte sie beginnen.

Nach Europa?

Stettin sucht eine neue Identität

Die neue Altstadt

Man muss nur die Augen etwas zudrücken. Nicht rechts und links schauen, sondern geradeaus, auf den Rynek Sienny. Dort stehen zwei Häuser, deren barocke Giebel prunkvoller nicht sein könnten. Nur der blaue und rote Anstrich irritiert. Sind diese Häuser auf dem ehemaligen Heumarkt von Stettin nun alt oder sind sie neu? Ist das Alte Rathaus mit seinen gotischen Fassaden gegenüber Original oder Kopie? Was hat es mit der postmodernen Architektur der neuen Altstadthäuser am Nowy Rynek, dem Neumarkt, auf sich? Sind der Neumarkt und der Heumarkt typische Wiederaufbauprojekte oder touristische Farce, eine Disneystadt für Heimattouristen? Die „jüngste Altstadt Polens", wie sie der Stettiner Kunsthistoriker Rafał Makała nannte, wirft mehr Fragen auf, als sie Antworten gibt.

Das hat vor allem mit ihrem fragmentarischen Charakter zu tun. Anders als die östliche Seite des Rynek Sienny, die sich wieder in einer geschlossenen Bebauung präsentiert, ist die Stettiner Altstadt nach Westen hin offen, zeigt sich ganz als Stadtlandschaft der Nachkriegsmoderne. Drei- bis fünfstöckige Häuser mit Licht, Luft und Sonne, die Auflösung der Blockstruktur, großzügige Grünflächen und Spielplätze – das ist nicht nur ein Kontrast zum postmodernen Kulissenzauber der Gegenwart. Es war auch ein bewusster Gegenentwurf zu den polnischen Wiederaufbauprojekten der Nachkriegszeit in Warschau, Wrocław und Poznań. Szczecin, die einst deutsche Stadt, die nach dem Krieg polnisch geworden war, hatte schon in den Fünfzigerjahren die Flucht nach vorne angetreten: in Richtung einer polnischen und sozialistischen Stadt.

Stettin ist eine Stadt der Kontraste. Schlendert man vom Rynek Sienny gen Norden, trifft man auf das „Kwartał Przy Baszcie", das „Quartier an der Bastei". Die Bastei, das ist der Rest der ehemaligen Jungfrauenbastei der Sieben Mäntel, eine mittelalterliche Wehranlage, die schon im 19. Jahrhundert als Wohnhaus über- und umgebaut worden war. Bis hierher ist der postmoderne Wiederaufbau der Stettiner Altstadt schon gelangt; hier findet er auch sein Ende. Keine dreißig Meter vom Basteiquartier entfernt, greifen wie Tentakelarme geschwungene Zubringer und ausladende Abfahrten der autobahnähnlichen Oderbrücke „Trasa Zamkowa" nach der Altstadt.

Es ist ein aggressiver Stellungskampf zweier ungleicher Stadtarchitekturen, der sich dem Beobachter hier bietet, ein beeindruckendes Schauspiel im

Kampf um die Deutungsmacht über die Stadt. Die Nachkriegsbebauung der Fünfzigerjahre, die Verkehrsführung der Siebzigerjahre und der postmoderne Wiederaufbau sind allesamt Bemühungen, die Leerstelle, die die im Krieg zerstörte Altstadt hinterließ, neu zu interpretieren. Doch diese Bemühungen sind allesamt unvollendet, ein Nebeneinander von Fragment gebliebenen Stadtbildern – eine Suche. Ein Versuch, den Standort dieser nur 125 Kilometer von Berlin entfernten Stadt mit ihren 420.000 Einwohnern neu zu bestimmen, einer Stadt mit slawischem Ursprung, deutscher Geschichte, polnischer Gegenwart und europäischer Zukunft.

Deutsch oder polnisch?

Am Unterlauf der Oder sind die Ufer besonders hügelig. Eine wunderschöne Landschaft, durch die sich der Fluss seinen Weg bahnt, bevor er ins Stettiner Haff fließt und als Peene, Świna und Dziwna schließlich in die Ostsee mündet. Angesichts der Buchenwälder, Endmoränen und Seen, die diese Landschaft prägen, ist es nicht allzu erstaunlich, dass ausgerechnet hier, auf einem Hügel am westlichen Oderufer, die Geschichte von Stettin begann.

Bereits um die Wende vom 7. zum 8. Jahrhundert war auf dem Hügel Trzygław eine slawische Handwerkersiedlung entstanden. Mitte des 9. Jahrhunderts wurde die Siedlung um eine Burg ergänzt. Immerhin war die Gegend umkämpftes Gelände. Es war die Oder, die hier schon einmal den Verlauf der polnischen Westgrenze markierte – der Grenze zwischen den piastischen und den deutschen Fürstentümern. Fast vierhundert Jahre blieb die Burgsiedlung polnisch. Gegen Ende des 12. Jahrhunderts kamen die ersten Deutschen und siedelten unten am Fluss, in der Nähe des heutigen Altstadtmarktes.

Deutsch wurde Stettin allerdings erst, als mit dem Bamberger Kaufmann Jakob Beringer auch ein großzügiger Geldgeber auftauchte. Beringer stiftete der deutschen Gemeinde 1187 eine eigene Kirche, die heutige Jakobikirche. Seit dieser Zeit riss der Zustrom der Deutschen in die spätere Unterstadt nicht mehr ab. Als Stettin 1243 die Stadtrechte erhielt, war die slawische Siedlung auf dem Trzygław verschwunden.

Das deutsche Stettin wurde schnell zum bedeutenden Handelsplatz. Am Ufer der Oder entstand das so genannte Bollwerk, der Vorläufer des Stettiner Hafens. Auf dem Marktplatz bauten die deutschen Bewohner seit Mitte des 14. Jahrhunderts das gotische Rathaus, das den Platz fortan in den südlichen Heumarkt und den nördlichen Neumarkt teilte. Zu dieser Zeit regierte in Pommern die Dynastie der Greifen und machte das Fürstentum zu einem unabhängigen Staat und zu einem Puffer zwischen Brandenburg, Polen und dem Ordensritterstaat. Nicht trotz, sondern wegen seiner Grenzlage wurde Stettin zu einer blühenden Handelsstadt und zum Mitglied der Hanse. Und es wurde zu einer der bedeutendsten preußischen Festungen. 1720 wurde Stettin zur Hauptstadt der preußischen Provinz Pommern und damit zum „Bollwerk gegen Schweden und Polen". Es entstanden zahlreiche Kasernen und Forts, aber auch repräsentative Militärbauten. Die berühmtesten von ihnen, das barocke Berliner und das Königstor, stehen als Brama Portowa und Brama Królewska noch heute.

Sind Festungsstädte eher Festung oder eher Städte? Während sich andernorts in Preußen Garnison und Markt getrennt voneinander entwickelten, begann mit dem Bau der barocken Festungstore, der Kasernen und der Forts eine Auseinandersetzung, die das deutsche Stettin über nahezu zweihundert Jahre lang begleitete. Es ist das erste Ringen um die Identität der Stadt, die der Stadtchronist Maciej Czekała in seinem Buch „Był sobie Szczecin" (Es war einmal Stettin) trefflich als „Krieg" bezeichnete – als Krieg der zivilen Stettiner Verwaltung gegen die Militärs.

Es war ein Krieg mit ungleich verteilten Waffen, bei dem die Stadtverwaltung über Jahrzehnte hinweg aus einem einzigen Grund den Kürzeren zog: Bis in die Zwanzigerjahre des 20. Jahrhunderts hinein behinderten die Forts und Garnisonen die Entwicklung Stettins zu einer modernen Stadt. Für die Preußen war Stettin als Militärstandort weit wichtiger denn als Handelsplatz. Das Ende ist bekannt. Nach den Bombennächten des Januar und August 1944 wurde die Stettiner Altstadt zu neunzig, der Rest der Stadt zu siebzig Prozent zerstört. Aus dem deutschen Stettin wurde das polnische Szczecin.

In den Westen!

Im Stettiner Stadtmuseum im Alten Rathaus hängt heute im obersten Stockwerk, dort wo es um die verschiedenen Phasen des Wiederaufbaus nach dem Zweiten Weltkrieg geht, ein Plakat. Es zeigt die neue Landkarte Polens nach der Westverschiebung seiner Grenzen, am Ufer der Oder steht ein großer, weißroter Grenzpfahl. „Na Zachodzie, ziemie czekają!" steht in großen Lettern auf dem Plakat – „Im Westen wartet die Erde".

Gleich daneben hängen alte Flugblätter, mit denen die polnische Regierung 1945 um „Repatrianten", wie die Neusiedler hießen, für die „wiedergewonnenen Gebiete" warb. „Szczecin jest polski" – „Stettin ist polnisch" heißt es in einer Bekanntmachung vom 7. Juli 1945, signiert vom ersten polnischen Stadtpräsidenten Piotr Zaremba. Doch so polnisch war die Stadt noch nicht. Den 1.500 Polen, die am 5. Juli, dem Tag, an dem die Stadt der polnischen Verwaltung übergeben wurde, in Stettin lebten, standen 84.000 Deutsche gegenüber. Erst während der nächsten beiden Jahre stieg die polnische Bevölkerung an, von 26.000 im Dezember 1945 auf 108.000 im Dezember 1946. Können wir uns heute vorstellen, wie sich ein Vertriebener aus Wilna, ein Arbeitsmigrant aus Zentralpolen oder ein einfacher Soldat fühlte, als er erstmals die Erde betrat, die ihn angeblich erwartete, eine fremde Stadt, die ihm zur neuen Heimat werden sollte? Wie es war, als polnischer Vertriebener in eine weitgehend zerstörte Stadt zu kommen und diese Stadt wieder aufzubauen, nicht als deutsche, sondern als polnische Stadt? Man kann sich einer solchen Vorstellung zumindest nähern, wenn man in einem Buch blättert, das die Stettiner Tageszeitung *Kurier Szczeciński* herausgegeben hat. „Stettin aus Familienalben" heißt es und zeigt anhand alter Fotografien, mit welcher Beharrlichkeit und welchem Pioniergeist sich die neuen Bewohner daran machten, in der neuen Heimat Fuß zu fassen.

Zum Beispiel Frau Jasieńska: Inmitten der Ruinenlandschaft hat sie sich mit Freunden und Kollegen für ein Foto aufgestellt. Es sind die Schaufeln in den Händen, die keinen Zweifel daran lassen, dass dies ein Bild des Aufbruchs ist, in eine Zukunft, die mehr versprach als die Gegenwart, auch wenn diese Zukunft noch weitgehend unter Trümmern lag. „Ich bin Einwohnerin Stettins seit Dezember 1945", kommentierte Frau Jasieńska später das Foto. „Das waren schwere und interessante Zeiten, aber voller Freude – der Krieg war zu Ende. Das waren gemeinsame Trümmerarbeiten, wohl auf dem Plac Orła Białego."

Andere Fotos, die die Expioniere beim *Kurier Szczeciński* einschickten, zeigen Mütter und Väter mit Kinderwagen – im Hintergrund die Ruinen der Jakobikirche, der Altstadt oder des Schlosses der pommerschen Herzöge, das nun Piastenschloss hieß. Oder die ersten Obst- und Gemüsestände an der Aleja Wyzwolenia. „Die Kriegszerstörungen", heißt es, „waren gewaltig. Die Innenstadt, das Hafenviertel und selbst der Hafen lagen in Trümmern. Die neuen Einwohner, die hier ein Dach über dem Kopf gefunden haben, mussten den Wiederaufbau in Angriff nehmen. Auf dem nachdeutschen Gelände wuchs eine andere Stadt als vor dem Krieg, schon mit polnischem Charakter."

Der polnische Charakter

Polnischer Charakter, das war das Stichwort, nicht nur in Stettin. Auch in anderen, ehemals von Deutschen bewohnten Städten, die nach dem Krieg polnisch geworden sind, stand die Suche nach der polnischen Geschichte im Vordergrund. Doch anders als in Gdańsk/Danzig, Wrocław/Breslau oder Poznań/Posen war es in Stettin besonders schwierig, an die polnische Geschichte anzuknüpfen. Die ältesten Gebäude, die Jakobikirche und das Altstädter Rathaus, waren unzweifelhaft deutsch. Nur am nördlichen Flügel des

Schlosses machte man sich daran, einen Giebel in seiner alten Gestalt aus der Renaissance wieder aufzubauen. Nicht allzu viel also, um eine polnische Tradition baulich zu begründen.

Wenn das einer wissen konnte, war es Piotr Zaremba. Als erster polnischer Stadtpräsident Stettins hatte sich der gelernte Stadtplaner und Architekt von Anfang an gegen einen Wiederaufbau der zerstörten Stadt ausgesprochen. Zaremba stand der Sinn viel mehr nach „mutigen" Lösungen. Bereits 1946 hatte er eine erste Konzeption für den Wiederaufbau vorgelegt. Stettin, so war der damals 36-jährige Zaremba überzeugt, habe sich vor dem Krieg in einer Randlage befunden, sei künstlich auf Hamburg und Berlin ausgerichtet gewesen und habe sich nicht entsprechend seiner geografischen Lage entwickeln können. Vor allem aber habe sich die Stadt von ihrem natürlichem Hinterland, nämlich Polen, abgewandt. Damit sollte nun Schluss sein. Wenn die Geschichte schon keine Anhaltspunkte gab, musste eben die Geografie den „polnischen Charakter" Stettins begründen.

Mutig waren sie in der Tat, die ersten Umbaumaßnahmen, die aus dem nach Westen ausgerichteten Stettin das sich nach Osten wendende Szczecin machen sollten. Wer heute den Hauptbahnhof in Richtung Oder verlässt, findet sich auf keiner herausgeputzten Uferpromenade wieder, sondern steht ratlos vor den „Nabrzeże Wieleckie", einer mehrspurigen Autostraße entlang des Oderufers. Die war als „Arteria Nadodrzańska", als „Oderarterie", bereits in dem ersten städtebaulichen Plan Zarembas aufgenommen worden und sollte den Bahnhof mit dem nördlich der zerstörten Altstadt gelegenen Verwaltungszentrum oberhalb der Hakenterrassen, den nunmehrigen Wały Chrobrego, verbinden. Vor allem aber war sie Zubringer für die in den Siebzigerjahren gebaute Trasa Zamkowa, die sich heute mit der Jungfrauenbastei dieses so unnachahmliche städtebauliche Duell liefert. Die achtspurige Oderbrücke vollendet den Brückenschlag der am Westufer der Oder gelegenen Stadt in Richtung Osten. Und er wurde zum Startschuss für den Bau der fünfzigtausend Einwohner zählenden Großsiedlung Słoneczne auf dem östlichen Oderufer. Szczecin sollte Warschau in Zukunft näher sein als Berlin.

„Die Wahl der architektonischen Formensprache wie der urbanistischen Konzepte", schreibt der Greifswalder Historiker und Slawist Jörg Hackmann über die Stettiner Bau- und Planungsgeschichte der Nachkriegszeit, „können als Aussagen über das Selbstverständnis wie die Weltsicht des Auftraggebers gedeutet werden", als eine Art „Entwerfen und Propagieren einer neuen kollektiven Identität". Doch für diese Identität Stettins, so sollte sich bald herausstellen, reichte der Brückenschlag über die Oder nicht aus. Trotz der nahezu vollständig zerstörten Altstadt, trotz des Baus der Arteria nadodrzańska war in den ersten Nachkriegsjahren der „deutsche Charakter" von Stettin nicht zu übersehen.

Es waren noch immer die Bauten des preußischen und wilhelminischen Stettin, die das Bild der Stadt prägten. Zum Beispiel im Quartier rund um den ehemaligen Kaiser-Wilhelm-Platz, der nun Plac Grundwaldzki hieß und an die Mietskasernenbebauung von Prenzlauer Berg oder Kreuzberg in Berlin erinnerte. Oder das Straßenraster der Stadt, das auf James Hobrecht zurückgeht. Der war nicht nur Berliner Stadtbaumeister und mit seinem Bebauungsplan von 1859 bis 1861 verantwortlich für Berlin als „größte Mietskasernenstadt der Welt". Kurz zuvor war Hobrecht auch Stadtbaurat in Stettin gewesen.

Vor diesem Hintergrund war es nicht allzu erstaunlich, dass der „polnische Charakter" von Szczecin nicht nur geografisch, sondern auch städtebaulich in Opposition zum deutschen Stettin formuliert wurde. Piotr Zaremba selbst hatte die Stichworte geliefert. Die Altstadt, daran hatte der Stadtpräsident nie einen Zweifel gelassen, sei „eng und finster" gewesen. Ein Wiederaufbau hätte dem Ziel, die „Missverständnisse der deutschen Zeit zu beseitigen", grundlegend gegenübergestanden. Die Gestaltung des polnischen Szczecin, sagte Zaremba, solle stattdessen „kühn und konsequent den neuesten Tendenzen des Städtebaus folgen". Nicht mehr nur der Brückenschlag über die Oder sollte fortan die Stadt charakterisieren, sondern auch eine neue Zäsur in der Architektur.

Das Altstadtprojekt

Kernstück des modernen, sozialistischen Szczecin war ein mehrstufiger Bebauungsplan, den das Planungsbüro „Miastoprojekt" im Auftrag Zarembas Mitte der Fünfzigerjahre für die Oberstadt vorgelegt hatte. Zwischen 1956 und 1960 begann westlich des Rynek Sienny der erste Bauabschnitt. Zwar wurde das Straßenraster der Altstadt weitgehend beibehalten und in Anlehnung an die historische Bebauung auch auf Flachdächer verzichtet. Gleichwohl lobte Zaremba den Plan von Miastoprojekt, weil er anders als in anderen polnischen Städten auf Archaismen verzichtet habe. Die zweite Bebauungsstufe von 1958 bis 1960 sah die Verbreiterung der Breiten Straße vor. Damit führte erstmals eine Straße aus der Innenstadt direkt auf den Most Długi, die ehemalige „Hansabrücke". Im Gegensatz zum ersten Bauabschnitt in der Oberstadt wurde in der Breiten Straße, die später in ulica Wyszyńskiego umbenannt wurde, deutlich höher gebaut. Am Rande der Altstadt durfte sich Stettin noch kühner, moderner und konsequenter zeigen.

„Anders als in anderen polnischen Städten", das hieß in den Augen Zarembas vor allem anders als in Gdańsk. Zwar gab es auch in Danzig Stimmen, die sich entschieden gegen den Wiederaufbau der historischen „Rechtstadt" richteten. „Hier in Danzig", schrieb der Architekt Edmund Osmańczyk im

April 1945, „lässt mich die Zerstörung kalt." Es ist ein ähnlicher Ton wie der von Zaremba, den Osmańczyk hier anschlägt, ein Ton, der schließlich in die Feststellung mündet, dass von Danzig nur das übrig geblieben sei, was jeder internationale Hafen besitzt, also Hafenanlagen, Werften, Fabriken, Arbeitervorstädte. „Mehr", so Osmańczyk, „brauchen wir nicht. Wir werden Danzig endlich allein nach polnischem Muster und nicht nach kreuzritterlichem Stolz bauen."

Gleichwohl entschied man sich Ende der vierziger Jahre für einen Wiederaufbau Danzigs in weitgehend historischer Gestalt. Der heute 81-jährige Wiesław Gruszkowski, der als junger Architekt an diesem Wiederaufbau teilhatte, erinnert sich noch heute an die Gründe, die zu dieser Entscheidung geführt haben: „Die Kulturdenkmäler Danzigs waren von europäischem Rang. Sie wieder aufzubauen, war nicht nur eine regionale oder nationale Aufgabe."

Ähnlich sah das auch der polnische Generalkonservator Jan Zachatkowicz, dessen Stimme letzten Endes den Ausschlag gegeben hatte: „Dank der Tatsache, dass es [Danzig] einst für verschiedene europäische Kulturen das Tor nach Polen war, gibt es hier zahlreiche europäische Kulturdenkmäler. Es handelt sich nicht um polnische Kulturdenkmäler, deswegen dürfen wir unsere Hochschätzung nicht nur auf jene Objekte beschränken, die unmittelbar mit Polen verbunden sind."

In Danzig also hatte man sehr früh den Wiederaufbau der Stadt mit einer europäischen Idee, ja sogar mit einer europäischen Identität verbunden. In Stettin mit seiner Ablehnung der „Archaismen" dagegen stand weniger Europa im Vordergrund. Maßgeblich für die Neugestaltung der Stadt war ihre Lage als Grenzstadt zur Deutschen Demokratischen Republik – und dies erwies sich als stärker als jede Neuorientierung. Doch die polnische Zukunft, mit der man sich in der Grenzstadt von der deutschen Vergangenheit abgrenzen wollte, gehörte anderen Städten, Warschau natürlich, aber auch Danzig, Breslau und Poznań. Die Hinwendung Stettins nach Osten glich einer neuen Liebe, die nicht erwidert wurde. Aus Warschauer Sicht blieb Stettin immer eine Stadt weit weg, irgendwo am Rande. Zumindest bis 1989, jenem Jahr, in dem nicht nur das Ende der europäischen Teilung eingeläutet wurde, sondern Stettin nun wieder mittendrin lag in Europa.

Das neue Szczecin

Am Ende der Ideologien steht nun auch das Ende der städtebaulichen Visionen. Stadt ist nicht mehr dort, wo sie geplant wird, sondern dort, wo sich ihre Bewohner aufhalten. Zum Beispiel im Jazzcafé, weiter droben, dort wo das gründerzeitliche Stettin mit seinem so lange beklagten „deutschen Charakter" beginnt. Das Jazzcafé ist einer der angesagten Treffpunkte des jungen Stettin. Von zwölf Uhr mittags bis zwei Uhr nachts treffen sich hier Studenten, Künstler, manchmal auch einige Touristen. Sie trinken Milchkaffee, trockenen Rotwein oder Cocktails, sind in Gespräche vertieft oder lesen Zeitung.

Es ist die Inneneinrichtung, die dem Jazzcafé eine ganz besondere Note verleiht: die Chromtische, auf denen eine pastellgrün schimmernde Mattglasscheibe liegt, der mit Terrakotta gefliese Boden, die bunten Designerlampen an der Decke. Ein Interieur, das modern ist, aber nicht kalt, bunt, aber nicht kitschig. Es ist ein Raum, der viel Aufbruch behauptet, aber seine Geschichte nicht leugnet. Im Jazzcafé im ehemals preußischen Königstor treffen sich jene Polen der dritten und vierten Generation der Neusiedler, die von einem neuen Hang zur Nostalgie ebenso weit entfernt sind wie vom „kühnen" Blick in die Zukunft, den Piotr Zaremba vorgegeben hat.

Es ist ein vielmehr spielerischer Umgang mit der Geschichte, der diese Generation auszeichnet, ein Umgang mit verschiedenen Vergangenheiten, die nun in der Mehrzahl zur Verfügung stehen. Der Stettiner Journalist Bogdan Twardochleb hat diese hybride Form einer neuen Aneignung von Geschichte einmal die Suche nach den „kleinen Heimatländern" genannt. Dabei ginge es nicht nur um die deutsche und polnische Vergangenheit, die nach wie vor eher trenne, sondern eher um die Suche nach Gemeinsamkeiten in der Differenz. „Was uns mit den jungen Menschen auf der deutschen Seite verbindet, ist die pommersche Geschichte", sagt Twardochleb und verweist darauf, dass die Greifendynastie, die bis zur Übernahme Stettins durch Preußen Westpommern regierte, mit den polnischen Piasten verwandt war. Ganz ohne Geschichte darf es in Polen auch nicht gehen.

Ist die pommersche Geschichte in Stettin das kleine Heimatland, so ist das Europa der Regionen in Zukunft die große Heimat. Doch dieses Europa ist noch weit entfernt. An der Toren der Stettiner Werft hängen neuerdings wieder Transparente. Auch einige rotweiße Fahnen sind darunter. Die Rettung der Werft, mögen sie bedeuten, ist eine Aufgabe von nationaler Bedeutung. Vor allem aber ist sie eine Frage, die über Sein oder Nichtsein des Wirtschaftsstandortes Stettin entscheidet. Immerhin ist die Werft mit ihren sechstausend Beschäftigten der größte Arbeitgeber der Stadt. Hinzu kommen noch einmal zehntausend Arbeitsplätze bei Zulieferbetrieben. Ein Ende des Schiffsbaus käme in Stettin, das sich nun wieder als „Stadt des Meeres" präsentiert, einer Katastrophe gleich.

Das Ende der Werft ist tatsächlich gekommen. 2002 ging die Stocznia Szczecińska in Konkurs. Aber auch die erhoffte Rettung ist gekommen. Aus Warschau. Nach dem Konkurs wurde die Werft kurzerhand verstaatlicht.

Doch die Stettiner sind seitdem verunsichert. Anders als es viele auf der deutschen Seite der Grenze meinen, ist die Zukunft auch in der westpommerschen Metropole keine Selbstverständlichkeit. Wo ist der Platz für die Stadt zwischen Warschau und Berlin?, fragt man sich nun immer öfter. Wo liegt das Europa, auf das die Menschen in Löcknitz hoffen? Wo das Europa der Europaschiffe, deretwegen die Hohensaaten-Friedrichsthaler-Wasserstraße ausgebaut und bei Niederfinow ein neues Schiffshebewerk gebaut werden soll. Welchen Platz hat dieses Europa für Stettin?

Das Straßburg an der deutschen Grenze

Kazimierz Wóycicki und Andrzej Kotula haben ihn gesucht, diesen Stettiner Platz in Europa. Einmal im Monat haben sie zum „Forum Polen Deutschland" ins Stettiner Schloss geladen, um über das schwierige Verhältnis zwischen Deutschen und Polen, die Lage Stettins zwischen Warschau und Berlin, die Situation im Grenzgebiet zu diskutieren. Bis zu 200 Teilnehmer waren zu jeder Veranstaltung gekommen.

Nach zehn Diskussionen haben der heutige Leiter des Polnischen Instituts in Leipzig und der Stettiner Publizist und Deutschlandkenner eine Zwischenbilanz gezogen. Stettin, haben sie in den zehn Monaten erfahren, besitze eine herausragende Bedeutung nicht nur für die Grenzregion, sondern auch für das Verhältnis zwischen Polen und Deutschen. Und dennoch fehle es der Stadt an einem Symbol für diese Bedeutung. Noch immer, klagen Wóycicki und Kotula, sei die Stadtbrücke zwischen Frankfurt und Słubice das Symbol der Brücke zwischen Deutschen und Polen. „Die Brücke und das Collegium Polonicum sind ‚geheiligte Treffpunkte' der Politiker, die mit dem Hubschrauber einschweben, ihre Rede halten und nach einer Stunde wieder abfliegen. Słubice und seine Brücke hingegen fallen dann wieder in die alte Rolle, die der Ameisenstraße und der Brücke des Schmuggels zurück."[118]

Weniger eine symbolische Brücke brauche die Grenzregion als ein Symbol, eine Quelle der Inspiration und Impulse, eine Werkstatt und einen Ort der praktischen Anleitung. „Das Grenzgebiet", sind Wóycicki und Kotula überzeugt, „braucht ein solches Straßburg." Und keine andere Stadt wäre für diese Rolle, für ein Straßburg an der polnisch-deutschen Grenze, besser geeignet als Stettin.

Die Bilanz der deutsch-polnischen Zusammenarbeit, die Wóycicki und Kotula aufstellen, kann sich vorerst aber auch ohne Verweis auf die deutsch-französische Grenze sehen lassen. Da ist der polnische Tierpark im deutschen Ueckermünde, das Schloss mit der Oper, die von den Deutschen schon selbstverständlich genutzt wird, da ist das „Teatr Kana", eine der besten Off-Bühnen Polens, das mit dem deutschen Schloss Bröllin kooperiert. In Stettin findet man die Pommersche Bibliothek mit ihren Partnerbibliotheken in München

und Berlin, es gibt Zeitungsredaktionen, die mit deutschen Zeitungen kooperieren, Vereine, Initiativen, studentische Projekte, kurzum alles, worauf es ankommt in einer europäischen Metropole an der deutsch-polnischen Grenze.
Und gab es da nicht auch die denkwürdige Wahl zum „Stettiner des Jahr-
hunderts"? Die Tageszeitung *Gazeta Wyborcza* hatte ihre Leser 2000 zu dieser
Wahl aufgefordert und dabei überraschendes zutage gefördert. Zwar kam Piotr
Zaremba, der Pionier des polnischen Szczecin, auf den ersten Platz. Doch
schon auf den Plätzen zwei und drei folgten mit Hermann Haken und
Friedrich Ackermann zwei Deutsche. Der eine ließ die nach ihm benannten
Hakenterassen, die heutigen Wały Chrobrego, bauen, der andere war Stettiner
Stadtbaumeister bis zum Machtantritt der Nazis. Ungefährliche Deutsche
waren sie sicher, wie man in Szczecin nach Bekanntwerden des Ergebnisses
immer wieder betonte, aber eben auch Vertreter des „deutschen Charakters"
von Stettin.

Versinkt Stettin?

Aber auch in Stettin gibt es sie, die Kluft zwischen der Europabegeisterung
der Eliten und dem Alltag der Menschen vor Ort. Auch in Stettin, der Stadt
mit Zukunft, ist die Arbeitslosigkeit gestiegen: auf mittlerweile 18 Prozent. In
der Woiwodschaft Westpommern mit ihren riesigen landwirtschaftlichen Betrieben ist sie schon auf über 20 Prozent angestiegen. Und haben die Stettiner
nicht im Herbst 2002 gezeigt, wo sie sich ihren Platz in Europa wünschen:
nicht im Zwischenland, nicht als Straßburg an der deutsch-polnischen Grenze,
sondern in Polen? Haben sie nicht mit Marian Jurczyk wieder den „Helden der
Solidarność", zum Stadtpräsidenten gewählt, einen rechten Populisten, der
kein Hehl daraus macht, ein „Antideutscher" zu sein? Hat nicht soeben das
polnische Nachrichtenmagazin *Newsweek Polska* eine „Homestory" über
Stettin veröffentlicht, mit einer Schlagzeile, die vernichtender nicht sein
könnte: „Stettin versinkt". Über Jahre hinweg, heißt es da, seien Investitionen
in den Sand gesetzt und Investoren aus dem Ausland verschreckt worden. Das
Fazit von *Newsweek Polska*: „Eine Stadt mit vielen Chancen, aber seit Jahren
schlecht regiert. Statt das zu ändern, versinkt man in Lethargie."[119]
Zukunft, dass musste man in Stettin in den vergangenen Jahrzehnten
lernen, ist keine Frage der Geografie. Nach dem Zweiten Weltkrieg und dem
Potsdamer Abkommen, war Stettin polnisch geworden, aber noch lange keine
polnische Stadt. Nun ist Szczecin eine polnische, aber noch keine europäische
Stadt, kein Oberzentrum in einem Europa der Regionen, in das man auf der
deutschen Seite so viel Hoffnungen setzt.

Versinken wird Stettin dennoch nicht. Die Wahl von Marian Jurczyk war nicht nur ein Votum für einen Nationalisten, sondern auch ein Denkzettel gegen die allzu selbstherrlich auftretenden Postkommunisten. Und hinter dem vorsichtigen Verhalten gegenüber ausländischen Investoren steckt noch immer die alte Furcht vor einem Ausverkauf des Landes, auch wenn die Bürger der Stadt mit der Wahl des „Stettiners des Jahrhunderts" und ihrer Abstimmung im Referendum längst ein anderes Urteil gesprochen haben.

In dieser Widersprüchlichkeit liegt, wie schon im fragmentarischen Stadtbild in der Altstadt, nicht nur ein Problem, sondern auch eine Chance. Selten haben zwei Ereignisse die Bewohner der Stadt so in Bewegung gebracht wie die Wahl von Jurczyk und der Veriss aus der eigenen Hauptstadt, und sei es nur aus der Feder einer Journalistin. Wochenlang wurde in den Stettiner Zeitungen über die Ereignisse diskutiert, wurden Initiativen zur Abwahl Jurczyks gegründet und darüber gestritten, ob die Stadt tatsächlich schlecht regiert wird.

Es ist dieses Potenzial der Zivilgesellschaft, die der Stadt slawischen Ursprungs, einer deutschen Geschichte und einer polnischen Gegenwart tatsächlich eine europäische Zukunft verspricht. Die es vielleicht wirklich einmal zum Straßburg der Grenzregion an Oder und Neiße macht. „Der Dialog der Deutschen und Polen", sind Kazimierz Wóycicki und Andrzej Kotula jedenfalls überzeugt, „findet nicht nur zwischen den Eliten also zwischen Berlin und Warschau statt". Er muss auch eine Ergänzung in der Gesellschaft finden. „Diese Ergänzung ist nur im Grenzgebiet möglich, wo eine lebendig reagierende, eine der alltäglichen Teilnahme an diesem Dialog geneigte, nicht gleichgültige Öffentlichkeit auf beiden Seiten der Grenze lebt."

Ströme und Orte

Die neue Geografie des Grenzgebiets

Wo liegt das Grenzgebiet?

Selten hat eine Region derart verschiedene und teilweise auch gegensätzliche Begriffe auf sich vereinigt wie das deutsch-polnische Grenzgebiet. Die einen, wie zum Beispiel Regina Bittner vom Bauhaus in Dessau, nennen es „Transitraum" und reihen es ein als Zwischenstation auf dem Weg von Berlin nach Moskau. Andere sind weniger diplomatisch und sprechen bereits von einer „Transitwüste"[120]. Der Journalist Peter Haffner, der als Schweizer weder auf deutsche, noch auf polnische Befindlichkeiten Rücksicht nehmen muss, hat das Grenzgebiet in seiner spannenden Reisereportage „Grenzgänge" eine „Verwerfungszone" genannt.[121] Selbst der aus Oberschlesien stammende Janosch, den meisten bekannt als Autor zahlreicher Kinderbilderbücher, hat in seinem legendären „Polski Blues" ein ganz eigenes Bild der Grenze entworfen: „Polen ist ein Heimwehland. Die Landschaft wurde immer öder, jedes Grenzland ist öde, keiner siedelt sich da gerne an, weil es immer hin und her geht. Einmal gehörst du zu den einen, dann schlagen dich die andern tot. Dann gehörst du zu den andern, und immer so weiter."[122]

Der Warschauer Publizist Adam Krzemiński ist nicht ganz so pessimistisch und spricht vorerst nur von einer „Problemzone", die noch immer auf ihre Chance warte.[123] Ulf Matthiesen wiederum warnt vor einer weiteren „Peripherisierung" der Region. Schon jetzt hätte man auf beiden Seiten mit Berlin und Poznań zwei wichtige wirtschaftliche Zentren. „Dazwischen", so Matthiesen, „ist oft Niemandsland".[124]

Den düstersten Begriff für das deutsch-polnische Grenzgebiet hat der Soziologe Jörg Dürrschmidt parat. „Wenn sich die Abwanderung bis zur Überschreitung eines kritischen Punktes beschleunigt", warnte Dürrschmidt im September 2002 bei einer „Szenarienkonferenz" in Görlitz, drohe aus dem Grenzgebiet eine „wild zone" zu werden, inklusive der Gründung von „Bürgerwehren" und der Kontrolle von ethnisch definierten „defense spaces".

Eine „wild zone", weitgehend sich selbst überlassen, eine „No-go-area" für Fremde, eine unregierbare Region, die der Kontrolle der Hauptstädte, aber auch der lokalen Behörden entzogen ist – das wäre freilich das genaue Gegenteil einer stabilen Entwicklung in dieser für das deutsch-polnische Verhältnis so sensiblen Region. Es wäre auch das Ende der europäischen Visionen für die geteilten Städte. In einer „wild zone" wären es nicht mehr der Pioniergeist und die Neugier, die die Menschen und die Landschaft prägten, sondern der Jagdinstinkt. „wild zone", das wäre schließlich eine Metapher für Zerstörung, eine „Zone", wie sie Andreij Tarkowskij in „Stalker" gezeigt hat, eine Region, aus der sich die Zivilisation zurückgezogen hat, und in der keine Versprechungen warten, sondern hinter jeder Ecke das Ende.

Es sind Zuschreibungen von außen, die aus solchen Begriffen sprechen, Vogelschauen und Über-Blicke auf und über eine Region, die sich tatsächlich oft der Beschreibung entzieht. Am Ende der Welt oder im „Wilden Westen" nimmt man es mit der Geografie nicht mehr so genau. Eine Geografie der Vermutungen reicht da, nicht nur für die Beobachter von außen, sondern auch die Pioniere vor Ort. Jede genaue Vermessung, jeder neue Grenzstein, jeder Begriffsklärung bedeutete schließlich auch Eingrenzung. Keine gute Aussicht für das Zwischenland, in dem es vor allem auf Bewegungsfreiheit und Grenzüberschreitung ankommt.

Grenzgebiet oder Grenzregion

Wo liegt das deutsch-polnische Grenzgebiet? Wo beginnt es, wo hört es auf?

Diese Fragen würde sich in Straßburg, dem Vorbild der Stettiner auf dem Weg nach Europa, keiner stellen. Grenzgebiete, weiß man dort, beginnen da, wo die Grenze spürbar zu werden beginnt, nicht nur physisch, sondern auch atmosphärisch, dort, „wo die Grenze in der Luft liegt". Sie beginnen nicht mit den Städtepartnerschaften, die man miteinander eingeht, sondern dort, wo diese Städtepartnerschaften etwas zur Verbesserung der eigenen Lage beitragen, nicht nur ideell, sondern auch materiell. Im Grenzgebiet befindet man sich, wenn man die Autokennzeichen des anderen Landes nicht mehr zählt und auch nicht, wenn man sich auf der anderen Seite befindet, die eigenen. Man kann sich in Berlin mitten im Grenzgebiet wiederfinden, in Stettin dagegen mitten in Polen. Das Grenzgebiet, da hat die polnische Soziologin Małgorzata Irek recht, ist eine Frage der Perspektive, es beginnt dort, wo man sich etwas von ihm verspricht oder es als Bedrohung empfindet, und endet da, wo es keine Bedrohungen, aber auch keine Versprechungen mehr gibt.

Kann das Grenzgebiet auch ein Zuhause sein? Wer wird an Oder und Neiße wie in Straßburg und Kehl einmal von sich sagen, er lebe im Grenzgebiet, nicht an der Grenze? Er fahre nach Słubice zum Tanken, nicht nach Polen? Wer außer ein paar Visionären wie Michael Kurzwelly würde auf die Frage nach seinem Wohnort in Frankfurt und Słubice die Antwort „Słubfurt" geben?

Auch wenn sich die Zahl der Grenzübergänge und der Grenzgänger in den vergangenen Jahren verzehnfacht hat, ist eine gemeinsame Geografie der Region noch nicht in Sicht.

Und wenn, dann würde es für eine gemeinsame Geografie auch an Begriffen fehlen. Das gilt auch für das Wort Grenzgebiet. Weisen nicht Publizisten wie Andrzej Kotula immer wieder auf die Andersartigkeit der Grenze zwischen Deutschland und Polen im Vergleich zu den „klassischen" Grenzgebieten hin, denen an der deutsch-französischen oder deutsch-niederländischen Grenze? Was aber wäre geholfen, von einem „ungewöhnlichem", einem „neuen" oder einem Grenzgebiet mit einer „harten" Grenze zu sprechen?

Noch unschärfer ist der Begriff der Grenzregion. Wenn überhaupt besteht das Gebiet zwischen Stettin und Zittau aus Grenzregionen, deutschen wie polnischen. Auf der deutschen Seite liegen das Ueckermünder Haff, eine durchaus prosperierende Ferienregion, aber auch die leerlaufenden Landstriche in Vorpommern. Weiter südlich folgt die Uckermark, die für manche Berliner als „Toskana des Ostens" gilt, für viele ihrer Bewohner aber als „Auswandererregion". Das gleiche gilt für das Oderbruch, die Nieder- und die Oberlausitz. Erst im Zittauer Gebirge trifft man wieder auf nennenswerten Tourismus. In Polen gehören die Seebäder Świnoujście/Swinemünde und Międzyzdroje/Misdroy zu den Wachstumsregionen ihres Landes, werden zu „Perlen der Ostsee" oder „polnisches Nizza" genannt. Doch schon einige Kilometer weiter, im Landesinnern, warten allenfalls einige Bauernhöfe mit dem Schild „Agrotourismus" auf zahlungskräftige Touristen. Das Warthebruch ist ein Paradies für Zugvögel und Ornithologen, aber nicht für Normalurlauber aus Berlin und Poznań. Im Lebuser Land wiederum gibt es in Łagów und Lubniewice traumhafte Erholungsgebiete, die man aber nur in Polen kennt. Niederschlesien schließlich ist mit dem Hirschberger Land zwar auf der inneren Landkarte der Heimwehtouristen zuhause. In Polen aber vergisst man manchmal, dass zu Niederschlesien mehr gehört als nur die Boomtown Breslau, dass zu Niederschlesien auch Zgorzelec gehört, der „polnische Kohlensack" von Bogatynia und auch das deutsche Görlitz.

Die neuen Verlierer...

Wo liegt das Grenzgebiet?

Selbst Adam Krzemińskis Metapher von der „zerschnittenen Region" bleibt ungenau, da sie ungewollt apodiktisch ist. Gleichwohl geht Krzemiński mit diesem Begriff in die richtige Richtung. „Zerschnittene Region", das beinhaltet nicht nur geografische Grenzziehungen, sondern auch die der Geschichte, zwischen den Kulturen, zwischen den einzelnen Städten und Regionen, eine Grenzziehung, die, wie die verkehrten Welten an Oder und Neiße zeigen, nicht selten quer zur staatlichen Grenze zwischen der Bundesrepublik Deutschland und der Rzeczpospolita Polska verläuft.

So wie in Guben und Gubin. Dass der Phase der Europaeuphorie an der Neiße die Phase der Europamüdigkeit folgen konnte, ist nicht die Schuld von Politikern wie Gottfried Hain oder Czesław Fiedorowicz. Es hat auch etwas mit den neuen Grenzziehungen zu tun. Zum Beispiel denen zwischen neuen Gewinnern und Verlierern. Dass Guben und Gubin zu den Verlierern gehören, hat damit zu tun, dass man sich hier vom weiteren Zusammenwachsen Europas keinen Gewinn mehr verspricht. Die Kläranlage ist gebaut, das Abwasser günstiger als anderswo, doch weitere Vorteile sind nicht in Sicht. Im Gegenteil. Während in der Görlitzer Filiale von Karstadt inzwischen jeder zweite Euro mit polnischen Kunden erwirtschaftet wird und sich polnische Wohnungssuchende eine Öffnung des Wohnungsmarktes erhoffen, weiß man neißeabwärts nicht so recht, was man sich von der Zukunft erhoffen soll. Win-Win-Situationen gibt es vor allem dort, wo man sich auf Augenhöhe gegenübersteht. Im 28.000 Einwohner zählenden Guben schaut man dagegen auf die 18.000 Gubiner herab. So wie es auch die meisten der 71.000 Frankfurter auf die 17.000 Słubicer tun. Und sieht es in der Gubiner Altstadt nicht immer noch aus wie nach dem Krieg?

In Guben und Gubin ist die Frage „Kommen. Gehen. Bleiben" längst entschieden. Europa hat der Stadt zwar zahlreiche Projekte verschafft. Doch auch diese Projekte zeigen nicht selten, wie weit Europa noch weg ist. Der gemeinsame Stadtentwicklungsplan zum Beispiel, der vom „Gubener Dreieck" über die leeren Fabrikgebäude der Gubener Wolle und die Neißeinsel bis ins Zentrum von Gubin reicht, ist eine Wachstumsplanung und kann es an Größenwahn durchaus mit einigen Berliner Projekten aufnehmen. Eine Verbindung wird er freilich nicht schaffen, eher die Lücke von Anspruch und Wirklichkeit noch vergrößern.

Auch im Grenzgebiet wird es in Zukunft Orte und Landstriche geben, die von der Entwicklung andernorts abgehängt sein werden, die nicht mehr zum Zwischenland gehören, sondern zum Abseits.

...und die neuen Gewinner

Versprechungen gibt es dagegen in Frankfurt und Słubice, auch wenn die Hoffnung auf ein „OderValley" inzwischen gestorben ist und die Größe der Städte unterschiedlicher nicht sein könnte. Es ist das Europa der Viadrina und des Collegium Polonicum, das „Słubfurt" nicht nur zu einem Zentrum im Verlauf der Grenze zwischen Stettin und Zittau macht, sondern auch im Zwischenland zwischen Berlin und Poznań. In den universitären Einrichtungen beider Städte ist Europa nicht nur zuhause, sondern auch Gegenstand der Forschung. Im neuen Hörsaalgebäude der Viadrina gegenüber der Europainsel

Ziegenwerder werden große europäische Reden gehalten und internationale Kongresse veranstaltet. Hier finden aber auch Diskussionen über das Europa von unten statt, über seine „Kriechströme", seine Schmuggler, seine Grenzgänger, die in einem anderen „Aufzug" unterwegs sind als die Global Player in ihren Anzügen.

Europa ist an der Viadrina noch längst nicht ausgeschöpft. Schon trägt sich die Präsidentin mit dem Gedanken, die Europauniversität zu einer Stiftungsuniversität auszubauen. Nicht nur zu einer deutsch-polnischen, sondern zu einer deutsch-polnisch-französischen. Zwischen Paris und Warschau, da liegt Frankfurt tatsächlich nicht nur in der Mitte, sondern auch an einer Schnittstelle, die spätestens mit dem Irakkrieg an Bedeutung gewonnen hat, der Schnittstelle zwischen „altem" und „neuem" Europa, zwischen ehemaligem Westen und ehemaligem Osten.

Der Raum, den Gesine Schwan mit diesem Weimarer Dreieck der Universität umspannt, ist der europäische Raum des Wissens, der Forschung und der Wissenschaft, und Frankfurt ist eines seiner Zentren.

Neue Räume

Doch neben der Geografie des Wissens gibt es auch andere Geografien. Die von Wachstum und wirtschaftlicher Zukunft zum Beispiel. In dieser Geografie findet man auf der Landkarte des Grenzgebiets keine Zentren, nicht einmal in Frankfurt und Stettin. In dieser Geografie liegt das Grenzgebiet als Ganzes im Abseits: abseits der Märkte der Zukunft und abseits der Wahrnehmung. Nur die Politiker, die immer wieder davon reden, dass das Grenzgebiet mit der Osterweiterung in die europäische Mitte rücke, scheinen dieser Erkenntnis gegenüber resistent zu sein. Wenn es darum geht, unangenehme Wahrheiten schönzureden, werden selbst die Gesetze der Geografie außer Kraft gesetzt.

Andere sprechen dagegen Klartext. „Man muss endlich zur Kenntnis nehmen", sagt der Soziologe Ulf Matthiesen, „dass es im Prozess der europäischen Vereinigung jetzt mitten in Europa neue Peripherien geben wird. Die Ungleichmäßigkeit der Entwicklung wird sich zum Teil dramatisch erhöhen. Es wird regionale Wachstumszentren geben, und es wird peripher fallende Regionen geben, die aus der Entwicklungsdynamik mehr oder weniger rausfallen. Die Ungleichheit zwischen verschiedenen Räumen wird sich also vergrößern."[125]

Dieser Einsicht haben sich inzwischen auch die Stadt- und Regionalplaner gestellt. Auf der Jahrestagung der Deutschen Akademie für Städtebau und Landesplanung wurde im Oktober 2003, wie es der Architekturkritiker Wolfgang Kil formulierte, „der Paradigmenwechsel eingeleitet". Unter den 300 Teilnehmern der Tagung war Schrumpfung nicht länger ein Problem des Ostens, noch eine Tatsache, die es zu beklagen galt. Zumindest in der Wahrnehmung der Stadtplaner ist Schrumpfung auch im Westen angekommen. Und sie drängt nach Lösungen, nicht nur städtebaulich. „Wir müssen uns der Tatsache stellen, dass selbst in Regionen, in denen die Wirtschaft wächst, die Bevölkerung sinkt. Auch in diesen Städten und Regionen werden wir die bisherige kommunale Infrastruktur, das Angebot an Schulen, Kitas und Schwimmhallen nicht mehr aufrechterhalten können", sagte der ehemalige Leitende Baudirektor von Hamburg, Tassilo Braune. Und er wirft zugleich einen Blick auf das, was dahinter kommt, hinter dieser Schwelle, die zu überschreiten bislang kaum einer gewagt hat. „In manchen Regionen müssen wir uns vielleicht sogar überlegen, die Infrastruktur auf ein Minimum zurückzufahren. Da geht es dann nicht mehr um den Erhalt von Krankenhausbetten, sondern die Frage, wie schnell der Hubschrauber in einem solchen Landstrich ist, wenn einer einen Herzinfarkt bekommt."[126]

Vom Rettungshubschrauber wie in Australien oder Schweden bis zum Volkshochschulkurs für Onlinebanking für Rentner ist es nicht mehr weit. „Geordneten Rückzug" nennt das Wolfgang Kil, der Vordenker der Schrumpfungsdiskussion in Ostdeutschland, die längst zu einer gesamtdeutschen geworden ist.

Raum der Ströme und Orte

Aber auch der „geordnete Rückzug" ist nur eine Reaktion auf die zunehmende Ungleichheit der Räume, von denen Ulf Matthiesen spricht. Eine Ungleichheit, die nirgendwo deutlicher ist als im deutsch-polnischen Grenzgebiet. Während Studenten der Viadrina wie Christoph Bongard eingebunden sind in ein mentales, digitales und physisches Netzwerk, das von Frankfurt bis Breslau und von Berlin bis Warschau reicht, reicht der Radius vieler Bewohner des Frankfurter Plattenbaugebiets Neuberesinchen nicht einmal bis zum Basar von Słubice. Es ist eine neue Verteilung des Raums, die sich hier zeigt, ein Raum, den der kalifornische Soziologe Manuel Castells den „Raum der Ströme" und den „Raum der Orte" nennt.

Der „Raum der Ströme", das sind im Grenzgebiet die Datenströme der Universitäten und des Hochleistungssenders, der das Collegium Polonicum über die Außengrenze der Europäischen Union hinweg mit dem Intranet der Viadrina verbindet. Der Raum der Ströme ist aber auch der LKW-Verkehr in Świecko, dem größten Übergang zwischen West- und Osteuropa, oder der Verkehr der deutschen und polnischen Eliten im „Berlin-Warszawa-Express". In der modernen Netzwerkgesellschaft, sagt Castells, bestimmt nicht länger der

Raum die Zeit, sondern die Zeit den Raum.[127] Der Raum der Ströme ist der Raum, in dem Uhren gleich schlagen. Oder, wie es der Osteuropahistoriker Karl Schlögel sagt: „Die Städte, die im Metropolitan Corridor liegen, haben mehr miteinander zu tun als mit den Provinzen, die sie umgeben. Im Korridor herrscht Hochbetrieb. Unterwegs sind Exploratoren, Prospektoren, Fachleute für Tourismus, Verkehr, Energie, Dienstleistungen, Sanierungsspezialisten, Rohstoffakquisiteure, Abenteurer und Missionare. Im Korridor herrscht CNN-Zeit. Sie ist in Moskau nicht anders als in Warschau oder Berlin."

Im Raum der Orte dagegen herrscht keine CNN-Zeit, sondern Zeit im Überfluss. Hier ist man nicht „on the road", sondern sitzt auf der Bank vor dem Haus und wartet auf die Fahrradklingel, die den Briefträger ankündigt. Im Raum der Orte geht man nur selten in ein Internetcafé, dafür umso öfter hinunter zum Fluss und lässt ein paar Kieselsteine übers Wasser springen. Im Raum der Orte ist die Tür nach draußen oft versperrt, auch wenn die Autos frisiert sind und gut 100 PS haben.

Manchmal sind selbst ganze Regionen Orte, aus denen es kein Entkommen mehr gibt. Auch dafür hat Manuel Castells einen Begriff. Er nennt sie die „Räume der funktionalen Irrelevanz". Nicht mehr durch „soziale Ausbeutung" würden die Städte geschädigt werden, sondern durch „funktionale Irrelevanz". Castells wörtlich: „Wir werden einen Tag sehen, an dem es ein Privileg sein wird, ausgebeutet zu werden, denn noch schlimmer als Ausbeutung ist, ignoriert zu werden."[128]

Während man in Städten wie Hamburg oder München das Wort von der „funktionalen Irrelevanz" allenfalls mit Kopfschütteln quittieren dürfte, versteht man in Städten wie Guben oder Görlitz genau, was damit gemeint ist.

Die neue Perspektive

Und dennoch. Mit seiner wachsenden Polarisierung zwischen den Räumen der Ströme, Orte und funktionslos gewordenen Wüsten ist das deutsch-polnische Grenzgebiet nicht nur ein Vorreiter auf dem Weg zu einer neuen europäischen „Geografie der Ungleichheit". Es ist auch eine Region, in der neue Blickrichtungen eingeübt werden. Anders als im Saarland oder den strukturschwachen Regionen Nordfrankreichs ist der Raum der Orte an Oder und Neiße nicht gleichbedeutend mit Hoffnungslosigkeit. Die Geografie von Hoffnung und Resignation verläuft vielmehr nach anderen Regeln. In der Lausitzer Grenzstadt Forst hat die neue Brücke nach Zasieki nur am Anfang Ängste hervorgerufen. Nun aber öffnet sie neue Perspektiven. Und sei es nur die auf die Schlossruine von Brody, dem Sitz des Grafen Brühl, als Brody noch Pförten hieß und mit dem „Deutschen Manchester" eine Grafschaft bildete.

In Görlitz und Zgorzelec besteht die Hoffnung, dass beide Städte, haben sie sich erst einmal zusammengetan, eine kritische Masse erreichen. 100.000 Einwohner zählende Städte, das wissen Rolf Karbaum und Mirosław Fiedorocwicz, die beiden Bürgermeister, aus der Tourismusforschung, haben eine größere Chance, Tages- und vor allem Übernachtungstouristen anzuziehen, als zwei Städte mit jeweils 60.000 und 40.000 Einwohnern. Und vielleicht reicht die magische Zahl sogar, im Jahr 2010 zur europäischen Kulturhauptstadt gekürt zu werden und damit den Anschluss zu schaffen an den Raum der Ströme.

Selbst in Löcknitz, Anklam und Pasewalk gibt es wieder eine Hoffnung. Sie liegt in Polen und hat den Namen Stettin. Und ist nicht sogar die Beliebtheit, dessen sich der Polnischunterreicht bei den Telekommitarbeitern in Potsdam erfreut, ein Wechsel auf die Zukunft? Die Grenze zwischen Hoffnung und Hoffnungslosigkeit, zwischen Licht und Schatten, zwischen Mut und Mutlosigkeit, das zeigen diese Beispiele, verläuft nicht nur mitten durch das Grenzgebiet, sondern oft auch mitten durch seine Bewohner. Die einen hoffen noch immer oder wieder, die anderen haben ihre Hoffnung aufgegeben und ziehen weg, manche wiederum sind Pioniere wider Willen geworden, andere Schmuggler und Romantiker.

Sie alle machen das Zwischenland zum Raum des Übergangs, bei dessen Verlassen man sofort merkt, dass man wieder im eigenen Land, oder aber im fremden angekommen ist. Wenn die Autos mit fremdem Kennzeichen weniger, die Preise stabiler, die Versicherungen billiger und die Menschen sicherer scheinen. Im Zwischenland zwischen Deutschland und Polen, wo die Grenze nicht nur zwei Staaten voneinander trennt, sondern auch die Geografie von Hoffnung und Hoffnungslosigkeit, findet sie dagegen schon statt, die Suchbewegung, von der Karl Schlögel spricht. Es ist die Notwendigkeit, „sich auf die Risiken der Zwischenzeit einzulassen, in der ein alter Zustand unhaltbar geworden ist, ein neuer sich aber noch nicht verfestigt hat; im Provisorium leben zu können, ohne dass dies als Weltuntergang empfunden würde; nicht in Panik und Hysterie zu verfallen, wenn die Selbstverständlichkeiten einer Lebensform aufhören, selbstverständlich zu sein".

Vierter Teil: Land mit Zukunft?

Grenzenlos

Was kommt nach der Osterweiterung?

Zukunftsmusik I

Wo ein Blick in die Zukunft verlangt ist, darf es auch erlaubt sein, aus der Zukunft zurückzublicken. Das hat sich der Zukunftsforscher Rolf Kreibich gedacht, als er vom Institut für ökologische Raumentwicklung in Dresden beauftragt wurde, Szenarien für die Zukunft der Grenzregion zu entwerfen.

Kreibich versetzte sich gedanklich in eine Zeit irgendwo um 2020 und ließ seinem Staunen freien Lauf. Vor allem für die Städte Görlitz und Zgorzelec, meint er rückblickend, hätte sich die Osterweiterung der europäischen Union als Glücksfall erwiesen. Bald schon hätten die Stadträte beider Seiten beschlossen, ihre Souveränität aufzugeben und in einer gemeinsamen Kommunalwahl 2016 einen Stadtrat für die Europastadt zu wählen."[129] Bis dahin arbeitete eine im Jahr 2004 gebildete Koordinierungskommission zusammen mit den benachbarten deutschen und polnischen Landkreisen an der Entwicklung und Integration einer gemeinsamen Europaregion. Mit Erfolg, wie Kreibich resümiert. Nicht nur sei es der Kommission gelungen, die Europaregion Görlitz und Zgorzelec als „einheitlichen Wirtschafts-, Sozial- und Kulturraum zwischen den Regionen Dresden und Breslau zu etablieren". Auch ein gemeinsames Unternehmen des öffentlichen Nahverkehrs war 2006 gegründet worden.

Herzstück des Zusammenwachsens der ehemals geteilten Städte war aber eine Maßnahme auf dem schwierigen Feld der Sozialpolitik: „Gemäß den Modellen einiger westeuropäischer Europastädte wurden im Jahr 2006 die Krankenversicherungsleistungen wechselseitig anerkannt", freut sich der Zukunftsforscher. Das habe dazu geführt, „dass seitdem die ambulante und stationäre Versorgung für alle Bürger der Region im Ost- und Westteil durchgeführt werden kann".

Das aber war längst nicht alles: „Für eine qualitativ hochwertige Krankenhausversorgung wurden der Ausbau und die Modernisierung der Krankenhäuser im Rahmen des ‚Krankenhausentwicklungsplanes 2004 bis 2014' vorgenommen. Gemäß der verschiedenen Fachgebiete und Spezialeinrichtungen wie Tumorzentrum, Herzzentrum, Dialyse, Schlaflabor etc. wurden die Behandlungseinrichtungen für die gesamte Region vernetzt und aufeinander abgestimmt." Große Vorteile hätten auch der Aufbau eines gemeinsamen Krankenhausinformationssystems, die gemeinsame Nutzung von Rehabilitationseinrichtungen sowie die gemeinsame Organisation des Notruf- und Rettungsdienstes gebracht.

„Die insgesamt beträchtlichen Transaktionskosten wie Übersetzungen, Sprachkurse für Ärzte und Klinikpersonal und auch die Beratungsleistungen", beendet Kreibich sein Zukunftsszenario, „haben sich im Laufe der Jahre durch die zahlreichen Win-Win-Strategien bestens ausgezahlt."

Zukunftsmusik II

Zugegeben, sagt Rolf Kreibich, wenn er wieder in der Gegenwart angekommen ist, dieses Szenario sei ein überaus optimistisches. Aber auch die anderen möglichen Zukünfte, die der Zukunftsforscher für Görlitz und Zgorzelec vorgelegt hat, sind nicht unbedingt pessimistisch. Wenn es beiden Städten nicht gelänge, sich als Wirtschaftsraum zwischen Dresden und Breslau zu etablieren, müsse man eben auf das nahe Liegende schauen, und das heiße in der Region vor allem Tourismus.

Aus der Warte von 2020 betrachtet, spinnt er diese Zukunft weiter, war in diesem Falle vor allem das 2005 beschlossene Konzept zur „Nachhaltigen Entwicklung von Freizeit und Tourismus in der Region Görlitz/Zgorzelec" von Bedeutung. Damit sei es gelungen, „bis 2020 zahlreiche Freizeit-, Sport- und Parkanlagen auf einen internationalen Stand zu bringen und den Fremdenverkehr durch eine ökologisch verträgliche, innovative und sanfte Tourismusausbaustrategie um 350 Prozent zu steigern."

Solche Zukunftstöne hatte nicht einmal Michael Kurzwelly, der Aktionskünstler aus „Slubfurt", anzuschlagen gewagt als er aus „Eurode", dem Zusammenschluss von Kerkrade und Herzogenrath, zurückgekehrt war. Natürlich, auch der von der deutsch-polnischen Künstlergruppe propagierte gemeinsame Stadtraum ist eine Utopie. Sie misst ganz im Sinne Robert Musils die Wirklichkeit am Möglichen. Und sind nicht auch der Abbau der Grenze in Eurode, die Übertragung der Kompetenzen an Polizei und Feuerwehr sowie der Bau eines gemeinsamen „Betriebssammelgebäudes" samt Reisebüro, Polizeistation und der beiden Arbeitsämter ein Modell, das sich auf die deutschpolnische Grenze übertragen ließe, nicht sofort, aber irgendwann, in naher Zukunft?

Was die Zukunftsszenarien von Michael Kurzwelly von denen des Zukunftsforschers Rolf Kreibich unterscheidet, ist der subjektive Zugang Kurzwellys. Die „Wirklichkeitsinstallation" aus dem „Slubfurt" des Jahres 2006, die Beschreibung des „Slubfurter" Bürgers als Europäer, der sich nicht nur in der Stadthälfte des anderen gut auskennt, sondern auch in seiner Sprache, hat nichts Normatives, ihr Nichterreichen ist keine Niederlage, weder für die Politik, noch für die Bürger, ja sie ist nicht einmal ein Versäumnis. Was Kurzwelly formuliert, sind Angebote. Schaut Euch um, rufen er und seine Künstlerfreunde den Frankfurtern und Słubicern zu, schaut auf die andere Seite, ihr gewinnt, wenn ihr wollt, eine halbe Stadt hinzu.

Das Herangehen des Zukunftsforschers Kreibich dagegen gleicht in vielem dem der Bürgermeister, Landräte, Landesväter und Woiwoden und ihrer Europarhetorik, die nicht selten zum „Versöhnungskitsch" wird. Das Ergebnis ist bekannt: Die Kluft zwischen „symbolischer Selbstberauschung" für Europa, wie sie der Soziologe Ulf Matthiesen nennt, und der wirtschaftlichen und sozialen Lage der Bevölkerung wächst nicht nur. Sie hat zumindest auf der deutschen Seite zu wachsender Europamüdigkeit geführt. Auch in Görlitz denken die Optimisten derzeit nicht weiter als bis zur möglichen Entscheidung über die Wahl zur europäischen Kulturhauptstadt 2010.

Zukunft der Grenze

Wie aber sieht sie aus, die Zukunft im Grenzgebiet. Was wird sich nach dem 1. Mai 2004, dem beinahe schon magischen Datum des Beitritts Polens und weiterer neun Staaten zur Europäischen Union verändern?

Erst einmal gar nichts, sagt Sven Petke, der innenpolitische Sprecher der Brandenburger CDU-Fraktion. Zwar sei der „Beitritt Polens ohne Frage mit Vorteilen für Brandenburg verbunden", meint Petke. „Die Fortschritte bei der inneren Sicherheit werden sich aber erfahrungsgemäß nur langsam einstellen".[130] Petke ist deshalb froh, dass in den Jahren nach dem Beitritt nicht mit dem Wegfall der Grenzkontrollen zu rechnen sei. „Das Freie-Fahrt-Verfahren, wie es beispielsweise an der deutsch-niederländischen Grenze angewandt wird, ist zur Zeit nicht vorstellbar." Dazu müsse Polen erst sämtliche Anforderungen des Schengen-Informationssystems erfüllen. Auch der Sicherheitsstandard der neuen EU-Außengrenze, der polnischen Ostgrenze, sei noch weit von den Anforderungen entfernt.

An die Adresse des Bundes sagt Petke: „Pläne, die Zahl der Beamten von Bundesgrenzschutz (BGS) und Zoll an der Grenze nach dem EU-Beitritt von Polen aus Spargründen zu verringern, dürfen nicht Realität werden. Erst mit dem Beitritt Polens zum Schengen-Abkommen kann ihre Zahl reduziert werden." Nach Petkes Angaben gehört zu den Schwerpunkten der Arbeit von BGS, Polizei und Zoll an der Grenze die Bekämpfung des Menschen- und Rauschgiftschmuggels, der Kfz-Kriminalität und der Schwarzarbeit.

Ähnlich äußert sich auch Bayerns Innenminister Günther Beckstein. „An den Grenzen zu EU-Beitrittsländern wie Polen und Tschechien wird es noch einige Jahre lang Kontrollen geben."[131] Voraussetzung für den Wegfall der Kontrollen sei, dass die Beitrittsländer den Schengen-Sicherheitsstandard erreichten, sagt der CSU-Politiker. Dazu gehöre vor allem die Teilnahme am

Schengen-Informationssystem, das Fahndungsdaten sammle. Das sei aber derzeit nicht möglich, weil dieses System von der Kapazität her nicht erweitert werden könne. Außerdem seien noch erhebliche technische Anstrengungen der Beitrittsstaaten nötig, um die Sicherheitsstandards zu erreichen. Bei allen positiven Aspekten der EU-Osterweiterung müsse man die Schwierigkeiten sehen, mit denen die EU-Beitrittsländer fertig werden müssten, sagt Beckstein. Er verweist besonders auf vietnamesische Banden und die russische Mafia.

Was die Unionspolitiker Petke und Beckstein für das deutsch-polnische und das deutsch-tschechische Grenzgebiet formulieren, ist eine andere Zukunftsvision als die von Rolf Kreibich, dem Zukunftsforscher und Michael Kurzwelly, dem Künstler. Es ist eine Vision, in der nicht gemeinsame Stadträume oder der Zusammenschluss von Krankenhäusern die Hauptrolle spielen, sondern dunkle Gestalten, ohne die wohl kein Grenzgebiet auskommt. Das bleibt nicht ohne Wirkung. Auch in Brüssel, wo man nicht nur über die Verteilung von Geld und Macht nach der Osterweiterung nachdenkt, sondern auch über die Sicherheit der Grenzen, hat man ein offenes Ohr für die Sorgen der Grenzschützer. „Vor 2010 läuft da gar nichts", sagt Frank Friedrich, der bei der europäischen Rechtsakademie in Brüssel arbeitet, auf die Frage, wann mit einem Wegfall der Grenzkontrollen zu rechnen sei. „Das Entscheidende ist doch, ob Polen seine Ostgrenze dicht bekommt. Dass das schnell passiert, das glaubt hier keiner".[132]

Zwar hält man sich offiziell mit Prognosen noch zurück. Doch auch im Bundesinnenministerium heißt es: „Der EU-Beitritt bedeutet nicht den Wegfall der Binnengrenzkontrollen. Solange Polen und Tschechien noch nicht dem Schengen-Abkommen beigetreten sind, überprüfen die BGSler weiter die Pässe der Reisenden. Erst wenn die osteuropäischen Staaten zum Schengen-Verbund gehören – und damit wird erst in sieben Jahren gerechnet – werden die Grenzanlagen abgebaut.

Sieben Jahre also, das wäre 2011. So lange haben die 7.000 Grenzschützer, die an der Grenze zu Polen und Tschechien ihren Dienst schieben, noch Zeit, sich nach neuen Jobs umzusehen. Einige von ihnen werden Deutschland verlassen müssen, zu Kriseneinsätzen im Ausland. 910 deutsche Polizisten würden bald schon zu internationalen Missionen in Krisenregionen entsandt, kündigte Bundesinnenminister Otto Schily (SPD) an.[133] 10.000 Grenzschützer mussten schon in den vergangenen Monaten ihren Arbeitsort wechseln, wegen einer Organisationsreform. Und warum sollen Bundesgrenzschützer nicht auch auf Baustellen nach illegalen Beschäftigten fahnden? Das fordert zumindest Brandenburgs Sozialminister Alwin Ziel (SPD).

Wer keinen neuen Job hat, muss sich allerdings auch keine Sorgen machen. Schließlich verschwindet der Bundesgrenzschutz auch beim Wegfall der Grenzkontrollen nicht aus der Grenzregion. Er ziehe sich, so BGS-Sprecher

Mirko Heinke, dann nur ins Hinterland zurück. „Alle, die am Grenzübergang waren, sind dann im 30-Kilometer-Umland im Landesinneren aktiv", berichtet er. „Genug zu tun gibt es auch weiterhin an den Grenzen zu Polen und Tschechien", ist sich auch der BGS-Gewerkschafter Sven Hüber sicher. Die illegale Zuwanderung bleibe ein zentrales Thema – und sorge sogar für mehr Arbeit. „An der deutsch- französischen Grenze sind heute doppelt so viele BGSler im Einsatz als vor Schengen", so Hüber.[134]

Ihre Koffer packen müssen ab dem 1. Mai 2004, dem magischen Datum des Beitritts, allerdings die meisten Zöllner. Für LKW-Fahrer und Spediteure heißt es dann: Keine Laufzettel mehr ausfüllen, keine Papiere kontrollieren lassen, zumindest nicht aus zollrechtlichen Gründen. Personenkontrollen und die Suche nach illegalen Einwanderern sind aber weiterhin möglich. Sie finden nur nicht mehr an der Grenze statt, sondern im Hinterland, auf Landstraßen und Autobahnen. Dennoch herrscht bei den 4.400 Zöllnern an Oder und Neiße sowie im Erzgebirge und am bayrischen Wald bereits Abschiedsstimmung. Viele stecken derzeit mitten in den Vorbereitungen für den Arbeitsplatz-Wechsel. Den Beschäftigten des einfachen und mittleren Dienstes seien meist „heimatnahe" neue Arbeitsstellen angeboten worden, heißt es aus dem Bundesfinanzministerium. Die anderen Zoll-Bediensteten müssen mit einer Versetzung in ein anderes Bundesland rechnen.[135]

Kriminalität im Grenzgebiet

„Die anmutige Lage lockt in den Sommermonaten zahlreiche Großstädter, in Crossens grünen Bergen ihre Erholung zu suchen. Und wahrlich, wer einmal in unmittelbarem Verkehr mit der Natur sein Gemüt erfrischen, seinen Geist erheben, wer in still-friedlicher Umgebung seine Nerven vom Getriebe der Weltstadt erholen will, der braucht nicht immer erst in weite Ferne zu reisen."[136]

Crossen an der Oder von Berlin aus betrachtet: So sah es in den Worten von Florentine Gebhardt zu Beginn des Jahrhunderts aus. Auf halbem Wege zwischen Frankfurt und Zielona Góra gelegen, ist Krosno Odrzańskie mit seinen 14.000 Einwohnern heute eine der kleineren Städte auf der polnischen Seite des Grenzgebiets. Doch das macht das Städtchen mit seiner Lage allemal wett. In Krosno fließt nicht nur der Bobr in die Oder, hier sind auch die Oderhänge besonders beeindruckend. Hinzu kommt, dass Krosno auch verkehrstechnisch ein „Muss" ist. Zwischen Frankfurt und der polnischen Nationalstraße 3 nordöstlich von Zielona Góra gibt es zwar mehrere Fährverbindungen, aber nur eine Oderbrücke – in Krosno Odrzańskie.

Diese günstige Lage lockt aber nicht nur Sommerfrischler und Radtouristen an, sondern auch allerlei zwielichtige Gestalten. Marek Kamiński, der Leiter der Grenzschutzkommandantur in Krosno, hat diese Entwicklung schon Mitte der neunziger Jahre beobachtet und durchaus drastische Worte gefunden. Er sprach von einer „sozialen Abnormität" und einer weit verbreiteten „sozialen Pathologie" der Lokalbevölkerung. Die habe auch 50 Jahre nach ihrer Ankunft im Grenzgebiet keine Wurzeln geschlagen und damit der Entwicklung zu einer „kriminogenen" Grenze Vorschub geleistet.[137]

Nicht nur die Vermietung von Zimmern an Diebesbanden und Schlepper gehört laut Kamiński zu den „kriminellen Aktivitäten" der Bewohner in seinen Grenzschutzbereich, sondern auch das Schleppergeschäft selbst. Selbst der Schmuggel könne sich ungebremst ausbreiten, „weil sich unter den Einwohnern des grenznahen Raums die Bereitschaft entwickelt hat, die Schmugglerbanden zu unterstützen". Sogar jugendliche Diebesbanden, die sich immer wieder zu Kurztrips nach Berlin aufmachten, könnten sich der „stillschweigenden oder aktiven Unterstützung der Grenzbevölkerung" sicher sein.

Hätte ein deutscher Innenpolitiker solche Sätze formuliert, er hätte einen Sturm der Entrüstung ausgelöst. Dabei ist das, was Marek Kamiński aus der Sicht eines polnischen Polizeibeamten beklagt, im Grunde dasselbe, was Marzenna Guz-Vetter als Wirtschaftswissenschaftlerin in ihrer Studie über Chancen und Risiken auf der polnischen Seite des Grenzgebiets festgestellt hat. Ein Fünftel der Bewohner im Grenzgebiet, schätzt Guz-Vetter, lebt von illegalen Tätigkeiten, vom Schmuggel bis zur Fälschung von Autokennzeichen, vom Diebstahl bis zum Menschenhandel. Diese Zahl zu senken, sei aber nicht in erster Linie eine Aufgabe der Polizei, sondern der Politik. Eine Zukunftsperspektive jenseits der illegalen Grenzökonomie gebe es nur, wenn die Bürgermeister und Woiwoden die Weichen in Richtung einer nachhaltigen wirtschaftlichen Entwicklung der Region stellten.

Umso mehr verwundert es, dass die Kriminalität im Grenzgebiet seit einigen Jahren zurückgeht. Im April 2003 teilte Sachsens Innenminister Horst Rasch (CDU) mit, dass seine Polizeibeamten in den 55 Städten und Gemeinden an den Grenzen zu Polen und Tschechien im Jahr zuvor 28.392 Straftaten registriert hätten. Das seien rund 4.670 Fälle und damit 14,1 Prozent weniger gewesen als im Jahr 2001. Ein Großteil der Delikte waren laut Rasch Verstöße gegen das Ausländer- und Asylverfahrensgesetz, gefolgt von Straftaten wie Diebstahl, Betrug, Sachbeschädigung und Körperverletzung. Aber auch auf polnischer Seite ist die Zahl der Straftaten zurückgegangen. Mittlerweile, sagt der ehemalige Polenkorrespondent der taz, Klaus Bachmann, der heute in Brüssel als EU-Berichterstatter arbeitet, ist die Gefahr des Autoklaus in Belgien höher als in Polen.[138]

Zusammenarbeit der Polizei

Gründe für eine solche Entwicklung gibt es sicher viele. Auf polnischer Seite wird dabei immer wieder die verbesserte Ausstattung der Polizei sowie die Kooperation mit den deutschen Behörden genannt. Seit 1995 arbeiten deutsche und polnische Beamte bei der Bekämpfung der grenzüberschreitenden Kriminalität zusammen. Grundlage ist das Abkommen „über die Zusammenarbeit der Polizeibehörden und der Grenzschutzbehörden in den Grenzgebieten", das am 5. Juli 1995 vom Polizeipräsidenten in Frankfurt (Oder) und dem Woiwodschaftskommandanten der Polizei in Gorzów Wielkopolski unterzeichnet wurde. Seitdem gehen nicht nur deutsche und polnische Polizisten gemeinsam Streife. Auch der Dienstweg ist kürzer geworden. Deutsche Polizisten arbeiten als Kontaktbeamte auf der polnischen Seite, polnische Beamte werden in Frankfurt weitergebildet.[139] Selbst ein deutsch-polnisches Polizeiwörterbuch gibt es inzwischen. In dem von der Landespolizeischule Brandenburg herausgegeben zweibändigen Taschenbüchlein finden sich Gruß- und Höflichkeitsformeln ebenso wie Befehle: „Stój, zatrzymać się, policja" – „Halt, stehen bleiben, Polizei!" oder „Stój albo strzelam" – „Stehen bleiben oder ich schieße".[140]

Einzig die Möglichkeit, Täter und Verdächtige über die Grenze hinweg zu verfolgen, ist bislang noch nicht in der deutsch-polnischen Polizeikooperation vorgesehen. Zumindest nicht theoretisch. In der Praxis kommt auch das vor. Nachdem am 2. April 2002 drei Bankräuber in Wrestedt bei Uelzen drei Bankangestellte als Geiseln genommen hatten, rasten sie mit ihrem Fluchtfahrzeug über Hamburg und Berlin in Richtung polnische Grenze. Am Autobahnübergang Świecko durchbrachen sie die Grenzanlagen. Bei ihrer insgesamt 1.600 Kilometer langen Flucht, die schließlich in der Ukraine endete, wurden die Geiselnehmer nicht nur von polnischen Spezialeinheiten verfolgt, sondern auch von deutschen Polizeibeamten. Sie waren den Kidnappern in Świecko hinterhergefahren, nach vorheriger Absprache mit den polnischen Behörden. Nach dem Ende der Geiselnahme lobte Bundesinnenminister Otto Schily die Zusammenarbeit der deutschen und polnischen Polizei. Deutsche und polnische Grenzbeamte, so Schily, arbeiteten auf jeder Führungsebene vertrauensvoll zusammen, tauschen Lageinformationen aus, bilden gemeinsame Ermittlungsgruppen und zeichnen sich durch gemeinsame Einsätze im Grenzgebiet zwischen Polen und Deutschland aus. „Das", so der Innenminister, „ist beispielhaft für Europa."[141]

Beispielhaft ist für den Innenminister aber noch ein anderer Umstand, obwohl über den nicht so gerne gesprochen wird. Es sind die verdachtsunabhängigen Kontrollen, die dem Bundesgrenzschutz seit den Terroranschlägen vom 11. September 2001 im Grenzgebiet erlaubt sind. Seitdem werden jährlich rund eine Million Menschen kontrolliert, ohne dass gegen sie ein konkreter Tatverdacht vorliegt. Für den sächsischen Innenminister Horst Rasch sind diese polizeilichen Sonderbefugnisse auch der Hauptgrund für den Rückgang der Kriminalität auf der deutschen Seite der Grenzregion.[142]

Mythos Kriminalität?

Was bringen die Osterweiterung und der Beitritt Polens zur Europäischen Union dem Grenzgebiet an Oder und Neiße?

Jedenfalls nicht mehr Kriminalität, meint Brandenburgs christdemokratische Europaministerin Barbara Richstein.[143] Ähnlich sieht das auch der Frankfurter Polizeisprecher Dieter Schulze. Seine Begründung: „Die Grenzen sind ja schon verhältnismäßig offen."[144]

Und in Krosno Odrzańskie? Zwar ist die Arbeitslosigkeit mit 20,7 Prozent immer noch höher als im Schnitt der Woiwodschaft Lubuskie, wo sie 18,9 Prozent beträgt. Seit den drastischen Äußerungen von Marek Kamiński hat sich dennoch einiges getan im Oderstädtchen. Zahlreiche Privatquartiere für Touristen sind entstanden, und die kommen tatsächlich, vor allem die Radfahrer. Selbst die Zahl der Einwohner ist in den vergangenen Jahren um 2.000 gestiegen.

In Krosno Ordzańskie hofft man wieder, das hat sich auch beim Referendum zum EU-Beitritt im Juni 2003 gezeigt. Während in Słubice oder Sulęcin, in Gryfino oder Pyrzyce „nur" zwischen 70 und 80 Prozent der Wahlberechtigten mit Ja stimmten, waren es im Landkreis Krosno fast 85 Prozent.

Dennoch, die Kriminalität ist im Grenzgebiet in aller Munde, insbesondere auf der deutschen Seite. Vor allem in den Zeitungen, bedauert der Stettiner Publizist Andrzej Kotula, findet man Nachrichten über Polen oft nur im Zusammenhang mit Diebstahl, Autoschiebereien, der Festnahme von Flüchtlingen oder der Entdeckung ganzer LKW-Ladungen unverzollter Zigaretten. „Selbst die Zeitungen, die auf der anderen Seite einen Partner haben", sagt Kotula, „sind von dieser Berichterstattung nicht frei." Das Bild, das aus dieser Berichterstattung entstehe, sei deshalb mehr als verzerrt.

Aber auch Kotula weiß, dass ein Nichtreden über Kriminalität ein ebenso verzerrtes Bild ergeben würde. Aus diesem Grunde haben sich schon 1996 die juristischen Fakultäten der Viadrina in Frankfurt und der Adam Mickiewicz Universität in Poznań zu einem bis dahin einzigartigen Projekt „Kriminalität im Grenzgebiet" zusammengetan. Nicht um eine Verfestigung bestehender Bilder sollte es dabei gehen, sagt der Strafrechtler und Projektleiter Gerhard Wolf, sondern um ein Thema, das auf beiden Seiten von besonderem Interesse ist.

„Welche Brisanz das Thema Kriminalität in Grenzgebieten wie der Oderregion hat", da gibt Wolff Andrzej Kotula recht, „zeigt schon die regelmäßige

Lektüre der Märkischen Oderzeitung: Zigarettenschmuggel, Einfuhr von Drogen, Grenzdurchbrüche, andere illegale Grenzübertritte, das Unwesen von Schleuserbanden, die Häufung von Kraftfahrzeugdiebstählen, die illegale Beschäftigung von Arbeitskräften sind in Frankfurt an der Tagesordnung und können auch ohne intensive kriminologische Forschung auf die Besonderheit der Grenzregion zurückgeführt werden."

Dabei, meint Wolf, sei es augenfällig, dass neben der Häufung dieser Delikte auch eine zumindest anfangs weitgehende Hilf- und Ratlosigkeit bei ihrer Bekämpfung auffalle. „Schlagzeilen wie ‚Frankfurt – Schmelztiegel organisierter Kriminalität', ‚Grenzschützer sind überfordert' oder ‚Grenzschützer müssen Räubern tatenlos zusehen' gehören zum Alltag." Dennoch würde das Thema in der Forschung weitgehend tabuisiert. „Der Grund dafür dürfte weniger in der wissenschaftlichen Ignoranz der Beteiligten als in der politischen Brisanz des Themas liegen."

Die Devise von Wolf und seinen Projektpartner in Frankfurt und Poznań heißt dagegen: Reden wir drüber! Und das hat man in den vergangenen Jahren auch getan, hat Expertenhearings veranstaltet, Symposien organisiert, Jahrbücher herausgegeben. Weitgehend unbeachtet von der Öffentlichkeit haben die Frankfurter und Poznańer Juristen ein Phänomen entmythologisiert, mit dem andere immer noch Politik machen. Ist man in den acht Jahren im Projekt „Kriminalität im Grenzgebiet" schon längst bei den Möglichkeiten der juristischen Strafverfolgung und auch der Resozialisierung angelangt, malt man in der Politik noch immer den Teufel an die Wand. Namentlich konservative Politiker tun sich dabei immer wieder hervor. So stellte der innenpolitische Sprecher der CDU/CSU-Bundestagsfraktion Hartmut Koschyk kurz nach dem erfolgreichen Referendum in Polen fest: „Die bevorstehende EU-Osterweiterung stellt für die innere Sicherheit in Deutschland eine große Herausforderung dar. Es ist damit zu rechnen, dass nach der EU-Osterweiterung der Migrationsdruck und die damit verbundene Kriminalitätsentwicklung weiter zunehmen. Dem müssen wirksame Mittel entgegengesetzt werden."[145]

Koschyk widerspricht damit nicht nur der Brandenburger Europaministerin und der Frankfurter Polizei, die nicht mit einem Anstieg der Kriminalität rechnen. Entgegen aller Studien, die eine Zunahme der Migration ab dem 1. Mai 2004 für unwahrscheinlich halten, besteht er auf einem Bild, das jahrelang die öffentliche Debatte über die Osterweiterung bestimmt hatte. Nicht die Chancen und Möglichkeiten standen dabei im Vordergrund, sondern die befürchteten Risiken. Und die setzten sich aus dem immergleichen Mix zusammen: Kriminalität, Zuwanderung, Arbeitsplatzverlust, mithin den Zutaten für das Geostereotyp vom „bedrohlichen Osten". Dass viele dieser Befürchtungen nicht eintreten werden, weil diejenigen, die in Deutschland arbeiten wollen, längst da sind, spielt dabei keine Rolle.

Aber das soll es auch gar nicht. Schließlich geht es Politikern wie Koschyk nicht um ein Mehr an Sicherheit, sondern ein Mehr an polizeilichen Befugnissen. In einem Antrag der CDU/CSU-Fraktion im Bundestag mit dem Titel „Bundesgrenzschutz für die EU-Osterweiterung fit machen" fordert Koschyk deshalb, die verdachtsunabhängigen Kontrollen, die nach dem 11. September 2001 befristet bis zum 31. Dezember 2003 eingeführt worden waren, auch für die Zeit bis zum Beitritt und danach beizubehalten. „Darüber hinaus müssen lageabhängige Kontrollen ermöglicht werden und auch an der grünen Grenze Kontrollstellen eingesetzt werden können", sagt er. Doch das ist noch nicht alles: „Neben der Erweiterung der Kontrollmöglichkeiten muss auch die technische Ausstattung des Bundesgrenzschutzes den neuen Anforderungen entsprechend angepasst werden."[146]

Abgesehen davon, dass es auch eine deutsche Kriminalität im Grenzgebiet gibt, dass deutsche Freier minderjährige Prostituierte aufsuchen, oder ihre Autos in Polen verkaufen, um sie hinterher als gestohlen zu melden, sind es Töne wie diese, die ein Bild des Grenzgebiets fortzeichnen, das schon lange nicht mehr der Wirklichkeit entspricht. Das Grenzgebiet ist nicht mehr nur „Wilder Westen" oder „Verwerfungszone", wie es Peter Haffner in seiner Reportage „Grenzfälle" formuliert, es ist auch eine Region wirtschaftlicher Angleichung und Stabilisierung. Neben den 20 Prozent, die von illegalen Geschäften leben, gibt es auch die 80 Prozent Bewohner, die einer legalen Arbeit nachgehen. Im Zwischenland gibt es immer beides, man muss es nur zur Kenntnis nehmen.

Mietbeihilfe für polnische Wohnungssuchende

Brandenburgs Europaministerin Barbara Richstein scheint es zu ahnen. Bereitet sich ihr Land nicht auf die Osterweiterung vor, werden womöglich Chancen vertan, die es so schnell nicht mehr geben wird. Im September 2003 hat sich Richstein deshalb für eine „flexiblere Übergangsphase" im deutsch-polnischen Verhältnis bis zur vollen Gültigkeit der Freizügigkeit nach dem EU-Beitritt Polens ausgesprochen.[147] Derzeit werde es Brandenburger Unternehmen noch sehr schwer gemacht, eine Genehmigung für die Ausbildung polnischer Jugendlicher zu erhalten. Mit Hilfe solcher Mitarbeiter, die beide Sprachen beherrschten, könnten die Firmen aber später im gemeinsamen größeren Markt besser Fuß fassen. Das gelte auch für die polnischen Studenten an der Viadrina. Diese dürften rein rechtlich nach ihrem Abschluss noch nicht in Deutschland arbeiten. „Solche Dinge", meinte Richstein, „müssen einfach flexibler gehandhabt werden."

Mit diesem Appell an Flexibilität ist nun auch in Potsdam angekommen, was in den Grenzstädten zu Polen längst zu den Binsenweisheiten gehört. Eine bis zu siebenjährige Übergangsfrist für die volle Gewährung der Dienstleistungs-, Niederlassung- und Arbeitnehmerfreizügigkeit wie auch eine jahrelange Verzögerung beim Wegfall der Grenzkontrollen wird den deutschen Städten und Gemeinden an Oder und Neiße eher schaden als nutzen. Das meint nicht nur der parteilose Görlitzer Oberbürgermeister Rolf Karbaum. Auch der Frankfurter CDU-Rathauschef Martin Patzelt hat inzwischen erkannt, welche Möglichkeiten sich aus der Grenzlage seiner Stadt ergeben. Einen Tag, nachdem Barbara Richstein ihr Plädoyer für mehr Flexibilität gehalten hatte, war Patzelt mit einer ungewöhnlichen Ankündigung vor die Presse getreten. Seine Stadt, sagte er, wolle EU-Fördermittel einwerben, damit wohnungssuchende Polen künftig in leer stehende Wohnungen der Oderstadt ziehen können. Er werde deswegen eigens nach Brüssel reisen. Zur Begründung sagte er, in Frankfurt stünden bis zu 6500 Wohnungen leer, im polnischen Słubice fehlten dagegen bis zu 800 Wohnungen. Mit dem Geld sollten die höheren Mieten für Polen bezahlbar gemacht werden.[148]

Mit einem ähnlichen Vorstoß war zuvor schon Rolf Karbaum an die Öffentlichkeit gegangen. Er hatte aber auch erfahren müssen, dass die Wiederbelebung der schrumpfenden Städte durch polnische Mieter nicht nur am Geld scheitert, sondern auch an der herrschenden Gesetzeslage. Und die ist eindeutig: Ohne Niederlassungsfreiheit und Aufenthaltstitel keine Wohnung, und ohne Ablauf der Übergangsfrist keine Niederlassungsfreiheit.

In Frankfurt aber will man sich mit solchen Hürden nicht mehr abfinden. Im September 2003 war Patzelt nicht nur nach Brüssel gereist, um dort die Möglichkeit auszuloten, EU-Gelder für Mietzuschüsse für polnische Mieter zu bekommen. Patzelt hat auch beim Brandenburger Innenminister Jörg Schönbohm Druck gemacht. Und siehe da. Auch der konservative CDU-Politiker Schönbohm zeigte sich flexibel. Inzwischen wurde ein Weg gefunden, der das Ausländerrecht zwar nicht verletzt, aber doch elegant umgeht, wie Schönbohms Sprecher Wolfgang Brand Anfang Oktober 2003 mitteilte: „Die Aufenthaltserlaubnis müsste mit der Bedingung verknüpft sein, dass die Polen keinen Anspruch auf deutsche Sozialleistungen haben." Mit dieser Einschränkung, so Brand, „könnte den Słubicern der Umzug über die Grenze auch ohne Bindung an einen bestimmten Aufenthaltszweck erlaubt werden".[149]

Selbst in Sachen Mietzuschuss ist inzwischen Bewegung ins Spiel gekommen. Neben der Brüsseler EU-Kommission ließ auch Manfred Stolpe, in der rot-grünen Bundesregierung zuständig für den „Aufbau-Ost", erkennen, dass ihm an einem Pilotprojekt „Polen wohnen in deutschen Grenzstädten" gelegen ist. Warum sollte man nicht Geld aus dem Bund-Länder-Programm Stadtumbau-Ost als Mietbeihilfe auszahlen, sagte Stolpe. Statt den Abriss leerstehender Plattenbauten zu fördern, hätte man so zwei Fliegen mit einer Klappe geschlagen. Die Wohnungen wären belegt und in der deutsch-polnischen Zusammenarbeit hätte man einen Schritt nach vorne getan, der gar nicht hoch genug bewertet werden könnte. Polnische Mieter in deutschen Wohnungen, das wäre der bislang vielleicht greifbarste Ausdruck dessen, dass aus den geteilten Städten an Oder und Neiße längst ein gemeinsamer Alltags- und Erfahrungsraum geworden ist.

Der statistische Effekt

Nachdem man in Ostdeutschland und auch in Berlin jahrelang die Möglichkeiten, die die Osterweiterung den grenznahen Regionen bietet, verschlafen hat, versucht man nun in buchstäblich letzter Minute zu retten, was zu retten ist. Einer der Gründe für den plötzlichen Sinneswandel liegt darin, dass man inzwischen weiß, dass zwei Krisenregionen die Krise besser gemeinsam bewältigen als jeder für sich allein. Was in Guben und Gubin schon Mitte der neunziger Jahre zum Bau einer gemeinsamen Kläranlage geführt hat, ist nun auch im Alltag der Rathäuser und Amtsstuben angekommen. Leere Wohnungen hier, Wohnungssuchende da, ein Zoo in Ueckermünde, eine Oper in Stettin, all das sind Beispiele für ein Umdenken, in dem die deutsch-polnische Grenzregion bereits als eine gemeinsame Region begriffen wird. Zumindest in der Infrastrukturpolitik ist zusammengewachsen, was zusammengehört. Doppelangebote kann man sich schlicht nicht mehr leisten.

Der andere Grund ist ein Datum, das ebenso magisch ist wie der 1. Mai 2004, der Tag des polnischen Beitritts. Es ist der 31. Dezember 2006. Dann nämlich läuft der Zeitraum aus, in dem es für die ostdeutschen Länder einen Geldregen aus Brüssel gibt. Strukturfonds heißt die Schatzkammer, aus der zwischen 2000 und 2006 insgesamt 20 Milliarden Euro an die neuen Bundesländer geflossen sind oder geflossen sein werden. Nur neun Milliarden gingen dabei an die Altbundesländer. Der Grund für diese Bevorzugung: Mit dem Strukturfonds möchte die EU-Kommission die regionalen Ungleichheiten in der Europäischen Union abbauen. Doch die werden sich mit dem Beitritt von zehn neuen Staaten zu einem Europa der 25 verdoppeln. 116 Millionen Menschen, das ist etwa ein Viertel der EU-Bevölkerung, wird nach dem Beitritt in den ärmsten Regionen der EU leben.

Arme Regionen, das ist, wie alles in Brüssel, statistisch definiert. Arm ist eine Region dann, wenn das in ihr erwirtschaftete Bruttoinlandsprodukt, also die Summe aller erwirtschafteten Güter und Dienstleistungen, weniger als drei Viertel des EU-Durchschnitts beträgt. Im Sinne dieser Definition arm sind derzeit nicht nur ganze Staaten wie Portugal, Spanien, Griechenland und Irland, sondern auch die ostdeutschen Bundesländer. Einzig Leipzig und Dresden ragen aus dieser Armutsstatistik einsam heraus. Was man früher blühende Landschaften genannt hat, nennt man heute nur noch Leuchttürme. Armsein ist in der Europäischen Union aber nicht nur Stigma, es bringt auch Geld. Wer im Sinne der EU-Statistik arm ist, gehört zum so genannten Ziel-1-Gebiet und kommt automatisch in den Genuss der Mittel aus den Strukturfonds, zu dem unter anderem die Programme EFRE (Europäischer Fonds für Regionalentwicklung), ESF (Europäischer Strukturfonds) und EAGFL (Europäischer Agrarfonds) gehören. Aber auch die Gemeinschafts-initiative Interreg III, mit der vor allem grenzüberschreitende Projekte in den Grenzregionen gefördert werden, ist Teil des Europäischen Strukturfonds.

Mit diesem Geldregen für die neuen Bundesländer könnte ab 2007, wenn die nächste Förderperiode in der EU beginnt, Schluss sein. Schuld daran ist der so genannte „Statistische Effekt". Mit dem Beitritt zehn neuer Staaten wächst zwar die Bevölkerung der Union, der Durchschnitt des Bruttoinlandsprodukts aber sinkt. Das führt dazu, dass die ostdeutschen Länder plötzlich reich werden, zumindest statistisch gesehen. Außer Dessau und Chemnitz erwirt-schaften dann alle Regionen mehr als 75 Prozent des BIP im EU-Schnitt und rutschen aus der Ziel-1-Förderung in die weniger attraktive Förderstufe Ziel-2.

Was des einen Leid, ist des andern Freud. Nach dem Beitritt wird Polen nun in den Genuss der Ziel-1-Förderung kommen. Auch bei der Förderung gren-züberschreitender Projekte wird das Nachbarland gleichziehen. Bislang war mit den Interreg-Mitteln nur der deutsche Teil der Vorhaben gefördert worden. Die polnischen Kooperationspartner mussten sich dagegen mit dem weitaus geringer ausgestatteten Programm Phare CBC (Cross-Border-Coope-ration) begnügen. Die „Asymmetrie", von der Krzysztof Wojciechowski, der Leiter des Collegium Polonicum im Zusammenhang mit der Grenzregion immer wieder spricht, gilt auch für die Förderung aus Brüssel. Die Phare-Mittel, die von der polnischen Seite zudem getrennt von den deutschen Ko-operationspartnern beantragt werden müssen, betragen nur etwa 10 Prozent des Fördervolumens auf deutscher Seite. Und nicht selten wurde ein Großteil nicht für kleine Projekte, sondern für teure Infrastruktur- und Prestigevor-haben ausgegeben: für das Zollterminal Świecko II. zum Beispiel, aber auch Wojciechowskis Collegium Polonicum in Słubice.

Eine Förderwüste in Ostdeutschland und blühende Landschaften, spon-sered by Brüssel, in Westpolen? Ein Gespenst geht um in Europa, zumindest aber in Ostdeutschland. Es ist das Gespenst, nicht nur aus der deutschen Ein-heit als Verlierer hervorgegangen zu sein, sondern auch bei der Osterweiterung der EU, den Kürzeren zu ziehen. Die Lage ist in der Tat alarmierend. Was Bun-destagspräsident Wolfgang Thierse zur Jahrtausendwende noch wütenden Ärger, respektive mitleidsvolles Lächeln eingebracht hat, bestreitet heute keiner mehr: Der Osten steht auf der Kippe. Vielerorts ist er sogar schon gekippt. Leuchttürme sind tatsächlich etwas anderes als blühende Landschaften. Leuchttürme stehen alleine, und die Landschaft, die sie umgibt, liegt im Dunkeln.

Umso größer ist derzeit das Bemühen der neuen Bundesländer, sich in Brüssel für eine Lösung einzusetzen, die dazu beiträgt, dass die ostdeutschen Regionen nicht alleine im Regen gelassen werden. Statt Großprojekte zu fördern, solle künftig „das Prinzip der Nachhaltigkeit die Förderrichtlinien bestimmen", sagt zum Beispiel der grüne Europaabgeordnete Rainer Steenblock. Die ostdeutschen Ministerpräsidenten wiederum fordern, die vom „statistischen Effekt" betroffenen Regionen weiterhin „maximal zu fördern" und appellieren an die Solidarität der übrigen EU-Mitglieder.

Doch mit dieser Solidarität ist es nicht weit her, nicht einmal in der Bundesrepublik selbst. Würde der Anteil der Strukturfonds nämlich, wie längst beschlossen, von 0,32 Prozent des EU-Haushalts auf 0,45 Prozent aufgestockt werden, wäre auch die Förderung der ostdeutschen Länder über das Jahr 2006 hinaus gesichert. Doch das würde bedeuten, dass vor allem die Nettozahler der EU weiter zur Kasse gebeten würden, allen voran die Bundesrepublik Deutschland. Doch dazu ist die Bundesregierung nicht bereit. Beim EU-Gipfel in Kopenhagen im Dezember 2002 setzten die Nettozahler sogar durch, dass die Strukturfonds nicht nur de facto, sondern auch de jure heruntergefahren werden. Offiziell soll nun nur noch 0,41 Prozent für die benachteiligten Regionen in der Union ausgeben werden. Mit anderen Worten: Eine weitere Förderung Ostdeutschlands auf hohem Niveau droht derzeit nicht in Brüssel, sondern an der Finanzpolitik der Bundesregierung zu scheitern. Manch einer, wie der grüne Europapolitiker Rainer Steenblock, fürchten deshalb schon eine „Renationalisierung der EU-Strukturförderung".[150]

Den ostdeutschen Regionen bleibt nur die Hoffnung auf Entgegenkommen aus Brüssel. Hier zumindest scheint auch EU-Regionalkommissar Michel Barnier gesprächsbereit zu sein. Bei der Vorstellung des zweiten „Zwischenberichts über den wirtschaftlichen und sozialen Zusammenhalt in Europa", sagte er, dass es für die vom „statistischen Effekt" betroffenen Regionen „großzügige Übergangsfristen" geben müsse. Ein solches privilegiertes „Phasing Out" fordert auch der thüringische CDU-Europaabgeordnete Rolf Behrend. Sollte Deutschland für die kommende Finanzperiode statt der bisherigen 20 Milliarden Euro 14 Milliarden heraushandeln können, „wäre das für uns ein Erfolg".[151]

Zukunftsmusik III

Zumindest das haben Polen und Deutsche, trotz unterschiedlicher Erwartungen, im Zwischenland gemeinsam. Sie wissen nicht, was im Mai 2004 und in den Monaten und Jahren darauf auf sie zukommt. Und manche wollen es auch nicht wissen. Vielleicht stellen sie sogar mit Erstaunen fest, dass sich die Schlagbäume nicht geöffnet haben, dass es weiterhin Kontrollen geben wird und weiterhin auch Schmuggel und Kriminalität.

Vielleicht dauert es aber auch nicht lange, bis sich der Wegfall der Zollschranken bemerkbar macht. Wenn die polnische Regierung die Verbrauchssteuer nicht erst, wie von Brüssel gefordert, bis Ende 2008 erhöht, sondern früher, wenn also die Preise für Zigaretten und Schnaps bald schon steigen, wird es für die Händler auf den Basaren und für die Schmuggler noch schwieriger, von der Grenze zu leben, genauso wie für die deutschen Schnäppchenjäger und Tanktouristen. Dann heißt es, nicht von, sondern mit der Grenze leben. Nur wie, wenn die Kultur des Basars, wie es Marzenna Guz-Vetter nennt, von keiner Kultur der nachhaltigen Entwicklung ersetzt wird, wenn die Städte und Gemeinden in Westpolen immer noch die „Geiseln des Basarhandels" sind? Wenn die EU-Mittel, der Geldregen aus Brüssel, überall niedergeht, nur nicht da, wo er gebraucht würde, in Ostdeutschland und in Westpolen? Wenn in den deutschen Regionen des Grenzgebiets, die Abwanderung, diese „Abstimmung mit Füßen", anhält und auch dort alle Chancen für eine „Rückkehr in die Mitte" zum Scheitern verurteilen?

Alles kein Problem, meint dazu Wolfgang Engler, zumindest nicht für die deutsche Seite des Grenzgebiets. Anders als Rolf Kreibich, der Zukunftsforscher und Michael Kurzwelly, der Aktionskünstler, geht Engler, der Soziologe Ostdeutschlands, noch einen Schritt weiter. Er hält sich nicht an Prognosen, sondern versucht, Wolfgangs Thierses ehemalige Warnung vor dem Abkippen weiterzudenken. Wie sieht das Leben aus, wenn die Region tatsächlich gekippt ist? Wie lebt es sich im Ungewissen, dass dem Ende der Gewissheiten folgt?

Englers Vision ist eine Frage: Warum nicht aus Ostdeutschland einen Nationalpark machen? „Statt den Westen sklavisch nachzuahmen, könnte der Osten sein Alter Ego werden, Ruhe und Regenerationsraum, und ihm dadurch unschätzbare Dienste leisten", lautet sein Vorschlag für die „Auswanderungsgesellschaft" Ostdeutschland, die den Anschluss an die Entwicklung im Westen auch nicht mit milliardenschweren Wirtschaftshilfen schaffen werde.[152]

Was für viele Bewohner nicht nur ein Gespenst, sondern geradezu eine Horrorvision sein dürfte, wird unter manchen Visionären des Grenzgebiets, solchen wie Wolfgang Engler und Wolfgang Kil, längst als realistisches Szenario diskutiert. Gerade der Osten, meint Engler, könne angesichts der Erfahrungen, die man dort mit der Schrumpfung und einer wachsenden Geografie der Ungleichheit mache, zu einer neuen Avantgarde werden. Hier könne man beobachten, wie es sich lebt am Rande des Wachstums und der Wahrnehmung.[153] Wolfgang Kil, der sich wie Wolfgang Engler, längst vom Rufer in der Wüste, zu einem ihrer Freunde entwickelt hat, ergänzt: „So würde am Ende der Abschied von einer Epoche noch eine Wendung ins Positive finden: Die von der Industrie hinterlassenen Ländereien als Paradiese für Gärtner, Bastler und Träumer. Für Leute, die dort etwas anderes sehen, wo für andere bloß etwas verschwunden ist. Für die Kundschafter einer völlig neuen Lebensweise. Was ist an dieser Vision eigentlich so abwegig?"[154]

Wurzeln und Flügel

Große Geschichte und kleine Heimat

Die Rückkehr der Geschichte

Ein Paradies für Träumer, Bastler und Gärtner. Das ist das ganze Gegenteil dessen, was dem Osten einmal versprochen wurde. Nicht nur dem Osten Deutschlands, sondern auch den mittel- und osteuropäischen Ländern. Was aber, wenn keiner dieses Angebot annehmen will? Wenn die Menschen, auf der deutschen wie der polnischen Seite, an den Versprechen festhalten, die man ihnen gegeben hat? Was werden sie dann tun? Weiter abwandern, weil es die Einlösung der Versprechen nur woanders gibt, in Westdeutschland zum Beispiel, für Ostdeutsche und Polen gleichermaßen?

Was werden diejenigen machen, die bleiben? Werden sie die Kultur der Alltagsbegegnungen fortsetzen, oder werden sie sich wieder zurückziehen, womöglich sogar abschotten? Wird man vielleicht sogar wieder auf die alten Stereotypen zurückgreifen? Endet die Gegenwart des Zwischenlandes wieder in der Geschichte, bevor seine Zukunft überhaupt beginnen konnte? Wird bald wieder euphemistisch von einer „Oder-Neiße-Friedensgrenze" die Rede sein müssen?

Dass zur Beantwortung der Fragen nach den künftigen Identitäten und Selbstbildern im Grenzgebiet die Geschichte noch immer eine große Rolle spielt, ist für Kazimierz Wóycicki nichts Ungewöhnliches. Die Geschichte, weiß der Zeithistoriker und Leiter des Polnischen Instituts Leipzig, sitzt als kollektive Erzählung, als Erinnerungskultur, am Küchentisch jeder Familie. „Eine Gegenwart und Zukunft ohne Geschichte gibt es nicht", ist er deshalb überzeugt. Wer das Gegenteil behaupte würde nur das ohnehin vorhandene Misstrauen vergrößern. Ein Misstrauen, dass auch im Zwischenland seit der Debatte um ein Berliner „Zentrum gegen Vertreibungen", den Irakkrieg und die gescheiterte EU-Verfassung wieder gewachsen ist.

Wie aber kann man sich der Geschichte im Grenzgebiet nähern? Gibt es das überhaupt, einen Bezug auf eine gemeinsame Geschichte? Oder gibt es vorerst nur gemeinsame Geschichten, die man sich vor dem Hintergrund einer geteilten Erinnerung erzählen muss? Was tritt wann in den Vordergrund, die große Geschichte oder die kleine Heimat?

Gerade im Grenzraum verschiedener Ethnien, bringt der Journalist Pascal Zachary eine interessante Metapher ins Spiel, bräuchten die Menschen „Wurzeln und Flügel". Früher, so Zachary, „genügte es, Vorschriften aufzustellen, die für alle galten, und im Kern lautete die Botschaft: Wenn du dich an die Regeln hältst, wirst du akzeptiert; wenn nicht, musst du gehen oder lebst im besten Fall am Rand der Gesellschaft." Aus diesem dichten Regelwerk, meint Zachary, entwickelte sich der Begriff der „nationalen Identität". Doch diese „Zwangsidentität" funktioniere nicht mehr. „Menschen mit Talent und Begabung – die sich aussuchen können, wo sie leben und arbeiten wollen – werden sich diese Behandlung kaum gefallen lassen. Die einzige Alternative besteht darin, Zuwanderern ihre Wurzeln und Flügel zuzugestehen."[155]

Was Zachary so unpoetisch im Zusammenhang mit der Diskussion um die Green Card in Deutschland in die Debatte warf, kann im deutsch-polnischen Grenzgebiet freilich zu einem Anstoß werden, der auch für die Identitätssuche der Menschen am Rande der Gesellschaft und ihrer Länder von Bedeutung ist. Wurzeln und Flügel, das bedeutet nicht nur, in der Fremde eine neue Heimat finden zu können. Wurzeln und Flügel, das ist auch die Fähigkeit, Fremde aufnehmen und akzeptieren zu können. Wurzeln und Flügel, das ist nicht nur eine Handlungsanleitung für die Player in den Räumen der Ströme, sondern auch für die „No ones" in den Räumen des Ortes.

Im Grenzgebiet, diesem Zwischenland von gestern und heute, kommt dieser Metapher darüber hinaus noch eine ganz andere Bedeutung zu. Wurzeln und Flügel, das kann auch ein Spannungsbogen sein, in den hinein man die eigene Biografie stellen kann. Wer nur mit Flügeln ins Grenzgebiet kam, ob als Vertriebener aus Lemberg oder als Vertriebener aus Schlesien, und niemals Wurzeln schlug, wird nur schwer eine andere Beziehung zum Ort finden und auch keine andere Identität als die, auf gepackten Koffern zu sitzen. Wer dagegen Wurzeln schlägt, sich die Geschichte des Ortes, die nicht die eigene sein muss, aneignet, kann sich auch wieder von ihm entfernen, ohne diese neue Heimat zu verlieren.

Der Dialog der Dinge

Am besten nähert man sich diesem Prozess des Heimisch-Werdens und Wurzeln-Schlagens, meint die Literaturwissenschaftlerin Gabriela Balcerczakowa, in einem „Dialog der Dinge", einem „Hervorkramen von tief verstauten Spuren der eigenen oder fremden Vergangenheit". Dieser Dialog sei gar nicht so schwer. „Der Schlittschuhschlüssel erinnert an die kalten Winter, die wir schon vergessen hatten; die Lebensmittelmarke an den Geschmack der Ersatzschokolade, ein Stückchen karierten Tafts an das Karnevalskostüm der Tante, die Zigaretten mit einer langen gläsernen Zigarettenspitze rauchte und so geheimnisvoll nach ‚Soir de Paris' duftete." Diese unbedeutenden Dinge, die genauso gut gar nicht vorhanden sein könnten, meint Balcerczowaka, „werden plötzlich wichtig; könnten uns vielleicht verraten, wer wir sind."[156]

Balcerczakowas Aufforderung, den Dingen wieder ihren Platz zu geben, und sei es nur im Gedächtnis, war auch das Motto einer Ausstellung, die so ungewöhnlich war, wie der Ort, an dem sie stattfand. Vom Juni bis zum Oktober 2001 fand der „Dialog Rzeczy" – der „Dialog der Dinge" im Regionalmuseum von Myślibórz statt. Künstler aus New York, Krakau, Berlin, Gorzów, Rumänien und Irland waren aufgefordert, sich in das 15.000 Einwohner zählende Städtchen zwischen Kostrzyn und Szczecin zu begeben, um den „Dialog der Dinge" mit dem Blick von außen zu kommentieren oder gar erst hervorzubringen.

Für drei Monate die Welt zu Gast, das war für Myślibórz ein Ereignis, von dem man anfangs gar nicht wusste, was man davon halten sollte. Metropole trifft auf Provinz, das muss schließlich nicht immer zum Vorteil der Provinz enden, schon gar nicht, wenn man dort nicht recht weiß, wie man den Menschen aus der Metropole begegnen soll, ohne sich rückständig zu fühlen. Solche Zweifel haben Roman Matijuk, der Bürgermeister von Myślibórz und sein Museumsleiter Ryszard Jobke aber schnell abgelegt.

Das mag auch daran gelegen haben, dass es zwischen der weiten Welt und der Provinzstadt bereits eine Verbindung gab. Ins Leben gerufen wurde die Ausstellung im Regionalmuseum nämlich weder vom Bürgermeister, noch dem Museumsleiter, sondern von Marek Pisarsky und Anne Peschken, zwei Künstlern, die seit zehn Jahren auch in Myślibórz zu Hause sind. Beide leben und arbeiten sowohl in Berlin-Kreuzberg als auch in einem alten Bauernhof in Sobienice, keine fünf Kilometer von Myślibórz entfernt.

„Das ganze war natürlich ein Experiment", erinnert sich Marek Pisarsky. „Jeder Künstler hatte gerade einmal eine Woche Zeit, sich auf den Ort einzulassen, dann musste er schon produzieren. Eine Woche, um sich ein Urteil zu erlauben, das ist schon riskant."[157]

Allein deshalb war es kein Wunder, dass nicht jede Arbeit die Menschen in Myślibórz gleichermaßen überzeugte. Die „Ersatzskelette" des in Krakau arbeitenden Rumäniers Bogdan Achimescu ließen sie noch durchgehen. Achimescu hatte mit dieser Arbeit die Grabkultur eines fiktiven, vergessenen Volkes, der Menschen in „Batwien", zum Thema gemacht. „Aufgrund der relativen Häufigkeit von Vermissten und nicht auffindbaren Toten bildete sich in Batwien die einzigartige Sitte heraus, Ersatzskelette zu beerdigen. Diese bestanden aus den Lieblingsgegenständen der Verstorbenen." In der Ausstellung im Regionalmuseum von Myślibórz stellte Achimescu die Skelette eines Mannes und einer Frau aus. Das Becken der Frau bildete eine große Brotschaufel, auf dem selbst noch ein kleines Schäufelchen lag, für Achimescu ein Hinweis darauf, dass die Frau zum Zeitpunkt ihres Ablebens schwanger gewesen sein musste. Der Mann dagegen war möglicherweise ein Jäger, wovon seine aus Werkzeugen und Waffen zusammengesetzten Skelettteile zeugten.

Richtiggehenden Widerspruch rief dagegen die Arbeit von Joan Giroux hervor. Die New Yorker Künstlerin hatte alte und neue Landkarten des deutsch-polnischen Grenzgebiets gesammelt und in einer Vitrine übereinandergelegt. Auf die Vitrine selbst hatte sie eine Axt gelegt. „Die schonungslose Präsenz der Abwesenheit" nannte sie ihre Arbeit. Die Reaktionen waren ebenso schonungslos. „Die Leute schimpften, selbst die Verantwortlichen in der Stadt waren nervös geworden", erinnert sich Pisarsky. „Offenbar war man in Myślibórz noch nicht soweit, das Thema Grenzziehung auf diese Art und Weise auszustellen."

Die Geschichtsbewegung

Muten die Reaktionen auf die Arbeit von Joan Giroux aus heutiger Sicht wie ein Vorgeschmack auf die erbitterten Diskussionen um das von den Vertriebenenverbänden geforderte „Zentrum gegen Vertreibungen" in Berlin an, stand der „Dialog der Dinge" in den Arbeiten der anderen Künstler für eine nachgeholte Auseinandersetzung mit der Vergangenheit. Oder wie es die Literaturwissenschaftlerin Gabriela Balcerczakowa nannte: „Eingeschlossen im wort- und stimmlosen Dialog der Dinge, liegt die Vergangenheit. Familien- und Ortsgeschichte, die Geschichte einzelner Völker und die des eigenen zufälligen Werdegangs."[158]

Der „Dialog der Dinge" in Myślibórz war so gesehen auch ein Dialog mit der Vergangenheit, wie er derzeit überall in Polen stattfindet, vor allem aber in den ehemals deutschen Gebieten. Von den über 1.200 Vereinen, die sich in Polen mit Lokalgeschichte beschäftigen, so hat es der Historiker Robert Traba festgestellt, hat ein Großteil seinen Sitz im polnischen Norden und Westen, in jenen Gebieten also, die bis 1945 deutsch waren. „Die Identifikation mit der Kultur und der unverlogenen Geschichte ihrer Entstehung, folglich auch mit der Anwesenheit des ‚Deutschtums' in unserer unmittelbaren Nachbarschaft", folgert Traba, „bietet die Chance einer Entzauberung des negativen Stereotyps des Deutschen."[159]

Doch nicht nur die Lokalhistoriker haben sich auf die Suche nach der Vergangenheit und den Dingen gemacht, die zu ihr gehören, sondern auch polnische Gegenwartsautoren. In ihren Romanen und Erzählungen beschreiben Schriftsteller wie Pawel Huelle oder Stefan Chwin die Inbesitznahme deutscher Städte durch Neusiedler der späten vierziger- und der fünfziger Jahre, und sie beschreiben zugleich die Begegnungen der Nachfahren dieser Pioniere mit den Nachfahren der ehemaligen deutschen Bewohner. Es sind Begegnungen, in denen die Neugier die Fremdheit besiegt. Und es sind Entdeckungen, in denen Wurzeln geschlagen werden, wie es ein etwa 40-jähriger Besucher des niederschlesischen Dorfes Kopaniec in Ute Baduras Dokumentarfilm „Schlesiens Wilder Westen" formuliert. Er sagt: „In einem Ort, dessen Geschichte ich kenne, kann ich besser leben."

Auch in Myślibórz ist diese Geschichtsbewegung, die Suche nach der „kleinen Heimat", in vollem Gange. „Z biegiem Myśli" heißt eine Zeitschrift, die das Regionalmuseum seit einigen Jahren herausgibt. „Z biegiem Myśli", das lässt sich nicht eindeutig übersetzen, es heißt „Mit dem Lauf des Flusses Myśl" ebenso wie „Mit dem Lauf der Gedanken". Und dieser Lauf der Gedanken reicht in der Zeitschrift oft zurück in die alte Heimat in Ostpolen. Wer an einem neuen Ort Wurzeln schlagen will, der muss zuerst Trauerarbeit leisten. Erst dann kann er sich mit der Geschichte des neuen Ortes beschäftigen, der für andere wiederum der Verlust der Heimat war. Dann heißt Myślibórz nicht mehr Myślibórz, sondern Soldin, eine kleine Kreisstadt in der Brandenburgischen Neumark, die einmal bekannt war für ihr „Soldiner Käschen".

Auch wenn das Misstrauen im Grenzgebiet wieder größer geworden ist: Soldin, der deutsche Name der Stadt, ruft in Myślibórz keine Angst mehr hervor, sondern Neugier. Die Geschichtsversessenen stöbern in alten Chroniken, suchen nach Bauakten, die die Geschichte ihrer Häuser erklären, bitten die ehemaligen Bewohner der Stadt in ihr Haus, wenn diese einmal wieder vor dem Zaun stehen.

Selbst der deutschen Opfer kann in diesem Klima der Auseinandersetzung wieder gedacht werden. Ein Stück vom Ortsausgang entfernt, steht eine Gedenktafel, die an die 120 Zivilisten erinnert, die im Februar 1945 von der Roten Armee erschossen wurden. Der Grund des Massakers: die Angehörigen einer Frau, die vom Kommandanten der sowjetischen Streitkräfte vergewaltigt wurde, hatten den Täter noch während seiner Tat erschossen.

Die neuen Neusiedler

Marek Pisarsky und Anne Peschken hätten die Ausstellung „Dialog der Dinge" vielleicht nicht ins Leben rufen können, wenn sie nicht selbst Wurzeln und Flügel hätten. Es war im Jahr 1993 als die beiden nach Myślibórz kamen. Der Eigentümer des Mietshauses in Kreuzberg, in dem sie bis dahin ihre Galerie betrieben, hatte angekündigt, die Miete zu erhöhen. „Das war für uns der Anlass zu überlegen, wo wir eigentlich hinwollen", sagt der 47-jährige Marek Pisarsky. „Wollen wir nur in Berlin bleiben? Oder vielleicht auch aufs Land gehen, wie so viele nach der Wende? Also haben wir einen Zirkel in die Landkarte gestochen, einen Kreis um Berlin gezogen, und plötzlich festgestellt, wie nahe Berlin an Polen lag. Selbst mir, der ich als Kind mit meinen Eltern von Schlesien in die Bundesrepublik gekommen war, ist das nicht bewusst gewesen."

Warum also nicht Polen?, haben sich Marek und Anne gefragt und sich auf der Landkarte Myślibórz ausgesucht. Dort hat ihnen ein Makler dann den Hof in Sobienice gezeigt, den Herr Machuk verkaufen wollte, ein über 80-Jähriger, der 1951 aus Zamość in den „Wilden Westen" gekommen war. „Seine Frau war anderthalb Jahre zuvor gestorben, er hat die Einsamkeit nicht mehr ausgehalten und wollte zu seiner Tochter in die Stadt", sagt Marek Pisarsky. Nachdem der Vorvertrag abgeschlossen, der Grundstückskauf in Warschau beantragt und nach anderthalb Jahren genehmigt war, war es schließlich soweit. Marek Pisarsky und Anne Peschken zogen mit dem einen Bein nach Sobienice, mit dem andern blieben sie in Kreuzberg.

Wenn die beiden ihre Gäste über den Hof, das Gutshaus mit dem Salon und den Flügeltüren zum kleinen Park, das Wohnhaus, das sie für Freunde ausgebaut haben, den Stall, der nun die Atelierräume beherbergt sowie die Scheune führen, hat man den Eindruck, als wären sie schon immer hier gewesen, als hätten sie in Sobienice ihre kleine Heimat gefunden. „Die Nachbarn haben es uns einfach gemacht", sagt die 37-jährige Anne Peschken. „Marek ist polnischer Muttersprachler, ich habe Polnisch gelernt, das war die Eintrittskarte. Selbst die Tatsache, dass wir ganz anders leben als sie, hat die Nachbarn nicht gestört. Im Gegenteil. Wenn der Hof wieder mal voll ist mit Künstlern, kommen sie vorbei, bringen Kuchen, setzen sich dazu." Marek ergänzt: „Es sind die kleinen Hilfsdienste, die die Nachbarschaft auch ausmachen, mal was aus Berlin besorgen, da mal helfen, dort einen Tip geben. Es ist ein anderes Leben hier, aber es ist uns genauso wichtig wie das in Berlin."

Wurzeln? Flügel? Marek Pisarsky zuckt mit den Schultern, erzählt von der polnischen Staatsbürgerschaft, die er gerne zurückhätte. Schließlich sei er in Polen als Pole aufgewachsen, auch wenn seine Eltern als „Autochtone" galten und nach ihrer Ausreise in den sechziger Jahren die deutsche Staatsbürgerschaft bekamen. Doch sein Antrag liegt schon seit drei Jahren bei der Botschaft. Und dann fällt ihm die Geschichte wieder ein, die Geschichte einer Reise nach Breslau. „Anne und ich sind mit Zbigniew Czarnuch dorthin gefahren, einem engagierten alten Mann, der in Witnica die Geschichte der Deutschen aufarbeitet, nachdem er als Neusiedler in den fünfziger Jahren alle Spuren dieser Geschichte auszulöschen versucht hat."

Marek macht es sich gemütlich, im Kamin brennt Feuer, Anne knackt Walnüsse. „In Breslau", sagt Marek, „gibt es das Panorama der Schlacht von Racławice, für das man eigens eine Rotunde gebaut hat. Das Panorama gehört für jeden Polen zum Pflichtprogramm, weil in der Schlacht von 1794 die polnischen Aufständischen die Russen geschlagen haben. Hier lernt man die polnische Identität."

Marek legt eine Pause ein, Anne erzählt weiter. „Du kannst es Dir kaum vorstellen, was da passierte, als wir da drin waren. Der alte Czarnuch hat angefangen zu weinen, Marek hat getobt, und ich habe gelacht."

„Mein Toben und Czarnuchs Tränen waren zwei Seiten einer Medaille", sagt Marek, „das habe ich damals begriffen. Ich war deshalb so außer mir, weil ich gemerkt habe, wie ich mich noch immer an dieser nationalistischen Erziehung abarbeite. Damals, in der Rotunde von Breslau, habe ich mich wieder daran erinnert, was ich damals gefühlt habe, als wir nach unserer Ausreise auf dem Bahnhof Zoo in Westberlin ankamen. Ich war völlig überrascht. In der Schule waren die Deutschen immer die Nazis, mit Stahlhelm und langen Ledermänteln. Am Bahnhof Zoo hatten die Leute aber keine langen Ledermäntel an, sondern T-Shirts. Meine Verwunderung von damals, das war auch die Wut in Breslau."

Der alte Neusiedler

Vielleicht waren auch Zbigniew Czarnuchs Tränen Tränen der Hilflosigkeit. Als Czarnuch 1945 nach Witnica kam, ein kleines Städtchen zwischen Kostrzyn und Gorzów Wielkopolski, war er nur drei Jahre älter als Marek Pisarsky bei seiner Ausreise nach Deutschland. Nach Witnica, das ehemals deutsche Vietz, hatte es den 15-jährigen Zbigniew verschlagen, weil sein Vater dort den Posten eines Bürgermeisters angenommen hatte. Die Ideologie der „wiedergewonnenen Gebiete" saß in der Küche der Familie Czarnuch mit am Tisch. Und so war es für Zbigniew, den jungen Patrioten, kein Thema, als er im Herbst 1945 vom Leiter der Pfadfinderorganisation gefragt wurde: „Kannst du die restlichen Spuren des Deutschtums im Stadtzentrum beseitigen?"[160]

Zbigniew konnte, und so zog er los mit seinen Pfadpfindern, übermalte alte Inschriften, meißelte die deutschen Namen aus den Grabsteinen auf dem Friedhof. „Zähmung der Landschaft" nannte sich die Aktion, bei der Czarnuch keine Fragen stellte. Warum auch. Schließlich waren die deutschen Ostgebiete im Mittelalter slawisch gewesen und die Westverschiebung der polnischen Grenze somit eine Rückkehr. Dass dazwischen siebenhundert Jahre lagen, und diese „Rückkehr" in die „wiedergewonnenen Gebiete" mit Ideologie mehr zu tun hatten als mit der Realität, das ist Zbigniew Czarnuch erst später in den Sinn gekommen.

Mit einer Ideologie, meint Czarnuch heute, verkleiden wir im Grunde nur unsere persönlichen Probleme. Nachdem er 1968 mit ansehen musste, wie die polnischen Juden, die die deutsche Besatzung und den Holocaust überlebt hatten, in Polen wieder verfolgt wurde, nachdem er mit seinem Gerechtigkeitssinn immer wieder angeeckt war und sein Patriotismus von Mal zu Mal bröckelte, hatte Zbigniew Czarnuch in den achtziger Jahren begonnen, auch auf die Deutschen einen anderen Blick zu werfen. Und er hat damit angefangen, die Spuren der Deutschen zu sichern, die Gegenstände, die sie zurückließen, zu sammeln, zu begreifen, dass es der Krieg war, der für ihr Verschwinden verantwortlich war so wie auch für seine Ankunft in Witnica, damals im Sommer 1945.

Heimat, ist Zbigniew Czarnuch seitdem überzeugt, ist für ihn mehr eine intellektuelle als eine emotionale Entscheidung. Heimat ist vor allem ein Ort der geistigen Verwurzelung.[161]

Es ist diese Überzeugung, die Zbigniew Czarnuch mit Marek Pisarsky und Anne Peschken zusammengebracht hat. Auch bei der Ausstellung „Dialog der Dinge" in Myślibórz. „Grenzgebiete sind seit Jahrhunderten Orte, an denen sich die Kulturen benachbarter Völker begegnen", schreibt Czarnuch im Vorwort zum Katalog der Ausstellung. „Dieser natürliche Prozess, der zwei Jahrhunderte lang durch die Ausbreitung des Nationalismus gebremst wurde, hat jetzt – nach dem Fall der Berliner Mauer – die Chance, sich nun weiter zu entwickeln." Das Grenzgebiet, ist er überzeugt, „wird wieder zu einem Raum, in dem sich unterschiedliche Mentalitäten, Lebensstile und Traditionen sanft durchdringen."

Die Grenzen der Geschichte

Vielleicht wird Zbigniew Czarnuch demnächst ja auch Karl-Heinz-Henschel begegnen, dem Altergenossen aus Küstrin-Kietz, der als Angehöriger der Waffen-SS Berlin verteidigen wollte und nun Schulklassen und Reisegruppen über die Ruinen der Festung Küstrin führt. Möglich wäre es, schließlich haben Marek Pisarsky und Anne Peschken nach dem „Dialog der Dinge" in Myślibórz einen neuen Dialog geplant. Diesmal geht es um den „Dialog loci", den „Dialog der Orte". Und der findet im Sommer 2004 nicht mehr in Myślibórz statt, sondern auf den Ruinen der Festung Küstrin.

37 Künstler aus aller Welt haben Pisarsky und Peschken diesmal eingeladen, sich mit dem Ort auseinander zu setzen und in einen Dialog mit ihm zu treten. Im Jahr des polnischen EU-Beitritts ist „Dialog Loci" das größte Kulturereignis an der deutsch-polnischen Grenze. Auch Michael Kurzwelly wird diesmal dabei sein und die verschiedenen Orte, aus denen sich die Grenzstadt zusammensetzt, die Festung, die Neustadt, der Basar, die Oderinsel, die ehemaligen Russenkasernen und das deutsche Küstrin in Beziehung zueinander setzen. Hinweisschilder und Fotografien aus diesen Orten will Kurzwelly auf der Festung ausstellen und so die Geschichte mit der Gegenwart konfrontieren.

Ein „Dialog der Orte", das wäre in der Tat etwas anderes als die Pläne zum Wiederaufbau der Festung, die man in Kostrzyn trotz der Pleite der Wohnungsbaugesellschaft noch immer verfolgt. Ein Dialog der Orte ist kein Dialog, bei dem das Ergebnis von vorneherein feststeht, sondern ein Prozess, ein Gespräch mit offenem Ausgang. Ein Selbstgespräch, das aber vorerst nur von Dingen und Orten geführt werden kann, nicht aber von Menschen. An einen „Dialog der Menschen" jedenfalls haben sich auch Marek Pisarsky und Anne Peschken noch nicht herangewagt. Vielleicht auch deshalb, weil die Gefahr noch immer groß ist, dass dieser Dialog scheitert und statt einer gemeinsamen kleinen Heimat womöglich wieder neue Nationalismen hervorbringt.

Kazimierz Wóycicki geht sogar noch einen Schritt weiter. Für ihn gibt es diese gemeinsame Identität noch gar nicht. Das gleiche gelte für den Dialog um eine gemeinsame Aufarbeitung der Geschichte, der ja Voraussetzung für eine solche Identität sei. Im Grenzgebiet, sagt Wóycicki, gibt es noch immer zwei getrennte Geschichten, kollektive Geschichtserzählungen, die sich erheblich voneinander unterscheiden.

In einem Essay mit dem Titel „Görlitz/Zgorzelec: Geschichte imaginaire" versucht Wóycicki den Gründen für diesen Nicht-Dialog auf die Spur zu kommen. Sowohl die Zeitrhythmen in beiden Städten als auch die Erinnerungsorte, so sein Fazit, seien nicht miteinander kompatibel. So sei das Jahr 1945 zwar für beide Seiten gleichermaßen wichtig, werde aber noch immer unterschiedlich gedeutet. „Die Deutschen sind in den polnischen Augen noch immer die besiegten Nazis und Hitler-Deutschen, während die Polen in den Augen der Deutschen die Plünderer und Eroberer sind."[162] Der 17. Juni 1953, der in Görlitz zum zweitwichtigsten Datum der frühen Nachkriegszeit wurde, spielt in Polen, so Wóycicki, eine ebenso unbedeutende Rolle wie das Jahr 1956 und mit ihm der XX. Parteitag der KPdSU in der DDR. Und so gehe es immer weiter. „Das Jahr 1961 ist wieder nur in der deutschen Wahrnehmung wichtig." Selbst das Jahr 1980, mit dem die Phase der ersten Grenzöffnung beendet wurde, „ist ein Datum einer Entwicklung, die auf beiden Seiten unterschiedliche Wege nahm".

Kein Dialog, nirgends, auch bei den Erinnerungsorten. Am Dom Kultury, der ehemaligen Lausitzer Ruhmeshalle, die nach 1945 zum Kulturhaus wurde, erinnert nur eine unscheinbare und kaum leserliche Gedenktafel daran, dass an diesem Ort 1950 der „Görlitzer Vertrag" unterzeichnet wurde. Und im städtischen Museum von Görlitz, so Wóycicki, „kann sich der Besucher aus Zgorzelec nicht anders fühlen als in jedem anderen deutschen Stadtmuseum an der Mosel oder am Rhein". Die „Eigentümer der Geschichte" sind die Deutschen und es sehe nicht danach aus, als sollte sich daran etwas ändern.

Wóycickis Fazit: Deutsche und Polen verhandeln ihre Geschichte noch immer für sich selbst. Selbst die Geschichtsbewegung in Polen, die Suche nach den Spuren der Deutschen, die wiederaufgenommene Pflege ihres kulturellen Erbes ist für den Leiter des Polnischen Instituts kein Dialog, sondern allenfalls ein Selbstgespräch. „Dort, wo man gemeinsam nach den Spuren der Geschichte suchen könnte, in den geteilten Städten im Grenzgebiet, findet ein solcher Dialog nicht statt." Oder er scheitert, so wie der Versuch des Ehepaars Urszula und Piotr Zubrzycki, den Görlitzern die Idee für ein Lausitzmuseum in Zgorzelec näher zu bringen.

Europäische Identität

Sich gegenseitig die Geschichten zu erzählen, das ist deshalb das Programm von Kazimierz Wóycicki, dafür hat er auch den „Görlitzer Mittwoch" ins Leben gerufen, eine Gesprächsrunde, die abwechselnd im Görlitzer Apollo-Theater und im Theatersalon in Zgorzelec stattfindet. Sich gegenseitig Geschichten zu erzählen heißt, sich einzulassen auf den anderen, auch auf seinen möglichen Widerspruch und drohendes Desinteresse. Sich gegenseitig Geschichten zu erzählen ist der Versuch, den beiden großen Geschichten irgendwann einmal die gemeinsamen kleinen entgegenzusetzen, vielleicht sogar eine gemeinsame kleine Heimat.

Marek Pisarsky und Anne Peschken dagegen brauchen keinen Görlitzer Mittwoch, um diesen Dialog zu führen, auch wenn sie ihn noch nicht zum Thema eines ihrer Kunstprojekte gemacht haben. Sie führen diesen Dialog täglich, mit den Nachbarn, mit dem Bürgermeister von Myślibórz, mit Zdzisław Garczarek, dem Leiter des Kulturhauses in Küstrin, mit Zbigniew Czarnuch. Sie haben ihn auch mit Herrn Machuk geführt, dem ehemaligen Besitzer ihres Hofes in Sobienice, bevor er zu seiner Tochter in die Stadt gezogen ist und am Ende doch an Einsamkeit gestorben ist. Immer waren Pisarsky und Peschken in diesem Dialog die Deutschen. „Doch das heißt nichts", sagt Marek Pisarsky. „Schließlich geht es bei diesen Gesprächen immer um etwas Konkretes, eine Ausstellung, ein Durchlauferhitzer, der repariert werden muss, eine LKW-Ladung Holz, die geliefert wird, ein Vorwort zu einem Katalog, das geschrieben werden muss."

In diesen Dialogen zeigt sich eine andere Identität als die, die aus der gemeinsamen Aufarbeitung der Geschichte entsteht, eine andere als die, die sich die älteren Bewohner des Zwischenlandes wie Karl-Heinz Henschel oder Zbigniew Czarnuch mühsam erarbeiten mussten. Es ist eine europäische Identität, in der nicht mehr die Geschichte im Vordergrund steht, sondern die Gegenwart und die Bewältigung ihrer Probleme.

Selbst der wachsenden Ungleichheit der Räume haben Marek Pisarsky und Anne Peschken ein neues Modell entgegengesetzt. Sie bewegen sich im Raum der Ströme ebenso wie im Raum der Orte. Natürlich gehört auch Myślibórz, wie Guben und Gubin, zu den „Räumen der funktionalen Irrelevanz", den nicht mehr gebrauchten Orten, zum Niemandsland am Rande der Wahrnehmung. Mit ihrer Ausstellung „Dialog der Dinge" haben sie diesem Niemandsland aber wieder einen Ort gegeben, haben es kenntlich gemacht, identifizierbar. Das schafft zwar noch keine Arbeitsplätze, aber Aufmerksamkeit, ein Interesse anderer, das einem selbst Flügel verleihen kann.

Das Netzwerk der Ströme und Orte, in dem sich die Künstler zwischen Kreuzberg und Myślibórz, zwischen Myślibórz und Küstrin, zwischen Küstrin und Berlin bewegen, ist wenn man so will, sogar eine neue Metapher. Ein Bild für die Vernetzung der Räume und Orte in einer Region, an der, von Frankfurt und Stettin abgesehen, die großen Ströme, die „zivile Armada der Trucks" auf den Korridoren, vorbeiziehen. Es ist ein Netzwerk der Orte im Abseits, die jede Gelegenheit nutzen, in einen Dialog zu treten und auf sich aufmerksam zu machen.

Das ist bei den zahlreichen Projekten der Künstler im Grenzgebiet nicht anders als bei touristischen Unternehmungen. Warum sollte man dem Zwischenland nicht eine Zukunft wünschen, in der es auch denjenigen wieder in die Wahrnehmung tritt, die sonst nur im Raum der Ströme und in den Korridoren unterwegs sind. Kunst und Tourismus statt Transitwüste, das wäre zumindest nicht das Ende der Welt.

Und vielleicht werfen die Expediteure und Global Player eines Tages tatsächlich mal einen Blick auf die, die im Zwischenland die neuen Orte nutzen, an ihren neuen Projekten basteln oder die atemberaubende Landschaft genießen. Vielleicht denken sie sogar selbst einmal darüber nach, ihre Zeit nicht nur im Raum der Ströme zu verbringen, sondern an jenen Orten, deren Namen sie bislang noch nicht einmal aussprechen konnten. Orte, die ihnen vielleicht näher sind als sie gedacht haben.

Natur pur

Die Zukunft des Tourismus

Basar statt Park

Es war ein Stoßseufzer, den er da zum Himmel gab: „Der Besitz Muskaus ist mein Verderben!"

Hermann Fürst von Pückler-Muskau wusste, wovon er damals, 1819, gesprochen hatte. Kaum hing er den Waffenrock der russischen Armee, mit dem er gegen die napoleonischen Heere gekämpft hatte, 1814 an den Nagel, begann der 29-Jährige damit, ganz andere Heere in Bewegung zu setzen. Zweihundert Arbeiter, Landschafts- und Gartenbauern waren täglich damit beschäftigt, den Besitz des Fürsten von 550 Quadratkilometern Boden in einen gewaltigen Landschaftspark zu verwandeln. Selbst die Neiße musste diesem Vorhaben an der ein oder andern Stelle weichen und umgebettet werden.

Während seines ersten Englandaufenthalts hatte der Fürst außerdem gelernt, wie man Bäume ausgräbt um sie dort, wo sie hinsollen, wieder in die Erde zu setzen. All das freilich kostete Geld. Alleine die Arbeitslöhne beliefen sich auf 100 Taler pro Tag. Als der Park in Muskau 1822 schließlich fertig war, war das „Verderben" noch größer, als Fürst Pückler in seinem Stoßseufzer vermutet hatte. 500.000 Taler Schulden hatte der „Erdbändiger", wie Rahel von Varnhagen den verschwenderischen Fürsten nannte, angehäuft.[163] Die Wirtschaft des kleinen Fürstentums lag am Boden. Dafür aber war einer der schönsten Landschaftsparks in ganz Deutschland entstanden.

Hundertachtzig Jahre später spricht in Muskau keiner vom „Verderben". Zwar erzählt hin und wieder einer die Geschichte, wie der Fürst, ein Lebemann durch und durch, sich nach seiner Pleite zum zweiten Mal nach England aufmachte, um dort eine reiche Gräfin zu heiraten und mit der Mitgift sein Anwesen zu sanieren. Doch damit scheint die Gemeinsamkeit zwischen Geschichte und Gegenwart von Bad Muskau aufgebraucht. Wenn heute wieder Landschafts- und Gartenbauer das Gelände rechts und links der Neiße bewegen, ist fürs Geld gesorgt. Rund 1,5 bis zwei Millionen Euro stecken Bund und Freistaat Sachsen jährlich in den Umbau des Parks. Auf beiden Seiten der Neiße soll das Anwesen des Fürsten Muskau in alter Pracht erstrahlen und damit auch die Touristen anlocken. Mehr noch: Wenn 2004 das UNESCO-Weltkulturerbebüro in Peking tagt, werden die Muskauer mitfiebern. In Muskau könnte dann das erste gemeinsame deutsch-polnische Weltkulturerbe gekrönt werden.

Bis dahin ist es aber ein beschwerlicher Weg. Nicht nur von Muskau nach Peking, sondern auch von der deutschen Seite des Parks auf die in Polen. Obwohl das Unterholz östlich der Neiße inzwischen entfernt ist und der Blick über den Fluss erkennen lässt, dass der Park an der Grenze nicht endet, sondern weitergeht, ist der Schritt auf die andere Seite nicht einfach. Zunächst heißt es, vom Schloss Muskau in Richtung Süden zu gehen, vorbei am Schlossvorwerk und der Orangerie bis zum Grenzübergang Neißebrücke, der das 3.000 Einwohnerstädtchen Bad Muskau mit der polnischen Ortschaft Łęknica verbindet.

Doch das Ziel ist damit noch lange nicht erreicht. Hinter dem Grenzübergang beginnt kein Park, sondern ein riesiger Basar. Um sich am Blick auf uralte Eichen, kunstvolle Landschaftsarrangements und an atemberaubenden Sichtachsen zu erfreuen, muss man sich erst mühsam den Weg durch Stände mit Zigaretten, Wodka, Obst, Gemüse, Korbwaren, Kleinmöbeln, Tennissocken, Jeans und CDs bahnen.

Erst wenn man den Basar hinter sich gelassen hat, weist am Ortseingang von Łęknica ein kleines Schild auf den polnischen Teil des Parks hin. Nach einer weiteren Viertel Stunde Fußweg, vorbei an Nightclubs und zahlreichen Einfamilienhäusern ist er schließlich erreicht, der Park Muzakowski, wie der Fürst-Pückler-Park auf dieser Seite der Neiße heißt.

Vom Muskauer Park zum Park Muzakowski

Nicht nur die Städte an Oder und Neiße hat die Westverschiebung der polnischen Grenze 1945 geteilt, sondern auch den Fürst-Pückler-Park. 200 Hektar des Parkgeländes lagen fortan auf deutscher Seite, 345 Hektar auf der polnischen. Zerstört worden war der Park allerdings schon im April und Mai 1945. Als in den Morgenstunden des 16. April 1945 die letzte und entscheidende Schlacht des Zweiten Weltkriegs eingeleitet wurde, stand Muskau mittendrin im Kampfgeschehen. Acht Wochen lang wurde hier gekämpft, das Ergebnis war verheerend. 70 Prozent der Stadt Muskau waren zerstört, ebenso das Schloss, die Neißebrücken und weite Teile der Parkanlage.[164] Doch das war erst die erste Zerstörung des Parks, der alsbald die zweite folgen sollte, wie Ekkehard Brucksch von der Stiftung Fürst-Pückler-Park berichtet: „Die Tränenwiese und die Schlosswiese werden mit gärtnerischen und landwirtschaftlichen Kulturen bestellt, um die Ernährungssituation zu verbessern. Einige Bereiche innerhalb des Bergparks, davon 19 Hektar Parkgebiet auf dem Territorium der Gemeinde Trauschwitz, werden den Bürgern als Bodenreformland zur Bewirtschaftung gegeben."[165]

Bereits kurz nach dem Ende des Kriegs war der Park auf deutscher Seite verstaatlicht und der damalige Besitzer Hermann Graf von Arnim-Muskau entschädigungslos enteignet worden. Doch bald schon machten sich die DDR-Behörden daran, den Park vor dem weiteren Verfall zu retten. 1955 wurde das Ensemble unter Denkmalschutz gestellt, kurze Zeit später mit der Gestaltung des Badeparks, der Durchforstung im Bergpark und mit der Wiederherstellung der Sichtverbindungen begonnen.

Auf der polnischen Seite dagegen fiel der Park in einen langen Dornröschenschlaf. Doch dann kamen die Wende in Polen und der DDR und 1992 die Gründung der Stiftung Fürst-Pückler-Park. Fünf Jahre später kam Cord Panning, der Prinz, der das Dornröschen aus seinem Schlaf erlöste.

Es war ihm nicht leichtgefallen, das gibt er selbst zu. 39 Jahre war der gelernte Gärtner und studierte Gartenlandschaftsarchitekt alt, als er 1997 die Leitung der Stiftung Fürst-Pückler-Park übernehmen sollte. „Es schien mir gewagt, meine feste Stelle in den Herrenhäuser Gärten aufzugeben, die mir damals als Krönung des Gärtners erschien". Ein, zweimal ließ sich Panning bitten, dann sagte er zu. Die Stiftungsverwaltung hatte ihm versichert, dass es an Geld und Personal nicht mangeln sollte. Also legte Panning los, verfasste ein Konzept, das auch den polnischen Teil des Parks mit einbezog und schuf das erste deutsch-polnische ABM-Jugendprojekt in der Grenzregion. Schließlich musste auch auf der polnischen Seite mit der Durchforstung und der Wiederherstellung der Sichtachsen begonnen werden. Und anders als auf der deutschen Seite waren in Polen keine Millionenbeträge zu erwarten.

Es war nicht einfach, erinnert sich Panning heute. Die 20 Stellen für das Jugendprojekt wurden jeweils nur für drei Monate genehmigt, und die Jugendlichen mussten erst geschult werden, bis sie mit den gärtnerischen Arbeiten beginnen konnten, Bäume fällten, das Unterholz lichteten, die alten Wege wieder anlegten. Alles nicht so einfach an einer EU-Außengrenze, an der jedes Kilo Schotter und jeder Rasenmäher am Morgen aufwändig verzollt und quasi exportiert werden musste, um ihn am Abend wieder reimportieren zu können.[166]

Die neue Brücke

Den beschwerlichen Weg vom Fürst-Pückler-Park zum Park Muzakowski unternahmen im August 2003 auch die deutsche Staatsministerin für Kultur, Christina Weiß und der polnische Kulturminister Waldemar Dąbrowski. Von deutschen und polnischen Denkmalpflegern und Gartenbauarchitekten ließen sich die Staatsgäste über den Stand der Bauarbeiten und die Zusammenarbeit der deutschen mit der polnischen Seite informieren.

Bereits zuvor hatte sich die Evaluierungskommission der UNESCO auf den Weg an die Neiße gemacht. Bad Muskau und sein Park stehen mehr denn je im Blickpunkt des Interesses. Doch das liegt nicht nur am zügigen Fortgang der gärtnerischen Arbeiten und dem Antrag auf Aufnahme ins UNESCO-Weltkulturerbe. Auch die „Doppelbrücke", die vom teilweise wiederaufgebauten Schloss über die beiden Neißearme nördlich der Wehrinsel führt, ist inzwischen zum Politikum geworden. Nachdem die Brücke Anfang des Jahres 2004 fertiggebaut wurde, soll sie im Mai 2004 als erste Brücke an der deutsch-polnischen Grenze geöffnet werden, an der ein „anlassbezogener" Grenzübergang eingerichtet wird. Für festliche Anlässe wie den Besuch der deutschen Staatsministerin für Kultur und des polnischen Kulturministers wird sie künftig geöffnet. Dann eilen Beamte der polnischen Straż Graniczna und des deutschen Bundesgrenzschutz mit ihren mobilen Passlesegeräten herbei und machen die „Doppelbrücke" für einige Stunden zu einem „normalen" Grenzübergang. Außerhalb solcher Anlässe werden die Touristen, die vom Fürst-Pückler-Park zum Park Muzakowski wollen, auch weiterhin den Weg über den Basar von Łęknica nehmen müssen. Die Parkbrücke über die Neiße wird dann wieder geschlossen und mit Stacheldraht gesichert sein.

Cord Panning ist mit dieser Brückenlösung nicht ganz zufrieden. Eigentlich hatte er anderes im Sinn gehabt: die erste Brücke an der deutsch-polnischen Grenze ohne Kontrollen. Doch die wird es erst geben, wenn einige Jahre nach dem EU-Beitritt Polen auch als Schengen-Mitglied aufgenommen wird.

Aber Panning ist mit seinen Gedanken ohnehin schon weiter als im Jahr 2004. Wenn der deutsch-polnische Park tatsächlich zum Weltkulturerbe und damit zu einem touristischen Leuchtturm an der deutsch-polnischen Grenze wird, dann müsse auch die Infrastruktur stimmen. Doch wohin mit den Leuten? Wo sie unterbringen? In welchen Restaurants sie verpflegen? Es gibt, so Panning, in Bad Muskau kaum Hotels und Pensionen, und auch in Sachen Gaumenfreuden mangele es an Investoren.[167]

Von Usedom nach Uznam

Der Tourismus, das ist die Hoffnung an der deutsch-polnischen Grenze. Von Tourismus reden alle, die Bürgermeister und Stadtpräsidenten, die Gastwirte und Gewerbetreibenden, die Hotelbesitzer und Wirtschaftsförderer, die Stadtplaner und Lehrer, die Pioniere und auch die Mutlosen. Doch nicht immer versetzt der Glaube Berge. Zwar ist das Grenzgebiet reich an landschaftlichen, kulturgeschichtlichen und politischen Sehenswürdigkeiten, doch eine touristische Infrastruktur wie sie Cord Panning für Bad Muskau fordert, hat sich tatsächlich noch nicht entwickelt.

Einzige Ausnahme ist die Ostseeküste auf der Insel Usedom, wo im Jahr 2003 das zehnte Musikfestival stattgefunden hat. Zum Jubiläum wurde das Festival ganz unter das Zeichen des bevorstehenden EU-Beitritts Polens gestellt. Vom monumentalen Chorwerk „Credo" von Krzysztof Penderecki über die Krakauer Klezmer-Gruppe „Kroke" bis zum Knabenchor „Posener Nachtigallen" war für jeden Geschmack etwas dabei beim größten deutsch-polnischen Kulturprojekt 2003 mit insgesamt 23 Konzerten an 20 verschiedenen Orten.

Doch außer einem Konzert des Klarinettisten Adrian Janda im Dom Kultury, im Kulturhaus von Świnoujście, fanden alle Konzerte auf der deutschen Seite statt. Dabei ist Usedom hinter der Grenze noch lange nicht zu Ende. Uznam heißt der polnische Teil der Insel, der mit der 40.000 Einwohner zählenden Stadt Świnoujście/Swinemünde sogar eine der größten Städte im Grenzgebiet aufweisen kann. Und eines der ambitioniertesten Sommerprogramme an der polnischen Ostseeküste dazu. Jeden Juli und August verwandelt sich die Stadt in eine öffentliche Freiluftbühne, auf der sich Musiker, Maler, Schauspieler und Selbstdarsteller aus allen Teilen des Landes ein Stelldichein geben. Zahlreiche renovierte Hotels sind ein untrügliches Zeichen: Świnoujście ist angekommen im Geschäft der Zukunft – dem Tourismus.

Gäbe es da nur nicht diese Mauer in den Köpfen, die der Tourismusveranstalter ebenso wie die der Touristen. Natürlich besuchen die deutschen Urlauber auf Usedom den Grenzbasar von Świnoujście, der gleich hinter dem Fußgänger- und Radfahrerübergang bei Ahlbeck beginnt. Und auch die polnischen Urlauber und die wohlhabenden Bewohner von Świnoujście haben schon lange keine Scheu mehr, zum Shopping in die noblen Geschäfte nach Heringsdorf zu kommen. Selbst die Eigentumswohnungen in den postmodernen Stadthäusern, die im kriegszerstörten Swinemünde seit der Wende aus dem Boden gestampft wurden, haben inzwischen ihre – zumeist deutschen – Käufer gefunden. Doch den Urlaub in einem der Hotels in Świnoujście zu verbringen, fällt den Deutschen noch immer schwer. Das gilt nicht nur in Świnoujście, sondern auch in Międzyzdroje/Misdroy auf der Insel Wollin, in Kołobrzeg/Kolberg und den zahlreichen anderen Bädern an der polnischen Ostseeküste, von Trzebiatów bis Mielno, in Ustka und Łeba.

Was für die Touristenzentren an der Ostseeküste gilt, trifft für die strukturschwachen Regionen zwischen Stettin und Zittau erst recht zu. Am Helenesee bei Frankfurt (Oder) begrüßt zwar ein großes Schild auf Polnisch die Gäste aus dem Nachbarland. Doch die sind Mangelware. Zwei Euro fünfzig Eintritt ist nicht nur zuviel, sondern angesichts der zahlreichen Seen, die es im Lebuser Land gibt, auch herausgeworfenes Geld. In den polnischen Touristenorten dagegen, in Lubniewice oder Sulęcin sind deutsche Urlauber ebenfalls kaum zu finden. Im Zwischenland marschiert man, was den Tourismus betrifft, immer noch auf getrennten Wegen in die Zukunft.

Oder-Neiße-Radweg

Oder man radelt.

Als Olaf Lapps Mitte der neunziger Jahre von Berlin an die Oder kam, sagt er, „war Zollbrücke ein totes Nest. Acht Einwohner und acht Störche gab es. Als die Flut kam, haben wir am Tage die Helfer versorgt und nachts Sandsäcke gefüllt." Doch dann kamen die Bauarbeiter und haben nicht nur den Damm erneuert, sondern auch einen Radweg angelegt. Schließlich kamen die Touristen. „Seit der Radweg neu gemacht wurde, ist unser Gasthaus zum Treffpunkt geworden", freut sich Olaf Lapps.[168]

Zollbrücke, hier war einmal der Hund begraben, ein Nest am Ende der Welt, an dem schon lange kein Zoll mehr erhoben wurde. Selbst die Brücke, die dem Ort einst ihren Namen gab, existiert nicht mehr. Sie wurde im Krieg zerbombt und seitdem nicht wieder aufgebaut. Zollbrücke, das war, bevor die Radfahrer kamen, ein trostloser Ort, wie geschaffen als Kulisse für ein Kriminaldrama. So kam es, dass der ORB 1996 hier einige Aufnahmen für Bernd Böhlichs „Polizeiruf" mit dem vielsagenden Titel „Kurzer Traum" drehte. Dominique Horwitz spielt darin einen etwas trotteligen Dorfbewohner, der mit seinem Kumpel an der Oder Streife geht. Hilfssheriffs sind sie, die dafür sorgen, dass keine Flüchtlinge durch die Oder schwimmen. Eines Tages jedoch findet Armin alias Dominique Horwitz die Leiche eines Mannes. Neben ihm kauert ein rumänisches Mädchen. Für Armin und das Mädchen beginnt ein „kurzer Traum".

Seit dem „Polizeiruf", der das verschlafene Nest Zollbrücke für kurze Zeit ins Scheinwerferlicht rückte und neben Dominique Horwitz auch den Besuch von Inge Meysel, Kathrin Saß und Rolf Hoppe bescherte, hat sich viel geändert. Bürger aus Rumänien müssen nicht mehr durch die Oder schwimmen, um in die Bundesrepublik Deutschland einzureisen und auch die „Bürgerwehren" am Oderufer gehören der Vergangenheit an.

Selbst ein Theater gibt es mittlerweile in Zollbrücke. Der Leipziger Schauspieler Thomas Rühmann betreibt es zusammen mit einem Freund Tobias Morgenstern in der Freizeit. Doch das tut dem Erfolg des „Theater am Rand" keinen Abbruch. Das kleinste Theater in Brandenburg hat eine der höchsten Auslastungen. Fast immer sind die achtzig Plätze besetzt.

Seitdem der Oder-Neiße-Radweg weitgehend fertiggestellt ist, kann man in Zollbrücke tatsächlich einen Traum erleben, wenn auch keinen „kurzen", wie im „Polizeiruf", sondern einen „langen Traum": die längste Deichfahrt an der Oder entlang des Oder-Neiße-Radwegs. Von Hohenwutzen im Norden bis fast nach Kostrzyn/Küstrin im Süden führt der Weg mit atemberaubenden Blicken auf den Fluss und seine Auen. Im Oderhafen von Kienitz kann man sogar auf dem Deich sitzen und bei Kaffee und Kuchen auf die Oder schauen. Auch die Inhaber der Gaststätte „Zum Hafen" freuen sich, so lange durchgehalten zu haben. Der Oder-Neiße-Radweg hat tatsächlich etwas Schwung in den Tourismus gebracht.

In Groß Neuendorf zwischen Kienitz und Zollbrücke beflügelt er sogar die Phantasie. „Den alten Speicher der Getreidewirtschaft haben wir bereits erworben", macht Karin Rindfleisch neugierig. Karin Rindfleisch ist keine Privatunternehmerin, sondern Bürgermeisterin der 438 Einwohner zählenden Gemeinde, in der einmal 2.000 Menschen gelebt haben, damals als das Dorf noch nicht vom Tourismus lebte, sondern von der Landwirtschaft. Doch diese Zeiten sind vorbei, endgültig, das weiß auch Karin Rindfleisch. Doch sie trauert nicht, sie richtet den Blick nach vorne. „Mit dem Radweg hoffen wir auf die touristische Belebung. Wir wollen hier eine touristische Perle am Radweg werden. Eine andere Chance haben wir kaum, unsere Arbeitslosigkeit aus eigener Kraft zu bekämpfen", sagt sie und weiß zugleich, dass noch viel zu tun ist, bis aus dem alten Speicher mit seinen beiden Türmen einmal eine Pension und eine Gaststätte geworden ist. Das gleiche gilt fürs Ufer der Oder, an dem ein kleiner Bootshafen für Paddler entstehen soll. Doch mit dem Landfrauencafé, das seit einiger Zeit eröffnet ist, gibt sich Karin Rindfleisch optimistisch, sei bereits ein guter Anfang gemacht.

Langer Traum, das heißt am 530 Kilometer langen Radweg, der an der Neißemündung bei Jablonec beginnt und in Ueckermünde am Stettiner Haff endet, auch Geduld. Nicht nur Geduld für die Fahrer, sondern auch für die Anwohner samt ihren Hoffnungen. Denn bis die Hoffnung von Frauen wie Karin Rindfleisch einmal Wirklichkeit geworden sind, wird noch viel Wasser die Oder hinunter ins Haff fließen. Zwar ist der Oder-Neiße-Radweg vom Allgemeinen Deutschen Fahrradclub (ADFC) zur Modellroute des deutschen Radwegenetzes ausgewählt worden und hat es inzwischen auf Platz sechs in der Beliebtheitsskala der deutschen Radfernwege gebracht. „Doch wenn man wirklich den Durchbruch schaffen will, dann muss man ein solches Produkt auch professionell vermarkten", ärgert sich Benno Koch vom Allgemeinen Deutschen Fahrradclub ADFC. „Das aber lässt zu wünschen übrig, jeder Landkreis wurschtelt alleine vor sich hin, manche sind aktiver, andere unternehmen gar nichts." Zum Zentrum des Tourismus zu werden, das heißt für Koch auch, Angebote zu schaffen und bundesweit zu werben. „Außer einem kleinen Flyer ist da bislang noch nichts passiert."

Nichts passiert ist auch in anderer Hinsicht. Schaut man auf den Flyer des Fahrradclubs oder in den Reiseführer zum Oder-Neiße-Radweg, den der mit dem ADFC kooperierende Verlag „bikeline" herausgibt, hat man den Eindruck, als führe der Oder-Neiße Radweg an keinem deutsch-polnischen Grenzfluss entlang, sondern an einem rein deutschen Gewässer. Mit keinem Wort sind die Sehenswürdigkeiten und Orte auf der polnischen Seite der Grenze erwähnt, kein noch so kurzer Abstecher führt nach Zgorzelec, Słubice oder ins Vogelparadies im Warthebruch bei Kostrzyn. Benno Koch erklärt das mit der mangelnden Infrastruktur für Radfahrer auf der polnischen Seite und mit der noch immer existierenden „Grenze in den Köpfen".

Doch die wird vom ADFC selbst bedient. Wenn es ums Thema Polen geht, greift auch die Bikerlobby voll in die Klischeekiste. „Wer weiße Flecken in der von der Tourismusindustrie gleichgeschalteten Welt sucht", heißt es in der ADFC-Zeitschrift *RadZeit*, „der muss nur über die Oder fahren. Es gibt kaum Hotels, kaum Restaurants, nur ab und zu eine Bar." Auch nach der EU-Erweiterung, schließt der Autor seinen Beitrag, wird die Grenze nach Polen „eine scharf gezogene Trennlinie bleiben, Polen weit entferntes Ausland, ganz in der Nähe".[169]

Lebuser Träume

Weiße Flecken, Grenze in den Köpfen, weit entferntes Ausland. Was der Allgemeine Deutsche Fahrradclub beklagt und zugleich bewirkt, wollen andere endlich aufbrechen. „Eine Brücke in Europa", so nennt die Naturfreunde-Internationale das Lebuser Land zwischen Küstrin und Frankfurt (Oder). Eine Brücke, mit der heute nicht einmal in Berlin einer etwas anzufangen wisse, wie Burkhard Teichert vom Brandenburger Naturfreunde Landesverband festgestellt hat. Um das zu ändern, hat der Dachverband der 22 nationalen Verbände der Naturfreunde in Europa das Lebuser Land zur „Landschaft des Jahres 2003/2004" gekürt. Die Gesellschaft, in der sich das Lebuser Land damit befindet, könnte exklusiver nicht sein. 2001/2002 hatte „Das alte Flandern" die Auszeichnung bekommen, das Jahr davor der Böhmerwald. Beide sind wie das Lebuser Land „Brückenlandschaften", zwischen Belgien, Frankreich und den Niederlanden, zwischen Österreich, Tschechien und Deutschland, zwischen Deutschland und Polen.

Brückenlandschaft ist das Lebuser Land aber schon seit 1999, zumindest dem Namen nach. Mit der Verwaltungsreform in Polen, mit der die Zahl der Woiwodschaften auf 16 reduziert wurden, erhielt das mittlere der drei an Deutschland grenzenden polnischen „Bundesländer" den Namen „Województwo Lubuskie" – Lebuser Land. Dies war umso erstaunlicher, als sich der Namensgeber der Region, das Städtchen Lebus, auf deutscher Seite befindet.

Doch auch in der polnischen Geschichte spielt Lebus, der alte Bischofssitz, eine Rolle. Schon zwischen dem 6. und 8. Jahrhundert war die Niederung des Lebuser Landes und des Oderbruchs von Slawen besiedelt worden.[170] Um das Jahr 1000 geriet die Region unter die Hoheit des polnischen Staates, auf den Oderhängen entstand eine slawische Burg, auf der ein polnischer Kastellan die Oderniederungen und die Furt überwachen konnte. Die polnische Herrschaft, die 1945 Teil der piastischen Ideologie der „wiedergewonnenen Gebiete" werden sollte, dauerte allerdings nicht sehr lange. Bereits Anfang des 13. Jahrhunderts wurde das Lebuser Land unter der Herrschaft von Heinrich dem Frommen zum Ausgangspunkt wiederholter Missionsversuche und Siedlungsprojekte, in deren Verlauf es zur Gründung zahlreicher Städte und Dörfer kam. Auch Lebus erhielt 1226 das Stadtrecht. Doch die darauf folgende Blütezeit währte nur kurz. Schon 1252 wurde das Lebuser Land von Bolesław, einem der Söhne Heinrichs, an den Magdeburger Erzbischof und an den Markgrafen Brandenburg verkauft.

Mit dem Beginn der Brandenburger Herrschaft verlor der Ort nicht nur an Bedeutung. Lebus verlor auch seinen Rang als Bischofssitz. Der wurde im 14. Jahrhundert nach Fürstenwalde verlegt. Lebus, schreiben Kathrin Wolff, Dierk Heerwagen und Ray Kröner in ihrem Buch „Entdeckungen links und rechts der Oder", geriet an den „Rand der Weltgeschichte und sank im 14. Jahrhundert auf den Rang eines unbedeutenden Ackerbürger- und Fischerstädtchens herab. Nur der Name des Landstrichs blieb über Jahrhunderte derselbe – Land Lebus."

In den Rang der Weltgeschichte wird auch die Auszeichnung „Landschaft des Jahres" das Lebuser Land nicht mehr heben können. Aber eine Entwicklung zum Zentrum des sanften Tourismus ist durchaus erwünscht, sagt Manfred Pils, der Generalsekretär der 500.000 Mitglieder zählenden Naturfreunde-Internationale. „Wir wählen bewusst ländliche Regionen, um zu zeigen, dass die Naturlandschaft wertvolles Kapital darstellt, nicht nur für den Tourismus, sondern auch für die Lebensqualität in der Region."[171] Dem kann Marianne Schmidt nur beipflichten. Die Leiterin des Sozialamts im heute 3.000 Einwohner zählenden Städtchen sucht deshalb einen „Kompromiss zwischen so viel Touristenattraktion wie möglich und der Schonung dieser schönen Region".[172]

Der grenzüberschreitende Anspruch der Naturfreundeinternationale, die Kooperation mit dem polnischen Touristikdachverband PTTK und die Hoffnung, die auch Andrzej Korski, der Woiwode des Lebuser Landes, mit der Auszeichnung „Landschaft des Jahres" verbindet, das ist tatsächlich etwas Neues. Und es ist das Gegenteil der Selbstbeschränkung des Oder-Neiße-Radführers auf die deutsche Seite oder die Konservierung der „weißen Flecken" in der ADFC-Zeitschrift *RadZeit*. Folgt man dem Brandenburger Vorsitzenden der Naturfreunde, könnte das Lebuser Land bald sogar zur Marke für grenzüberschreitenden Tourismus in der Oderregion werden. Statt Selbstbeschränkung heißt die Devise auch in geografischer Hinsicht, Grenzen zu überschreiten. Lebuser Land, das ist als Touristenlabel nicht nur die historische Landschaft des alten Bischofssitzes, sondern umfasst auch den Nationalpark Warthetal, der vor allem während der Hochwasser im Frühjahr ein Paradies für Vogelfreunde und Naturliebhaber ist.

Auch Groß Neuendorf ist wieder mit von der Partie und damit auch seine engagierte Bürgermeisterin Karin Rindfleisch. „Der Radtourismus", sagt sie, „ist zwar arbeitsintensiv, weil die Gäste oft nur eine Nacht bleiben, aber er ist unsere Zukunft." Mit „unsere Zukunft" meint Rindfleisch auch die polnische Seite. Die Region könne man schließlich nur gemeinsam vermarkten. „Das muss in die Köpfe rein. Die Zusammenarbeit mit Polen ist Pflicht." Weiße Flecken jedenfalls gibt es bei der Bürgermeisterin von Groß Neuendorf schon lange nicht mehr. „Gleich gegenüber haben sich auch Erholungsgebiete entwickelt, das kommt daher, weil es in Polen viel billiger ist." Rindfleischs Fazit: „Da können wir noch was lernen, die Polen sind cleverer als wir."[173]

Schlechte Aussichten

Der Fürst-Pückler-Park in Bad Muskau wieder ein Park, an manchen Tagen verbunden mit einer Brücke über die Neiße und vielleicht bald geadelt als Weltkulturerbe der UNESCO; das Zittauer Gebirge als kompaktestes Mittelgebirge Europas im Dreiländereck Tschechien, Polen und Deutschland; die Europastadt Görlitz und Zgorzelec als „Perle der Oberlausitz" und womöglich europäische Kulturhauptstadt 2010; das Lebuser Land eine „Landschaft des Jahres" mit grenzüberschreitendem Anspruch; der Nationalpark Warthebruch als jüngster der polnischen Nationalparks ein absolutes Muss für Ornithologen; Kostrzyn/Küstrin mit seiner Ruinenlandschaft auf der ehemaligen Festung ein Tummelplatz für Hobbyhistoriker und Künstler; der Nationalpark Unteres Odertal als letzte Fluss- und Auenlandschaft dieser Art in Mitteleuropa; Szczecin als künftige Metropole zwischen Polen und Deutschland und vielleicht einmal das „Straßburg" im Grenzgebiet; das Stettiner Haff als Paradies für Segler und Świnoujście/Swinemünde und Ahlbeck; Heringsdorf und Bansin als Rückrat des Tourismus auf Usedom und Uznam – das 465 Kilometer lange Grenzgebiet zwischen Deutschland und Polen birgt eine Dichte an touristischen Sehenswürdigkeiten, die ihresgleichen in Deutschland und Polen sucht. Eine Dichte, die zugleich ein Potenzial ist für eine nachhaltige Entwicklung der Region in Richtung Tourismus, für einen Umgang mit der Natur, der die Landschaft schont und zugleich auch als Ressource der Zukunft begreift. Vielleicht, so lautet die Hoffnung, werden die Begegnungen auf den Radwegen, in den Pensionen, auf den neuen Touristenpfaden, ja einmal die Begegnung auf den Tankstellen und Basaren ersetzen. Vielleicht wird aus dem Grenzgebiet ja sogar eine europäische Modellregion für grenzüberschreitenden Tourismus?

Vielleicht aber auch nicht. Im Zwischenland ist auch der Zwischenraum zwischen Wunsch und Wirklichkeit ein offener Raum. Zu dieser Wirklichkeit gehört nicht nur, dass es eine entsprechende Infrastruktur noch immer nicht gibt, sondern auch, dass der Tourismus in vielen Regionen des Grenzlandes seinen Höhepunkt bereits überschritten hat. So ist die Zahl der Touristen in Brandenburg im Jahr 2002 mit 2,8 Millionen Gästen und 8,1 Millionen Übernachtungen um 5,6 Prozent geringer ausgefallen als im Vorjahr, teilte der Landesbetrieb für Datenverarbeitung und Statistik im Januar 2003 in Potsdam mit.[174] Einzig der Landkreis Märkisch-Oderland konnte einen leichten Zugewinn verbuchen.

Insgesamt aber geht die Zahl der Übernachtungen zurück, nicht nur in Deutschland, sondern auch in Polen. In den ersten fünf Monaten des Jahres 2003, berichtete die polnische Tageszeitung *Rzeczpospolita* am 22. Juli 2003, wurden 17,9 Millionen ausländische Gäste gezählt, das waren fünf Prozent weniger als im Vorjahr. Noch drastischer war die Zahl der polnischen Staatsbürger zurückgegangen, die eine Auslandsreise gebucht hatten. 14,5 Millionen, das waren 19 Prozent weniger als 2002. Als Gründe dafür nennt die polnische Tourismus-Organisation PTTK den Anstieg der Zahl jener Polen, die sich eine Urlaubsreise nicht mehr leisten können, aber auch ein schwindendes Interesse an Polen im Ausland. Ein Teil der Probleme, so PTTK-Chef Andrzej Kozłowski, sein allerdings auch hausgemacht. „Hätten wir nur 10 Millionen US-Dollar mehr für Werbung, könnten wir Polen ganz anders vermarkten." 2002 hatte Kozłowski ein Budget von rund sieben Millionen Dollar zur Verfügung. Im weitaus kleineren Tschechien dagegen stehen jährlich 40 Millionen zur Verfügung, in Ungarn sogar 86 Millionen US-Dollar.[175]

Der Lebuser Filmsommer

Mit herkömmlichen Tourismuskonzepten wird man im Grenzgebiet aber ebenso wenig weiterkommen wie mit der ungebremsten Wachstumsideologie in der Wirtschaft. Tourismus, das ist zwischen Stettin und Zittau nicht nur eine Frage von Übernachtungen, sondern auch des Images der Region. Das betrifft nicht nur die „weißen Flecken", die noch immer existieren, sondern auch die Art des Tourismus selbst. Auch wenn es manche Hotelbesitzer und Bürgermeister vielleicht anders sehen. Das Grenzgebiet eignet sich, wenn überhaupt, für sanften Tourismus, für Naturfreunde, Radwanderer, Paddler, Ornithologen, Hobbyhistoriker, Kulturbeflissene. Auch für den Tourismus zwischen Deutschland und Polen wird das Grenzgebiet Zwischenland bleiben.

Und manchmal ist das sogar gewollt. Zum Beispiel in Łagów. Keine 150 Kilometer von Berlin entfernt, liegt das kleine Städtchen mit seinen 1.500 Einwohnern. Mit dem Auto fährt man, vorausgesetzt am Autobahnübergang Świecko gibt es keinen Stau, gerade einmal zwei Stunden in die „Perle des Lebuser Landes". Noch viel näher haben es die Frankfurter. Wer die Grenze hinter sich hat, hat noch 30 Kilometer vor sich, bis er in Poźrzadło die E 30, die europäische Hauptrasse Paris – Berlin- Warschau – Moskau verlassen und in Richtung Norden in den Landschaftspark von Łagów abbiegen kann. Es war diese räumliche Nähe, die Łagów, als es noch Lagow hieß, schon zu Beginn des zwanzigsten Jahrhunderts zu einem der beliebtesten Ausflugsziele der Berliner und Frankfurter hat werden lassen. „Im Silberlicht des Mondes hebt sich vor dem Besucher ein wunderbar reizvolles Bild aus den Fluten: auf sanft geschwungenem Hügel die dunklen Massen einer Burg, vom hochragenden Wartturm beherrscht, umgeben von einem Kränzlein kleiner Häuser, an ihren Fuß geschmiegt; eine schwarz gähnende Öffnung deutet das alte Mauertor an; den Eingang zur Stadt: das ist Burg und Stadt Lagow."[176]

Mit dieser Ode besang die Schriftstellerin Florentine Gebhardt 1912 Lagow, das „kleinste Städtchen Preußens". Und sie hatte keinen Zweifel, dass dieses Städtchen zugleich eines der schönsten im Lande ist. „Mit Buckow, dem vielbesuchten Mittelpunkt der ‚Märkischen Schweiz', lässt sich Lagow am ehesten vergleichen – den herrlichen Wald, den Kranz prächtiger Seen hat es mit jenem gemein, und doch möchte ich Lagow den Preis zuerkennen."[177]

Preise werden in Łagów auch heute wieder vergeben. Keine Preise für den herrlichen Wald und die prächtigen Seen, auch wenn sich Łagów wieder zum Touristenstädtchen entwickelt hat. In der Perle des Lebuser Landes findet alljährlich auch der „Lubuskie Lato Filmowe" statt, der „Lebuser Filmsommer," ein Filmfestival, dass in Deutschland wie auch in Polen seinesgleichen sucht.

Zwar gibt es das Festival schon seit 1969. Zum absoluten Muss für Cineasten hat sich der „Lubuskie Lato Filmowe" aber erst seit der Wende entwickelt. Seitdem steht der internationale Dialog ganz oben auf dem Programm, sagt Festivalchef Andrzej Kawala. „Schließlich ist Łagów auch eine Brücke zwischen dem Westen und dem Osten Europas". Entsprechend sieht auch das Programm aus. Nicht nur polnische Autorenfilme werden in Łagów gezeigt, sondern auch deutsche, wie zum Beispiel Ute Baduras „Schlesiens Wilder Westen". Ein weiterer Schwerpunkt sind das Kino in den anderen mittel- und osteuropäischen Landes sowie die Bedingungen, unter denen es sich entwickelt. „Łagów ist kein Ort nur für Filme, sondern auch für Diskussionen, für Auseinandersetzungen, Łagów hat auch den Charakter eines Arbeitstreffens", sagt Festivalchef Kawala und freut sich über die Zusammenarbeit mit dem Festival des osteuropäischen Films in Cottbus.

So ist über die Jahre aus der „Perle des Lebuser Landes" auch ein Ort der Begegnungen zwischen jungen Deutschen und Polen geworden, eine deutschpolnische und auch europäische Werkstatt, ein Labor, in dem Altes auf den

Prüfstand gestellt und Neues ausprobiert wird. Auch im Tourismus, das zeigt das Beispiel des „Lubuskie Lato Filmowe" ist das Zwischenland ein „Ort für Gärtner, Bastler und Träumer".

Zwischenland

Der Fluss als Brücke

Das Oderland

Es gibt Wörter, die sind in Vergessenheit geraten, weil sie im Lauf der Geschichte nicht mehr das beschrieben, was einmal ihr Sinn war. Oderland ist so ein Wort. Oderland, das gibt es heute zwar noch als Bezeichnung für einen Landkreis, Märkisch-Oderland, oder auch die „Weiße Flotte Oderland", deren Schiffe täglich zwischen Hohenwutzen und Osinów Dolny kreuzen, damit die Passagiere wenigstens bis zum 1. Mai 2004 noch zollfrei Schnäppchen jagen können. Doch Oderland als Landstrich, als Kulturraum, das wäre heute zweifelsohne ein grenzüberschreitendes, ein deutsch-polnisches, womöglich sogar ein europäisches Land. Ein solches Land, das Deutschen wie Polen eine europäische Heimat sein könnte, scheint noch immer in ferner Zukunft zu liegen. Das hat auch mit der Geschichte des Flusses zu tun, den sie teilen und der sie teilt.

Als Theodor Fontane von 1862 bis 1882 an seinen „Wanderungen durch die Mark Brandenburg" schrieb, war das Oderland deutsch. Auch die Oder war ein deutscher Fluss, auf dem namentlich zwischen Frankfurt und Stettin ein reges Treiben herrschte: „Schleppschiffe und Passagierboote gehen auf und ab und die Rauchsäulen der Schlote ziehen ihren Schattenstrich über die Segel der Oderkähne hin, die oft in ganzen Geschwadern diese Fahrt machen", schreibt Fontane am Anfang des zweiten Bandes der „Wanderungen" unter der Überschrift „Durchs Oderland".

Doch auch Fontane wusste um die Schwierigkeiten, die die Oderschifffahrt mit sich brachte: „Inmitten des gelblichen, um die Sommerzeit ziemlich wasserarmen Stromes schwimmen Inseln, und die Passage erweist sich, selbst bei genauer Kenntnis des Fahrwassers als sehr schwierig. Vorn am Bugspriet stehen zwei Schiffsknechte mit langen Stangen und nehmen beständig Messungen vor, die umso unerlässlicher sind, als die Sandbänke ihre Stelle wechseln und heute hier und morgen dort sich finden."

Die Oder als einen Fluss, der Mühe abverlangt und vor allem Geduld, hat auch Paul Keller beschrieben, der vielleicht erfolgreichste deutsche Volksschriftsteller von 1900 bis 1930. Der in Arnsdorf bei Schweidnitz geborene und 1932 in Breslau verstorbene Keller hat sich in seinem 1912 erschienenen „Märchen von den deutschen Flüssen" daran versucht, diesen Flüssen Menschengestalt zu verleihen. Die Elbe zum Beispiel wurde ihm dabei zur „Gräfin". Ganz anders die Oder: „Die Oder ist ein edles Bauernweib", schreibt Keller.

„Mit stillen, sicheren Schritten geht sie durch ihre Lande. Kalk- und Kohlenstaub liegen manchmal auf ihrem Kleid, zu ihrem einförmigen Lied klopft der Holzschläger den Takt. Sie hat immer Arbeit schleppt ihren Kindern Kohle und Holz, Getreide und hundertfachen Lebensbedarf ins Haus. Zu Grünberg nippt sie ein gutes, bescheidenes Haustränklein. Die bei ihr wohnen, sind geborgen und glücklich, und wenn sie ans Meer kommt, breitet sie angesichts der Ewigkeit weit und fromm ihre Arme aus."

Von „alten Bauernweibern" singt man andere Lieder als von schönen Gräfinnen. Die Oder jedenfalls wurde, anders als der Rhein oder die Donau, nicht besungen, sie wurde den Deutschen nicht zum Mythos, so wie die Weichsel den Polen, selbst die Schönheit ihrer Auen fand nur wenige Dichter. In seinem Essay „Oder, Strom zwischen den Zeiten" hat Karl Schlögel nach einer Erklärung für diese Missachtung gesucht und sie unter anderem in den schwierigen Bedingungen für die Schifffahrt gefunden: Die ungleichmäßige Wasserführung des Flusses, die Hochwasser im Frühjahr und Sommer, die Niedrigwasser im Spätsommer und die Eisstände im Winter haben, so Schlögel, bei der Oder anders als beim Rhein und der Donau nicht dazu geführt, dass sie als „durchgängiger und zusammenhängender Raum" wahrgenommen wurde. Keine natürliche Wasserstraße sei sie, sondern vielmehr ein „Hindernis für die Schifffahrt". Andererseits, so Schlögel, „bedeutet das aber, dass die Oder nie ein Hindernis für querenden Verkehr war. So kommt es, dass Oderfurten Punkte erster Ansiedlung, Knotenpunkte für Handelsrouten – vor allem die Bernstein- und die Salzroute – und schließlich für Stadtbildung geworden ist." Auch als es deutsch war, war das Oderland kein Wort für eine zusammenhängende Region, sondern für den ungewissen Lauf der Dinge.

Nicht nur ein „Strom zwischen den Zeiten" ist die Oder demnach, sondern auch ein Fluss, dessen Querungen ebenso wichtig waren wie sein Lauf. Es ist die Summe sich kreuzender Wege, die das Oderland so schwer greifbar macht. Erst recht, seitdem die Oder kein deutscher Fluss mehr ist, sondern 59 Kilometer lang ein tschechischer, 580 Kilometer ein polnischer, 162 Kilometer lang ein deutsch-polnischer und schließlich wieder 59 Kilometer lang ein polnischer Fluss.

Die Oder in Lubiąż

Aber schon davor war die Oder weniger grenzüberschreitendes Oderland als vielmehr eine Frage des nationalen Standpunkts. Schon im neunzehnten, spätestens aber im 20. Jahrhundert machte der nationale Bekenntniszwang die Oder zum „deutschen Fluss", zum „Fluss des deutschen Ostens" oder zum „Träger eines deutschen Geistes". Als „Rückgrat des deutschen Ostens", erinnert Karl Schlögel, geisterte er 1938 durch die „Odertage" in Stettin und Frankfurt am Main.

Später dann, als der deutsche Geist in einen Vernichtungskrieg mündete, an dessen Ende der „Fluss des deutschen Ostens" polnisch wurde, versuchten sich andere an einer Ideologie der Oder. Nun galt es für polnische Historiker und Archäologen nachzuweisen, dass die Oder schon immer Polens Grenze zum Westen markierte, dass sie durch slawisches Stammland floss, das auf der Höhe des Lebuser Landes sogar weit über das westliche Ufer hinausreichte.

Selbst der Terminus der „Oder-Neiße-Friedensgrenze" war ideologisch in dem Sinne, als er mit dem Alltagsleben in geteilten Städten wie Frankfurt und Słubice wenig gemein hatte. Gab es schon vor dem Zeitalter des Nationalismus Gründe, an der Existenz eines Oderraums zu zweifeln, schien seine Nichtexistenz nun über jeden Zweifel erhaben. Aus der Oder, deren Umgestaltung von der Naturlandschaft zur Kulturlandschaft einst der preußische König Friedrich II. voran getrieben hat, wurde, wie es Karl Schlögel formuliert, „ein Gewässer am Kartenrand". Auf der deutschen wie auch auf der polnischen Seite.

Am Rand der Wahrnehmung liegt auch das Örtchen Lubiąż, in dem das Ehepaar Anna und Krzysztof Wapińscy seit der Oderflut im Jahre 1997 seinen kleinen Garten Eden gefunden hat. Es gab allerdings Zeiten, da war Leubus, wie Lubiąż vor dem Krieg hieß, von strategischer Bedeutung. Schon im Jahre 1163 hatte der schlesische Herzog Bolesław an dieser Stelle deshalb ein Kloster gegründet und die Mönche des Zisterzienserordens aus Pforta an der Saale ins Land gerufen, um sie „im Schoße einer alten Burg am Oderstrom" anzusiedeln. Das Kloster Leubus brachte es sogar zum Familienkloster der schlesischen Piasten, bevor es später dann einer der Ausgangspunkte für die deutsche Besiedlung Schlesiens im 13. Jahrhundert wurde.

Die Geschichte hätte für Stefan Kaiser, den Direktor des Museums für Schlesische Landeskunde in Königswinter bei Bonn, also einige Fallstricke bereithalten können, wenn er denn in sie hätte hineintreten wollen. Schließlich bestritt Kaisers Museum seine Jahresausstellung 2003/2004 nicht in Deutschland, sondern in Polen – im Zisterzienserkloster von Lubiąż. Ihr Thema: „Oder/Odra – Flussgeschichten".

Doch die Ausstellung des Museums für Schlesische Landeskunde, die in Lubiąż am 28. Juni 2003 im Abteiflügel des Klosters eröffnet wurde, ist keine Reise ausschließlich in die Vergangenheit. Sie eröffnet auch einen Blick auf die Oder als einen Fluss der Gegenwart. Das zeigt alleine schon der breite Raum, der dem Thema Umweltschutz gewidmet ist. Die Oderhochwasser, die polnischen Ausbaupläne sowie die Gefährdung der Auenwälder durch den Bau neuer Staustufen, all das waren Themen, die Stefan Kaiser ebenso am Herzen lagen wie dem „World Wildlife Fond" (WWF) in Polen, der die Ausstellung mit unterstützte.

Das wichtigste aber war: Die deutsche Ausstellung würdigte die Oder als polnischen Fluss. Unter den sieben Städteporträts, die in Lubiąż ausgestellt wurden, waren ausnahmslos polnische Städte. Das Oderland war in der Ausstellung in Lubiąż an der deutschen Grenze zu Ende.

Von Ost nach West

Offenbar ist es so, dass man sich der Oder noch immer von sicherem Gelände her nähern muss, um sie als europäischen Fluss beschreiben zu können. Von Schlesien her, dem sie die Lebensader ist. Oder von ihren Städten, von Racibórz/Ratibor, Kędzierzyn-Koźle/Kosel, Opole/Oppeln, Brzeg/Brieg, vor allem aber von Wrocław/Breslau.

In ihrer Geschichte der Stadt Breslau haben die amerikanischen Historiker Norman Davies und Roger Moorhouse die Zeit vor der Gründung des Bistums Wrocław/Breslau durch Kaiser Otto III. als die Zeit der „Inselstadt" bezeichnet. Die Sandinseln in Breslau, um die sich die vielen Seitenarme der Oder noch heute schlängeln, waren für Davies und Moorhouse neben der in Ost-West-Richtung verlaufenden Handelsrouten entscheidend für die ersten Ansiedlungen gewesen. „Unmittelbar oberhalb eines langen, sumpfigen und unpassierbaren Flussabschnitts lieferte eine Gruppe von etwa einem Dutzend Flussinseln eine natürliche Übergangsstelle und eine natürliche Zuflucht für Viehzüchter und Fischer, die häufig zu den Flussufern kamen."[178]

Zwar entspricht die Gründung Breslaus an den Ufern der Sandinseln der These Schlögels von der Oder als Raum, den es in erster Linie zu überqueren galt. Spätestens mit der Eroberung Schlesiens durch Preußen und dem Ausbau des Flusses zur Wasserstraße wurde die Oder jedoch auch Verkehrsraum und Breslau sein wichtigster Umschlagplatz und Verwaltungszentrum.[179] Von und über Breslau flossen seitdem Waren flussabwärts, in Richtung Ostsee über Szczecin/Stettin und Świnoujście/Swinemünde. Oder über den Oder-Spree-Kanal, der in Eisenhüttenstadt beginnt sowie den Oder-Havel-Kanal bei Hohensaaten in Richtung Berlin.

Es ist diese Fließrichtung von Ost nach West, die auch Norman Davies und Roger Moorhouse zu ihrer Historiographie der Stadt Breslau bewegt hat. Im Vorwort ihrer Breslau-Geschichte, die den Untertitel „Geschichte einer mitteleuropäischen Stadt" trägt, berichtet Davies von einem Treffen mit dem damaligen Stadtpräsidenten von Wrocław, Bogdan Zdrojewski, im Jahre 1996. „Ich sprach über meine langjährigen Bemühungen, die künstliche Teilung der europäischen Geschichte in Ost und West zu überwinden", erinnert sich Davies. „Meiner Ansicht nach bildete die vorherrschende Mode, Europas Vergangenheit ausschließlich durch die westliche Brille zu betrachten und jeden Ort östlich der Elbe als fremd und fern liegend zu behandeln, ein wesentliches Hindernis für zeitgenössische Bestrebungen, Europa in der Epoche nach dem Ende des Kalten Krieges wieder zu vereinigen."[180]

Die Oder nicht nur als tschechischer, polnischer, deutsch-polnischer und wieder polnischer Fluss, sondern auch als Fluss, der von Osten nach Westen fließt: Eine solche Perspektive ermöglicht vielleicht wirklich eine andere Sicht auf Geschichte und Gegenwart. Vielleicht ist sie sogar einer der Gründe für das wachsende schlesische Selbstbewusstsein nach der polnischen Wende und den Stolz einer Stadt wie Wrocław, die sich heute wie selbstverständlich als „europäische Stadt" bezeichnet.

Einen zusammenhängenden Geschichts-, Sozial- und Kulturraum ergibt aber auch das noch nicht. Schon bei Lubiąż ist der schlesische Stolz zu Ende, dahinter beginnt jener Teil des Grenzgebiets, in dem die Hoffnung größer ist als der Grund für diese Hoffnung. Und liegen nicht auch zwischen Stettin, der Stadt, die ihre Identität noch immer sucht, und der schlesischen Wirtschaftsmetropole Wrocław Welten?

Gleichwohl, die Richtung ist die richtige. Nicht nur Davies und Moorehouse schlagen sie ein auf ihrem Weg zur Überwindung der europäischen Teilung. Auch in der Ausstellung über die Flussgeschichten der Oder im Kloster von Lubiąż ist die Oder nicht mehr, wie zu Zeiten des deutschen Nationalismus, ein Fluss, der „deutsche Werte und Kultur" in den Osten trägt, sondern ein Fluss vom Osten in den Westen. Es ist diese Richtung, die auch im Zwischenland nicht selten den Lauf der Dinge bestimmt. Es waren die Kinder aus Breslau, die 1997 in Stettin untergebracht wurden und schließlich den Tierpark von Helge Zabka in Ueckermünde zum polnischen Zoo machte. Kohle und Baustoffe aus Schlesien wurden über die Oder und seine Seitenkanäle in Richtung Berlin transportiert, um am Potsdamer Platz ein Zeichen des Endes des Kalten Krieges auch in Berlin zu setzen. An die Viadrina in Frankfurt (Oder) kommen Studenten aus Schlesien häufiger als aus anderen Teilen Polens. Die Fahrradfahrer, die den Oder und Neißeradweg für sich entdecken, fahren wie selbstverständlich die Neiße und die Oder abwärts. Und wird nicht sogar auf deutscher Seite des Grenzgebiets die Osterweiterung der Europäischen Union als polnischer Beitritt wahrgenommen? Ist nicht die vorherrschende Perspektive im Grenzgebiet die einer Hoffnung, die sich aus diesem Beitritt ergibt – von den neuen Mietern, die man in Görlitz aus Zgorzelec erwartet, bis zu den Arbeitsplätzen, die vielleicht einmal für die Löcknitzer Schüler in Stettin entstehen?

Ist es nicht die Kunst des Improvisierens, die im Zwischenland, dem Land der Lebenskünstler, Bastler und Schmuggler, den Erfolg der Pioniere ausmacht? Ist es nicht so, dass die neue Geografie Europas ihren Schwerpunkt nach Osten verlagert hat, nicht nur nach Berlin, sondern auch nach Frankfurt

(Oder), Görlitz oder Stettin? Ist das nicht die Umkehr von der Vorstellung des „Flusses des deutschen Ostens", der den „deutschen Geist" nach Osten tragen sollte, zugunsten der Einsicht, dass die Deutschen nicht nur viel von ihren Nachbarn lernen können, sondern auch müssen, wenn sie erfolgreich sein wollen?

Das neue Wunder an der Oder

Oderabwärts auf den Weg machte sich vor fast zehn Jahren auch eine Gruppe von deutschen und polnischen Schriftstellern. Das Motto für diese zweite Fahrt des „Poetendampfers" auf der Oder lautete „Auf dem Weg zum Haus zum Nachbarn". Doch was die Schriftsteller und Künstler, unter ihnen Manfred Krug sowie der inzwischen verstorbene Andrzej Szczypiorski in Frankfurt und Słubice an Wegen zum Nachbarn entdeckten, war nicht allzu erbaulich. Die polnische Seite glich 1996 eher einem Basar als einer Einladung an den Nachbarn, und wer vom „Poetendampfer" auf Frankfurt schaute, sah eine Stadt, die dem Fluss noch immer den Rücken kehrte, so wie nach 1945 als Frankfurt und Słubice geteilt wurden und die Architekten des modernen Wiederaufbaus die polnische Seite fortan mit Missachtung straften. Fast glich die Atmosphäre dem Schifferlied von Friedrich Bischoff, in dem es heißt: „Über der Oder, über der Oder/Mit zwei Sternen spielt spiegelnd die Flut/Der eine blickt traurig alleine/Der andre zerrinnt in der Flut".

Hätten die deutschen und polnischen Schriftsteller ihre Fahrten auf dem „Poetendampfer" nicht inzwischen eingestellt, hätten sie 2003 ein ganz anders Schauspiel betrachten können. Dann hätten sie bei einem Landgang in Frankfurt und Słubice auf die Insel Ziegenwerder gehen können, einer Oderinsel südlich der Stadtbrücke, die 2003 als „Europagarten" die Tore für die Frankfurter und Słubicer öffnete. Sie hätten darüber staunen können, wie sich die Frankfurter erst zögerlich, dann immer sicherer auf der neuen Uferpromenade bewegten, die vom Europagarten unter der Stadtbrücke hindurch bis zum Topfmarkt im Norden der Stadt führt. Sie hätten auch sehen können, wie junge Studenten in der „Warszawianka" sitzen, jener Kneipe mit Biergarten im Hafen von Słubice, in der man den Sonnenuntergang in der Doppelstadt am längsten genießen kann. Vielleicht hätten sie auch die japanischen Zierbäume gesehen, die die neue Stadtbrücke säumten und ihr, wie der blaue Bogen, eine Leichtigkeit verliehen, die wie ein dramaturgischer Einspruch gegen die Schwere in Hans-Christian Schmids Flüchtlingsfilm „Lichter" wirkte. Vielleicht hätten sie es tatsächlich besungen, dieses zweite Wunder an der Oder, dessen Zeugen sie 2003 geworden wären.

Möglich wurde dieses Wunder, die Rückkehr von Frankfurt und Słubice zu ihren Ufern und damit zum gemeinsamen Fluss, durch Moritz van Dülmen. „Der Europagarten wie auch die Promenadenwege", erinnert sich van Dülmen, „war von den Frankfurter Politikern am Anfang gar nicht ernst genommen worden." Doch in Frankfurt stand die 750-Jahr-Feier vor der Tür und van Dülmens Projekt kam nunmehr alleine in Fahrt. Die Stadtväter in Frankfurt und Słubice, die der Kolumnist Felix Ackermann noch einige Zeit zuvor als Provinzler am „Ende der Welt" ausgemacht hatte, standen plötzlich unter Druck, und Moritz van Dülmen hatte auf einmal nicht nur freie Hand, sondern auch viel Geld, genauer gesagt 17 Millionen Euro. Genug Geld also, um das zweite Wunder an der Oder auch städtebaulich in Angriff zu nehmen.

Doch Moritz van Dülmen war nicht nur der Projektleiter, der den beiden Städten wieder den Blick auf ihren Fluss schenkte. Er war auch der Visionär, der ähnlich wie der Architekturkritiker Wolfgang Kil und der Soziologe Wolfgang Engler andeutete, was sonst allenfalls ein paar Studenten zu denken wagten. Abseits der Promenaden am Oderufer ist die „Europainsel Ziegenwerder" so etwas wie eine neue Metapher für die Zukunft Frankfurts geworden. Wer im Sommer 2003 auf der Insel über die Wege schlenderte oder sich auf einem der Liegestühle am Oderufer niederließ und auf die Schwemmwiesen auf der polnischen Seite schaute, muss wohl verstanden haben, was die Umweltschützer mit ihrem Slogan „Zeit für die Oder" gemeint haben.

Und was damit an Zumutungen verbunden ist. Auf Ziegenwerder, dem vielleicht symbolischsten Ort des Zwischenlandes, ist unter van Dülmens Regie keine klassische Gartenschau entstanden, sondern ein naturnaher Kulturraum, der vielerlei offen lässt und nichts mehr verspricht. Mit dem Aus für die Chipfabrik beendete Frankfurt schließlich nicht nur seine Geschichte als Industriestandort, sondern auch die seiner industriellen Freizeitgestaltung, wie sie noch bei der Privatisierung des Helenesees im Süden der Stadt Pate stand. Ziegenwerder dagegen ist mit seinen Bruchwäldern ein erstes Bild einer nachindustriellen Zukunft, deren einzelne Bestandteile gerade in der Grenzregion immer deutlicher sichtbar werden.

Europa und Garten – vielleicht ist das wirklich die Zukunft des Zwischenlandes, wo es eine andere nicht mehr gibt. Eines Grenzlandes, in dem Gregor Mirwa, der Arzt aus Kreuzberg, ebenso zu Hause ist wie Michael Kurzwelly, der aus dem Rheinland über Poznań nach „Słubfurt" kam.

Im Zwischenland, diesem europäischen Labor, experimentieren die Schauspieler und Theatermacher Lucyna Winkel-Sobczak und Artur Szych mit den Jugendlichen aus Słubice. Hier ist das Betätigungsfeld von Felix Ackermann und Małgorzata Irek, die beide eine Zeitlang aus London und Oxford auf die deutsch-polnische Grenze geschaut haben. Manchmal sind die Wege, die ins Zwischenland führen, eher zufällig, wie bei Marek Pisarsky und Anne

Peschken, die mit dem Zirkel auf der Landkarte einen Kreis um Berlin gezogen haben und in Myślibórz gelandet sind. Viele, die hier geboren sind, gehen weg, andere, die gekommen sind, bleiben. So wie Gesine Schwan, die Rektorin der Viadrina oder Krzysztof Wojciechowski, der am Collegium Polonicum ein neues Projekt begonnen hat: ein Zeitzeugenarchiv der Neusiedler und Vertriebenen auf beiden Seiten der Grenze.

All diese Pioniere wissen um die Mühen, die Ängste und Hoffnungen, die diese Grenze mit sich bringt. Sie wissen aber auch, dass hier etwas Neues entsteht. Dass das „neue Europa" nicht nur in Berlin, Warschau oder Brüssel entsteht, sondern auch dort, wo sich „alte" und „neue" Europäer begegnen, an den Tankstellen und Basaren, auf dem „Görlitzer Mittwoch" oder dem „Lubuskie Lato Filmowe", im Jazz-Café in Szczecin. Es ist dieser unspektakuläre Alltag, der das Zwischenland tatsächlich zu einer europäischen Werkstatt macht. Würde man all diese Begegnungen und die Gespräche, die sie hervorbringen, aufzeichnen können, wäre die Stimme dieses neuen Europa auch in Berlin und Warschau hörbar. Aber auch so beginnt man bereits zu ahnen, dass Europa ohne diese Werkstatt statistisch zwar reicher, menschlich und kulturell aber ärmer wäre.

Der Fluss als Brücke

So intensiv die Begegnungen sind, die in dieser europäischen Werkstatt stattfinden, so sehr werden die Flüsse noch immer als Grenze wahrgenommen, eine Grenze, die noch immer Oder-Neiße-Grenze heißt. Aber sind Flüsse nicht immer auch etwas, dass die Menschen und Landschaften nicht nur teilt, sondern das Menschen und Landschaft auch teilen?

Sind es nicht die Flüsse, die die Menschen prägen, die an ihnen leben und nicht nur die Landschaft an ihren Ufern? Ist nicht das Oderland mit seinem erst tschechischen, dann polnischen, deutsch-polnischen und wieder polnischen Fluss eine Region, die europäischer nicht sein könnte, weil es die Regionen nicht mehr der einen Vorstellung, der einen Hegemonie unterwirft, sondern sie nebeneinander bestehen lässt? Muss das Oderland, um zu einem europäischen Land zu werden, überhaupt als zusammenhängender Raum wahrgenommen werden? Ist das, was Karl Schlögel als Grund dafür ausmacht, dass die Oder nie besungen wurde, nicht heute eine ihrer Ressourcen, eine Quelle vielleicht für neue Lieder, die die Poeten auf ihren Dampfern schon zu singen begonnen haben?

Es sind vor allem Fragen, die im Zwischenland in die Zukunft weisen. Was, wenn die Menschen an Oder und Neiße sich nicht nur wie in Görlitz und Zgorzelec oder am Collegium Polonicum ihre Geschichte erzählten, ihren Weg ins Grenzgebiet aus Lemberg oder Schlesien, sondern auch ihre Geschichten vom Fluss? Dem Fluss, an dem sie ihre Kindheit verbrachten, dem sie ihre Geheimnisse anvertrauten, an dessen Ufern sie ihren ersten Kuss erlebten, einen Fluss, den sie vielleicht einmal verlassen haben, zu dem sie aber immer wieder zurückkehren können?

„Als ich klein war", erinnert sich Olga Tokarczuk, Polens vielleicht bedeutendste Schriftstellerin der Gegenwart, „führte jeder Spaziergang an die Oder. Wir gingen am Rand des Ufergebüschs entlang, vorbei an dem Haus von Herrn K., dem einzigen Haus direkt am Ufer. Herr K. musste, wie ich damals meinte, sehr mutig sein, weil er so nah am Fluss wohnte. Er trug einen Hut mit einer Feder daran und einen grünen Jägeranzug mit vielen Taschen. Ein paar Mal sah ich ihn mit dem Gewehr über der Schulter, und von da an hielt ich ihn für den mächtigsten Wächter des Flusses, für den, der uns erlaubt, ein unsichtbares Tor zu durchschreiten, um dann gleichsam zur Belohnung, die Oder zu Gesicht zu bekommen."[181]

Nicht nur die Meere üben eine magische Anziehungskraft auf die Menschen aus, sondern auch die Flüsse. Die Magie, die die Oder auf die heute 41-jährige Olga Tokarczuk ausübte, war die eines Flusses, in dem sich Vergangenheit und Gegenwart, Kindheit und Erwachsenenalter vermischten. „Ich sah die Oder im Sommer 1968", schreibt Olga Tokarczuk in ihrer wunderbaren Liebeserklärung „Die Macht der Oder". „Zuerst beobachteten wir vom Hof aus, wie schwere Panzer über die Straße in Richtung Fluss rollten, und die Erwachsenen sprachen besorgt davon, dass es Krieg geben würde. Ich nahm mein kleines Fahrrad und fuhr hinter den Panzern her. Sie hinterließen gelbe Staubwolken und tiefe Fahrrinnen, in denen mein Fahrrad umstürzte. Als ich auf den Damm kam, sah ich eine ungeheure Klammer, die sich über den Fluss spannte, eine Pontonbrücke, über die die letzten Panzer gefährlich schwankend auf die andere Seite fuhren."

Der Aufmarsch der Panzer in Richtung Prag, den auch Karl-Heinz Henschel, der Deutsche in Küstrin-Kietz beobachtet hatte, glich Olga Tokarczuk, der Polin aus Sulechów, einer Entweihung. „Ich konnte nicht begreifen, dass diese großen Metallfahrzeuge mit solcher Leichtigkeit übers Wasser fahren konnten. Vor meinen Augen vollzog sich ein unmoralisches, anstößiges Wunder."

Es dauerte seine Zeit, bis das kleine Mädchen sich von diesem unmoralischen, anstößigen Wunder, den Traumata der Kindheit und den Wunden der Geschichte erholen sollte. „Jedes Mal, wenn ich danach zum Fluss ging, hatte ich Angst, die Panzer wieder zu sehen, Zeuge zu werden, wie sich dieser verletzende Augenblick wiederholte. Wenn man Pech hatte, würde man wieder sehen, wie sie sich quer über den Flusslauf schoben, unbegreiflich wie Wasserspinnen, die auf dem Wasser laufen können, sich allen Gesetzen dieser Welt zum Trotz auf der Oberfläche halten, obwohl es nicht so sein sollte."

Allen Gesetzen der Welt zum Trotz, unbegreiflich, obwohl es nicht so sein sollte – auch für Olga Tokarczuk ist die Oder immer wieder voller Rätsel, ein Ort der unerwarteten Wendungen. Vielleicht aber verhält es sich mit der Kindheit und den Erinnerungen einer Schriftstellerin nicht anders als mit der Geschichte und der Gegenwart. Vielleicht wären die Geschichten vom Fluss, die sich Polen und Deutsche erzählten, auch Geschichten von der Zukunft des Zwischenlandes.

„Es heißt, man steige nie zweimal in denselben Fluss", schreibt Olga Tokarczuk, nun nicht mehr das Mädchen, dass sie einmal war, sondern die Frau, die zurückblickt. „Diese Annahme ist ein unverzeihlicher Fehler, denn man verwechselt den Fluss, mit dem Wasser, das er führt."

„Natürlich", beendet Tokarczuk ihre Liebeserklärung an die Oder, „kann man immer wieder in denselben Fluss steigen, sogar wenn die Ufer mit Schilf überwuchert sind und in der Nähe des Ufers plötzlich eine Sandbank entstanden ist. Die Flüsse gehören nämlich zu den wenigen unveränderlichen Erscheinungen dieser Welt, in der Zeit und im Raum. Ich fühle ganz deutlich, dass der Fluss, den ich in Erinnerung habe, derselbe ist, den ich heute sehe. Nicht Zeit und Raum beherrschen den Fluss, sondern er beherrscht sie, stetig, lindernd, bleibend, hält er ein ganzes Land an seinem festen sicheren Ort."

Oder auch zwei Länder mitsamt ihren Bewohnern. „Wenn wir also wirklich einmal die Orientierung verlören", schließt Olga Tokarczuk die Liebeserklärung an die Oder, „sollten wir uns auf unseren eigenen Fluss besinnen."

Flussabwärts und hin zu den Ufern. Diese beiden Bewegungen machen noch keinen neuen Raum, schaffen noch kein neues, diesmal europäisches Oderland, bringen nicht automatisch eine grenzüberschreitende Identität hervor. Aber sie schaffen neue Blicke, Orientierungsmöglichkeiten, Halt. Und sie eröffnen dort, wo die Flüsse die Grenze bilden, im Zwischenland zwischen Deutschland und Polen, einen anderen Blick auf die andere Seite, die Möglichkeit die Perspektiven zu wechseln. Sie setzen die Gegenwart und die Zukunft gegenüber der Geschichte ins Recht. Das „Zweite Wunder an der Oder", das mit der Hinwendung von Frankfurt und Słubice zum Fluss begonnen hat, ist noch lange nicht zu Ende.

Anmerkungen

1. Siehe auch: www.eurode-business-center.de.
2. Siehe Daniela Weingärtner: Eine Spur von Anarchie, in: taz vom 17.4.2001.
3. Michael Kurzwelly im Gespräch mit dem Autor, 2001.
4. Adam Krzemiński: Elegant wirkt sie nur auf der Karte. Beobachtungen von der deutsch-polnischen Grenze, in: Das Parlament, 17. August 2001.
5. Karl Schlögel: Die zweite Erfindung Frankfurts, in: Grenzerfahrungen. Gemeinsame Stadtentwicklung im deutsch-polnischen Grenzraum. SRL-Schriftenreihe 51/2003, S. 23.
6. Gregor Thum: Die fremde Stadt. Breslau 1945, Siedler-Verlag, Berlin 2003, S. 160.
7. Adam Krzemiński: Elegant wirkt sie nur auf der Karte, a.a.O.
8. Archivum Panstwowe, Szczecin, zitiert nach: Dagmara Jajeśniak-Quast/Katarzyna Stokłosa: Geteilte Städte an Oder und Neiße, Berlin-Verlag Arno Spitz, Berlin 2000, S. 136.
9. Ebd.
10. Limit Research, Projekt der deutsch-polnischen Künstlergruppe Helmut Kowalski. Siehe auch www.arttrans.de.
11. Siehe dpa-Umfrage, veröffentlicht am 3. Februar 2002.
12. Martin Rogge: Von Küstrin nach Küstrin. Die Grenzöffnungen 1992, in: Königsberger Kreiskalender 1994.
13. Karl-Heinz Henschel im Gespräch mit dem Autor am 21. Juni 2003.
14. Jan Jarzebiński, zitiert nach: Pompeji Nadodrzańskie, in: Polityka vom 15. April 2000.
15. Zählt man die Zahl der Flüchtlinge dazu, die bereits vor dem Kriegsende vor der Roten Armee in Richtung Westen flohen, waren es sieben Millionen Deutsche, die die ehemaligen Ostgebiete verlassen hatten. Siehe auch Tomas Urban: Deutsche in Polen. Geschichte und Gegenwart einer Minderheit, Verlag Ch. Beck, München 1993.
16. Siehe auch Gregor Thum: Die fremde Stadt. Breslau 1945, a.a.O. und Tomas Urban: Deutsche in Polen. Geschichte und Gegenwart einer Minderheit, a.a.O.
17. Zitiert nach Tomas Urban. Deutsche in Polen. Geschichte und Gegenwart einer Minderheit, a.a.O.
18. Zitiert nach Peter Haffner: Grenzfälle. Zwischen Polen und Deutschen. Eichborn-Verlag, Frankfurt am Main 2002, S. 38.
19. Siehe Jörg Hackmann: Zur Wirkung der deutsch-polnischen Grenze auf die Stadtentwicklung nach 1945. Verlagsmanuskript.

[20] Włodzimierz Kalicki: Streit um die Rinne, in: Gazeta Wyborcza vom 2. Juli 1994.

[21] Transodra 8/9, Herbst 1994.

[22] Zitiert nach Peter Haffner: Grenzfälle, a.a.O.

[23] Gregor Thum: Die fremde Stadt. Breslau 1945, a.a.O. Thum bezieht dieses Zitat auf die Mythisierung der Stadtgeschichte als „polnischer Stadt" durch die polnischen Neusiedler. Es gilt aber genauso für die spätere Beschäftigung der neuen Bewohner mit den deutschen Spuren der Vergangenheit.

[24] Krzysztof Wapyńscy im Gespräch mit dem Autor in Lubiąż am 31. Mai 2003.

[25] Karl Schlögel: Oder, Strom zwischen den Zeiten, in ders.: Promenade in Jalta und andere Städtebilder, München 2001, S. 252.

[26] Constanze von Bullion: Ein Actionfilm am Wall, in: taz vom 28. Juli 1997.

[27] Michael Neubauer: Zwischen Sauerkrautland und Benzinoase, in: Freitag vom 2. März 2001.

[28] Siehe Andrzej Kotula: Die Grenzen des Wissens. Für eine wirkliche Nachbarschaft braucht man Informationen von der anderen Seite, in: „Im Zweistromland", Sonderausgabe der taz zum deutsch-polnischen Grenzgebiet, 7. Mai 2003.

[29] Eurobarometer der EU, Brüssel 2003.

[30] Wolfgang Wippermann auf einer Tagung der Universität der Künste am 23. Januar 2003 in Berlin.

[31] Michael Ludwig: Man mag einander nicht, in FAZ vom 5. Juli 2001.

[32] Siehe taz vom 18. April 1991.

[33] Aleksander Kwaśniewski bei einem Treffen mit den Ministerpräsidenten der Länder Mecklenburg-Vorpommern, Sachsen, Brandenburg und Berlin sowie den Woiwoden und Marschällen der Woiwodschaften Westpommern, Lebuser Land und Niederschlesien am 7. März 2002.

[34] Joschka Fischer und Bronisław Geremek: Polen und Deutsche an der Schwelle des neuen Jahrtausends. Ein gemeinsamer Beitrag, abgedruckt im Tagesspiegel und der Rzeczpospolita am 17. Februar 2000.

[35] Xymena Dolińska/Mateusz Fałkowski: Polen und Deutschland. Gegenseitige Wahrnehmung vor der Osterweiterung der Europäischen Union, hrsg.: vom Instytut Spraw Publicznych, Warschau 2001.

[36] Mateusz Fałkowski: Polen als Osten und als Westen, in Xymena Dolińska/Mateusz Fałkowski: Polen und Deutschland, a.a.O.

[37] Ebd.

[38] Xymena Dolińska/Mateusz Fałkowski: Polen und Deutschland, a.a.O.

[39] Mateusz Fałkowski: Polen als Osten und als Westen, a.a.O.

[40] Ebd.

[41] Mateusz Fałkowski: Polen als Osten und als Westen, a.a.O.

[42] Helge Zabka im Gespräch mit dem Autor am 28. Juni 2003.

[43] Zitiert nach Dagmara Jajeśniak Quast und Katarzyna Stokłosa: Geteilte Städte an Oder und Neiße, a.a.O., S. 83.

[44] Ebd., S. 84.

[45] Ebd.

[46] Vgl. Felix Ackermann: Spaziergang entlang einer europäischen Grenze, in: Monika Kilian und Ulrich Knefelkamp: Frankfurt Oder Słubice. Sieben Spaziergänge durch die Stadtgeschichte, Berlin 2003, S. 112ff.

[47] Gesine Schwan im Gespräch mit dem Autor am 7. August 2003.

[48] Siehe Festschrift Europa-Universität Viadrina zum zehnjährigen Bestehen.

[49] Krzysztof Wojciechowski: Meine lieben Deutschen, Westkreuz-Verlag Berlin-Bonn 2002, S. 79ff.

[50] Ebd.

[51] Małgorzata Irek im Gespräch mit dem Autor am 6. Mai 2003

[52] Małgorzata Irek: Der Schmugglerzug. Materialien einer Feldforschung. Verlag Das Arabische Buch, Berlin 1998.

[53] Małgorzata Irek: Made to measure strategy: Self-governance initiatives in the „Dreiländereck", Vortragsmanuskript.

[54] Siehe Peter Haffner: Für ein paar Dollar weniger, in NZZ-Folio.

[55] Karl Schlögel: Basar Europa, in: ders.: Promenade in Jalta und andere Städtebilder, München 2001, S. 200.

[56] Marzenna Guz-Vetter: Chancen und Gefahren der EU-Osterweiterung für das deutsch-polnische Grenzgebiet, herausgegeben vom Instytut Spraw Publicznych, Warschau 2002.

[57] Ebd.

[58] Siehe Internetportal der TWG unter www.infopolen.de.

[59] Waldemar Rupiński im Gespräch mit dem Autor im Dezember 2003.

[60] Marzenna Guz-Vetter: Chancen und Gefahren, a.a.O.

[61] Siehe IHK Dresden: Wirtschaftsdienst. Das regionale Unternehmer-magazin, 06/2003.

[62] Eva Krafczyk: Das polnische Ja ist an der Westgrenze besonders laut, dpa vom 10. Juni 2003.

[63] Marzenna Guz-Vetter, a.a.O.

[64] Ebd.

[65] Ebd.

[66] Siehe dpa vom 13. August 2003.

[67] Siehe taz vom 23. August 2000.

[68] Małgorzata Irek: Made to measure strategy: a.a.O.

[69] Ebd.

[70] Siehe auch: Dagmara Jajeśniak-Quast/Katarzyna Stokłosa: Geteilte Städte an Oder und Neiße, a.a.O. sowie Peter Haffner: Grenzfälle, a.a.O.

[71] Siehe auch: Kommen, gehen, bleiben, Beilage in der taz vom 19.10.2001.

[72] Roman Przeciszewski: Piąta Reforma trzeciej RP, in: Żolnierz Polski, 2000.

[73] Internationale Bauausstellung Fürst-Pückler-Land: Dokumentation der Konferenz „Deutsch-Polnische und andere Grenzstädte – Die Grenze als Chance" Guben-Gubin, Frankfurt (Oder) – Słubice, 19.-21.10.2001, S. 56ff.

[74] Diese Umfrage wurde bei 500 Gubenern und Gubinern durchgeführt. Siehe Lausitzer Rundschau vom 19.11.2002.

[75] Tadeusz Firlej: Grenze „51", in: Transodra 22, Juli 2001, S. 70ff.

[76] Siehe Pressemitteilung des Projekts vom 21.11.2002 sowie Lausitzer Rundschau vom 22.11.2002.

[77] Jerzy Kaczmarek: Die Grenze im Leben der Grenzbewohner, in: Transodra 22. Juli 2001.

[78] Die Aktion Forster Tuch wurde vom Büro Spacewalk organisiert und fand am 12., 13. und 14. September am Marktplatz von Forst statt.

[79] Siegfried Reibetanz im Gespräch mit dem Autor am 13. September 2003.

[80] Zitiert nach Annett Kaiser, Ines Nareike, Petra Ploschenz, Kaia Voss: Forst – ein „deutsches Manchester" in der Lausitz, www.kunsttexte.de, 2/2002.

[81] Im Gespräch mit dem Autor am 14. September 2003, der Name wurde geändert.

[82] Marina Mai: Taxi nur für Deutsche, taz vom 7. Dezember 1998.

[83] Ebd.

[84] Julia Naumann: Grenztest an der Neiße, taz vom 3. August 2000.

[85] Sandra Dassler: Der Bürgermeister und das kleine Wunder an der Neiße, in Tagesspiegel vom 16. Dezember 2002.

[86] Siehe www.lausitz.de: Auszüge aus der Ansprache des Bürgermeisters der Stadt Forst (Lausitz) anlässlich der Grundsteinlegung der Grenzbrücke Zasieki – Forst (Lausitz) am 14. September 2001.

[87] Siehe Karl Bernert: Umgebindehäuser – eine ganz besondere Volksbauweise/Volksarchitektur, in: Zittauer Geschichtsblätter 2/3, 2003, hrsg. vom Zittauer Geschichts- und Museumsverein, S. 17.

[88] Siehe Nick Reimer: Kein Sieg ohne Tschechen, in der taz vom 22. Mai 2001.

[89] Mike Wohne im Gespräch mit dem Autor am 5. Juli 2003.

[90] Mike Wohne: Schkola. Lernen mit Unterschieden, in: „Deutsche Schule" 2/2003.

[91] Die ausführlichste Beschreibung des Wasserbaus auf der Oder findet man bei Karl Spiegelberg: Das Oderstromsystem Kulturlandschaft in Mitteleuropa. Eine Biographie. Frankfurt (Oder), 2001.

⁹² Tina Stroheker: Oder, liebe Oder, in diess.: Pommes Frites in Gleiwitz. Eine poetische Topografie Polens, Klöpfer und Meyer Tübingen 2003.
⁹³ Siehe www.unteres-odertal.de.
⁹⁴ Pressemitteilung der Universität Augsburg.
⁹⁵ Pressemitteilung Brandenburger Ministerium für Stadtentwicklung, Wohnen und Verkehr vom 18. August 2003.
⁹⁶ Siehe Tagesspiegel vom 16. November 2001.
⁹⁷ Siehe auch: Krzysztof Smolnicki: Czas na Odrę, in: Dolna Odra, www.odra.org.pl
⁹⁸ Ernst Paul Dörfler: Stichwort Europa. Wasserstraßen, in: Kafka. Zeitschrift für Mitteleuropa, hrsg. vom Goethe-Institut Inter-Nationes, 9/2003, S. 48ff.
⁹⁹ Ebd.
¹⁰⁰ Pressemitteilung des BUND vom 4. Juli 2003.
¹⁰¹ Ebd.
¹⁰² Pressemitteilung der grünen Bundestagsfraktion am 3. Juli 2003.
¹⁰³ Siehe Uecker-Randow-Blitz vom 22. Februar 2002.
¹⁰⁴ Ebd.
¹⁰⁵ Ebd.
¹⁰⁶ Statistisches Monatsheft Mecklenburg-Vorpommern 10/2002.
¹⁰⁷ Die Zahlen wurden auf einer Anhörung des Landtags Mecklenburg-Vorpommern am 19. April 2001 vorgetragen.
¹⁰⁸ Gerhard Scherer im Gespräch mit dem Autor, April 2001.
¹⁰⁹ Helmut Holter auf der „Denkwerkstatt 2020" am 17./18. November 2000.
¹¹⁰ Thilo Braune auf der deutsch-polnischen Chefredakteuerskonferenz in Stettin, 26.-28. Juni 2003.
¹¹¹ Walter Wüllenweber: Einwanderungsblockaden, in: Kafka. Zeitschrift für Mitteleuropa, hrsg. vom Goethe-Institut Inter Nationes, 6/2002.
¹¹² Zitiert nach: Krzysztof Niewrzęda: Betrachtungen. Eine Stadt auf der Suche nach einer neuen Idenität, in: Dialog 62 und 62/2003.
¹¹³ Studie des Landkreises Uecker-Randow und der Förder- und Entwicklungsgesellschaft Uecker-region mbH, siehe auch Landtag Mecklenburg-Vorpommern, Drucksache 3/3008 vom 19. Juni 2002.
¹¹⁴ Siehe Nordkurier vom 28. März 2001.
¹¹⁵ Ebd.
¹¹⁶ Siehe AP vom 16. Oktober 2003.
¹¹⁷ Konzeptpapier: Polnischunterricht in der deutsch-polnischen Grenzregion der deutsch-polnischen Gesellschaft Brandenburg, 18. März 2002.
¹¹⁸ Kazimierz Wóycicki, Andrzej Kotula: Notizen aus dem Stettiner Schloss. Das Forum Polen Deutschland.

[119] Aleksandra Boćkowska: „Szczecin tonie", in: Newsweek Polska vom 31. August 2003.

[120] Siehe Freitag 19/2003.

[121] Peter Haffner: Grenzgänge, Eichborn-Verlag, Frankfurt 2002.

[122] Janosch: Polski Blues. Goldmann-Verlag, München 2001

[123] Adam Kzremiński: Elegant wirkt sie nur auf der Karte, a.a.O.

[124] Ulf Matthiesen: Die härteste Sprachgrenze Europas, in taz vom 22. Mai 2002.

[125] Ulf Matthiesen: Die härteste Sprachgrenze Europas, in taz vom 22. Mai 2002.

[126] Tassilo Braune beim Workshop „Schrumpfung und Wachstum" im Rahmen der Jahrestagung der Deutschen Akademie für Städtebau und Landesplanung am 3. und 4. Oktober 2003 in Kiel.

[127] Manuel Castells: Das Informationszeitalter, Bd. 1: Die Netzwerkgesellschaft, Leske und Budrich, Opladen 2001.

[128] Siehe auch Michael Mönninger: Die gerechte Verteilung der Armut, Magazin der Berliner Zeitung vom 2. November 1996.

[129] Rolf Kreibich: Zukunftsszenarien für die Europaregion Görlitz/Zgorzelec. Berlin, November 2002.

[130] Siehe dpa vom 21. April 2003.

[131] Siehe AP vom 18. April 2003.

[132] Frank Friedrich im Gespräch mit dem Autor im September 2002.

[133] Siehe dpa vom 13. Mai 2002.

[134] Ebd.

[135] Ebd.

[136] Florentine Gebhardt: Crossen an der Oder, aus: Die Provinz Brandenburg in Wort und Bild, zweiter Band, Leipzig und Berlin 1912, zitiert nach: Jörg Lüderitz: Wandern und Radfahren östlich der Oder, Trescher Verlag, Berlin 2000.

[137] Marek Kamiński: Die Grenzkriminalität im mittleren Bereich der Westgrenze Polens. Krosno Odrzańskie, in: Europa Universität Viadrina, Expertenhearing am 10. Juli 1997.

[138] Klaus Bachmann auf der Deutsch-Polnischen Chefredakteurskonferenz am 26. Juni 2003

[139] Siehe auch Helmut Dietrich: Deutsch-polnische Polizeikopperation. Flüchtlingspolitik als Schrittmacher, CILIP 59 1/1998.

[140] Polizeilicher Sprachführer Deutsch-Polnisch, Landespolizeischule Brandenburg 1996, zwei Bände.

[141] Siehe CLID Ausländer in Deutschland, 30. September 2002.

[142] Siehe AFP vom 24. April 2003.

[143] Siehe dpa vom 21. September 2003.

[144] Siehe dpa vom 5. Dezember 2002.

[145] Siehe dass vom 3. Juli 2003.

[146] Ebd.

[147] Siehe dpa vom 21. September 2003.

[148] Siehe dpa vom 22. September 2003.

[149] Siehe AP vom 6. Oktober 2003.

[150] „Wir brauchen mehr Geld für arme Regionen". Interview mit Rainer Steenblock in der taz vom 8. Februar 2003.

[151] Siehe taz vom 31. Januar 2003.

[152] Wolfgang Engler: Friede den Landschaften, in der FAZ vom 20. Juni 2001.

[153] Wolfgang Engler: Die Ostdeutschen als Avantgarde, Aufbau-Verlag, Berlin 2002.

[154] Wolfgang Kil: Luxus der Leere, in der Süddeutschen Zeitung vom 22. Februar 2003.

[155] Pascal Zachary: Die neuen Weltbürger, Econ-Verlag, München 2000.

[156] Gabriela Balcerczakowa: Um die Gegenstände ihrem majestätischen Schweigen zu entreißen, sind entweder List oder Verbrechen vonnöten, in: Dialog der Dinge, Ausstellungskatalog, 2001.

[157] Marek Pisarsky und Ane Peschken im Gespräch mit dem Autor am 11. Oktober 2003 in Myślibórz.

[158] Ebd.

[159] Robert Traba: Regionalismen. Zwischen Heimat und einem Europa der Regionen, in Andreas Lawaty und Hubert Orłowski: Deutsche und Polen. Geschichte, Kultur, Politik. Verlag Ch. Beck, München 2003.

[160] Siehe das sehr einfühlsame Porträt über Zbigniw Czarnuch, das Helga Hirsch in ihrem Buch „Ich habe keine Schuhe nicht. Geschichten von Menschen zwischen Oder und Neiße" geschrieben hat. Hoffmann und Campe, Hamburg 2002.

[161] Ebd.

[162] Kazimierz Wóycicki: Essay-Manuskript.

[163] Eckart Kleßmann: Fürst Pückler-Muskau. Gartenkünstler, Literat und Kosmopolit. Bayerische Vereinsbank, 1992.

[164] Ekkehard Brucksch: Die Entwicklung des Muskauer Landschaftsparks nach dem Zweiten Weltkrieg, in: Fürst-Pückler-Park Bad Muskau. Ein europäischer Landschaftspark, herausgegeben vom Stadt- und Parkmuseum Bad Muskau 1998.

[165] Ebd.

[166] Kathrin Steinmetz: Der geteilte Pückler-Park auf dem Weg zum Weltkulturerbe, in: akzente. Magazin für Partner und Freunde des Lausitzer Braunkohlenbergbaus 2/2003.

[167] Ebd.

[168] Siehe Frank Schwarz: Radlerglück mit Hindernissen, in Märkische Oderzeitung vom 10. August 2002.

[169] Andreas Rüttenauer: Polen. Von der Entfernung des Naheliegenden, in: RadZeit 5/2003.

[170] Siehe Kathrin Wolff, Dierk Heerwagen und Ray Kröner: Entdeckungen links und rechts der Oder, Bäßler-Verlag, Berlin 2003, S. 54f.

[171] Henk Raijer: Deutsch-polnische Radconnection, in taz vom 28. Juni 2003

[172] Ebd.

[173] Henk Raijer, a.a.O.

[174] Siehe dpa vom 30. Januar 2003

[175] Siehe www.infopolen.de, herausgegeben von der Deutsch-Polnischen Wirtschaftsförderungsgesellschaft TWG in Gorzów Wielkopolski.

[176] Florentine Gebhardt: Von Preußens kleinstem Städtchen Lagow, zitiert nach: Jörg Lüderitz: Wandern und Radfahren östlich der Oder, Berlin 2000, S. 75.

[177] Ebd.

[178] Norman Davies, Roger Moorhouse: Die Blume Europas. Breslau. Wrocław. Vratislavia. Die Geschichte einer europäischen Stadt. Droemersche Verlagsanstalt, München 2002, S. 63

[179] In Breslau hatte die Oderbauverwaltung ihren Sitz.

[180] Norman Davies, Roger Moorhouse, a.a.O., S. 9.

[181] Olga Tokarczuk: Die Macht der Oder, in: Kafka. Zeitschrift für Mitteleuropa 9/2003, a.a.O.

Glossar der Ortsnamen

Polnische und deutsche Städte in deutscher und polnischer Schreibweise und in deutscher Aussprache
Bautzen – Budziszyn – Budschischyn
Breslau – Wrocław – Wrotzwaf
Bunzlau – Bolesławiec – Boleswawietz
Cottbus – Chociebuż – Chotschiebusch
Crossen (Oder) – Krosno Odrzańskie – Krosno Odschanskie
Dresden – Drezno – Dresno
Görlitz – Zgorzelec – Zgoscheletz
Greifenhagen – Gryfino – Grüfino
Grünberg – Zielona Góra – Schielona Gura
Frankfurt-Dammvorstadt – Słubice – Swubitze
Hirschberg – Jelenia Góra – Jelenia Gura
Küstrin – Kostrzyn – Kostschyn
Lagow – Łagów – Uaguf
Landsberg (Warthe) – Gorzów Wielkopolski – Goschuw Wielkopolski
Leubus – Lubiąż – Lubionsch
Liegnitz – Legnica – Legnitza
Neuwarp – Nowe Warpno – Nowe Warpno
Niederwutzen – Osinów Dolny – Oschinuw Dolny
Oppeln – Opole – Opole
Posen – Poznań – Posnanj
Pyritz – Pyrzyce – Püschütze
Reppen – Rzepin- Schepin
Schwiebus – Świebodzin – Schwiebodschin
Soldin – Myślibórz – Mischlibusch
Stettin – Szczecin – Schtschetschin
Swinemünde – Świnoujście – Schwinouschtschie
Vietz – Witnica – Witnitza
Zielenzig – Sulęcin – Sulentschin

Woiwodschaften
Woiwodschaft Lebuser Land – Województwo Lubuskie – Wojewudztwo Lubuskie
Woiwodschaft Niederschlesien – Województwo Dolnośląskie – Wojewudztwo Dolnoschlonskie
Woiwodschaft Westpommern – Województwo Zachodniopomorskie – Wojewudztwo Zachodniopomorskie

Ahlbeck
Świnoujście
Nowe Warpno
Pasewalk
Szczecin
Löcknitz
Gryfino
Schwedt
Pyrzyce
Myślibórz
Hohenwutzen • Osinów Dolny
Bad Freienwalde
Gorzów Wlkp.
Witnica
Berlin
Küstrin-Kietz • Kostrzyn
Lebus
Frankfurt
Słubice
Rzepin
Sulęcin
Łagów
Świebodzin
Poznań
Polen
Eisenhüttenstadt
Krosno Odrzańskie
Guben • Gubin
Cottbus
Zielona Gora
Forst
ŻARY
Bad Muskau • Łęknica
Lubin
Lubiąż
Bolesławiec
Deutschland
Dresden
Bautzen
Görlitz
Zgorzelec
Legnica
Wrocław
Zittau
Jelenia Góra
Hrádek nad Nisou
Bogatynia
Liberec
Opole
Praha
Tschechien

Uwe Rada

Geboren 1963 in Göppingen, lebt seit 1983 in Berlin. Er ist seit 1992 Redakteur bei der taz. Er befasst sich seit einigen Jahren intensiv mit dem Grenzland zwischen Polen und Deutschland. Zuletzt erschien von ihm „Berliner Barbaren. Wie der Osten in den Westen kommt" (Berlin 2001).